国家出版基金项目
NATIONAL PUBLICATION FOUNDATION

中華博物通考

總主編 張述錚

函籍卷

本卷主編
賈貴榮 李西寧

上海交通大學出版社

圖書在版編目（CIP）數據

中華博物通考. 函籍卷 / 張述錚總主編 ; 賈貴榮,
李西寧本卷主編.—上海 : 上海交通大學出版社, 2024.1
　　ISBN 978-7-313-24692-9

　　Ⅰ.①中… Ⅱ.①張… ②賈… ③李… Ⅲ.①百科全
書—中國—現代②文史資料—中國 Ⅳ.①Z227
②K250.6

　　中國國家版本館CIP數據核字(2023)第238185號

特約編審：曹鐵圈
責任編輯：許微微　　王化文
裝幀設計：姜　　明

中華博物通考·函籍卷

總　主　編：張述錚
本卷主編：賈貴榮　李西寧
出版發行：上海交通大學出版社　　　　地　　址：上海市番禺路951號
郵政編碼：200030　　　　　　　　　　電　　話：021-64071208
印　　製：蘇州市越洋印刷有限公司　　經　　銷：全國新華書店
開　　本：890mm×1240mm　1／16　印　　張：21.5
字　　數：435千字
版　　次：2024年1月第1版　　　　　　印　　次：2024年1月第1次印刷
書　　號：ISBN 978-7-313-24692-9
定　　價：248.00元

《中華博物通考》編纂委員會

名譽主任：匡亞明

主　　任（按姓氏筆畫排序）：王春法　　張述錚

副 主 任：和　龑　韓建民　顧　鋒　張　建　丁鵬勃

委　　員（按姓氏筆畫排序）：

丁鵬勃	丁艷玲	王　勇	王元秀	王午戌	王立華	王青梅	王春法
王素芳	王栩寧	王緒周	文啓明	孔令宜	石　磊	石永士	白建新
匡亞明	任長海	李　淳	李西寧	李延年	李紅霞	李峻嶺	吳秉鈞
余志敏	沈江海	宋　毅	武善雲	林　彬	和　龑	周玉山	胡　真
侯仰軍	俞　陽	馬　巖	耿天勤	華文達	徐建林	徐傳武	高毅清
高樹海	郭砥柱	唐桂艷	陳俊強	陳益民	陳萬青	陳聖安	黃笑山
盛岱仁	婁安良	崔淑雯	康戰燕	張　越	張　標	張小平	張太龍
張在德	張述錚	張維軍	張學鋒	董　巍	焦秋生	謝冰冰	楊秀英
賈秀麗	賈貴榮	路廣正	趙卜慧	趙宗來	趙連賞	鄭小寧	劉世敏
劉更生	劉景耀	賴賢宗	韓建民	韓品玉	鍾嘉奎	顧　鋒	

《中華博物通考》總主編

張述錚

《中華博物通考》副總主編

韓品玉　　陳益民　　俞　陽　　賴賢宗

《中華博物通考》編務主任

康戰燕　　盛岱仁

《中華博物通考》學術顧問

《中華博物通考·函籍卷》編纂委員會

主　　編：賈貴榮　　李西寧

副 主 編：唐桂艷

撰 稿 人：賈貴榮　　唐桂艷　　徐明兆　　賈秀麗　　王明秀　　周玉山　　王　慧

　　　　　張曉英　　李少静　　王曉兵　　王　珂

導　論

——縱論中華博物學的沉淪與重建

引　言

　　在中國當代，西方博物學影響至巨，自鴉片戰争以來，屈指已歷百載。何謂"西方博物學"？"西方博物學"是以研究動植物、礦物等自然物爲主體的學科，但不包含社會領域的社會生活，至 19 世紀後期已完成學術使命，成爲一種保護大自然的公益活動，但國人却一直承襲至今。中華久有自家的博物學，已久被忘却，無人問津，這一狀况實是令人不安。前日偶見《故宫裏的博物學》問世，精裝三册，喜出望外，以爲我中華博物學終得重生，展卷之後始知，該書是依據清乾隆時期皇室的藏書《清宫獸譜》《清宫鳥譜》《清宫海錯圖》（"海錯"多指海中錯雜的魚鱉蝦蟹之類）繪製而成，其中一些并非實有，乃是神話傳説之物。其内容提要稱"是專爲孩子打造的中華文化通識讀本"，而對博物院内琳琅滿目的海量藏品則隻字未提。這就是説，博物院雖有海量藏品，却與故宫裏的博物學毫不相干，或曰并不屬於博物學的研究範圍。此書的編纂者是我國的著名專家，未料我國這些著名專家所認定的博物學仍是西方的博物學。此書得以《故宫裏的博物學》的名義出版，又證我國的出版界對於此一命題的認同，竟然不知我中華久有自家的博物學。此書如若改稱《故宫裏的皇室動物圖譜》，則名正言順，十分精彩，不失爲一部别具情趣的兒童讀物，但原書名却無意間形成一種誤導，孩子們可能會據此認定：唯有鳥獸蟲魚之類才是中華文化中的大學問，故而稱之爲"博物學"，最終會在其幼小心靈裏留下西方博物學的深深印記。

何以出現這般狀況？因爲許多國人對於傳統的中華博物及中華博物學，實在是太過陌生！那麼，何謂"博物"？本文指稱的"博物"，是指隸屬或關涉我中華文化的一切可見或可感知之物體物品。何謂"中華博物學"？"中華博物學"的研究主體是除却自然界諸物之外，更關涉了中國社會的各個方面各個領域，進而關涉了我中華民族的生息繁衍，關涉了作爲文明古國的盛衰起落，足可爲當代或後世提供必要的藉鑒，是我國獨有、無可替代的學術體系。故而重建中華博物學，具有歷史的、現實的多方面實用價值。我中華博物學起源久遠，至遲已有兩千年歷史，祇是初始没有"博物學"之名而已。時至明代，始見"博物之學"一詞。如明楊士奇《東里續集》卷一八評述宋陸佃《埤雅》曰："此書於博物之學蓋有助焉。"此一"博物之學"，可視爲"中華博物學"的最早稱謂。又，《四庫全書總目提要》卷一三六評清陳元龍《格致鏡原》曰："〔此書〕分三十類：曰乾象，曰坤輿，曰身體，曰冠服，曰宫室，曰飲食，曰布帛，曰舟車，曰朝制，曰珍寶，曰文具，曰武備，曰禮器，曰樂器，曰耕織器物，曰日用器物，曰居處器物，曰香奩器物，曰燕賞器物，曰玩戲器物，曰穀，曰蔬，曰木，曰草，曰花，曰果，曰鳥，曰獸，曰水族，曰昆蟲，皆博物之學。"此即古籍述及的"中華博物學"最爲明確、最爲全面的定義。重建的博物學於"身體"之外，另增《函籍》《珍奇》《科技》等，可以更全面地融匯古今。在擴展了傳統博物學天地之外，又致力於探索浩浩博物的淵源、流變，以及同物异名與同名异物的研究，致力於物、名之間的生衍關係的考辨。"博物學"本無須冠以"中華"或"中國"字樣，在當代爲區别於西方的"博物學"，遂定名爲"中華博物學"，或曰"中華古典博物學"。"中華博物學"，國人本當最爲熟悉，事實却是大出所料，近世此學已成了過眼雲烟，少有問津者，西方博物學反而風靡於中國。何以形成如此狀況？何以如此本末倒置？這就不能不從噩夢般的中國近代史談起。

一、喪權辱國尋自保，走投無路求西化

清王朝自鴉片戰争喪權辱國之後，面對列强的進逼，毫無氣節，連連退讓，其後又遭

甲午戰爭之慘敗，走投無路，於是由所謂“師夷之長技”，轉而向日本求取西化的捷徑，以便苟延殘喘。日本自 19 世紀始，城鄉不斷發生市民、農民暴動，國內一片混亂。1854 年 3 月，又在美國鐵艦火炮脅迫之下，簽訂《神奈川條約》。四年後再度被迫與美國簽訂通商條約。繼此以往，荷、俄、英、法，相繼入侵，條約不斷，同百年前的中國一樣，徹底淪爲半封建半殖民地社會，當權的幕府聲威喪盡。1868 年 1 月，天皇睦仁（即明治天皇）下達《王政復古大號令》，廢除幕府制度，但值得注意的是仍然堅守“大和精神”，并未全部廢除自家原有傳統。同年 10 月，改元明治，此後的一系列變革措施，即稱之爲“明治維新”。維新之後，否定了“近習華夏”，衝決了“東亞文化圈”，上自天皇，下至黎民，勠力同心，在“富國強兵、置産興業”的前提之下，遠法泰西，大力引入嶄新的科學技術，從而迅速崛起，廢除了與列強的一切不平等條約，成爲令人矚目的世界強國之一。可見“明治維新”之前，日本內憂外患的遭遇，與當時的中國非常相似。在此民族存亡的關鍵時刻，中國維新派代表人物不失時機，遠渡東洋，以日本爲鏡鑒，在引進其先進科技的同時，也引進了日本人按照英文 natural history 的語意翻譯成的漢語“博物學”，雖并不準確，但因出於頂禮膜拜，已無暇顧及。況且，自甲午戰爭至民國前期，日源語詞已成爲漢語外來語詞庫中的魁首，遠超英法俄諸語，且無任何外來語痕迹，最難識別。如“民主”“科學”“法律”“政府”“美感”“浪漫”“藝術界”“思想界”“無神論”“現代化”等，不勝枚舉。國人曾試圖自創新詞，但敗多勝少，祇能望洋興嘆。究其原因，并非民智的高下，也并非語種的優劣，實則是國力強弱的較量，國強則國威，國威則必擁有強勢文化，而強勢文化勢必涌入弱國，面對強勢文化，弱國豈有話語權？西方的“博物學”進入中國，遒勁而又自然。

　　那麼，西方博物學源於何時何地？又經歷了怎樣的發展變化？答曰：西方博物學發端於古希臘亞里士多德（公元前 384—前 322）《動物志》之類著述，又經古羅馬老普林尼（公元 23—79）的《自然史》，輾轉傳至歐洲各國。其所謂博物除却動植物外，更有天文、地理、人體諸類。這是西方的文化背景與知識譜系，西人習以爲常，喜聞樂見。在歐洲文藝復興和美洲地理大發現之後，見到別樣的動物、植物以及礦物，博物學得到長足發展。至 19 世紀前半期，博物學形成了動物學、植物學和礦物學三大體系，達於鼎盛。至 19 世紀後期，動物學、植物學獨立出來，成爲生物學，礦物學則擴展爲地質學，博物學已被架空。至 20 世紀，博物學已不再屬於什麼科學研究，而完全變成一種生態與環境探索，以供民衆休閑安居的社會活動。其時，除却發端於亞里士多德的"博物學"之外，也有後起的"文化博物學"（Cultural Museology），這是一門非主流的綜合性學科，旨在研究人類一切文化遺産，試圖展示并解釋歷史的傳承與發展，但在題材視野、表達主旨等方面與中華傳統博物學仍甚有差異。面對此類非主流論説，當年的譯者或視而不見，或有意摒弃，其志在振興我中華。

在尋求救國的路途中，仁人志士們目睹了西方先進文化，身感心受，嚮往久之。"試航東西洋一游，見彼之物質文明，莊嚴燦爛，而回首宗邦，黯然無色，已足明興衰存亡之由，長此以往，何堪設想？"（吴冰心《博物學雜誌》發刊詞，1914 年 1 月，第 1 ~ 4 頁），此時仁人志士們滿腔熱血，一心救國。但如何救國，却茫茫然，如墮五里霧中。這一救國之路從表象上觀察似乎一切皆以日本爲鏡鑒，實則迴别於"明治維新"之路，未能把握"富國强兵、置産興業"之首要方嚮，而當年的執政者却衹顧個人權勢的得失，亦無此遠大志嚮。仁人志士們雖振臂疾呼，含泪呐喊，衹飄摇於上層精英之間，因一度失去民族自信、文化自信，而不知所措，矛頭直指孔子及千載儒學，進而直指傳統文化。五四運動前夜，北京大學著名教授錢玄同即正告國人"欲驅除一般人之幼稚的野蠻的頑固的思想"，就必須要"廢孔學"，必須要"廢漢文"（錢玄同《中國今後的文字問題》，載 1918 年 4 月 15 日《新青年》第 4 卷第 4 號）。翌年，五四運動爆發，仁人志士們高舉"德謨克拉西"（民主）、"賽因斯"（科學）兩面大旗，掀起反帝反封建的狂濤巨瀾，成爲中國近現代史上的偉大里程碑，中國人民自此視野大開。這兩面大旗指明了國家强弱成敗的方嚮。但與此同時，仁人志士們又毫不猶豫，全力以赴，要堅決"打倒孔家店"。於是，孔子及其儒家學説成了國弱民窮的替罪羊！接踵而至的就是對於漢字及其代表的漢文化的徹底否定。偉大革命思想家魯迅也一直抨擊傳統觀念、傳統體制，1936 年 10 月，在他逝世前夕《病中答救亡情報訪員》一文中，竟然斷言："漢字不滅，中國必亡！"而新文化運動的主要人物之一胡適更是語出驚人："我們必須承認我們自己百事不如人，不但物質機械上不如人，不但政治制度不如人，并且道德不如人，知識不如人，文學不如人，音樂不如人，藝術不如人，身體不如人。"中華民族是"又愚又懶的民族"，是"一分像人，九分像鬼的不長進民族"（胡適《介紹我自己的思想》，1930 年 12 月亞東圖書館初版《胡適文選》自序）。這是五四運動前後一代精英們的實見實感，本意在於革故鼎新，但這些通盤否定傳統文化的主張，不啻是在緊要歷史關頭的一次群情失控，是中國文化史中的一次失智！在這樣的歷史背景、這樣的歷史氣勢之下，接受西方"博物學"就成了必然，有誰會顧及古老的傳統博物學？

在引進西方博物學之後，國人紛予效法，試圖建立所謂中華自家的博物學，於是圍繞植物學、動物學兩大方面遍搜古今，窮盡群書，着眼於有關動植物之類典籍的縱橫搜求，但這并非我中華的博物全貌，也并非我中華博物學，況且在中華古典博物學中，也罕見西方礦物學之類著作，可見，試圖以西方的博物學體系，另建中華古典博物學，實在是削足適履、邯鄲學步。自1902年始，晚清推行學制改革，先後頒布了"壬寅學制""癸卯學制"。1905年，根據《奏定學堂章程》，已將西方博物學納入中學的課程設置。其課程分爲植物、動物、礦物、人體生理學四種，分四年講授。1912年中華民國成立後，江浙等地出現過博物學會和期刊，稍後武昌高等師範學校設立了博物學系，出版過《博物學雜誌》，主要研究動物學、植物學及人體生理學，隨後又將博物學系改稱生物學系，《博物學雜誌》也相應改稱《生物學雜誌》，重走了西方的老路。北京高等師範學校也有類似經歷，甚爲盲目而混亂。至30年代，發現西方博物學自20世紀始，已轉型爲生態與環境探索，國人因再無興趣，對西方博物學的大規模推廣、學習在中國遂告停止，但因影响至深，其餘風猶存。

二、中華典籍浩如海，博物古學何處覓？

應當指出，中國古代典籍所載之草木、鳥獸、蟲魚之類，亦有別於西方，除却其自身屬性特徵外，又常常被人格化，或表親近，或加贊賞，體現了另一種精神情愫。如動物龜、鶴，寓意長壽（其後，龜又派生了貶義）；豺、狼、烏鴉、猫頭鷹，或表殘忍，或表不祥；其他如十二生肖，亦各有象徵，各有寓意。而那些無血肉、無情感的植物，同樣也被賦予人文色彩。如漢班固《白虎通·崩薨》載："《春秋含文嘉》曰：天子墳高三仞，樹以松；諸侯半之，樹以柏；大夫八尺，樹以欒；士四尺，樹以槐；庶人無墳，樹以楊、柳。"足見在我國古老的典制禮俗中，松、柏、欒、槐、楊、柳，已被賦予了不同的屬性，被分爲五等，楊、柳最爲低賤；就連如何埋葬也分爲五等，嚴於區別，從墳高三仞到無墳，成爲天子到庶人的埋葬標志。實則墳墓分爲等級，早在公元前3300年至公元前2300年的良渚古城遺址已經發現。這些浩浩博物，廣泛涉及了古老民族和古老國度的典制與禮俗，我國學人也難盡知，西方的博物學又當如何表述？

可見西方博物學絕難取代中華古典博物學，中華古典博物學的研究範圍，遠超西方博物學，或可說中華古典博物學大可包容西方博物學。如今，這一命題漸引起國內一些有識之士、專家學者的關注。那麼，中華古典博物學究竟發端於何時何地？有無相對成型的體系？如何重建？答曰：若就人類辨物創器而言，上古即已有之，環宇盡同。若僅就我中華文獻記載而言，有的學者認爲當發端於《周易》，因爲"易道廣大，無所不包"（《四庫全書總目提要》卷九），或認爲發端於《書・禹貢》，因爲此書廣載九州山河、人民與物產。《周易》《禹貢》當然可以視爲中華博物學的源頭。而作爲中華博物學體系的領銜專著，則普遍認爲始於晋代張華《博物志》。而論者則認爲，中華博物學成爲一門相對獨立的學科體系，當始於秦漢間唐蒙的《博物記》，此書南北朝以來屢見引用，張華《博物志》不過是續作而已。對此，前人久有論述。如《四庫全書總目提要》卷一四二曰："劉昭《續漢志》注《律曆志》引《博物記》一條，《輿服志》引《博物記》一条，《五行志》引《博物記》二條，《郡國志》引《博物記》二十九條……今觀裴松之《三國志》注（《魏志・太祖紀》《文帝紀》《吳志・孫賁傳》等）引《博物志》四條，又於《魏志・凉茂傳》中引《博物記》一條，灼然二書，更無疑義。"再如宋周密《齊東野語・野婆》曰："《後漢・郡國志》引《博物記》曰：'日南出野女，群行不見夫，其狀甚且白，裸袒無衣襦。'得非此乎？《博物記》當是秦漢間古書，張茂先（張華，字茂先）蓋取其名而爲《志》也。"再如明楊慎《丹鉛總錄》卷一一："漢有《博物記》，非張華《博物志》也，周公謹云不知誰著。考《後漢書》注，始知《博物記》爲唐蒙作。"如前所述，此書南北朝典籍中多有引用，如僅在南朝梁劉昭《續漢志》注中，《博物記》之名即先後出現了三十三次之多。據有關古籍記載，其内包括了律曆、五行、郡國、山川、人物、輿服、禮俗等，盡皆實有所指，無一虛幻。故在明代有關前代典籍分類中，已將唐蒙《博物記》與三國魏張揖《古今字詁》、晋吕静《韻集》、南朝梁阮孝緒《古今文詁》、唐顏元孫《干禄字書》、宋洪适《隸釋》等字書、韻書并列（見明顧起元《説略》卷一五），足見其學術地位之高，而張華《博物志》則未被録入。

至西晋已還，佛道二教廣泛流傳，神仙方士之説大興，於是張華又衍《博物記》爲《博物志》，其書内容劇增，自卷一至卷六，記載山川地理、歷史人物、草木蟲魚，這些當是紀要考訂之屬，合乎本文指稱的名副其實的博物學系統。此外，又力仿《山海經》的體例，旨在記載异物、妙境、奇人、靈怪，以及殊俗、瑣聞等，諸多素材語式，亦幾與《山海經》盡同，若"羽民國，民有翼，飛不遠……去九嶷四萬三千里"云云，并非"浩博實物"，已近於"志怪"小説。張華自序稱其書旨在"博物之士覽而鑒焉"，張序指稱的"博物之士"，義同前引《左傳》之"博物君子"，其"博物"是指"博通諸種事物"，虚虚實實，紛紛紜紜，無所不包。此類記述，正合世風，因而《博物志》大行其道，《博物記》則漸被冷落，南北朝之後已失傳，其殘章斷簡偶見於他書，可輯佚者甚微。後世輾轉相引，又常與《博物志》混同。《博物志》至宋代亦失傳，今本十卷爲采摭佚文、剽掇他書而成，真僞雜糅，亦非原作。其後又有唐人林登《續博物志》十卷，緊接《博物志》之後，更拓其虚幻内容，以記神异故事爲主，多是叙述性文字，其條目篇幅較長，宋代之後也已亡佚。再後宋人李石又有同名《續博物志》十卷，其自序稱："次第仿華書，一事續一事。"實則并不盡然，華書首設"地理"，李書改增爲"天象"，其他内容，間有與華書重複者，所續多是後世雜籍，宋世逸聞。此書雖有舛亂附會之弊，仍不失爲一部難得的繼補之作。李書之後，又有明人游潛《博物志補》三卷，仍係補張華之《志》，旨趣體例略如李石之《續志》，但頗散漫，時補時闕，猥雜冗濫。李、游一續一補，盡皆因仍張《志》，繼其孑遺。以上諸書之所謂"博物"，一脉相承，注重珍稀之物而外，多以臚列奇事异聞爲主旨，同"浩博實物"的考釋頗有差异。游潛稍後，明董斯張之《廣博物志》五十卷問世，始一改舊例，設有二十二類，下列子目一百六十七種，所載博物始於上古，達於隋末，不再因仍張《志》而爲之續補，已是擴而廣之，另闢山林，重在追溯事物起源，其中包括職官、人倫、高逸、方技、典制，等等。其後，清人陳逢衡著有《續博物志疏證》十卷、《續博物志補遺》一卷，對李石《續志》逐條研究探索，并又加入新增條目，成爲最系統、最深入的《續》説。其後，徐壽基又著有《續廣博物志》十六卷，繼董《志》餘緒，於隋代之後，逐一相繼，直至明清，頗似李石之續張華。但《廣志》《續廣志》之類，仍非以專考釋"浩博實物"爲主旨。我國第一部以"博物"命名而研究實物的專著，當爲明末谷應泰之《博物要覽》。該書十六卷，惜所涉亦不過碑版、書畫、銅器、窑器、瑪瑙、珊瑚、珠玉、奇石等玩賞之器物，皆係作者隨所見聞，摭録成帙；所列未廣，其中碑版書畫，尤爲簡陋，難稱浩博，其影響遠不及前述諸《志》，但所創之寫實體例，則非同尋常。而最具權威者，當是明末黄道周所著《博物典彙》，該書共二十卷，所涉博物，始自遠古，達於當朝，上自天文地理，下至草木蟲魚，盡予囊括，并以其所在時代最新的觀點、視野，對歷代博物著述進行了彙總研究。如卷一關於"天文"之考釋，下設"渾天""七曜"，"七曜"下又設"日""月""五星"，再後又有"經星圖""緯星圖""二十八宿"。又如卷七關於"后妃"，下設"宮闈內外之分""宮闈預政之誡"，緊隨其後的即教育"儲貳"之法，等等，甚爲周嚴。

以上諸書就是以"博物"命名的博物學專著。在晚清之前，代代相繼，發展有序，并時有新的建樹。

與這些博物學專著相并行，相匹配，另有以"事"或"事物"命名，旨在探索事物起源的博物學專著。初始之作爲北魏劉懋《物祖》十五卷，稍後有隋謝昊《物始》十卷，是對《物祖》的一次重大補正。《物始》之後，有唐劉孝孫等《事始》三卷，又有五代馮鑑《續事始》十卷，是對《事始》的全面擴展與開拓。《續事始》之後，另有宋高承《事物紀原》十卷，此書分五十五個類目，上自"天地生植"，中經"樂舞聲歌""輿駕羽衛""冠冕首飾""酒醴飲食"，直至"草木花果""蟲魚禽獸"，較《物祖》《物始》尤爲完備，遂成博物學的百代經典。接踵而來者有明王三聘《古今事物考》八卷，效法《紀原》之體，自古至今，上至天文地理，下至昆蟲草木，中有朝制禮儀、民生器用、宮室舟車，力求完備，較之他書尤得要領，類居目列，條理分明，重在古今考釋，一事一物，莫不求源溯始，考核精審。此書載錄服飾資料尤爲豐富，如卷一有上古禮制之種種服式，非常全面，卷六所載後世之巾冠、衣、佩、帶、襪、履舄、僧衣、頭飾、妝飾、軍服等百餘種，考證多引原書原文，確然有據，甚爲難得。就全書而言，略顯單薄。明徐炬又有《古今事物原始》三十卷，此書仿高承《紀原》之體，又參《事物考》之章法，以考釋制度器物爲主，古今上下，盡考其淵源，更有所得，凡日月星辰、山川草木，亦必確究其淵源流變，但此與天地共生之浩浩博物，四百餘年前的一介書生，豈可臆測而妄斷？爲此而輾轉援引，頗顯紛亂。且鳥獸花草之起首，或加偶語一聯，或加律詩二句，而後逐一闡釋，實乃蛇足。其書雖有此瑕疵，却不掩大成。與王、徐同代的還有羅頎《物原》二卷（《四庫》本作一卷），羅氏以《紀原》不能黜妄崇真，故更訂爲十八門，列二百九十三條，條條錘實。如，刻漏、雨傘、鋦子（用於連合破裂器物的兩脚釘）、酒、豆腐之類的由來，多有創見。惜違《紀原》明記出典之體，又背《事物考》之道，凡有考釋，則溷集眾説爲一。如，烏孫公主作琵琶，張華作苔紙，皆茫然不知所本。不過章法雖有差失，未臻完美，但其功業甚巨，《物原》成爲一部研究記述我國先民發明創造的專著。時至清代，陳元龍又撰

《格致鏡原》一百卷。何謂"格致鏡原"？意即格物致知，以求其本原。此書的子目多達一千七百餘種，明代以前天地間萬事萬物盡予羅致，一事一物，必究其原委，詳其名號，廣博而精審，終成中華古典博物學的巔峰之作。

以上兩大系列專著，自秦漢以來，連續兩千載，一脉相承，這并非十三經、二十六史之類的敕編敕修，無人號令，無人支持，完全出自一種無形的力量，出自文化大國、中華文脉自惜自愛的傳承精神，從而構成浩大的博物學體系。在我國學術研究史中，在我國圖書編纂史中，乃至於世界文化史中，當屬大纛獨立，舉世無雙！本當如江河之奔，生生不息，終因清廷喪權辱國、全盤西化而戛然中斷。

三、博物古學歷磨難，科技起落何可悲！

回顧我國漫長的文化史可知，中華博物學是在傳統的"重道輕器"等陳腐觀念桎梏下，以強大的民族自覺精神、民族意志爲推動力，砥礪前行，千載相繼，方成獨立體系，因而愈加難得，愈加可貴。

"重道輕器"觀念是如何出現的？何謂"道器"？兩者究竟是何關係？《周易·繫辭上》曰："形而上者謂之道，形而下者謂之器。"何謂"道"？所謂道乃"先天地生"，無形無象、無聲無色、無始無終、無可名狀，爲"萬物之所然也，萬理之所稽也"（見《韓非子·解老》），是指形成宇宙萬物之本原，是形成一切事理的依據與根由。何謂"器"？器即宇宙間實有的萬物，包括一切科技發明，至巨至大，至細至微，充斥天地間，而盡皆不虛，或有實物可見，或有形體可指。器即博物，博物即器。"道器關係"本是一種有形無形、可見與不可見的生衍關係，并無高下之分，但在傳統文化中卻另有解釋。如《周禮·考工記序》曰："坐而論道，謂之王公；作而行之，謂之士大夫；審曲面執，以飭五材，以辨民器，謂之百工。"又曰："智者創物，巧者述之，守之世，謂之百工。百工之事，皆聖人之作也。"此文突顯了"道"對於"器"的指導與規範地位。"坐而論道"，可以無所不論，民生、朝政、國運、天下事，當然亦在所論之中。"道"實則是指整體人世間的一種法則、一種定律，或説是我古老的中華民族所創造的另一種學説。所謂"論道者"，古代通常理解爲"王公"或"聖人"，實則是代指一代哲人。《考工記序》卻將論道與製器兩者截然分開，明確地予以區別，貶低萬衆的創造力，旨在維護專制統治，從而

確定人們的身份地位。坐而論道者貴爲王公，親身製器者屬末流之百工（"審曲面執，以
飭五材、以辨民器"，謂觀察金、木、皮、玉、土之曲直、性狀，據以製造民人所需之器
物）。《考工記序》所記雖名爲"考工"，實則是周代禮制、官制之反映，對芸芸衆生而言，
這種等級關係之誘惑力超乎尋常，絕難抵禦，先民樂於遵從，樂於接受，故而崇敬王公，
崇敬聖人，百代不休。因而在中國古代，科學技術大受其創。

　　"重道輕器"的陳腐觀念，在中國古代影響廣遠，"器"必須在"道"的限定之下進
行，不得隨意製作，不得超常發揮，"道"漸演化爲統治者實施專政的得力手段。"坐而論
道"，似乎奧妙無盡。魏晋時期，藉儒入道，張揚"玄之又玄"，乃至於魏晋人不解魏晋文
章，本朝人爲本朝人作注，史稱"玄學"。兩宋由論道轉而談理，一代理學宗師應運而生，
闡理思辨，超乎想象，就連虛幻縹緲的天宫，亦可談得妙理聯翩，後世道家竟繪出著名的
《天宫圖》來。事越千載，五四運動時期，那些新文化運動主將們聯手痛搗"孔家店"，却
不攻玄理，"論道""崇道""樂道""惜道"，滾滾而來，遂成千古"道"統，已經背離《易》
《老》的本義。出於這樣的觀念，如何會看重"形而下"的博物與博物學？

　　那麼，古代先民又是如何看待與博物學密切相關的科學技術？《書·泰誓下》載，殷
紂王曾作"奇技淫巧，以悦婦人"，爲百代不齒，萬世唾罵。何謂"奇技淫巧"？唐人孔
穎達釋之曰："奇技謂奇異技能，淫巧謂過度工巧……技據人身，巧指器物。"所謂"奇技
淫巧"，今大底可釋爲超常的創造發明，或可直釋爲科學技術。論者認爲，"百代不齒，萬
世唾罵"者并不在於"奇技淫巧"這一超常的創造發明，而在於紂王奢靡無度，用以取悦
婦人的種種罪孽。至於紂王是否奢靡無度，"以悦婦人"，今學界另有考證。紂王當時之所
以能稱雄天下，正是由於其科技的先進，軍事的强大，其失敗在於大拓疆土，窮兵黷武，
導致內外哀怨，決戰之際又遭際叛亂。所謂"以悦婦人"之妲己，祇是戰敗國的一種"貢
品"而已，對於年過半百的老人并無多大"媚力"。關於殷商及妲己的史料，最早見於戰
國時期成書的《國語·晋語一》，前後僅有二十七字，并無"酒池肉林""炮烙之刑"之
類記載，後世史書所謂紂王對妲己的種種寵愛，實是一種演繹，意在宣揚"紅顏禍水"之
說（此説最早亦源於前書。"紅顏禍水"，實當稱之爲"紅顏薄命"）。在中國古代推崇"紅
顏禍水"論，進而排斥"奇技淫巧"，從而否定了科技的力量，否定了科技强弱與國家强
弱的關係。時至周代，對於這種"奇技淫巧"，已有明確的法律限定："作淫聲、異服、
奇技、奇器以疑衆，殺！"（見《禮記·王制》）這也就是説，要杜絕一切新奇的創造發

明，連同歌聲、服飾也不得超乎常規，否則即犯殺罪！此文自漢代始，多有注疏，今擇其一二，以見其要。"淫聲"者，如春秋戰國時鄭、衛常有男女私會，謳歌相引，被斥爲淫靡之聲；"奇技"者，如年輕的公輸班曾"請以機窆"，即以起重機落葬棺木，因違反當時人力牽挽的埋葬禮節，被視爲不恭。一言以蔽之，凡有違禮制的新奇科技、新奇藝術，皆被視爲疑惑民衆，必判以重罪。這就是所謂"維護禮制"，其要害就是維護統治者的統治地位，故而衣食住行所需器物的質材及數量，無不在尊卑貴賤的等級制約之中。如規定平民不得衣錦綉，不得鼎食，商人、藝人不得乘車馬，就連權貴們娛樂時選定舞蹈的行列亦不可違制，違制即意味着不軌，意味着僭越。杜絕"奇技淫巧"，始自商周，直至明清而未衰。我國著名的四大發明，千載流傳，未料却如同國寶大熊猫一樣，竟由後世西方科學家代爲發現，實在可悲！四大發明、大熊猫之類，或因史籍隱冷，疏於查閱，或因地處山野，難以發現，姑可不論，但其他很多非常具體的發明創造，雖有群書連續記載，也常被無視，或竟予扼殺。如漢代即有超常的"女布"，因出自未嫁少女之手而得名（見《後漢書·王符傳》），南北朝時已久負盛名，稱"女子布"（見南朝宋盛弘之《荆州記》）。宋代又稱"女兒布"，被贊爲"布帛之品……其尤細者也"（見宋羅濬《寶慶四明志·郡志四》）。其後歷代製作，不斷創新，及至明清終於出現空前的妙品"女兒葛"。"女兒葛"爲細葛布的一種，其物纖細如蟬翼紗，又如傳説中的"蛟女絹"，僅重三四兩，捲其一端，整匹女兒葛便可出入筆管之中，精美絕倫，明代弘治之後曾發現於四川鄰水縣，但却被斷然禁止。明皇甫録《下陴記談》卷上："女兒葛，出鄰水縣，極纖細，必五越月而後成，不減所謂蟬紗、魚子纈之類，蓋十縑之力也。予以爲淫巧，下令禁止，無敢作者。"對此美妙的"女兒葛"，時任順慶府知府的皇甫録，并没給予必要的支持、鼓勵，反而謹遵古訓，以杜絕"奇技淫巧"爲己任，堅決下達禁令，并引以爲榮。皇甫録乃弘治九年（1496）進士，爲官清正，面對"奇技淫巧"也如此"果斷"！此後清代康熙年間，"女兒葛"再現於廣東增城縣一帶，其具體情狀，清屈大均《廣東新語·貨語·葛布》中有翔實描述，但其遭遇同樣可悲，今"女兒葛"終於銷聲匿迹。在中國古代，類似的遭遇，又何止"女兒葛"？杜絕"奇技淫巧"之風，一脈相承，何可悲也。

　　但縱觀我華夏全部歷史可知，一些所謂的"奇技淫巧"之類，雖屢遭統治者的禁弃，實則是禁而難止，況統治者自身對禁令也時或難以遵從，歷代帝王皇室之衣食住行，幾乎無一不恣意追求舒適美好，爲了貪圖享樂，就不得不重視科技，就不得不啓用科技。如

"被中香爐"（爐內置有炭火、香料，可隨意旋轉以取暖，香氣縷縷不絕。發明於漢代）、"長信宮燈"（燈內裝有虹管，可防空氣污染。亦發明於漢代）的誕生，即明證。歷代王朝所禁絕的多是認定可能危及社稷之類的"奇技淫巧"，并未禁止那些有利於民生的重大發明，也没有壓抑摧殘黎民百姓的靈智（歷史中偶有以愚民爲國策者，祇是偶或所見的特例而已）。帝王們爲維護其統治地位，以求長治久安，在"重道輕器"的同時，也極重天文、曆算、農桑、醫藥等領域的研究，凡善於治國的當權者，爲謀求其國勢得以強盛，則必定大力倡導科技，《後漢書·和熹鄧皇后紀》所載即爲顯例。和熹皇后鄧綏（公元81—121），深諳治國之道，兼通天文、算數。永元十四年（102），漢和帝死後，東漢面臨種種滅頂之灾，鄧綏先後擁立漢殤帝和漢安帝，以"女君"之名親政長達十六年，克服了有史以來最嚴重的十年天灾，剿滅海盜，平定西羌，收服嶺南三十六個民族，將九真郡外的蠻夷夜郎等納入版圖，恢復東漢對西域的羈縻，征服南匈奴、鮮卑、烏桓等，平息了内憂外患，使危機四伏的東漢王朝轉危爲安。正是在這期間，鄧綏大力發展科技，勉勵蔡倫改進造紙術，任用張衡研製渾天儀、地動儀等儀器，并製造了中尚方弩機，這一可以連續發射的弩機，其射程與命中率令時人驚嘆，成爲當時世界上最具殺傷力的先進武器（此外，鄧綏又破除男女授受不親的陳腐觀念，創辦了史上最早的男女同校學堂，并通過支持文字校正與字詞研究，推動了世界第一部字典《説文解字》問世）。這就爲傳統的博物研究提供了巨大的空間，因而先後出現了今人所謂的"四大發明"之類。實際上何止是"四大發明"？天文、曆算等領域的發明創造，可略而不論。鄧綏之前，魯班曾"請以機窆"的起重機，出現於春秋時期，早於西方七百餘年。徐州東洞山西漢墓出土的青銅透光鏡，歐洲和日本人稱其爲"魔鏡"，當一束光綫照射鏡面而投影在墻壁上時，墻上的光亮圈内就出現了銅鏡背面的美麗圖案和吉祥銘文。這一"透光鏡"比日本"魔鏡"早出現一千六百餘年，而歐洲的學者直到19世紀纔開始發現，大爲驚奇，經全力研究，得出自由曲面光學效應理論，將其廣泛運用於宇宙探索中。今日，國人已能够恢復這一失傳兩千餘載的原始工藝，千古瑰寶終得重放异彩！鄧綏之後，又創造了"噴水魚洗"，亦甚奇妙，令人大開眼界。東漢已有"雙魚洗"之名（見明梅鼎祚《東漢文紀》卷三二引《雙魚洗銘》），未知當時是否可以噴水。"噴水魚洗"形似現今的臉盆。盆内多刻雙魚或四魚，盆的上沿兩側有一對提耳，提耳的設置，不祇是爲了便於提動，同時又具有另外一個功用，即當手掌撫摩時，盆内還能噴射出兩尺高的水柱，水面形成一片浪花，同時會發出樂曲般的聲響，十分神奇。今可確知，"噴水魚洗"興起於唐宋之間（見宋王明清《揮麈前録》卷三、宋何薳《春渚紀聞》卷九），當是皇家或貴族所用盥洗用具。魚洗能夠噴水，其道理何在？美國、日本的物理學家曾用各種現代科學儀器反復檢測查看，試圖找出其導熱、傳感及噴射發音的構造原理，雖經全力研究，但仍難得以完整的解釋，也難以再現其效果。面對中國古代科技創造的這一奇迹，現代科學遭遇了空前挑戰，祇能"望盆興嘆"。

中華民族，中華博物學，就是在這樣複雜多變的背景之下跌宕起伏，生存發展，在晚清之前，兩千餘年來，從未停止前進的步伐，這又成爲中華民族的民族性與中華博物學的一大特點。

四、西化流弊何時休，誰解古老博物學？

自晚清以還，中華博物學沉淪百年之久，本當早已復蘇，時至今日，幸逢盛世，正益修典，又何以總是步履維艱？豈料經由西學東漸之後，在我國國内一些學人認定科學決定一切，無與倫比，日積月纍，漸漸形成了一種偏激觀念——"唯科學主義"，即以所謂是否合於科學，來判定萬事萬物的是非曲直，科學擁有了絕對的話語權。"唯科學主義"通常表現爲三種態度：一、否認物質之外的非物質。凡難以認知的物質，則稱之爲"暗物質"。這一"暗"字用得非常巧妙，"暗"，難見也！於是"暗物質"取代了"非物質"；二、否認科學之外的其他發現。凡是遇到無從解釋的難題，面對別家探索的結論，一律斥爲"僞科學"。三、否認科學範圍以外的其他一切生產力，唯有科學可以帶動社會發展，萬事萬物必須以科學爲推手。

何謂"科學"？中國古代本有一種認識論的命題，稱之爲"格致"，意謂"格物致知"，指深究事物原理以求得知識，從而認識各種客觀現象，掌握其變化規律。這種哲學我國先秦諸子久已有之，雖已歷千載百代，但却未得應有的重視，終被西方科學所取代。自16世紀始，歐洲由於文藝復興，挣脱了天主教會的長期禁錮，轉向於對大自然的實用性的探索，其代表作即哥白尼的"日心說"與伽利略天文望遠鏡的發明，同時出現牛頓的力學，這是西方的第一次科技革命。這一時期已有"科學"其實，尚無後世"科學"之名，起始定名爲英語science一詞，源於拉丁文，本意謂人世間的各種學問，隸屬於古希臘的哲學思想，是一種對於宇宙間萬事萬物的生衍關係的一種想象、一種臆解，原本無甚稀奇，此時已反響於歐洲，得以廣泛流傳。至 18 世紀，新興的資産階級取得政權，爲推行資本主義，又大力發展科學，西方科學已處於世界領先地位。時至 19 世紀 60 年代後期及 20 世紀初，歐洲發生了以電力、化學及鋼鐵爲新興産業的第二次科技革命，英語 science 一詞迅速擴展於北美和亞洲。日本明治維新時期，赴歐留學的日本學者將 science 譯成 "科學"，學界認爲是藉用了中國科舉制度中 "分科之學" 的 "科學" 一詞，如同將英文 natural history 的語意翻譯成漢語 "博物學" 一樣，也并不準確，中國的變法派訪日時，對之頂禮膜拜，欣然接受，自家固有的 "格致" 一詞，如同國學中的其他語詞一樣被弃而不用，"科學" 一詞因得以廣泛流傳。"科學" 當如何定義？今日之 "科學" 包括了自然科學、社會科學、思維科學以及交叉科學。除却嚴謹的形式邏輯系統之外，本是一種具體的以實踐爲手段的實證之學。實踐與實證的結果，日積月纍，就形成了人類關於自然、社會和思維的認知體系，成爲人類評斷事物是非真僞的依據。但科學不可能將浩渺無盡的宇宙及宇宙間的萬事萬物盡皆予以實踐、實證，能够實踐、實證者甚微，因而科學總是在不斷地探索，不斷地補正，不斷地自我完善之中，其所能研究的領域與功能實在有限。當代科學可以在指甲似的晶片上，一次性地裝載五百億電晶體，可以將重達六噸以上的太空船射向太空，并按照既定指令進行各種探索，但却不能造出一粒原始的細胞來，因爲這原始細胞結構的複雜神秘，所蕴含的奇妙智慧，人類雖竭盡全力，却至今無法破解。細胞來自何處？是如何形成的？科學完全失去了話語權！造不出一粒原始的細胞，造一片樹葉尤無可能，造一棵大樹更是幻想，遑論萬千物種，足證 "科學" 并非萬能的唯一學問。况且，"暗物質" 之外，至少在中國哲學體系中尚有 "非物質"。何謂 "非物質"？"非物質" 是與 "物質" 相對而言，區別於 "暗物質" 的另一種存在，正如前文所述，它 "無形無象、無聲無色、無始無終、無可名狀"，在中國古代稱之爲 "道"。"道" 可以不遵循因果關係，可以無中生有，爲 "萬物之所然也，萬理之所稽也"，可以解釋萬物的由來，可以解釋宇宙的形成。今以天體學的的視野略加分析，亦可見 "唯科學主義" 的是非。人類賴以生存的地球，其直徑約爲 12 742 公里，是太陽系中的第三顆小行星。太陽系的直徑約爲 2 光年，太陽是銀河系中數千億恒星之一，銀河系的直徑約爲 10 萬光年，包括 1 千億至 4 千億顆恒星，而宇宙中有一千至兩千億銀河系，宇宙有 930 億光年。一光年約等於 9.46 萬億公里。地球在宇宙中祇是一粒微塵，如此渺小的地球人能創造出破解一切的偉大科學，那是癡人説夢！中華先賢面對諸多奧妙，面對諸多不可思議的現象，提出這一 "無可名狀" 之 "道"，當然并非憑空想象，自有其觀測與推理的依據，這顯然不同於源自西方的科學，或曰是西方科學所包容不了的。先賢提出的"無可名狀"的"道"，已超越物質的範圍，或曰"道"絕非"暗物質"所能替代的。這一"無可名狀"的"道"，在當今的別樣的時空維度中已得到初步驗證（在這非物質的維度中滿富玄機）。論者提出這一古老學説，旨在證明"唯科學主義"排斥其他一切學説，過分張揚，不足稱道，絕無否定或輕忽科學之意。百年前西學東漸，尤其是西方科學的傳入，乃是我中華民族思維與實踐領域的空前創獲，是實踐與思維領域的一座嶄新的燈塔，如今已是家喻户曉，人人稱贊，任誰也不會否認科學的偉大，但却不能與偏激的"唯科學主義"混同。後世"科學"一詞，又常常與"技術"連稱爲"科學技術"，簡稱"科技"。何謂"技術"？ "技術"一詞來源於希臘文"techs"，通常指個人的技能或技藝，是人類利用現有實物形成新事物，或改變原有事物屬性、功能的方法，或可簡言之曰發明創造。科學技術不同於科學，也不同於技術，也不是科學與技術的簡單相加。科學技術是科學與技術的有機結合體系，既是人類認識世界和改造世界的成果或產物，又是人類認識世界和改造世界最有力的工具或手段，兩者實難分割。某些技術本身可能祇是一種技法，而高深技術的背後則必定是科學。

出於上述"唯科學主義"偏激觀念，重建中華博物學就遭致了質疑或否定，如有學者認爲，中國古代祇有技術而没有科學，哪有什麼中華博物學？ 中華博物學被看作"前科學時代的粗糙的知識和技能的雜燴"，是一種"非科學性思考"，没有什麼科學價值，當然也就没有重建的必要，因爲西方博物學久已存在，無可替代。中國古代當真"祇有技術而没有科學"麼？ 前文已論及"科學"與"技術"很難分割，在中國古代不祇有"技術"，同樣也有"科學"。回眸世界之歷史長河，僅就中西方的興替發展脉絡略作比較，就可以看到以下史實：當我中華處於夏禹已劃定九州、建有天下之際，西方社會多處於尚未開化的蠻荒歲月；當我中華已處於春秋戰國鋼鐵文化興起之際，整個西方尚處於引進古羅馬文明的青銅器時代；當我宋代以百萬册的印數印刷書籍之際，中世紀的西方仍然憑藉修士們成年纍月在羊皮卷上抄寫複製；著名的火藥、指南針等其他重大發明姑且不論，單就中國歷朝歷代任何一件發明創造而言，之於西方社會也毫不遜色，直至清代中葉，中國的科技一直處於世界領先地位。英國科學家李約瑟主編的七卷巨著《中國科學技術史》，即認爲西方古代科學技術 85% 以上皆源於中國。這是西方人自發的没有任何背景、没有任何色彩的論斷，甚爲客觀，迄今未見异議。此外又有學者指出，中華傳統博物學不祇擁有科技，又超越了科技的範疇，它是"關於物象（外部事物）以及人與物的關係的整體認知、研究範式與心智體驗的集合"，"這種傳統根本無法用科學去理解和統攝"，中華古典博物學"給我們提供的'非科學性思考'，恰恰是它的價值所在"（余欣《中國博物學傳統的重建》，載《中國圖書評論》，2013 年第 10 期，第 45 ～ 53 頁）。這無疑是對"唯科學主義"最有力的批駁！是的，本書極重"科技"研究，又不拘泥於"科技"，同樣重視"非科學性思考"。

中華古典博物學的研究主體是"博物"，是"博物史"，通過對"博物""博物史"的探索，而展現的是人，是人的生存、生活的具體狀況，是人的直觀發展史。中華傳統博物學構成了物我同類、天人合一的博大的獨立知識體系，是理解和詮釋世界的另一視野，這種視野中的諸多"非科學性思考"的博物，科學無法全面解讀，但却是真真切切的客觀存在。所謂傳統博物學是"前科學時代的粗糙的知識和技能的雜燴"，是"非科學性思考"的評價，甚是武斷，祇不過是一種不自覺的"唯科學主義"觀念而已。另將"科學"與"技術"分割開來，強調什麼"科學"與否，這一提法本身就不太"科學"。對此，本書前文已論及，無須複述。我國作爲一個古老國度，在其漫長的生衍過程中，理所當然地包容了"粗糙的知識和技能"。這一狀況世界所有古國盡有經歷，并非中國獨有。"粗糙的知識"的表述似乎也并不恰當，"知識"可有高下深淺之分，未聞有粗糙細緻之別。這所謂"粗糙"，大約是指"成熟"與否，實際上中華傳統博物學所涉之"知識和技能"，并非那麼"粗糙"，常常是合於"科學"的，有些則是非常的"科學"。英國科學家李約瑟等認定古代中國涌現了諸多"黑科技"。何謂"黑科技"？這是當前國際間盛行的術語，即意想不到的超越科技之科技，可見學界也是將"科學"與"技術"連體而稱，而并非稱"黑科學"。認定中國古代"祇有技術而没有科學"，傳統博物學是"前科學時代的粗糙的知識和技能的雜燴"之説，頗有些"粗糙"，準確地説頗有些膚淺！這位學者將傳統博物學統稱爲"前科學時代"的産物，亦是一種妄斷，也頗有些隨心所欲！何謂"前科學時代"？"前科學時代"是指形成科學之前人們僅憑五官而形成的一種感知，這種感知在原始社會時有所見，但也并非全部如此，如鑽木取火、天氣預測、曆法的訂立、灸砭的運用等，皆超越了一般的感知，已經形成了各自相對獨立的科學。看來這位學者并不怎麼暸解中國古代科技史，并不太暸解自家的傳統文化，實屬自誤而誤人。

中華博物學的形成及發展歷程，與西方顯然不同。西方博物學萌生於上古哲人的學説，其後則以自然科學爲研究主體，遍及整個歐洲，全面進入國民的生活領域。在這樣的文化背景之下，西方日益強大，直接影響和推動了社會的發展，因而步入世界前列。我中華悠悠數千載，所涉博物，形形色色，浩浩蕩蕩，逐漸形成了中華獨有的博物學體系，但面臨的背景却非常複雜，與西方比較是另一番天地，那就是貫穿數千載的"重道輕器"觀念與排斥"奇技淫巧"之國風，這一觀念、這一國風，其表現形式就是重文輕理，且愈演愈烈。如中國久遠的科舉制度，應試士子們本可"上談禮樂祖姬孔，下議制度輕雠玄"（見明高啓《送貢士會試京師》詩），縱論古今國事，是非得失，而朝廷則可藉此擇取英才，因而國家得以强盛。時至明代後期，舉國推行的科舉制度竟然定型爲千篇一律的八股文，泯滅了朝廷取才之道，一代宗師顧炎武稱八股之禍勝似"焚書坑儒"（見《日知録·擬題》）。清代後期爲維護其獨裁統治，手段尤爲專橫强硬，又向以"天朝"自居，哪裏會重視什麼西方的"科學技術"？"科學技術"的落伍最終導致文明古國一敗塗地，這也就是"李約瑟難題"的答案！"科學"之所以成爲"科學"，是因爲其出自實踐、實證，實踐、實證是科學的生命。實踐、實證又必須以物質爲基礎，這正與我中華博物學以浩浩博物爲研究主體相合！但中華博物學，或曰博物研究，始終被置於正統的國學之外，這一觀念與國風，極大地制約了中華博物學的發展。制約的結果如何？可以毫不誇張地説，直接阻礙了中國古代社會的歷史進程。

五、中華博物知多少，皓首難解千古謎

中華博物如繁星麗天，難以勝計，其中有諸多別樣博物，可稱之爲"黑科技"者，令人百思不得其解。如八十餘年前四川廣漢西北發現的三星堆古蜀文化遺址，距今約四千八百年至三千年左右，所在範圍非常遼闊，遠超典籍記載的成都平原一帶，此後不斷探索，不斷有新的發現，成爲 20 世紀人類最偉大的考古發現之一。該遺址內三種不同面貌而又連續發展的三期考古學文化，以規模壯闊的商代古城和高度發達的青銅文明爲代表的二期文化最具特點。二期文化中青銅器具占據主導地位，極爲神奇。衆多的青銅人頭象、青銅面具，千姿百態。還有舉世罕見的青銅神樹，該樹有八棵，最高者近 4 米，共分三層，樹枝上栖息有九隻神鳥，應是我國古籍所載"九日居下枝"的體現；斷裂的頂部，當有"一日居上枝"的另一神鳥，寓意九隻之外，另一隻正在高空當班。青銅樹三層

九鳥，與《山海經·海外東經》中所載"扶桑""若木""九日居下枝，一日居上枝"正同。上古時代，先民認爲天上的太陽是由飛鳥所背負，可知九隻神鳥即代表了九個太陽。其《南經》又曰："有木，其狀如牛，引之有皮，若纓、黄蛇。其葉如羅，其實如欒，其木若蘆，其名曰建木。"何謂"建木"？先民認爲"建木"具有通天本能，傳説中伏羲、黄帝等盡皆憑藉"建木"來往神界與人間。由《山海經》的記載可知，這神奇物又來源於傳統文化，大量青銅文化明顯地受到夏商文明、長江中游文明及陝南文明的影響。那些金器、玉器等禮器更鮮明地展現出華夏中土固有的民族色彩。如此浩大盛壯，如此神奇，這一古蜀國究竟是怎樣形成的？又是怎樣突然消失的？詩人李白在《蜀道難》中曾有絶代一問："蠶叢及魚鳧，開國何茫然？"意謂蠶叢與魚鳧兩位先帝，是在什麼時代開創了古蜀國？何以如此茫茫然令人難解？今論者續其問曰："開國何茫然，失國又何年？開失兩難知，千古一謎團。"三星堆的發掘并非全貌，僅占遺址總面積的千分之一左右，只是古蜀文化的小小一角而已，更有浩瀚的未知數，國人面臨的將是另一個陌生的驚人世界。中華民族襟懷如海，廣納百川，中外文化相容并包，故而博大精深。這些百思不得其解的神奇之物，向無答案，確屬於所謂"非科學性思考"，當代專家學者亦爲之拍案。"唯科學主義"面臨這些"黑科技"的挑戰，當然也絶難詮釋。以下再就已見出土，或久已傳世之實物爲例。上世紀80年代，臨潼始皇陵西側出土了兩乘銅車馬，其物距今已有兩千二百餘年，造型之豪華精美，被譽爲世界"青銅之冠"，姑且不論。兩輛車的車傘，厚度僅0.1～0.4厘米，一號車古稱"立車"或"戎車"，傘面爲1.12平方米，二號車傘面爲2.23平方米，而且皆用渾鑄法一次性鑄出，整體呈穹隆形，均勻而輕薄，這一鑄法迄今亦是絶技，無法超越。而更絶的是一號立車的大傘，看似遮風擋雨所用，實則充滿玄機，此傘的傘座和手柄皆爲自鎖式封閉結構，既可以鎖死，又可以打開，同時可以靈活旋轉180度，隨太陽的方位變化而變化，亦可取下插入野外，遮烈日，擋風雨，賞心隨意。令人尤爲稱奇的是，打開傘柄處的雙環插銷，傘柄與傘蓋可各獨立，傘柄就成了一把尖鋭的矛，傘蓋就成了盾，可攻可守。這一0.1～0.4厘米厚的盾，其抗擊力又遠勝今人的製造技術，令今人望塵莫及，故國際友人贊之爲罕見的"黑科技"。此外分存於西安與鎮江東西兩方的北宋石刻《禹迹圖》，尤爲奇異。此圖參閲了唐賈耽《海内華夷圖》，并非單純地反映宋代行政區劃及華夷之間的關係，而是上溯至《禹貢》中的山川、河流、州郡分布，下至北宋當世，已將經典與現實融爲一體。此圖長方約1平方米，宋朝行政區劃即達三百八十個之多，五個大湖，七十座山峰，更有蜿蜒數千里的長江、黃河等江川八十餘條；不祇是中原的地域，尚有與之接壤的大理、吐蕃、西夏、遼等區域，這些區域的山野江河亦有精準的繪製。作爲北宋時代的製圖人，即使能够遍踏域内、域外，也絕難僅憑一己的目力俯瞰全景。此圖由五千一百一十個小方格組成，每一小方格皆爲一百平方公里，所有城市、山野江河的大小距離，盡包容在這些格子裏，全部可以明確無誤地測算出來，其比例尺與今世幾無差異。如此細密精準，必須具有衛星定位之類的高科技纔能繪製出來，九百年前的宋人是憑藉什麼儀器完成的？此一《禹迹圖》較之秦陵銅車馬，更超乎想象，詭異神奇，故而英國學者李約瑟評之爲“世界上最神秘、最杰出的地圖”，美國國家圖書館將一幅19世紀據西安圖打製的拓本作爲館藏珍品。中國古代“黑科技”，又何止臨潼銅車馬與《禹迹圖》？

　　除却上述文獻記載與出土及傳世之物外，另一些則是實見於中華大地的奇特自然景觀，這些百思不得其解的神奇之物，散處天南海北，自古迄今，向無答案，亦屬於所謂“非科學性思考”，當代專家學者亦爲之拍案。“唯科學主義”面臨這些“黑科技”的挑戰，當然也絕難詮釋。我中華大地這些神奇之物，在當世尤應引起重視，國人必須迎接“超科技時代”的到來。如“應潮井”，地處南京市東紫金山南麓定林寺前。此井雖遠在深山之間，却與五公里外的長江江潮相應，江水漲則井水升，江水退則井水降，同處其他諸井皆無此現象。唐宋以來，已有典籍記載，如《江南通志·輿地志·江寧府》引唐段成式《酉陽雜俎》：“蔣山有應潮井，在半山之間，俗傳云與江潮相應，嘗有破船朽板自井中出。”《景定建康志·山川志三·井泉》：“應潮井在蔣山頭陁寺山頂第一峰佛殿後。《蔣山塔記》云：‘梁大同元年，後閣舍人石興造山峰佛殿，殿後有一井，其泉與江潮盈縮增減相應。’”何以如此，自發現以來，已歷千載，迄今無解。以上的奇特之物，多有記載，名揚天下，而另一些奇物，却久遭冷落，默默無聞。如“靈通石”，亦稱“神石”“報警石”，俗稱“猪叫石”。該石位於太行大峽谷林縣境内高家臺輝伏巖村。石體方正，紫紅色，裸露於地面約4立方米，高寬各3米，厚2米，象是一頭體積龐大的臥猪，且能發聲如猪叫。傳聞每逢大事（包括自然灾害、重大變革等）來臨之前，常常“鳴叫”不止，大事大叫數十天，小事則小叫數日，聲音忽高忽低，一次可叫百餘聲，百米之内清晰可聞。但其叫聲祇能現場聆聽，不可録音。何以如此怪異？同樣不得而知！中華博物浩浩洋洋，漫漫無涯，可謂無奇不有，作爲博物之學，亦必全力探究，這也正是中華博物學承担的使命。

六、中華博物學的研究範圍與狀況，新建學科的指嚮與體式如何？

中國當代尚未建立博物學會，也沒有相應的報刊，人們熟知的則是博物院館，而博物院館的職責在於收藏、研究并展出傳世的博物，面對日月星辰、萬物繁衍以及先民生息起居等數千年的古籍記載（包括失傳之物），豈能勝任？中華博物全方位研究的歷史使命祇能由新興的博物學承擔。古老中華，悠悠五千載，博物浩茫，疑難連篇，實難解讀，而新興的博物學却不容迴避，必須做出回答。

本書指稱的博物，包括那些自然物，但并不限於對其形體、屬性的研究，體現了博物古學固有的格致觀念，且常常懷有濃厚的人文情結，可謂奧妙無窮，這又迴別於西方博物學。

如"天宇"，當做何解釋？在中國傳統文化中是與"宇宙"并存的稱謂，重在強調可見的天體和所有星際空間。前已述及，天體直徑可達 930 億光年以上，實際上可能遠超想象。這就出現了絕世難題：究竟何謂天體？天體何來？戰國詩人屈原在其《天問》篇中，曾連連問天："上下未形，何由考之？""馮翼惟象，何以識之？""明明闇闇，惟時何爲？"千古之間，何人何時可以作答？天宇研究在古代即甚冷僻，被稱爲"絕學"。中國是天宇觀測探索最爲細密的文明古國之一，天象觀測歷史也最爲悠遠，殷墟甲骨、《書》《易》諸經，盡有記載，而歷代正史又設有天文、曆律之類專志，皇家設有司天監之類專職機構，憑此"觀天象、測天意"，以決國策。於是，天文之學遂成諸學之首。天宇研究的主體是天空中的各種現象，這些現象又以各種星體的位置、明暗、形狀等的變化爲主，稱之爲星象。星象極其繁複，難以辨識。於是，在天空位置相對穩定的恒星就成爲必要的定位標志。在人們目力所及的範圍內，恒星數以千計，簡單命名仍不便查找和定位，我華夏先民又將天空劃分爲若干層級的區域，將漫天看似雜亂無章的恒星位置相近者予以組合并命名，這些組合的星群稱之爲星宿。古人視天上諸星如人間職官，有大小、尊卑之分，故又稱星官，因而就有了三垣二十八宿，成爲古天宇學最重要理論依據，這一理論西方天文學絕難取代。

再如古代類書中指稱的"蟲豸"，當代辭書亦少有確解。何謂"蟲豸"？舉凡當今動物學中的昆蟲綱、蛛形綱、多足綱，以及爬行動物中的綫形動物、扁形動物、環節動物、軟體動物中形體微小者，皆爲蟲豸之屬。蟲豸形雖微小，然其生存之久、種類之繁、分布之廣、形態之多、數量之巨，從生物、生態、應用、文化等角度，其意義和價值都大异於其他各類動物，或説是其他各類動物所不能比擬的。蟲豸之屬，既能飛於空，亦能游於水，既能潛於土，亦能藏於山，形態萬千，且各具靈性，情趣互异，故古代典籍遍見記叙，不僅常載於詩文，且多見筆記、小説中。先民又常憑藉其築穴或搬遷之類活動，以預測氣象變化或靈异别端，同樣展現了一幅具體生動的蟲文化畫卷，既有學術價值，又充滿趣味性。自《詩》始，就出現了咏蟲詩，其後歷代從蝶舞蟬鳴、蟻行蛇爬中得到靈感者代不乏人，或以蟲言志，或以蟲抒懷，或以蟲爲比，或以蟲爲興，甚至直以蟲名入於詞牌、曲牌，如僅蝴蝶就有“蝴蝶兒”“玉蝴蝶”“粉蝶兒”“蝶戀花”“撲蝴蝶”“撲粉蝶”等名類。唐歐陽詢《藝文類聚》收集有關蟬、蠅、蚊、蝶、螢、叩頭蟲、蛾、蜂、蟋蟀、尺蠖、螳、蝗等蟲類的詩、賦、贊等數量浩繁，後世仿其體例者甚多，如《事物紀原》《五雜俎》《淵鑑類函》《古今圖書集成·禽蟲典》等，洋洋大觀。不僅詩詞歌賦，在成語、俗語中，言及蟲豸者，亦不可勝數，如莊周夢蝶、蟳首蛾眉、金蟬脱殼、螳螂捕蟬、螳臂當車、蚍蜉撼樹、作繭自縛、飛蛾撲火（詞牌名爲“撲燈蛾”）等；不僅見諸歷代詩文，今世辭章以蟲爲喻者，仍沿襲不衰，如以蝸喻居、以蝶喻舞、以蟬翼喻輕薄、以蛇蠍喻狠毒等，比比皆是，不勝枚舉。

　　本博物學所指稱博物又包括了人類社會生活的各方面、領域，自史前達於清末民初，有的則可直達近現代，至巨至微，錯綜複雜。而對於某一具體實物，必須從其初始形態、初始用途的探討入手，而後追逐其發展演變過程，這樣纔能有縱横全面的認定，從而作出相應的結論，這正是新興博物學的使命之一。今僅就我中華民族時有關涉者予以考釋。今日，國人對於古代社會生活實在太過陌生，現當代權威工具書所收録的諸多重要的常見詞目，常常不知其由來，遭致誤導。如“祭壇”一詞，《漢語大詞典·示部》釋文曰：

　　祭壇：供祭禮或宗教祈禱用的臺。劉大傑《中國文學發展史》第一章三：“無論藝術哲學都得屈服於宗教意識之下，在祭壇下面得着其發展生命了。”艾青《吹號者》詩：“今日的原野呵，已用展向無限去的暗緑的苗草，給我們布置成莊嚴的祭壇了。”亦指上壇祭祀。侯寶林《改行》：“趕上皇上齋戒忌辰，或是皇上出來祭壇，你都得歇工（下略）。”

　　以上引用的三個書證全部是現代漢語，檢索此條的讀者可能會認定“祭壇”乃無淵源的新興詞，與古漢語無關。豈不知《晋書·禮志下》《舊唐書·禮儀志三》《明史·崔亮傳》

諸書皆有“祭壇”一詞，又皆爲正史，并不冷僻。《漢語大詞典》爲證實“祭壇”一詞的存在，廣予網羅，頗費思索，連同侯寶林的相聲也用作重要書證。侯氏雖被贊爲現代語言大師，但此處的“祭壇”，并非“供祭禮或宗教祈禱用的臺”，“祭”與“壇”爲動賓語結構，并非名詞，不足爲據。還應指出，“祭壇”作爲人們祭祀或祈禱所用實體的臺，早在史前即已出現，初始之時不過是壘土爲臺罷了。

此外，直接關涉華夏文化傳播形式的諸多博物更是大异於西方。如“文具”初稱“書具”，其稱漢代大儒鄭玄在《禮記·曲禮上》注中已見行用。千載之後，宋人陶穀《清异錄·文用》中始用“文具”一詞。文具泛指用於書寫繪畫的案頭用具及與之相應的輔助用具。國人憑藉這些文具，創造了最具特色的筆墨文化、筆墨藝術，憑藉這些文具得以描述華夏五千載的燦爛歷史。中華傳統文具究有多少？國人最爲熟悉的莫過於“文房四寶”，實際又何止“文房四寶”？另有十八種文房用具，定名爲“十八學士”，宋代林洪曾仿唐韓愈《毛穎傳》作《文房職方圖贊》（簡稱《文房圖贊》，即逐一作圖爲之贊）。實際上遠超十八種，如筆筒、筆插、筆搋、筆洗、墨水匣、墨床、水注、水承、水牌、硯滴、硯屏、印盒、帖架、鎮紙、裁刀、鉛槧、算袋、照袋、書床、筆擱、高閣，等等，已達三十種之多。

“文房四寶”“十八學士”之類中華獨具的傳統文化，今國人熟知者已不甚多，西方博物又何從涉及？何可包容？

七、新興博物學的表述特點，其古今考辨的啓迪價值

當代新興博物學所展現的是中華博物本身的生衍變化以及其同物异名、同名异物等，其主旨之一在於探尋我古老的中華民族的真實歷史面貌，溫故知新，從而更加熱爱我们偉大的中華文明。

偉大的中華民族，在歷史上產生过許多杰出的思想觀念，比如，我中華民族風行百代的正統觀念是“君爲輕，民爲本，社稷次之”（見《孟子·盡心下》），這就是强调人民高於君王，高於社稷（猶“國家”），人民高於一切！古老的中華正統對人民如此愛護，如此尊崇，在當今世界也堪稱難得。縱觀朝代更迭的全部歷史可知，每朝每代總有其興起及消亡的過程，有盛必有衰。在這部《通考》中，常有實例可證，如有關商代都城“商邑”的

記載，就頗具代表性。試看，《詩·商頌·殷武》："商邑翼翼，四方之極。"鄭玄箋："極，中也。商邑之禮俗翼翼然……乃四方之中正也。"孔穎達疏："言商王之都邑翼翼然，皆能禮讓恭敬，誠可法則，乃爲四方之中正也。"《詩》文謂商都富饒繁華，禮俗興盛，足可爲全國各地的學習楷模。"禮俗"在上古的地位如何？《周禮·天官·大宰》曰："以八則治都鄙：一曰祭祀，以馭其神……六曰禮俗，以馭其民。"這是説周代統治者以禮俗馭其民，如同以祭祀馭鬼神一樣，未敢輕忽怠慢，禮俗之地位絶不可等閑視之。古訓曰："倉廩實而知禮節，衣食足而知榮辱。"（見《史記·管晏列傳》）此處的"禮節"是禮俗的核心内容，可見禮俗源於"倉廩實"。"倉廩實"展現的是國富民强，而國富民强，必重禮俗，禮俗展現了國家的面貌。早在三千年前的商代，已如此重視禮俗。"商邑翼翼"所反映的是上古時期商都全盛時期的繁華昌明，其後歷代亦多有可以稱道的興盛時期，如"漢武盛世""文景盛世"、唐"貞觀盛世""開元盛世"、宋"嘉祐盛世"、明"永宣盛世"、清"康乾盛世"等，其中更有"夜不閉户，路不拾遺"的佳話。盛世總是多於亂世，或曰温飽時代總是多於飢寒歲月。唐代興盛時期，君臣上下已萌生了甚爲隨和的禮儀狀態，不喜三拜九叩之制，宋元還出現了"衣食父母"之類敬詞（見宋祝穆《古今事物類聚別集》卷二〇、元關漢卿《寶娥冤》第二折），這正體現了"王者以民爲天，民以食爲天"（見《漢書·酈食其傳》）的傳統觀念。中國歷史上的黎民百姓并非一直生活在水深火熱之中，在漫長的歲月中也常有温飽寧静的生活，因而涌現了諸多忠心報國的詩詞。如"但使龍城飛將在，不教胡馬度陰山"（唐王昌齡《出塞二首》之一）；"忘身辭鳳闕，報國取龍庭"（王維《送趙都督赴代州得青字》）；"僵卧孤村不自哀，尚思爲國戍輪臺"（宋陸游《十一月四日風雨大作》）；"奇謀報國，可憐無用，塵昏白羽"（宋朱敦儒《水龍吟·放船千里凌波去》）。

　　久已沉淪的傳統博物學今得重建，可藉以知曉我中華兒女擁有的是何樣偉大而可愛的祖國！偉大而可愛的祖國，江山壯麗，蘭心大智，光前裕後，莘莘學子尤當珍惜，尤當自豪！回眸古典博物學的沉淪又可確知，鴉片戰争給中華民族帶來的是空前的傷害，不衹是漢唐氣度蕩然無存，國勢極度衰微，最爲可怕的是傷害了民族自信，爲害甚烈。傷害了民族自信，則必會輕視或否定傳統文化，百代信守的忠義觀念、仁義之道，必消失殆盡，代之而來的則是少廉寡恥，爾虞我詐，以崇洋媚外爲榮，這一狀況久有持續，對青少年的影響尤甚，怎不令人痛心！時至當代，正全力弘揚中華優秀傳統文化，全力推行科技創新，踔厲奮發，重振國風，這又怎不令人慶幸！

　　新興博物學在展現中華博物本身的生衍變化進而展現古代真切的社會生活之外，又展現了一種獨具中華風采的文化體系。如常見語詞"揚州瘦馬"，其來歷如何？祇因元馬致遠《天淨沙·秋思》中有"西風古道瘦馬"之句。自 2008 年山西呂梁市興縣康寧鎮紅峪村發現元代壁畫墓以來，其中的一首《西江月》小令："瘦藤高樹昏鴉，小橋流水人家，古道西風瘦馬，夕陽西下，已獨不在天涯。"在學界引發了關於《天淨沙·秋思》的爭論熱議。由《西江月》小令聯想元代的另一版本："瘦藤老樹昏鴉，遠山流水人家，古道西風瘦馬，夕陽西下，斷腸人去天涯。"於是有學人又認爲此一"瘦馬"當指"揚州藝妓"，意謂形單影隻的青樓女子思念遠赴天涯的情郎——"斷腸人"，但這小令中的"瘦馬"之前，何以要冠以"古道西風"四字？則不得而知。通行本狀寫天涯游子的冷落淒涼情景，堪稱千古絕唱，無可置疑。那麼何以稱藝妓爲"瘦馬"？"瘦馬"一詞，初見於唐白居易《有感》詩三首之二："莫養瘦馬駒，莫教小妓女。後事在目前，不信君看取。馬肥快行走，妓長能歌舞。三年五年間，已聞換一主。"金董解元《西廂記諸宮調》中的《仙呂·賞花時》又載："落日平林噪晚鴉，風袖翩翩吹瘦馬。"此處的"瘦馬"無疑確指藝妓。稱妓女爲人人可騎的馬，後世又稱之爲"馬子"，是一種侮辱性的比擬。何以稱"瘦"？在中國古代常以"瘦"爲美，"瘦"本指腰肢纖細，故漢民歌曰："楚王好細腰，宮中多餓死。""細腰"強調的是苗條美麗。"好細腰"之舉，在南方尤甚，揚州的西湖所以稱之爲"瘦西湖"，不祇是因其狹長緊連京杭大運河，實則是因湖邊楊柳依依，芳草萋萋，又有荷花池、釣魚臺、五亭、二十四橋，美不勝收，較之杭州西湖有一種別樣的美麗。國人何以推崇揚州？《禹貢》劃定九州之中就有揚州，今之揚州已有兩千五百餘年的歷史。其主城區位於長江下游北岸，可追溯至公元前 486 年。春秋時期，吳王夫差在此開鑿了世界最早的運河——邗溝，建立邗城，孕育了唯一與邗溝同齡的運河城；因水網密布，氣候溫潤，公元前 319 年，楚懷王熊槐在此建立廣陵城（今揚州仍沿稱"廣陵"），遂成爲中華歷史名城之一。此後歷經魏晉等朝代多次重修，至隋文帝開皇九年（589），廣陵改稱揚州。揚州除却政治地位顯赫之外，又是美女輩出之地，歷史上曾有漢趙飛燕、唐上官婉兒及南唐風流帝王李煜先後兩任皇后周薔、周薇，號稱"四大美女"。隋煬帝楊廣又在此開鑿大運河，貫通至京都洛陽旁連涿郡，藉此運河三下揚州，尋歡作樂。時至唐代，揚州更是江河交匯，四海通達，成爲全國性的交通要衝，故有"故人西辭黃鶴樓，煙花三月下揚州。孤帆遠影碧空盡，唯見長江天際流"的著名詩篇（唐李白《黃鶴樓送孟浩然之廣陵》，今之揚州已遠離長江）。揚州在唐代是除却長安之外的最爲繁華的大都會，商旅雲聚，青樓大興，成爲文壇才士、豪門公子醉生夢死之地。唐王建《夜看揚州市》詩贊曰："夜市千燈照碧雲，高樓紅袖客紛紛。"詩人杜牧《遣懷》更有名作："落魄江湖載酒行，楚腰纖細掌中輕。十年一覺揚州夢，赢得青樓薄幸名。"此"楚腰纖細掌中輕"之用典，即直涉楚靈王好細腰與趙飛燕的所謂"掌中舞"兩事。杜牧憑藉豪放而婉約的詩作，赢得百世贊頌，此詩實是一種自嘲、以書懷才不遇之作，却曾遭致史家"放浪薄情"的詬病。大唐之揚州，確是令人嚮往，令人心醉，故而詩人張祜有"人生只合揚州死"（見其所作《縱游淮南》）之感嘆。元代再度大修的京杭大運河弃洛陽直達北京，揚州之地位愈加顯赫。總之，世界這一最古最長的大運河歷代修建，始終離不開揚州。時至明清，揚州經濟依然十分繁盛，仍是達官貴人喜於擇居之地，兩淮鹽商亦集聚於此，富甲一方，由此振興了園林業、餐飲業，娱樂中的色情業也應運而生，養"瘦馬"就是其中的一種，一些投機者低價買進窮苦人家的美麗苗條幼女，令其學習言行禮儀、歌舞繪畫及其他媚人技能技巧，而後以高價賣至青樓或權貴豪門，大發其財。除却"揚州瘦馬"之外，又催生了著名的"揚州八怪"，文化藝術色彩愈加分明。

　　"揚州瘦馬"本是一種當被摒弃的陋習，不足爲訓，但這一陋習所反映出的却是關聯揚州的一種别樣的文化，反映了揚州古今社會的經濟發展與變化，這當然也是西方博物學替代不了的。

結　語

　　綜上所述可知，中華博物學是學術研究中的另一方天地，無可替代，必須重建，且勢在必行。如何重建？如何展現我中華博物獨有的神貌？答曰：中華博物絶非僅指博物館的收藏物，必須是全方位的，無論是宮廷裏，無論是山野間，無論是人工物，無論是天然品，無論是社會中，無論是自然界裏，皆應廣予收録考釋。考釋的主旨，乃探索我中華浩浩博物的淵源、流變。此一博物學甚重"物"的形體、屬性及其淵源流變，同時又關注其得名由來，重視兩者間的生衍關係。通常而言（非通常情況當作别論），在人類社會中有其物必當有其名，有其名亦必有其物。此外，更有同物异名，或同名异物之别。探究“物”本體的淵源流變并釐清名物關係，這就是中國古典博物學的使命，這也正是最爲嚴密的格物致知，也正是最爲嚴肅的科學體系。但中國古典博物學，又必須體現《博物記》以還的國學傳統，必須體現博大的天人視野及民胞物與情懷，有助於我中華的再度振起，乃至於世界的安寧和諧。而那些神怪虛無之物，則不得納入新的博物學中，祗能作爲附錄以備考。如何具體裁定，如何通盤布局，并非易事，遠超想象。因我中華民族是喜愛并嚮往神話的古老民族，又常常憑藉豐富的想象對某種博物作出判斷與解讀，判斷與解讀的結果，除却導致無稽的荒誕之外，又時或引發別樣的思考，常出乎人們的所料，具有別樣的價值。如水族中的“比目魚”，亦稱“王餘魚”“兩鮍”“拖沙魚”“鞋底魚”“板魚”“箬葉”，俗稱“偏口魚”，爲鰈形目魚類之古稱。成魚身體扁平而闊，兩眼移於頭的另一端，習慣於側臥，朝上的一面有顏色鮮明的眼睛，朝下一面似無眼睛，先民誤以爲祗有一眼，必須相互比并而行。此一判斷與解讀，始自漢代《爾雅·釋地》：“東方有比目魚焉，不比不行。”郭璞注：“狀似牛脾……一眼，兩片相合乃得行。今水中所在有之，江東又稱爲王餘魚。”事過千載，直至明代李時珍《本草綱目》問世，盡皆認定比目魚僅有一隻眼，出行必須各藉他魚另一眼（見《本草綱目·鱗四·比目魚》）。傳統詩文中用比目魚以比喻形影不離的情侶或好友，先民爭相傳頌，百代不休，直至 1917 年徐珂的《清稗類鈔》問世，始知比目魚兩眼皆可用，不必兩兩并游（《清稗類鈔·動物篇》）。古人憑藉想象，又認爲尚有與比目魚相對應的“比翼鳥”，見於《爾雅·釋地》：“南方有比翼鳥焉，不比不飛。”這一“比翼鳥”，僅一目一翼，須雌雄并翼飛行，如同比目魚一樣，亦用以比喻形影不離的情侶或好友。“比目魚”“比翼鳥”之類虛幻者外，後世又派生了所謂“連理枝”，著名詩作有唐白居易《長恨歌》曰：“在天願爲比翼鳥，在地願爲連理枝。”何謂“連理枝”？“連理枝”是指自然界中罕見的偶然形成的枝和幹連爲一體的樹木。“連理枝”之外，又出現了“并蒂蓮”之類。“并蒂蓮”亦稱“并頭蓮”“合歡蓮”等，是指一莖生兩花，花各有蒂，蒂在花莖上連在一起的蓮花。這種“連理枝”“并蒂蓮”，難以納入下述的世界通行的階元系統，也難依照林奈創立的雙名命名法命名，但却又是一種不可忽視的實物，是大自然所形成的另一種奇妙的實物。此一“并蒂蓮”如同“比目魚”“連理枝”一樣，亦用以喻情侶或好友，同樣廣見於傳統詩文。歲月悠悠，始於遠古，達於近世，先民對於我中華博物的無限想象以及與之并行的細密觀察探索，令人嘆爲觀止，凡天地生靈、袞袞萬物，無所不及，超乎想象，從而構成了一幅文明古國的壯闊燦爛畫卷。

這當是歷經百年沉淪、今得復蘇的我國傳統的博物學，這當是重建的嶄新的全方位的中華博物學。

中華博物學除却遵循發揚傳統的名物學、訓詁學、考據學及近世的考古學之外，也廣泛汲取了當代天文、地理、生物、礦物、農學、醫學、藥學諸學的既有成就，其中動植物的本名依照世界通行的階元系統，分爲界、門、綱、目、科、屬、種七類。又依照瑞典卡爾·馮·林奈（瑞文Carl von Linné）創立的雙名命名法命名。"連理枝""并蒂蓮""比目魚""比翼鳥"之屬旁及龍、鳳、麒麟、貔貅等傳説之物，則作爲附録，劃歸相應的動物或植物卷中。這樣的研究章法，這樣的分類與標注，避免了傳統分類及形狀描述的訛誤或不確定性，即可與國際接軌。綜合古今中外，論者認爲《中華博物通考》的研究主體，可劃歸三十六大類，依次排列如下：

《天宇》《氣象》《地輿》《木果》《穀蔬》《花卉》《獸畜》《禽鳥》《水族》《蟲豸》《國法》《朝制》《武備》《教育》《禮俗》《宗教》《農耕》《漁獵》《紡織》《醫藥》《科技》《冠服》《香奩》《飲食》《居處》《城關》《交通》《日用》《資産》《珍奇》《貨幣》《巧藝》《雕繪》《樂舞》《文具》《函籍》。

存史啓智，以文育人，乃我中華千載國風。新時代習近平總書記甚重民族自信、文化自信，極力倡導"舊邦新命"，明確指出要"盛世修文"，怎不令人振奮，令人鼓舞！今日，我輩老少三代前後聯手、辛苦三十餘載、三千餘萬言的皇皇巨著——《中华博物通考》欣幸面世，并得到國家出版基金资助。這就昭示了沉淪百載的中華傳統博物學終得復蘇，這就是重建的全新中華博物學。"舊邦新命""盛世修文"，重建博物學，旨在賡續中華文脉，發揚優秀傳統文化，汲取生生不息的精神力量，再現偉大民族的深邃智慧，展我生平志，圓我强國夢！

張述錚

乙丑夾仲首書於山東師範大學映月亭
甲辰南吕增補於歷下龍泉山莊東籬齋

總　説

——漫議重建中華博物學的歷史意義與現實價值

緣　起

《中華博物通考》（下稱《通考》）是一部通代史論性的華夏物態文化專著，係"九五""十五""十四五"國家重點出版物專項規劃項目，并得到 2020 年度國家出版基金資助。全書共三十六卷，另有附録一卷，其中有許多卷又分上下或上中下，計有五十餘册，逾三千萬字。《通考》的編纂，擬稿於 1990 年夏，展開於 1992 年春，迄今已歷三十餘載，初始定名爲《中華博物源流大典》，原分三十二門類（即三十二卷）。此後，歷經斟酌修補，終成今日規模。三十餘載矣，清苦繁難，步履維艱，而大江南北，海峽兩岸，衆多學人，三代相繼，千里聯手，任勞任怨，無一退縮，何也？因本書關涉了古老國度學術發展的重大命題，足可爲當今社會所藉鑒，作者們深知自家承擔的是何樣的重任，未敢輕忽，未敢怠慢。

何謂中華物態文化？中華物態文化的研究主體就是中華浩博實物。其歷史若何？就文字記載而言，中華物態文化史應上溯於傳説中的三皇五帝時期，隸屬於原始社會。"三皇五帝"究竟爲何人，我國史家多有不同見解，大抵有三説：一曰"人間君主説"，"三皇"分别指天皇、地皇、人皇，"五帝"分别指炎帝烈山氏、黄帝有熊氏、顓頊高陽氏、帝堯陶唐氏和帝舜有虞氏；二曰"開創天下説"，三皇分別指有巢氏、燧人氏、伏羲氏，"五帝"分別指炎帝烈山氏、黄帝有熊氏、顓頊高陽氏、帝堯陶唐氏和帝舜有虞氏；三曰"道治德化説"，認爲"三皇以道治，五帝以德治"，"三皇"是遠古三位有道的君主，分別指太昊伏羲氏、炎帝神農氏及黄帝軒轅氏，五帝則是少昊金天氏、顓頊高陽氏、帝嚳高辛氏、帝堯陶唐氏和帝舜有虞氏。有關三皇五帝的組合方式，典籍記載亦不盡相同，大抵有四種，在此不予臚列。"三皇五帝"所處時間如何劃定，學界通常認爲有巢、燧人、伏羲屬於舊石器時代，有巢、燧人爲早期，伏羲爲晚期，其餘皆屬新石器時代，炎帝、黄帝、少昊、顓頊等大致同時，屬仰韶文化後期和龍山文化早期。"三皇五帝"後期，已萌生并逐步邁進文明史時代。

中華文明史，國際上通常認定爲三千七百年（主要以文字的誕生與城邑的出現等爲標志），國人則認定爲逾五千年，今又有九千年乃至萬年之説。後者可以上溯至新石器時代，如隸屬裴李崗文化的河南省舞陽縣賈湖村出土了上千粒碳化稻米，約有九千年歷史，是世界最早的栽培粳稻種子。經鑒定其中百分之八十以上不同於野生稻，近似現代栽培稻種，可證其時已孕育了農耕文化。其中發現的含有稻米、山楂、葡萄、蜂蜜的古啤酒也有九千年以上的歷史，可證其時已掌握了釀造術。賈湖又先後出土了幾十支骨笛，也有七千八百年至九千年的歷史，其中保存最爲完整者，可奏出六聲音階的樂曲，反映了九千年前，中華民族已具有相當高度的生産力與創造力、具有相當高度的文化藝術水準與審美情趣。有美酒品嘗，有音樂欣賞，彼時已知今人所稱道的"享受生活"，當非原始人所能爲。賈湖遺址的發現并非偶然，近來上山文化晚期浙江義烏橋頭遺址，除却出土了古啤酒之外，又發現諸多彩陶，彩陶上還繪有伏羲氏族所創立的八卦圖紋飾，故而國人認爲這一時期中華文明已開始形成，至少連續了九千載。中華文明的久遠，當爲世界四大文明古國之首，徹底否定了中華文明西來之説。九千載之説雖非定論，却已引起舉世關注。此外，江西省上饒市萬年縣大源鄉仙人洞遺址發現的古陶器則産生於一萬九千至兩萬年前，又遠超前述的出土物的製作時間。雖有部分學界人士認爲仙人洞遺址隸屬於舊石器遺址，并未進入文明時代，但其也足可證中華博物史的久遠。

一、何謂“博物”與《中華博物通考》？《通考》的要義與章法何在？

何謂“博物”？“博物”一詞，首見於《左傳·昭公元年》：“晋侯聞子産之言，曰：‘博物君子也。’”其他典籍也時有記載，如《漢書·楚元王傳贊》：“自孔子後，綴文之士衆也，唯孟軻、孫況、董仲舒、司馬遷、劉向、揚雄此數公者，皆博物洽聞，通達古今。”《周書·蘇綽傳》：“太祖與公卿往昆明池觀魚，行至城西漢故倉地，顧問左右莫有知者。或曰：‘蘇綽博物多通，請問之。’”以上“博物”指博通諸種事物，一般釋爲“知識淵博”。此外，《三國志·魏書·國淵傳》：“《二京賦》博物之書也，世人忽略，少有其師可求。”唐釋玄奘《大唐西域記·摩臘婆國》：“昔此邑中有婆邏門，生知博物，學冠時彥，内外典籍，究極幽微，曆數玄文，若視諸掌。”明王禕《司馬相如解客難》：“借曰多識博物，賦頌所託，勸百而風一。”這些典籍所載之“博物”，即可釋爲今義之“浩博實物”。這一浩博實物，任一博物館盡皆無法全部收藏。本《通考》指稱的“博物”既可以是天然的，也可以是人工的；既可以是静態的，也可以是動態的；既可以是斷代的，也可以是歷時的，是古今并存，巨細俱備，時空縱横，浩浩蕩蕩，但必須是我中華獨有，或是中土化的。研究這浩蕩博物的淵源流變以及同物異名或同名异物之著述即《博物通考》，而爲與西方博物學相區别，故稱之爲《中華博物通考》。

在中國古代久有《皇覽》《北堂書鈔》等類書、《儒學警語》《四庫全書》等叢書以及《爾雅》《説文》等辭書，所涉甚廣，却皆非傳統博物典籍。本書草創之際，唯有《中國學術百科全書》《中華百科全書》《中國大百科全書》之類風行於世，這類百科全書亦皆非博物學專著。專題博物學著作甚爲罕見，僅有今人印嘉祥《物源百科辭書》，俞松年、毛大倫《生活名物史話》，抒鳴、鋭鏵《世界萬物之由來》等幾種，多者收詞約三千條，少者僅一百八十餘款，或洋洋灑灑，或鳳毛麟角，各有千秋，難能可貴。《物源百科辭書》譽稱“我國第一部物源工具書”（見該書序），此書中外兼蓄，虚實并存，堪稱廣博，惜略顯雜蕪。本《通考》則另闢蹊徑，别有建樹，可稱之爲當代第一部“中華古典博物學”。

《通考》甚重對先賢靈智的追踪與考釋。中華民族是滿富慧心的偉大民族，極善觀察探索，即使一些不足挂齒的微末之物也未忽視，且載於典籍，十分翔實生動。如對常見的鳥類飛行方式即有以下描述：鳥學飛曰翎，頻頻試飛曰習，振翅高飛曰翥，向上直飛曰翀，張翼扶摇上飛曰羿，鳥舒緩而飛、不高不疾曰翖、曰翂，快速飛行曰翚，水上飛行曰祿，高飛曰翰，輕飛曰翩，振羽飛行曰翻，等等，不一而足。如此細密的觀察探隱，堪稱世界之最，令人嘆服！而關於禽鳥分類學，在中國古代也有獨到見解。明代李時珍所著《本草綱目》已建立了階梯生態分類系統，將禽鳥劃分爲水禽、原禽、林禽、山禽等生態類別，具有劃時代意義。這一生態分類法較瑞典生物學家林奈的《自然系統》（第十版）中的分類要早一百六十餘年，充分展示了我國古代鳥類分類學的輝煌成就，駁正了中國傳統生物學一貫陳腐落後的舊有觀念。此外，那些目力難及、浩瀚的天體，也盡在先民的觀察探索之中，如關於南天極附近的星象，遠在漢代即有記載。漢武帝元鼎六年（公元前 111），滅南越國，置日南九郡事，《漢書》及顏注、酈道元《水經注》有關"日南"的定名中皆有詳述，而西方於 15 世紀始有發現，晚中國一千四百餘年。再如，關於太陽黑子，在我國漢代亦有記載，《漢書·五行志》載："日黑居仄，大如彈丸。"其後《晉書·天文志中》亦載："日中有黑子、黑氣、黑雲。"而西方於 17 世紀始有發現，晚於中國一千六百餘年。惜自清朝入關之後，對於中原民族，對於漢民族長期排斥壓抑，致使靈智難展，尤其是中後期以來的專制國策，遭致國弱民窮，導致久有的科技一蹶不振，於是在列强的視野下，中華民族變成了一個愚昧的"劣等"民族。受此影響，一些居留國外或留學國外的學人，亦曾自卑自弃，本書《導論》曾引胡適的評語：中華民族是"又愚又懶的民族"，是"一分像人，九分像鬼的不長進民族"（見胡適《介紹我自己的思想》，1930年 12 月亞東圖書館初版《胡適文選》自序）。本《通考》有關民族靈智的追蹤考索，巨細無遺，成爲另一大特點。

《通考》遵從以下學術體系：宗法樸學，不尚空論，既重典籍記載，亦重實物（包括傳世與出土文物）考察，除却既有博物類專著自身外，今將博物研究所涉文獻歸納爲十大系統：一曰史志系統，即史書中與紀傳體并列，所設相對獨立的諸志。如《禮樂志》《刑法志》《藝文志》《輿服志》等，頗便檢用。二曰政書類書系統。重在掌握典制的沿革，廣求佚書異文。三曰考證系統。如《古今注》《中華古今注》《敬齋古今黈》等，其書數量無多，見重實物，頗重考辨。四曰博古系統。如《刀劍録》《過眼雲煙録》《水雲録》《墨林快事》等，這些可視爲博物研究散在的子書，各有側重，雖常具玩賞性，却足資藉鑒。五曰本草系統。其書草木蟲魚、水土金石，羅致廣博，雖爲藥用，已似百科全書。六曰注疏系統。爲古代典籍的詮釋與發揮。如《易》王弼注、《詩》毛亨傳、《史記》裴駰集解、《老子》魏源本義、《楚辭》王夫之通釋、《三國志》裴松之注、《水經》酈道元注、《世說新語》

劉孝標注等。七曰雅學系統、許學系統，或直稱之爲訓詁系統，其主體就是名物研究，後世稱爲“名物學”。八曰異名辨析系統。已成爲名物學的獨立體系。如《事物异名》《事物异名録》等，旨在同物异名辨析。九曰説部系統。包括了古代筆記、小説、話本、雜劇之類被正統學者輕視的讀物，這是正統文化之外，隱逸文化、民間文化的淵藪，一些世俗的衣、食、住、行之類日常器物，多藉此得見生動描述。十曰文物考古系統，這是博物研究中至爲重要的最具震撼力的另一方天地，因爲這是以歷代實物遺存爲依據的，足可印證文獻的真僞、糾正其失誤，多有創獲。

二、《通考》内容究如何，今世當作何解讀？

《通考》内容極爲豐富，所涉範圍極廣，古今上下，時空縱横，實難詳盡論説，今略予概括，主要可分兩大方面，一爲自然諸物，二爲社科諸物，兹逐一分述如下：

（一）自然諸物：包括了天地生殖及人力之外的一切實體、實物，浩博無涯，可謂應有盡有。

如“太陽”“月亮”，在我中華凡是太空中的發光體（包括反射光體）皆被稱爲“星”，因此漢語在吸納現代天文學時，承襲了這一習慣，將“太陽”這類自身發光的等離子物體命名爲恒星。《天宇卷》研究的主體就是天空中的各種星象。星象就是指各種星體的位置、明暗、形狀等的變化。星象極其繁複，難以辨識。於是，在天空中位置相對穩定的恒星就成爲必要的定位標志。在人們目力所及的範圍内，恒星數以千計，先民將漫天看似雜亂無章的恒星位置相近者予以組合并命名，這些組合的星群稱之爲星宿，因而就有了三垣二十八宿之説。在远古難以對宇宙進行深入探索的時代，先民未能建立起完整的天體概念，也不知彼此的運動關係，僅憑藉直感認知，將所見的最強發光體——“太陽”本能地給予更多的關注，作出不同於西方的別樣解釋。視太陽爲天神，太陽的出没也被演繹成天神駕車巡游，而夸父追日、后羿射日等典故，則承載了諸多遠古信息。先民依據太陽的陰陽屬性、形體形象、光熱情況、時序變化、神話傳説及俗稱俗語等特點，賦予了諸多別名和异稱，其數量達一百九十餘種，如“陽精”“丙火”“赤輪”“扶桑”“東君”“摩泥珠”等，可見先民對太陽是何等的尊崇。對人們習見的“月亮”，《天宇卷》同樣考釋了其异名別稱及其得名由來。今知月亮异名別稱竟達二百二十餘種，較之“太陽”所收尤爲宏富。如

“太陰”“玉鏡”“嬋娟”“姮娥”“顧兔”“桂影”“玉蟾蜍”“清凉宮”，等等。而關於“月亮”的所見所想，所涉傳聞佳話，連綿不絶，超乎所料。掩卷沉思，無盡感慨！中華民族是一個明潔温婉、追求自由、嚮往和平、極具夢想的偉大民族。愛月、咏月、賞月、拜月，深情綿綿，與月亮别有一番不解之緣！饒有趣味者，爲東君太陽神驅使六龍取車的羲和，如同爲太陰元君駕車的望舒一樣，竟也是一位女子，可見先民對於女性的信賴與尊崇。何以如此？是母系社會的遺風流韵麼？不得而知！足證《通考》探討“博物”的意義并不祇在“博物”自身，而是關乎“博物”所承載的傳統文化。

再如古代出現的“雪”“雹”之類，國人多認定與今世無多大差異，實則不然。《氣象卷》收有“天山雪”“陰山雪”“燕山雪”“嵩山雪”“塞北雪”“南秦雪”“秦淮雪”“廬山雪”“嶺南雪”“犬吠雪”（偏遠的南方之雪。因犬見而驚吠，故稱），等等，這些雪域不祇在長城内外，又達於大江南北，可謂遍及全國各地，令人眼界大開。這些雪域的出現，又并非遠古間事，所見文字記載盡在南北朝之後，而“嶺南雪”竟見於明清時期，致使今人難以置信。若就人們對雪的愛惡而言，有“瑞雪”“喜雪”“灾雪”“惡雪”；若就雪的屬性而言，有“乾雪”“濕雪”“霧雪”“雷雪”；若就降雪時間長短而言，有“連旬雪”“連二旬雪”“連三旬雪”“連四旬雪”；若就雪的危害而言，有“致人凍死雪”“致人相食雪”等，不一而足。此外，雪另有色彩之别，本卷收有“紅雪”“緑雪”“褐雪”“黑雪”諸文，何以出現紅、緑、褐、黑等顏色？這是由於大地上各類各色耐寒的藻類植物被捲入高空，與雪片相遇，從而形成不同色彩。對此，先民已有細微觀察，生動描述，但未究其成因。1892 年冬，意大利曾有漫天黑雪飄落，經國際氣象學家研究測定，此一現象乃是高空中億萬針尖樣小蟲，在飛翔時與雪片粘連所致。這與藻類植物被捲入高空，導致顏色的變幻同理。或問，今世何以不見彩色之雪？因往昔大地之藻類及針尖樣小蟲，由於生態環境的破壞而消失殆盡。就氣象學而言，古代出現彩雪，是正常中的不正常，現代祇有白雪，則是不正常中的正常。本卷中有關雹的考釋，同樣頗具情趣，十分精彩。依雹的顏色有“白色雹”“赤色雹”“黑色雹”“赤黑色雹”，依形狀有“杵狀雹”“馬頭狀雹”“車輪狀雹”“有柄多角雹”，依長度有“長徑尺雹”“長尺八雹”，依重量有“重四五斤雹”“重十餘斤雹”，依危害則有“傷禾折木雹”“擊殺鳥雀雹”“擊殺獐鹿雹”“擊死牛馬雹”“壞屋殺人雹”等，這些記載并非出自戲曲小説，而是全部源於史書或方志，時間地點十分明確，毋庸置疑。古今氣象何以如此不同？何以如此反常？祇嘆中國古代的科研體系多注重對現象的觀察，而不求其成因，祇是將以上現象置於史志之中，予以記載而已。本《通考》對中華"博物"的考辨，不祇是展現了大自然的原貌、大自然的古今變幻，而且也提供了社會的更迭興替和民生的禍福起落等諸多耐人尋味的思考。

另如，《水族卷》中收有棘皮動物"海參"，其物在當代國人心目中，是難得的美味佳餚和滋補珍品。《水族卷》還原其本真面貌，明確指出海參爲海洋動物中的棘皮動物門，海參綱之統稱，而後依據古代典籍，考證其物及得名由來：三國吳沈瑩《臨海水土異物志》："土肉，正黑，如小兒臂大，中有腹，無口目……炙食。"其時貶稱"土肉"，祇是"炙食"而已。既貶稱爲"土"，又止用於燒烤而食，此即其初始的"身份""地位"，實是無足稱道。直至明代謝肇淛《五雜俎·物部一》中，始見較高評價，并稱其爲"海參"："海參，遼東海濱有之，一名海男子。其狀如男子勢然，淡菜之對也。其性溫補，足敵人參，故名海參。""男子勢"，舊注曰"男根"，因海參形如男性生殖器，俗名"海男子"，正與形如女性生殖器的淡菜（又稱"海牝""東海夫人"，即厚殼貽貝）相對應。此一形似"男根"之物，何以又被重視起來？國人對食療養生素有"以形補形"的觀念，如"芹菜象筋骼，吃了骨頭硬；核桃象大腦，吃了思維靈"之類，而因海參似男根，故認定其有補腎壯陽的功能，這就是"足敵人參"的主要根據之一。謝氏在贊其"足敵人參"的同時，又特別標示了其不雅的綽號"海男子"，則又從另一側面反映了明代對於海參仍非那麼珍視，故而在其當代權威的醫典《本草綱目》中未予記載。"海參"在清朝的國宴"滿漢全席"中始露頭角，漸得青睞。本卷作者在還其本真面貌的過程中，又十分自然地釐清了海參自三國之後的異名別稱。如，"土肉""海男子"之後，又有"蚹""沙噀""戚車""龜魚""刺參""光參""海鼠""海瓜""海瓜皮""白參""牛腎""水參""春皮""伏皮"諸稱，"蚹"字之外，其他十三個異名別稱，古今辭書無一收錄，唯一收錄的"蚹"字，又含混不清。而"海參"喻稱"海瓜"，則爲英文 sea cucumber 的中文義譯，較中文之喻稱"海男子"似有異曲同工之妙，又可證西人對海參也并不那麼重視。

全書三十六卷，卷卷不同。本書設有《珍奇卷》，別具研究價值。如"孕子石"，發現於江蘇省溧陽市蘇溧地區。此石呈灰黃色，質地堅硬，其外表平凡無奇，但當人們把石頭敲開時，裏面會滾出許多圓形石彈子，直徑21厘米左右，和母石相較，顏色稍淺，但成分一致。因石中另包小石，好似母石生下的子石，故稱"孕子石"。這種"石頭孕子"史志無載，首次發現，地質學家們同樣百思而不得其解，祇能"望石興嘆"。再如"預報天旱井”，位於廣西全州縣内，每年大旱來臨前二十天，水井會流出渾水，長達兩天之久，附近村民見狀，便知大旱將臨，便提前做好抗旱準備。此外，該井每二十四小時漲潮六次，每次約漲五十分鐘，水量約增加兩倍。此井如同“孕子石”一樣，史志無載，首次發現，對此井的奇特現象有關專家同樣百思不得其解，也祇能“望井興嘆”。

（二）社科諸物：自然物外，中華博物中的社科諸物漫布於社會生活之中，其形成發展、古今變化，尤爲多彩，展現了一種別樣的國情特徵和民族靈智。

如《國法卷》，何謂“國法”？國法係指國家之法紀、法規。國法其詞作爲漢語語詞起源甚爲久遠，先秦典籍《周禮·秋官·朝士》中即已出現，“國法”之“法”字作“灋”，其文曰：“凡民同貨財者，令以國灋行之，犯令者刑罰之。”同書《地官·泉府》中又有另詞“國服”，其文曰：“凡民之貸者，與其有司辨而授之，以國服爲之息。”此“國服”言民間貿易必須服從國法，故稱“國服”。作爲語詞，“國法”“國服”互爲匹配。國法爲人而設，國服隨法而施，有其法必有其服，有法無服，則法罔立，有服無法，舉世罔聞。今“國法”一詞存而未改，“國服”則罕見使用。就世界範圍而言，中國的國法自成體系，具有國體特色與民族精神，故西方學者稱之爲“中華法系”或“東方法系”。本《國法卷》即以“中華法系”爲中心論題，全面考釋，以現其固有特色與精神。中華法系如同世界諸文明古國法系一樣，源於宗教，興於禮俗，而最終成爲法律，遂具有指令性、強制性。中華法系一經形成，即迥異於西方，因其從不以“永恒不變的人人平等的行爲準則”自詡，也没有立法依據的總體理論闡釋，而是明確標示法律應維護帝王及權貴的利益。在中國古代，從没出現過如古希臘或古羅馬的所謂絕對公正的“自然法”，毋須在“自然法”指導下制定“實在法”。中國古代的全部法律皆爲正在施行的“實在法”，但却有不可撼動的權威理論——“君權天授”説支撐。“天”，在先民心目中是無可比擬的最神秘、最巨大的力量。“天”，莊重而仁慈，嚴屬而公正，無所不察，無所不能。上自聖賢哲人，下至黎民百姓，少有不“敬天意”、不“畏天命”者，帝王既稱“天子”，且設有皇皇國法，條文森然，何人敢於反叛？天下黔首，非處垂死之地，絕不揭竿而起，妄與“天”鬥！故而在中國古代，帝王擁有最高立法權與司法權，享有無盡的威嚴與尊貴。今知西周時又强化了宗族關係，即血緣關係。血緣關係又分爲近親、遠親、异姓之親等。血緣關係成爲一切社會關係的核心，由血緣關係擴而廣之，又有師生、朋友及當體恤的其他人等關係。由血緣關係又進而强化了尊卑關係，即君臣關係、臣民關係，這些關係較之血緣關係更爲細密，爲此而設有"八辟"之法，規定帝王之親朋、故舊、近臣等八種人，可以享有減免刑罰之特權。漢代改稱"八議"，三國魏正式載入法典。其後，歷代常有沿襲。這一血緣關係在我國可謂根深蒂固，直至今世而未衰。爲維護這尊卑關係，西周之法典又設有《九刑》，以"不忠"爲首罪。另有《八刑》以"不孝"爲首罪。"忠"，指忠君，"孝"指孝敬父母，兩者難以分割。《九刑》《八刑》雖爲時過境遷之古法，但其倡導的"忠孝"，已成爲中華民族的一種處世觀念，一種道德規範。作爲個人若輕忽"忠孝"，則必極端自私，害及民衆；作爲執政者若輕忽"忠孝"，則必妄行無忌，危及國家。今世早已摒弃愚忠愚孝之舉，但仍然繼承并發揚了"忠孝"的傳統。"忠"不再是"忠君"，而是忠於祖國，忠於人民，或是忠於信守的理想；"孝"謂善事父母，直承百代，迄今不衰。"忠孝"是人們發自心底的感恩之情，唯知感恩，始有報恩，人間纔有真情往還，纔有心靈交融。佛家箴言警語曰"上報四重恩，下濟三途苦"（見《大乘本生心地觀經》），"四重恩"指父母恩、師長恩、國土恩、衆生恩（衆生包括動植物等一切生靈）。我國傳統忠孝文化中又融入了佛家的這一經典旨意，可謂相得益彰。"忠孝"乃我文明古國屹立不敗的根基，絕不可視之爲"封建觀念"。縱觀我中華信史可知，舉凡國家昌盛時代，必是忠孝振興歲月，古今如一，堪稱鐵律。國家可敬又可愛，所激起的正是人們的家國情懷！"忠孝"這一處世觀念，這一道德規範，直涉人際關係，直涉國家命運，成爲我中華獨有、舉世無雙的文化傳統。

中國之國法，并非僅靠威懾之力，更有"禮治"之宣導，而關乎禮治的宣導今人常常忽略。前已述及中華法系如同世界諸文明古國法系一樣，源於宗教，興於禮俗，由禮俗演進爲禮治，禮治早於刑法之前已經萌生。自商周始，《湯刑》《吕刑》（按，《湯刑》《吕刑》之"刑"當釋爲"法"）相繼問世，尤重"禮治"，何謂"禮治"？"禮治"指遵守禮儀道德與社會規範，破除"禮不下庶人"的舊制，將仁義禮智信作爲基本的行爲規範，《孟子·公孫丑上》曰："辭讓之心，禮之端也。""辭讓"指謙和之道，尊重他人，由"禮讓"而漸發展爲"禮制"。至西周時，"禮治"已成定制。這一立法思想備受推崇。夏商以來，三千餘載，王朝更替，如同百戲，雖脚色各异，却多高揚禮制之大旗，以期社會和諧，民生安樂。不瞭解中國之禮治，也就難以瞭解中華法制史，就難以瞭解中國文化史。此後"禮治"配以"刑治"，相輔相成，久行不衰。"禮刑相輔"何以行使？答曰：升平之世，統治者無不强調禮制之作用，藉此以示仁政；若逢亂世，則用重典，施酷刑（下將述及），軟硬兩手交替使用。這就組成了一張巨大的不可錯亂、不可逾越的法律之網，這就是中華民族百代信守的國家法制的核心，這就是中華民族有史以來建國治國之道。這一"禮刑相輔"的治國之道，迥別與西方，爲我中華所獨有，在漫長而多樣的世界法制史中居於前沿地位。

在我古老國度中，國家既已形成，於是又具有了不同尋常的歷史意義與價值觀。自先秦以來，"國家"一詞意味着莊嚴與信賴。在國人心目中，"國"與"家"難以分割，直與身家性命連爲一體，故"報效國家"爲中華民族的最高志節，而"國破家亡"則爲全民族的最大不幸。三十年前本人曾是《漢語大詞典》主要執筆者之一，撰寫"國家"條文時，已注意了先民曾把皇帝直稱爲"國家"。如《東觀漢紀·祭遵傳》："國家知將軍不易，亦不遺力。"《晋書·陶侃傳》："國家年小，不出胸懷。"稱皇帝爲"國家"，以皇帝爲國家的代表或國家的象徵，較之稱皇帝爲天子，更具親切感，更具號召力。中國歷史上的一些明君仁主也多以維護國家法制爲最高宗旨，秦皇、漢武皆曾憑藉堅定地立法與執法而國勢强盛，得以稱雄天下，這對始於西周的"八辟"之法，無疑是一大突破。本書《國法卷》第一章概論論及隋唐五代立法思想時，有以下論述：據《隋書·王誼傳》及文帝相關諸子傳載，文帝楊堅少時同王誼爲摯友，長而將第五女嫁王誼之子，相處極歡，後王誼被控"大逆不道，罪當死"，文帝遂下詔"禁暴除惡"，"賜死於家"。《隋書·文四子傳》又載，文帝三子秦王楊俊，少而英武，曾總管四十四州軍事，頗有令名，文帝甚爲愛惜，獎勵有加。後楊俊漸奢侈，違制度，出錢求息，窮治宮室，文帝免其官。左武衛將軍劉升、重臣楊素，先後力諫曰："秦王非有他過，但費官物、營廨舍而已。"文帝答曰："法不可違！"劉、楊又先後諫曰："秦王之過，不應至此，願陛下詳之。"文帝答曰："我是五兒之父，若如公意，何不別制天子兒律？"文帝四子、五子皆因違法，被廢爲庶民，文帝處置毫不猶豫，毫不留情。隋文帝身爲人君，以萬乘之尊，率先力行，實踐了"王子犯法，與民同罪"的古訓。在位期間，創建"開皇之治"，人丁大增，百業昌盛，國人視文帝爲真龍天子，少數民族則尊稱其爲聖人可汗。《國法卷》主編對歷史上身爲人君的這種舉措，有"忍割親朋私情，立法爲公"的簡要評論。這一評論對於中國這種以宗族故交爲關係網的大國而論，正是切中要害。此後，唐太宗李世民、玄宗李隆基、憲宗李純等君王皆有類似之舉，終成輝煌盛世。時至明代，面對一片混亂腐敗的吏治，明太祖朱元璋更設有"炮烙""剥皮"之類酷刑嚴法，懲治的貪官污吏達十五萬之衆，即便自家的親朋故舊，也毫不留情。如進士出身的駙馬，朱元璋的愛婿歐陽倫只因販茶違法，就直接判以死刑，儘管安慶公主及儲君朱允炆苦苦哀求，也絕不饒恕。據《明史·循吏傳序》載：〔官吏〕一時受令畏法，潔己愛民，以當上指……民人安樂、吏治澄清者百餘年。"其時，士子們甘願謀求他職，而不敢輕率爲官，而諸多官員却學會了種田或捕魚，呈現了古今難得一見的別樣的政治生態。明太祖的這類嚴酷法令雖是過當，却勝於放縱，故而明朝一度成爲世界經濟大國、經濟强國。中國歷史上的諸多建國之名君仁主，執法雖未若隋文帝之果決，未若明太祖之嚴酷，但無一不重視國家安危。這些建國名君仁主"上以社稷爲重，下以蒼生在念"（見《舊唐書·桓彦範傳》），故而嬴得臣民的擁戴。今之世人多以爲帝王之所以成爲帝王，盡皆爲皇室一己之私利，祇貪圖自家的享榮華富貴而已，實則并非盡皆如此。歷代君王既已建國，亦必全力保國，并垂範後世，以求長治久安。品讀本書《國法卷》，可藉以瞭解我國固有的國情狀況，瞭解我國歷史中的明君仁主如何治理國家，其方策何在，今世仍有藉鑒價值。縱觀我國漫長的歷史進程，有的連續數代，稱爲盛世；有的衰而復起，稱爲中興；有的則二世而亡，如曇花一現。一切取決於先主與後主是否一脉相繼，一切取決於執法是否穩定。要而言之：嚴守國法，則國家興盛，嚴守國法，則社會祥和，此乃舉世不二之又一鐵律。

《國法卷》雖以國法爲研究主體，却力求超越法律研究自身，力求探索法律背後的正反驅動力量，其旨義更加廣遠。因而本卷又區別於常見的法律專著。

另如《巧藝卷》，在《通考》全書中未占多大分量，但在日常社會生活中却有無可替代的獨特地位，藉此大可飽覽先民的生活境遇和精神世界。何謂"巧藝"？古代文獻中無此定義。所謂"巧藝"，專指巧智與技藝性的娛樂及各種健身活動，同時展現了與之相應的家國關係。中華民族的"巧藝"別具特色，所涉内容十分廣泛，除却一般游戲活動外，又包涵了棋類、牌類、養生、武術、四季休閑、宴飲娛樂、動物馴化等等。細閱本卷所載，常爲古人之智巧所折服。如西漢東方朔"射覆"之奇妙，今已成千古佳話。據《漢書·東方朔傳》載，漢武帝嘗覆守宫（即壁虎）於杯盂之下，令衆方士百般揣度，各顯其能，并無一言中的者，而東方朔却可輕易解密，有如神算，令滿座驚呼。何謂"射覆"？"射覆"爲古代猜測覆物的游戲。射，揣度；覆，覆蓋。"射覆"之戲，至明清始衰，其間頗多高手。這些高手似乎出於特異功能，是古人勝於今人麼？當作何解釋？學界認爲這些高手多善《易》學，故而超乎常人，但今世精於《易》學者并非罕見，却未見有如東方朔者，何也？難以作答，且可不論，但古代對動物的馴化，又何以特別精彩，令今人嘆服？

著名的唐代象舞、馬舞，久負盛名，這些大動物似通人性，故可不論，而那些似乎笨拙的小動物，如"烏龜疊塔""蛤蟆說法"之類的馴養，也常常勝過今人，足可展現先民的巧智，"'疊塔''說法'，固教習之功，但其質性蠢蠢，非他禽鳥可比，誠難矣哉！"（見明陶宗儀《輟耕錄·禽戲》）古人終將蠢蠢之蟲馴化得如此聰明可愛，藉此可見古人之扎實沉着，心智之專一，少有後世浮躁之風。目前，國人甚喜馴養，寵物遍地，却未見馴出如同上述的"疊塔"之烏龜與"說法"之蛤蟆，今之馬戲或雜技團體，爲現代專業機構，也未見絕技面世。

《巧藝卷》的條目詮釋，大有建樹，絕不因襲他人成說，明確關聯了具體事物形成的歷史淵源與社會背景。如"踏青"，《漢語大詞典》引用了唐代的書證，并稱其爲"清明節前後，郊野游覽的習俗"。本卷則明確指出，"踏青"是由遠古的"春戲"演變而來。西周時曾爲禮制。漢代已有"人日郊外踏青"之俗，同時指出"踏青"還有"游春"的別稱。《漢語大詞典》與本卷的釋文内容差異如此之大，實出常人之所料。何謂"春戲"？所有辭書皆未收錄。本卷有翔實考證，兹錄如下：

春戲：古代民間春季娛樂活動。以繁衍後代和期盼農作物豐收爲目的的男女歡會活動。始於原始社會末期，西周時仍很流行。《周禮·地官·司徒》："中春之月，令會男女。於是時也，奔者不禁。若無故而不用令者，罰之。司男女之無夫家者而會之。"《墨子·明鬼篇》："燕之有祖，當齊之社稷。宋之有桑林，楚之雲夢也，此男女之所屬而觀也。"《詩·鄭風·溱洧》："溱與洧，瀏其清矣。士與女，殷其盈矣。女曰：'觀乎？'士曰：'既且。''且往觀乎！洧之外，洵訏且樂。'維士與女，伊其將謔，贈之以芍藥。"《楚辭·九歌·少司命》："秋蘭兮麋蕪，羅生兮堂下。綠葉兮素枝，芳菲菲兮襲予。夫人兮自有美子，蓀何以兮愁苦？"戰國以後逐漸演變爲單純的春游活動"踏青"。

《巧藝卷》精心地援引了以上經典，可證在中國上古時期男女歡會非常自然，而且是具有相當規模的群體性活動。此舉在中國遠古時代已有所見，青海大通縣上孫家寨出土的舞蹈紋彩陶盆，已展現了男女携手共舞的親密生動場景，那是馬家窑文化的代表，距今已有五千年歷史，但必須明確，這并非蒙昧時期的亂性之舉。這是一種男女交往的公開宣示。前述《周禮·地官·司徒》曰："中春之月，令會男女……司男女無夫之家者而會之。"其要點是"男女無夫之家者"。這是明確的法律規定，故而作者的篇首語曰："以繁衍後代和期盼農作物豐收爲目的。”這就撥正了後世對於中國古代奴隸社會或封建社會有關男女關係的一些偏頗見解，可證本卷之“巧藝”非同一般的娛樂，所展現的是中華先民多方位的生活狀態。

三、博物研究遭質疑，古老科技又誰知？

《通考》所涉博物盡有所據，無一虛指，如繁星麗天，構成了浩大的博物學體系，千載一脉，本當生生不息，如瀑布之直下，但却似大河之九曲，時有峽谷，時有險灘，終因清廷喪權辱國、全盤西化而戛然中斷，故而迥异於西方。由於西方科技的巨大影響，致使一些學人缺少文化自信，多認爲中國古老的博物學，無甚價值。豈知我中華民族從不乏才俊、精英，從不乏偉大的發明，很多衹是不知其名而已。如《淮南子·泰族訓》：“欲知遠近而不能，教之以金目則快射。”漢代高誘注曰：“金目，深目。所以望遠近射準也。”何謂“金目”？據高注可知，就是深目。“深目”之“深”，謂深遠也（又説稱“金目”爲黄金之目，用以喻其貴重，恐非是）。“金目”當是現代望遠鏡或眼鏡之類的始祖。“金目”其物，在古代萬千典籍中僅見於《淮南子》一書，别無他載。因屬古代統治者杜絶的“奇技淫巧”，又甚難製作，故此物宫廷不傳，民間絶踪，遂成奇品。上世紀 80 年代，揚州邗江縣東漢廣陵王劉荆墓中出土一枚凸透鏡，此鏡之鏡片直徑 1.3 厘米，鑲嵌在用黄金精製而成的小圓環内，視物可放大四五倍，此鏡至遲亦有兩千餘年的歷史。廣陵墓之外，安徽亳州曹操宗族墓等處，亦有出土。是否就是“金目”已難考證。作爲眼鏡其物，發展到宋代，始有明確的文字記載，其時稱之爲“靉靆”（見明方以智《通雅·器用·雜用諸器》引宋趙希鵠《洞天清録》）。今日學者皆將眼鏡視爲西方舶來品，一説來自阿拉伯，又説來自英國，如猜謎語，不一而足；西方的眼鏡實則是由中國傳入的，如若説是西方自家發明，也晚於中國千年之久。

“金目”其物的出現絶非偶然，《墨子》中的《經下》《經説下》已有關於光的直綫傳播、反射、折射、小孔成象、凹凸透鏡成象等連續的科學論述，這一原理的提出，必當有各式透體器物，如鏡片之類爲實驗依據，這類器物的名稱曰何今已不得而知，但製造出金目一類望遠物，是情理之中的必然結果。據上述《經下》《經説下》記載可知，早在戰國時期，先賢已有光學研究的成就，與後世西方光學原理盡同。在中國漫長的古代日常生活中，隨時可見新奇的創造發明，這類創造發明所展現的正是中國獨有的科學。《導論》中所述 "被中香爐" "長信宮燈" 之外，更有 "博山爐"（一種形似傳說中神山 "博山" 的香爐，當香料在爐內點燃時，烟霧通過鏤空的山體宛然飄出，形成群山蒙蒙、衆獸浮動的奇妙景象，約發明於漢代）、"走馬燈"（一種竹木扎成的傳統佳節所用風車狀燈具，外貼人馬等圖案，藉燈內點燃蠟燭的熱力引發空氣對流，輪軸上的人馬圖案隨之旋轉，投身於燈屏上，形成人馬不斷追逐、物換景移的壯觀情景，約發明於隋唐時期）之類。古老中華何止是 "四大發明"？此外，約七千年前，在天灾人禍、形勢多變的時代背景之下，先民爲預測未來，指導行爲方嚮，始創有易學，形成於商周之際，今列爲十三經之首，稱爲《周易》，這是今世的科學不能完全解釋的另一門 "科學"，其功用不斷地爲當世諸多領域所驗證，在我華夏、乃至歐美，研究者甚衆，本《通考》對此雖有涉及，而未立專論。

那麽，在近現代，國人又是如何對待古代的 "奇技奇器" 的呢？著名的古代 "四大發明"，今已家喻户曉，婦幼皆知，但却如同可愛的國寶大熊猫一樣，乃是西方學者代爲發現。我仁人志士，爲喚醒 "東方睡獅"，藉此 "四大發明"，竭力張揚，以振奮民族精神。這 "四大發明" 影響非凡，但在中國傳統文化中亦無重要地位，其中 "火藥" 見載於唐孫思邈《丹經》，"指南針" "印刷術" 同見載於宋沈括《夢溪筆談》，皆非要籍鴻篇，唯造紙術見於正史，全文亦僅七十一字，緊要文字祗有可憐的四十三字（見《後漢書·宦者傳·蔡倫》）。而這 "四大發明" 中有兩大發明，不知爲何人所爲。

在古老中國的歷史長河中，更有另一種科學技術，當今學界稱之爲 "黑科技"（意謂超越當今之科技，出於人類的想象之外。按，稱之爲 "超科技"，似更易理解，更準確），那就是現代科學技術望塵莫及、無法破解的那些千古之謎。如徐州市龜山西漢楚襄王墓北壁的西邊墻上，非常清晰地顯示一真人大小的影子，酷似一位老者，身着漢服，峨冠博帶，面東而立，作揖手迎客之狀。人們稱其爲 "楚王迎賓圖"。最初考古人員發掘清理棺室時，并無壁影。自從設立了旅游區正式開放後，壁影纔逐漸地顯現出來，仿佛是楚王的魂魄顯靈，親自出來歡迎來此參觀的游人一樣。楚襄王名劉注，是西漢第六代楚王，死後葬於此。劉注墓還有五謎，今擇其三：一、工程精度之謎。龜山漢墓南甬道長 55.665 米，北甬道長爲 55.784 米，沿中綫開鑿，最大偏差僅爲 5 毫米，精度達 1/10000；兩甬道相距 19 米，夾角 20 秒，誤差爲 1/16000，其平行度誤差之小，大約需要從徐州一直延伸到西安纔能使兩甬道相交。按當時的技術水準，這樣的墓道是何人如何修建的？二、崖洞墓開鑿之謎。龜山漢墓爲典型的崖洞墓，其墓室和墓道總面積達到 700 多平方米，容積達 2600 多立方米，幾乎掏空了整個山體。勘察發現，劉注墓原棺室的室頂正對着龜山的最高處，劉注府庫中的擎天石柱也正位於南北甬道的中軸綫上。龜山漢墓的工程人員是利用什麼樣的勘探技術掌握龜山的山體石質和結構？三、防盜塞石之謎。南甬道由 26 塊塞石堵塞，分上下兩層，每塊重達六至七噸，兩層塞石接縫非常嚴密，一枚硬幣也難以塞入。漢墓的甬道處於龜山的半山腰，當時生產力低下，人們是用什麼方法把這些龐大的塞石運來并嵌進甬道的？今皆不得而知。

斷言“中國古代祇有技術而没有科學”者，對中國歷史的瞭解實在是太過膚淺，并不瞭解在中國古代不祇有科技，而且竟然有超越科學技術的“黑科技”。

四、當世灾難甚可懼，人間正道何處覓？

在《通考》的編纂過程中，常遇到的重要命題，那就是以上論及的“科技”。今之“科技”，在中國上古曾被混稱爲“奇技奇器”，直至清廷覆亡，迄未得到應有的重視，導致國勢衰微，外寇侵略，民不聊生。這正是西方視之爲愚昧落後，敢於長驅直入，爲所欲爲的原因。因而一個國家、一個民族，要立於不敗之地，必須擁有自家的科技！世人當如何評定“科技”？如何面對“科技”？本書《導論》已有“道器論”，今《總説》以此“道器論”爲據，就現代人類面臨的種種危機，論釋如下：

何謂“道器”？所謂“道”是指形成宇宙萬物之原本，是形成一切事理的依據與根由。何謂“器”？“器”即宇宙間實有的萬物，包括一切科技，一切發明，至巨至大，至細至微，充斥天地間，而盡皆不虛。科技衍生於器，驗證於器，多以器爲載體，是推進或毀壞人類社會的一種無窮力量，故而又必須在人間正道的制約之下。此即本書道器并重之緣由，或可視爲天下之通理也。英國自 18 世紀第一次工業革命以來，其科學技術得以高速而全方位地發展，引起西方乃至全世界的密切關注與重視，影響廣遠。這一時期，英帝國統治者睥睨全球，居高臨下，自我膨脹，發表了“生存競爭，勝者執政”等一系列宏論；托馬斯·馬爾薩斯的《人口論》亦應時而起，其核心理論是：“貧富强弱，難以避免。承認現實，存在即合理。”甚而提出“必須控制人口的大量增長，而戰争、饑荒、瘟疫是最後抑制人口增長的必要手段”（這一理論在以儒學爲主體的傳統文化中被視爲離經叛道，滅絕人性，而在清廷走投無路全面西化之後，國人亦有崇信者，直至20年代初猶見其餘緒）。在這樣的時代背景下，查爾斯・達爾文所著《物種起源》得以衝破基督教的束縛，順利出版，暢行無阻。該書除却大量引用我國典籍《齊民要術》《天工開物》與《本草綱目》之外，還鄭重表明受到馬爾薩斯《人口論》的啓示和影響。《物種起源》的問世，形成了著名的進化理論："物競天擇、優勝劣汰，弱肉强食，適者生存。"（近世對其學説已有諸多評論，此略）進化學説在人們的社會生活中留下了深刻的印迹，在世界範圍内引起巨大反響，當時英國及其他列强利用了自然界"生存法則"的進化理論，將其推行於對外擴張的殖民戰争中，打破了世界原有生態格局，在巨大的聲威之下，暢行無阻，遍及天下。縱觀人類的發展史，尤其是近世以來的發展史可知，科技的高下決定了國家的强弱，以强凌弱，已成定勢，在高科技强國的聲威之下，無盡的搜羅，無盡的采伐，無盡的探測實驗（包括核試驗），自然資源和自然環境漸遭破壞，各種弊端漸次顯露。時至20世紀中後期，以原子能、電子電腦、信息技術、空間技術等發明和應用爲標志、第三次科技革命的到來，學界稱之爲"科技革命的紅燈時刻"，其勢如風馳電掣，所向披靡，人類社會發生了翻天覆地的變化，時至21世紀，又凸顯了另一灾難，即瘟疫肆虐，病毒猖獗，危及整個人類。這一系列禍患緣何而生？天灾之外，罪魁爲人。何也？世間萬種生靈，習性歸一，盡皆順從於大自然，但求自身生息而已，别無他求，而作爲"萬物之靈"的人類，在茹毛飲血，跨越耕獵時代之後，却欲壑難填，毫無節制！爲追求享樂、滿足一己之貪婪，塗炭萬種生靈，任你山中野外，任你江面海底，任你晝藏夜出，任你天飛地走，皆得作我盤中佳餚。閑暇之日，又喜魚竿獵槍，目睹异類掙扎慘死，以爲暢快，以爲樂趣，若爲一己之喜慶，更可"磨刀霍霍向猪羊"，視之爲正常！"萬物之靈"的人類，永無休止，地表搜刮之外，還有地下的搜索挖掘，如世界著名的南非姆波尼格金礦，雖其開采僅起始於百年前，憑藉當代最先進的科技，挖掘深度已超4000米（我國的招遠金礦，北宋真宗年間已進行開采，至今深度不過2000米左右），現有370千米軌道，用以運送巨大的設備與成噸重的礦石，而每次開采都必須用兩千多公斤的炸藥爆破，可謂地動山摇！金礦之外，又有銀礦、鐵礦、銅礦、煤礦、水晶礦（如墨西哥的奈咯水晶洞，俗稱"神仙水晶礦"，其中一根重達50噸，挖出者一夜暴富），種種礦藏數以萬計。此外尚有對石油、純净水，乃至無形的天然氣等的無盡索取，山林破壞，大地沙化，水污染、大氣污染、核污染，地球已是百孔千瘡，而挖掘索取，仍未甘休，愈演愈烈，故今之地球信息科學已經發現地球性能的變异以及由此帶來可怕的全球性灾難。今日世界，各國執政者憑仗高科技，多是從一國、一族或一己之私利出發，或結邦，或聯盟，爭強鬥勝，互不相顧，國際關係日趨惡化，人類時刻面臨可怕的威脅，面臨毀滅性的核戰爭。凡此種種，怎不令人憂慮，令人悲痛？故而有學者宣稱：“科技確實偉大，也確實可怕。一旦失控，後患無窮。”又稱：“人類擁有了科技，必警惕成爲科技的奴隸。”此語并非危言聳聽，應是當世的警鐘，因爲人類面對强大的科技，常常難以自控，這是科技發展必然的結果。而作爲“萬物之靈”的人類，具有高智慧，能够擁有高科技，確乎超越了萬物，居於萬物主宰的地位，而執政者一旦擁有失控的權力，肆意孤行，其最終結局必將是自戕自毁，必將與萬物同歸於盡。一言以蔽之，毁滅世界的罪魁禍首是人類自己，而并非他類。

　　面對這多變的現實與可怕的未來，面對這全球性的灾難，中外科學家作了不懈努力，而收效甚微。1988 年 1 月，七十五位諾貝爾獲獎者及世界著名學者齊聚巴黎，探討了21 世紀科學的發展與人類面臨的種種難題，提出了應對方略。在隆重的新聞發布會上，瑞典物理學家漢内斯·阿爾文發表了鄭重的演説：“如果人類要在 21 世紀生存下去，必須回頭到兩千五百年前去汲取孔子的智慧。”（見 1988 年 1 月 24 日澳大利亞《堪培拉時報》原文——《諾貝爾獎獲得者説要汲取孔子的智慧》）這是何等驚人的預見，又是何等嚴正的警示！這七十五位諾貝爾獲獎者没有一位是我華夏同胞，他們對孔子的認知與崇敬，非常客觀，非常深刻，超乎我們的想象。這種高屋建瓴式的睿智呼籲，振聾發聵，可惜并没有警醒世人，也没有引起足够多的各國領導人的重視。

　　人類爲了自救，不能不從人類自身發展史中尋求答案。在人類發展史中，不乏偉大的聖人，孔子是少有的没有被神化、起於底層的聖人（今有稱其爲“草根聖人”者），他生於春秋末期，幼年失父，家境貧寒，又正值天下分裂，戰亂不斷，在這樣的不幸世道裏，孔子及其弟子大力宣導“克己復禮”，這是人類歷史上最切實際的空前壯舉。何謂“禮”？《説文·示部》曰：“禮，履也。所以事神致福也。”禮本來是上古祭祀鬼神和先祖的儀式。史稱文、武、成王、周公據禮“以設制度”，此即“周禮”。“周禮”的内容極爲廣泛，舉凡國家的政治、經濟、軍事、行政、法律、宗教、教育、倫理、習俗、行爲規範，以及吉、凶、軍、賓、嘉五類禮儀制度，均被納入禮的範疇。周禮在當時社會中的地位與指導作用，《禮記·曲禮》中有明確記載：“分爭辯訟，非禮不決；君臣上下、父子兄弟，非禮不定；宦學事師，非禮不親；班朝治軍、涖官行法，非禮威嚴不行。”當然也維護了“君臣朝廷尊卑貴賤之序，下及黎庶車輿衣服宮室飲食嫁娶喪祭之分”（見《史記·禮書》），這符合於那個時代的階級統治背景。孔子提出“克己復禮”，期望世人克服一己之私欲，以應有的禮儀禮節規範自己的言行，建立一個理想的中庸和諧社會，這已跨越了歷史局限。孔子的核心思想是“敬天愛人”，何謂“敬天”？孔子強調“巍巍乎唯天爲大”（見《論語·泰伯》），又曰：“天何言哉？四時行焉，百物生焉，天何言哉！”（見《論語·陽貨》）孔子所言之“天”，并非指主宰人類命運的上蒼或上帝，并非是孔子的迷信，因“子不語怪力亂神”（見《論語·述而》）。孔子認爲四季變化、百物生長，皆有自己的運行規律，人類應謹慎遵從，應當敬畏，不得違背。孔子指稱的“天”，實則指他所認知的宇宙。此即孔子的天人觀、宇宙觀。“巍巍乎唯天爲大”，在此昊天之下，人是何樣的微弱，面臨小小的細菌、病毒，即可淒淒然成片倒下。何謂“愛人”？孔子推行“仁義之道”，何謂“仁”？子曰：“仁者，愛人！”（《論語·顏淵》）即人人相親、相愛。又曰：“己所不欲，勿施於人。”意即重正義，絕不損人利己。何謂“義”？“義”指公正的道理、正直的行爲。子曰：“不義而富且貴，於我如浮雲。”（見《論語·述而》）這就是孔子的道德觀與道德規範，當作爲今世處理人與自然、人與社會的規範與行動指南。其弟子又提出“親親而仁民，仁民而愛物”（見《孟子·盡心上》），漢代大儒又有“天人之際，合而爲一”的主張（董仲舒在《春秋繁露·深察名號》中，爲維護皇權的需要而建立了皇權天授的觀念），這種主張已遠遠超越了維護皇權的需要，成爲了一種可貴的哲理。時至宋代，大儒張載再度發揚孟子“親親而仁民，仁民而愛物”的襟懷，又有“民吾同胞，物吾與也”（見其所著《西銘》）之名言箴語，即將天下所有的人皆當作同胞，世間萬物盡視爲同類，最終形成了著名的另一宏大的儒學系統，其主旨則是“天人合一”論。何謂“天人合一”？“天人合一”有兩層意義：一曰天人一致，天是一大宇宙，人則如同一小宇宙，也就是說人類同天體各有獨立而相似之處；二是天人相應，這是說人與天體在本質上是相通的，是相互相連的。因此，一切人事應順乎自然規律，從而達到人與自然的和諧。達到人與自然的和諧統一，當作爲今世處理人與自然、人與社會的明確規範與行動指南。這是真正的“人間正道”，唯有遵循這一“人間正道”，人際關係纔能融洽，社會纔能和諧，天下纔能太平。

　　古老中國在形成“孔子智慧”之前，早已重視人與自然的關係。約在七千年前，我中華先祖已能夠通過對於蟲鳥之類的物候觀察，熟練地確定天氣、季節的變幻，相當完美地適應了生產、生活、繁衍發展的需求，這一遠古的測算應變之舉，處於世界領先地位。約四千年前，夏禹之時，已建有令今人嚮往的廣袤的緑野濕地。如《書·禹貢》即記載了"雷夏""大野""彭蠡""震澤""菏澤""孟豬""豬野""雲夢"諸澤的形成及其利用情況，如其中指出："淮海惟揚州，彭蠡既豬（瀦），陽鳥攸居；三江既入，震澤厎定。篠簜既敷，厥草惟夭，厥木惟喬……厥貢惟金三品，瑶琨篠簜，齒革羽毛，惟木。"這是説揚州有彭蠡、震澤兩方緑野濕地，適合於鴻雁類禽鳥居住，適合於篠竹（箭竹）、簜竹（大竹）生長，青草繁茂，樹木高大，向君主進貢物品有金銀銅等三品，又有瑶琨美玉、箭竹、大竹以及象齒皮革與孔雀、翡翠等禽鳥羽毛。所謂"大禹治水"，并非祇是被動的抗災自救，實則是大治山川，廣理田野，調整人與大自然的關係，使之相得益彰。《逸周書·大聚解》又載，夏禹之時"且以并農力，執成男女之功，夫然則有生不失其宜，萬物不失其性，人不失其事，天不失其時……放此爲人，此謂正德"，此即所謂夏禹"劃定九州"之功業所在。其中"放此爲人，此謂正德"的論定，已蘊含了後世儒家初始的"天人合一"的觀念。西周初期，已設定掌管國土資源的官職"虞衡"，掌山澤者謂"虞"，掌川林者稱"衡"（見《周禮·天官·太宰》及賈疏）。後世民衆，繼往開來，對於保護生態環境，保護大自然，采取了各種措施，又設有專司觀察氣象、觀察環境的機構，并有方士之類的"巫祝史與望氣者"，多管道、多方位進行探測研究，從而防患於未然。《墨子·號令篇》（一説此篇非墨子所作，乃是研究墨學者取以益其書）曰："巫祝史與望氣者，必以善言告民，以請（讀爲'情'）上報守（一説即太守），上守獨知其請（情）。無［巫］與望氣，妄爲不善言，驚恐民，斷弗赦。"這裏明確地指出，由"巫祝史與望氣者"負責預告各種災情，但不得驚恐民衆，否則即處以重刑，絶不饒恕。愛惜生態，保護自然，這是何樣的遠見卓識，這又是何樣的撫民情懷！

　　是的，自夏禹以來，先民對於大自然、對於與蒼生，有一種別樣的愛惜、保護之舉措，防範措施非常細密，非常全面而嚴厲。《逸周書·大聚解》有以下記載：夏禹時期設定禁令，大力保護山林、川澤，春季不准帶斧頭上山砍伐初生的林木；夏季不准用漁網撈取幼小的魚鱉，此即世界最早的環境保護法。《韓非子·内儲説上》又載：殷商時期，在街道上揚弃垃圾，必斬斷其手。西周時又有更爲具體規定：如，何時可以狩獵，何時禁止狩獵，何樣的動物可以獵殺，何樣的動物禁止獵殺；何時可以捕魚，何時禁止捕魚，何樣的魚可以捕取，何樣的魚禁止捕取，皆有明文規定，甚而連網眼的大小也依季節不同而嚴予區別。并特別強調：不准搗毁鳥巢，不准殺死剛學飛的幼鳥和剛出生的幼獸。春耕季節不准大興土木。《禮記·月令》又載："毋變天之道，毋絕地之理，毋亂人之紀。"這一"毋變""毋絕""毋亂"之結語，更是展現了後世儒家宣導并嚮往的"天人合一"說。至春秋戰國之際，法律法規的範圍更加全面，特別嚴厲。這一時期已經注意到有關礦山的開發利用，若發現了藏有金銀銅鐵的礦山，立即封禁，"有動封山者，罪死而不赦。有犯令者，左足入，左足斷，右足入，右足斷"（見《管子·地數》）。古人認爲輕罪重罰，最易執行，也最見成效，勝過重罪重罰。這些古老的嚴厲法令，雖是殘酷，實際却是一聲斷喝，讓人止步於犯罪之前，因而犯罪者甚微。這就最大限度地保護了大自然，同時也最大限度地保護了人類自己。而早在西周建立前夕，又曾頒布了令人欽敬的《伐崇令》："文王欲伐崇，先宣言曰……令毋殺人，毋壞室，毋填井，毋伐樹木，毋動六畜，有不如令者，死無赦！崇人聞之，因請降。"（見漢劉向《說苑·指武》）這是指在殘酷的血火較量中，對於敵方人民、財産及生靈的愛惜與保護。我中華上古時期這一《伐崇令》，是世界戰争史中的奇迹，是人類應永恒遵守的法則！當今世界日趨文明，闊步前進，而戰争却日趨野蠻，屠殺對方不擇手段，實是可怖可悲！我華夏先祖所展現的這些大智慧、大慈悲，爲後世留下了賴以繁衍生息的楚山漢水，留下了令人神往的華夏聖地，我國遂成爲幸存至今、世界唯一的文明古國。

五、筆墨革命難預料？卅載成書又何易？

《通考》選題因國内罕見，無所藉鑒，期望成爲經典性的學術專著，難度之大，出乎想象，初創伊始，即邀前輩學者南京大學老校長匡亞明先生主其事。這期間微信尚未興起，寧濟千里，諸多不便，盛岱仁、康戰燕伉儷滿腔熱情，聯絡於匡老與筆者之間，得到先生的熱情鼓勵與全力支持，每逢疑難，必親予答復，但表示難做具體工作，在經濟方面也難以爲力。因爲先生於擔任國家古籍整理領導小組組長之外，又全面主持南京大學中國思想家研究中心的工作，正在編纂《中國思想家評傳》，百卷書稿須親自逐一審定，難堪重任。筆者初赴南大之日，老人家親自接待，就餐時當場現金付款，沒有讓服務員公款記賬，筆者深受感動，終生難以忘懷。此後在匡老激勵之下，筆者全力以赴，進而邀得數百作者并肩携手，全面合作，并納入國家"九五"重點出版規劃中。1996年12月，匡老驟然病逝，筆者悲痛不已，孤身隻影，砥礪前行，本書再度確定爲國家"十五"重點出版規劃項目，并將初名更爲今名。那時，作者們盡皆恪守傳統著述方式，憑藏書以考釋，藉筆墨以達志。盛暑寒冬，孜孜矻矻，無敢逸豫。爲尋一詞，急切切，一目十行，翻盡千頁而難得；爲求善本，又常千里奔波，因限定手抄，不得複印，纍日難歸！諸君任勞任怨，潛心典籍，閱書，運筆，晝夜伏案，恂恂然若千年古儒。至上世紀末，一些年輕作者已擁有個人電腦，各種信息，數以億計，中文要籍，一覽無餘，天下藏書，“千頃齋”“萬卷樓”之屬，皆可盡納其中，無須跋涉遠求。搜集檢索，祇需“指點”，瞬息可得；形成文章，亦祇需“指點”，頃刻可就。在這世紀之交，面臨書寫載體的轉換，老一輩學人步入了一個陌生的电脑世界，遭遇了空前的挑戰。當代作家余秋雨在其名篇《筆墨祭》中有如下陳述：“五四新文化運動就遇到過一場載體的轉換，即以白話文代替文言文；這場轉換還有一種更本源性的物質基礎，即以‘鋼筆文化’代替‘毛筆文化’。”由“毛筆文化”向“鋼筆文化”的轉換，經歷了漫長的數千載，而今日再由“鋼筆文化”向“電腦文化”轉換，却僅僅是二十年左右，其所彰顯的是科學技術的力量、“奇技奇器”的力量。作家所謂的“筆墨”，係指毛筆與烟膠之墨，《筆墨祭》祇在祭五四運動之前的“毛筆文化”。今日當將毛筆文化與鋼筆文化并祭，乃最徹底的“筆墨祭”。面對這世紀性的“筆耕文化”向“電腦文化”的轉換，面對這徹底的“筆墨祭”，老一輩學人沒有觀望，没有退縮，同青年作者一道，毅然決然，全力以赴，終於跟上了時代的步伐！筆者爲我老一輩學人驕傲！回眸曩日，步履維艱，隨同筆墨轉型，書稿也隨之經歷了大修改、大增補，其繁雜艱辛，實難言喻。天地逆旅，百代過客，如夢如幻，三十餘年來，那些老一輩學人全部白了頭，却無暇“含飴弄孫”，又在指導後代參與其事。那些“知天命”之年的碩博生導師們皆已年過花甲，却偏喜“舞文弄墨”，又在尋覓指導下一代弟子同步前進。如此前啟後追，無怨無悔，這是何樣的襟懷？憶昔乾嘉學派，人才輩出，時有“高郵王父子，棲霞郝夫婦”投入之佳話，今《通考》團隊，於父子合作、夫婦合作之外，更有舉家投入者，四方學人，全力以赴。但蒼天無情，繼匡老之後，另有幾位同仁亦撒手人寰。上海那位《天宇卷》主編年富力強，却在貧病交加、孩子的驚呼聲中，英年早逝。筆者的另一位老友爲追求舊稿的完美，於深夜手握鼠標闃然永訣，此前他的夫人曾勸其好好休息，答說“我没有那麽多時間”！可謂鞠躬盡瘁，死而後已，這又是何樣的壯志，思之怎能不令人心酸！這就是我的同仁，令我驕傲的同仁！

　　自2012年之後，因面臨多種意外的形勢變化，筆者連同本書回歸原所在單位山東師範大學，于是增加了第一位副總主編——文學院副院長、古籍整理研究所所長韓品玉，解決了編務與財力方面的諸多困難，改變了多年來的孤苦狀況。時至 2017 年春，爲盡快出版、選定新的出版社，又增加了天津人民出版社總編輯、南開大學客座教授陳益民，中國職工教育研究院常務副院長、全國職工教育首席專家俞陽，臺北大學人文學院東西哲學與詮釋學研究中心主任賴賢宗教授三位爲副總主編，於是形成了現今的編纂委員會。

　　在全書編纂過程中，編纂委員會和學術顧問，以及分卷正副主編、主要作者所在單位計有：中國國家博物館、中國國家圖書館、中央文史研究館、中國佛教圖書文物館、全國總工會、中聯口述歷史研究中心、河北省文物與古建築保護研究院、河北省文物考古研究院、河北閱讀傳媒有限責任公司、北京大學、浙江大學、南京大學、南京師範大學、東北師範大學、鄭州大學、河北大學、河北師範大學、河北醫科大學、廈門大學、佛山大學、山東大學、中國海洋大學、山東師範大學、曲阜師範大學、山東中醫藥大學、濟南大學、山東財經大學、山東體育學院、山東藝術學院、山東工藝美術學院、山東省社會科學院、山東博物館、山東省圖書館、山東省自然資源廳、山東省林業保護和發展服務中心、濟南市園林和林業綠化局、濟南市神通寺、聊城市護國隆興寺、臺北大學、臺灣成功大學、臺灣大同大學、臺北中國文化大學、臺灣中華倫理教育學會，以及澳大利亞國立伊迪斯科文大學等，在此表示由衷的謝忱！

　　本書出版方——上海交通大學領導以及上海交通大學出版社領導，高瞻遠矚，認定《通考》的編纂出版，不祇是可推動古籍整理、考古研究的成果轉化，在傳承歷史智慧，弘揚中華文明，增強民族凝聚力和認同感，彰顯民族文化自信等各個方面具有重要意義。出版方在組織京滬兩地專家學者審校文字的同時，又付出時間精力，投入了相當的資金，增補了不少插圖，這些插圖多來自古籍，如《考工記解》《考工記圖解》《考工記圖說》《考古圖》《續考古圖》《西清古鑑》《西清續鑑》《毛詩名物圖說》《河工器具圖說》等等，藉此亦可見出版方打造《通考》這一精品工程的決心。而山東師範大學各級領導同樣十分重視，社科處高景海處長一再告知筆者：“需要辦什麼事情，儘管吩咐。”諸多問題常迎刃而解，可謂足智善斷。筆者所屬文學院孫書文院長更親行親爲，給予了全面支持，多方關懷，令筆者備感親切，深受鼓舞，壯心未老，必酬千里之志。此前，著名出版家和龔先生早已對本書作出權威鑒定，并建議由三十二卷改爲三十六卷。本書在學術界漂游了三十餘載終得面世，并引起學界的關注。今有國人贊之曰：《通考》是中華優秀傳統文化創造性轉化、創新性發展的優异成果，是一部具有極高人文價值的通代史論性的華夏物態文化專著，凝聚了中華民族的深層記憶，積澱了民族精神和傳統文化的精髓。又有國際友人贊之曰：《通考》如同古老中國一樣，是世界唯一一部記述連續數千載生機盎然的人類生活史。國內外的評論衹是就本書的總體面貌而言，但細予探究，缺憾甚爲明顯，因本書起步於三十餘年前，三十餘年以來，學術界有諸多新的研究成果未得汲取，田野考古又多有新的發現，國內外的各類典藏空前豐富，且檢索方式空前便捷，而本書作者年齡與身體狀況又各自不同，多已是古稀之年，或已作古，或已難執筆，交稿又有先後之別，故而三十六卷未能統一步伐與時俱進，所涉名物，其語源、釋文難能確切，一些舊有地名或相關數據，亦未及修改，而有些同物异名又未及增補。這就不能不有所抱憾，實難稱完美！以上，就是本書編纂團隊的基本面貌，也是本書學術成就的得失狀況。

　　筆者無盡感慨，卅載一瞬渾似夢，襟懷未展，鬢髮盡斑，萬端心緒何曾了？長卷浩浩，古奧繁難，有幾多知音翻閱？何處求慰藉？人道是紅袖衹揾英雄泪！歲月無情，韶光易逝，幾位分卷主編未見班師，已倏而永别，何人知曉老夫悲苦心情？今藉本書的面世，聊以告慰匡老前輩暨謝世的同仁在天之靈！

張述錚

丙子中呂初稿於山東師範大學映月亭
甲辰南呂增補於歷下龍泉山莊東籬齋

凡　例

　　一、本書係通代史性的中華物態文化學術專著，旨在對構成中華博物的名物進行考釋。全書三十六卷，另有附録一卷。各卷之基本體例：第一章爲概論，其後據内容設章，章下分節，爲研究考釋文字，其下分列考釋詞目。

　　二、本書所涉博物，分兩種類型：一曰"同物異名"，二曰"同名異物"。前者如"女墻"，隨從而來者有"女垣""女堞""女陴""城堞""城雉""陴堞"等，盡皆爲"女墻"的同物異名；後者如"衽"，其右上分別角標有阿拉伯數字，分別作"衽¹"（指衣襟）、"衽²"（指衣服胸前交領部分）、"衽³"（指衣服兩旁掩裳際處）、"衽⁴"（指衣袖）、"衽⁵"（指下裳）等，皆爲"衽"的同名異物。

　　三、各卷詞目分主條、次條、附條三種。次條、附條的詞頭字型較主條小，并用【　】括起。主條對其得名由來、産生年代、形制體貌、歷史演進做全面考釋，然後列舉古代文獻或實物爲證，并對疑難加以考辨，或列舉諸家之説；次條往往僅用作簡要交代，補主條不足，申説相佐；附條一般祇用作説明，格式如即"××"、同"××"、通"××"、"××"之單稱、"××"之省稱，等等。

　　四、各卷名物，或見諸文獻記載，或見諸傳世實物，循名責實，依物稽名，於其本稱、別稱、單稱、省稱，務求詳備，代稱、雅稱、謔稱、俗稱、譯稱，旁搜博采。因中華博物的形成、演化有自身規律，實難做人爲的斷代分割。如"朝制"之類名物，隨同帝王的興起而興起，隨同帝王的消亡而消亡，因而其下限達於辛亥革命；“禮俗”之類名物起源於上古，其流緒直達今世；而“冠服”之類名物，有的則起源甚晚，如“中山裝”之類。故各卷收詞時限一般上起史前，下迄清末民初，有的則可達現當代。

五、各卷考釋條目中的文獻書證一般以時代先後爲序；關乎名物之最早的書證，或揭示其淵源成因之書證，尤爲本書所重，必多方鈎索羅致；二十五史除却《史記》《漢書》外，其他諸史皆非同朝人編纂，其書證行用時間則以書名所標時代爲準；引書以古籍爲主，探其語源，逐其流變，間或有近現代書證爲後起之語源者，亦予扼要采用。所引典籍文獻名按學術界的傳統標法。如《詩》不作《詩經》，《書》不作《尚書》，《説文》不作《説文解字》等；若作者自家行文爲了强調或區別於他書，亦可稱《詩經》《尚書》《説文解字》等。文獻卷次用中文小寫數字：不用“千”“百”“十”，如卷三三一，不作卷三百三十一；“十”作〇，如卷四〇，不作卷四十。

六、本書使用繁體字。根據 1992 年 7 月 7 日新聞出版署、國家語言文字工作委員會發布的《出版物漢字使用規定》第七條第三款、2001 年 1 月 1 日施行的《中華人民共和國通用語言文字法》第二章第十七條第五款之規定，本書作爲大量引徵古籍文獻的考釋性學術專著，既重視博物的源流演變，又重視對同物異名、同名异物的考辨，故所有考釋條目之詞頭及文獻引文，保留典籍原有用字，包括异體字，除明顯錯別字（必要時括注正字訂誤）之外，一仍其舊。其中作者自家釋文，則用正體，不用异體，但關涉次條、附條等异體字詞頭等，仍予保留。繁體字、异體字的確定，以《規範字與繁體字、异體字對照表》（國發〔2013〕23 號附件一）及《通用規範漢字字典》爲依據。

七、行文叙述中的數字一律采用漢字小寫，但標示公元紀年及現代度量衡單位時，用阿拉伯數字。如“三十六計”，不作“36 計”；“36 米”，不作“三十六米”。

八、各卷對所收考釋詞條設音序索引，附於卷末，以便檢索。

目　録

序　言

　　《中華博物通考》（下稱《通考》）是一部通代史論性的華夏物態文化專著，係"十四五"國家重點出版物出版專項規劃項目，并得到2020年度國家出版基金資助。全書共三十六卷，另有附錄一卷，達三千萬字，《函籍卷》即其中的一卷。

　　何謂"函籍"？"函籍"一詞首見於《文獻通考·四裔考九·占城》："〔景德〕四年，遣使奉表來朝，表函籍以文錦。"此"函籍"與本卷的"函籍"含義不同。本卷指稱的"函籍"是國人送遞信息、傳播文化、記録歷史最便捷的載體，是中國五千年燦爛文化傳承的具體而生動的表現形式。是的，這一"函籍"非同尋常，在中華傳統文化的研究中具有不容忽視的價值。可以説，没有"函籍"，就難以全方位地展現中華傳統文化。

　　全卷共分五大類，各具特點，十分精到，謹扼要闡釋并評述如下。

　　一、函札類。函札是具有公文、書信、文牘、札記多種功用和意義的一種表達形式，運用面十分廣泛。本卷不僅注重詞條的一般含義解釋，同時注重函札各形態的歷史演進，注意考察其在不同時代的不同形式、不同稱謂，使讀者能够清楚地把握其發展脉絡，對其有更加深入、全面的瞭解。如對書信的考釋，首先指出其是人際間最主要的一種表達形式。而後指出，1975年湖北雲夢睡虎地四號秦墓中出土的兩片木牘，是戍卒發回故鄉求取錢物的現存最早的家信。書信就内容而言，可以分爲家信、友信、公信、情書等。文人常浪漫地賦予書信多樣美稱，如瑶華音、蘭訊、瑶簡、芳翰等。又如在考釋名片的歷史演進時，清晰地理出了其由秦漢時期竹木質的謁、刺，演進到唐代的紙質的名紙，到宋代的大狀、小狀，再到明清時期的錦紙或綾綢質名帖，直至現代各種材質的名片。整個歷史演變過程，條分縷析，確切明瞭。

二、文契類。文契就是公文與契券的合稱，具有公證和憑據的作用。然就歷史發展而言，先有契券，後有公文。契券產生甚早。據傳早在上古時期，伏羲已經教民衆拼合木板、中刻符號，各執一端，以爲憑據。官方的契券主要有用於發布命令、調動軍隊的"券"和證明封賜和免死的"丹書鐵券"。民間主要有用於商品交換的"質劑"、用於抵押的"質要"、用於人口買賣的"賣身契"、用於土地田宅買賣的"地券"，還有用於借貸的"借契"，等等。公文雖然同樣具有公證和權威特性，但應用範圍更加廣泛，字數也較契券爲多，形式有詔、令、奏、議、牒、刺、申、移、關、咨等載體，內容涉及國家政令、司法審訊、軍事通信、行政許可等，有上行、下行和平行之分。1993 年，長沙走馬樓吳墓就出土了一批孫吳時期的公文實物，涉及平息武夷叛亂、軍糧督運、借貸還糧之類。文契部分，不唯注重對其歷史變遷的考釋，同時注重列舉有代表性的實例，尤其注意列舉相關出土文物或傳世文物，使論述更有力度，令人信服。如在論述"地券"時就列舉了近年在安徽當塗縣出土的孫吳時期孟氏購墓地的地券、甘肅寧縣博物館現存的五代後周時期的買地券，還有洛陽出土的金代買地券等。這些例子生動鮮活，十分有助於讀者理解和認知。

三、簿籍類。簿籍是用於登記人、財、物、事的冊子，有簿冊、名籍、籍三大類。"簿冊"一詞首見於《太平御覽》卷二一四引晋孫盛《晋陽秋》："陳群爲吏部尚書制九品格，登用皆由中正考之簿冊，然後授任。""簿冊"用途不同，稱謂各異：有記錄官員名籍、履歷的解由、簿狀，有記錄財務的賬簿、田結、禮帖，有記錄事情的簿記、簿領等。"名籍"一詞首見於《史記·汲鄭列傳》："漢高祖令諸故項籍臣名籍，鄭君獨不奉詔。""名籍"用於記錄人名、人事，總的說來分爲官吏名籍和民衆名籍兩大類。官吏名籍秦時稱"宦籍"，漢時稱"官簿"，魏晋南北朝時稱"士籍"，隋朝而後，科舉取士，出現"題名錄"，清代稱"卯冊"。用於民事的主要有役要、年貌冊、聽用簿等。籍是政府用來登記人口，管理賦稅的冊籍，從春秋戰國時代延續至今。"籍"一詞首見於《管子·禁藏》："籍田結者，所以知貧富之不訾也。"士、農、工、商四分的籍制度也始自戰國時代。湖南長沙走馬樓出土有三國孫吳之簡牘中實物，今收藏於長沙簡牘博物館。本卷簿冊部分，變遷考釋與舉例論證相結合，使讀者既能清晰地把握簿冊的發展軌迹，又能直觀便捷地瞭解相關詞條。

四、書籍類。書籍是記録知識、傳承文明最重要的載體之一。我國在歷史長河中産生了浩如烟海的文化典籍，連續數千年而從未中斷，成爲人類的驕傲。這些書籍材質不同、形態各异，時有嬗變。現存最早的書籍是殷商時期的甲骨，大多出土於安陽小屯；接踵而來的當是西周至秦漢時期簡牘、帛書，今所見者有湖北荆門出土的郭店楚簡和湖南長沙馬王堆漢墓出土的帛書；漢末，發明了造紙術，隨之我國進入紙書時代。有了文字載體，就離不開裝幀。甲骨的裝幀，主要是在甲骨中間穿孔，然後用繩編連。竹簡的裝幀同樣也是用繩編連。帛書采取的則是卷軸裝幀方式。紙書的裝幀尤爲豐富，由漢至唐，其主體是沿襲帛書的卷軸裝；唐代中後期，出現了經摺裝，此後一直作爲佛教典籍的主要裝幀形式；唐宋間還出現過卷軸裝和册頁（葉）裝之間的過渡形式——旋風裝；兩宋雕版發達，蝴蝶裝盛行，偶見綫裝形式，沿及元代；到了明季，盛行包背裝與綫裝；有清一代，基本上是綫裝的天下。書籍雕印以來，産生了版本的概念，按刻書時間分，有宋刻本、遼刻本、金刻本、元刻本、明刻本、清刻本等；按刻書機構區分，有官刻本、家刻本、坊刻本等；按刻書地區分，有浙本、閩本、蜀本等；按價值分，有孤本、善本、批校本、題跋本等；按印刷顔色分，有朱印本、藍印本、朱墨套印本等。

五、載器類。載器是書籍的連帶物，就是承載、保藏書籍的物體，分爲載器和函器兩個部分。就書籍的載體而言，不同形態的書籍載器亦自不同：甲骨文的載器是龜甲和獸骨，簡牘的載器是竹木，帛書的載器是縑帛，紙書的載器自然是紙。保藏書籍的函器主要有函套、書箱等，它們在書籍的流通、保藏、保密的過程中起到了舉足輕重的作用。函套之上常題有書名、收藏日期，書主的姓名、雅號之類文字；後世多有作坊所標貼的書名及所依據的版本等，亦有輔佐研究乃至鑒賞價值；書箱之上亦偶有所記録。直至當代，爲古籍製作木函、布套、書櫃等，仍然是重要保護手段。

五大類之下又分有小類，大小各類皆考釋得十分明確，十分周嚴。

如第一大類“函札”，是人類進入文明時代，文字誕生後，人際交往中最適用、最廣泛的文字載體之一。在中國古代有多種形態，有簡札、書信、名片、束帖、公文、契券、簿册、名籍、籍、書籍等衆多類型，滿富情趣，別具風采。兹列其中前四種，略釋如下。

一、簡札：介於書信、名片、束帖之間，具有公文、書信、文牘、札記多種功用和意義的一種表達形式。簡札其物出現甚早，春秋時期便有了書於竹簡之上的詔令、誥誓。簡札一詞最早見於漢代，《急就篇》卷三：“簡札，檢署槧牘，家。”顔師古注：“竹簡以爲書牒也，札者，木牒，亦所以書之也。檢之，言禁也。削木施于物上，所以禁閉之，不得輒開露也。署謂題書其檢上也。槧版之長三尺者也，亦可以書。謂之槧者，言其脩長漸漸然也。牘，木簡也，既可以書，又執之以進見于尊者，形若今之木笏，但不挫其角耳。家，伏几也，今謂之夾膝。”據顏注可知，簡札於漢代初始之時，是書以重要文字、長三尺的竹板或木板，形若後世之笏，而且具有保密性。後世漸變爲書信、短文、奏摺等的代稱，普遍運用於朝廷之內與廣大民間。

二、書信：人際間最主要的一種表達形式。就書信的質地而言，又可稱爲尺牘（以竹片爲質地）、尺素（以帛爲質地）、尺紙（以紙爲質地）等；就傳遞方式而言，周代已設有野廬氏之官職，掌管“廬賓客行道所舍”（見《周禮·秋官·野廬氏》）等，漢代已有驛站、驛馬（見《史記·汲鄭列傳》），并有專行投遞公文的驛書（見《漢書·燕刺王旦傳》），此後歷代相承，并不斷改進，不斷完善。古代另有所謂雁書（繫書信於雁足）、犬書（繫書信於犬頸）之類。另有所謂魚書（見漢蔡邕《飲馬長城窟行》），并非以魚傳遞書信，衹是書信的代稱而已。

三、名片：書信之後人際交往中最簡要的一種表達形式。初見於秦漢時期。先民把名字刻在竹木之上用於謁見師長，稱爲“謁”或“刺”。相沿而下，名柬、名帖、門狀、手本之稱不絕於史。後世紙質名片興起，至 20 世紀之時，大盛於世，近乎人手皆有。

四、柬帖：人際交往中最嚴肅莊重的一種表達形式。此前數千年，柬、帖分稱，具備吊喪問疾、婚嫁慶生、傳報喜訊等多方實用功能，漸漸演進爲請帖。作爲合稱，約形成於明清之際。

其他文契、簿籍、書籍、載器等四大類，以及公文、契券、簿册、名籍、檄書、驛書等小類的功效及其運用，莫不如是。

再如第二大類“文契說”下分兩節，第一節爲“公文考”，第二節爲“契券考”。在第一節“公文考”之下首先闡明何謂“公文”：公文泛指處理公務之文書。自有書契，即有公文。然名目繁多，不一而足。初用簡牘，名稱多與“簡”“牘”連用；紙張發明之後，其名又多以“簿”“籍”爲綴。“公文”之稱始見於漢代荀悅所撰《漢紀·武帝紀一》：“苞苴盈于門庭，聘問交于道路，書記繁于公文，私務重于官事。”其後歷代沿用。《三國志·魏書·趙儼傳》：“輒白曹公，公文下郡，綿絹悉以還民。”《京本通俗小説·碾玉觀音》：“逕來湖南潭州府，下了公文，同來尋崔寧和秀秀”。清李漁《奈何天·密籌》：“〔内高聲禀介〕

湖廣宣撫使衙門，有公文投進。"20 世紀 20 年代以來，有大量竹簡公文出土，内容涉及法律、軍事、吏治、民事借貸等社會生活的多個領域。

有關"公文"的古今演進過程，本卷當是今日學界最爲明確的闡釋。"公文"又包涵了多種異名别稱，简列如下：公牘、牘書、牘、案牘、案檔、剡牘、文牘、卷牘、牒、牒牘、文牒、牒文、牒呈、文簿、箋牘、牒狀，等等（全部書證均略）。"公文"又有多種用途、類型，諸如檄、軍牒、捷書、降表、申狀、符、征書、驛書、計最、載書、除書、露布，等等。

僅由以上十餘種"公文"，即可窺見我華夏古老國體紛繁的運行情狀。粗略統計，本卷所收列考釋的公文有幾十種之多。本卷所考釋的條目又何止於此，可謂遍覽群書，足見作者功力之所在。作者就是這樣探源逐流，理清了函籍所涉浩瀚博物，藉此具體生動、全方位地展現中華傳統文化的概貌。

本卷作者多任職於山東省圖書館歷史文獻部，從事古典文獻的整理、研究，古籍版本的鑒定，古籍目録的編製工作，諳熟各類文獻，編纂《函籍卷》自然是行家裏手。故而全卷分類精當，考釋嚴密，視野開闊，尤其是系統地考釋了由商周至清代我國書籍的嬗變過程，堪稱一部最爲簡明的中國書籍演進史。在解説版本名詞時并没有滿足於單純的理論解釋，而是儘可能地提供版本實例，尤其是提供了一些版本的書影，對於讀者的理解大有裨益。

本卷中除却提供了一些版本的書影之外，又采用了爲數衆多的插圖，這是一個亮點。古者，河出圖，洛出書，"圖書"合稱，圖文一體，無圖無以直觀，無文無以深解。本卷中這些精美的插圖，經過編者的精挑細選、巧予布局，尤顯生動，使讀者不僅能讀到抽象的文字解釋，更能得到直觀、感性的認識，圖文結合，賞心悦目。值得一提的是，很多插圖是第一次公開發表，因而彌足珍貴。如"手札"條的配圖"曾國藩手札"、"三藏"條的配圖"明永樂北藏"、"寫本"條的配圖"唐寫本《思益經》"、"版圖"條的配圖清光緒十五年手繪《（山東）省城街巷全圖》等都來自該圖書館的珍貴館藏。

本卷的完成，凝聚了諸位作者近三十載的心血。從文獻搜集、謀篇布局、考釋論辯，到文字校勘，其間曾八易其稿。本卷主編賈貴榮，向有才女之譽，曾爲該館古籍部研究館員，不久即調往國家圖書館出版社任總編輯，工作十分勞累辛苦，常常日夜不休，人稱"拼命三姐"。其他諸君，包括該館李西寧、周玉山等，無不身兼重任，在爲本書執筆的同時，也爲《通考》全工程的定鼎竭盡心力。其時信息不暢，電腦未得普及，筆者與在京的賈貴榮主編聯絡，僅憑長途電話；通話中常常因她答復屬下問話而中斷，每次長電，也祇解決一二問題而已，深感無奈！賈貴榮主編的好友唐桂艷副主編亦爲才女，與序者同處一市，已成爲全權代表。爲便於書稿之校審交談，常以電話相招，而唐君“召之即來”，從不猶豫，往還奔波，“五易其稿”。其後方知唐君正在攻讀博士學位，有百萬字的論文正待完成，可謂殫思極慮，其辛苦之狀可以推知。其間又發現全卷缺少劃時代的另一文獻載體，與函籍緊密相關，不得不予以增補，當即節錄了《電子文獻學引論》（下稱《引論》）一文。《引論》的作者蔡先金君在取得歷史學博士學位後，轉而深研電子文獻學，此文即其博士後出站報告。筆者作爲報告審定人之一，深知這一報告已形成獨到而嚴密的理論體系，俾使本卷更全面、更具前瞻性，斷然決定將此《引論》作爲本卷的附錄。爲此又令唐君依照全書體例，再度校審編訂，於是又“六易其稿”。“六易其稿”之後，復發現該稿中另有不盡完善的文字，屬可改可不改，筆者作爲總主編已不忍率爾“招來”。猶豫再三，爲不留遺憾，還是發出通知。唐君應約而至，又有了“七易其稿”。今唐桂艷副主編早已獲取博士學位，仍是該館文獻部負責人之一，本已十分繁忙又世事難料。蒼天無情，去年5月，年輕的“拼命三姐”賈貴榮總編溘然長逝，令人震驚、心痛不已！其時恰值筆者又發現新考古資料，“七易稿”仍待訂正增補。筆者心緒難寧。唐君得知這一情況，毅然承擔了這一責任，義無反顧，直至最後定版，稱之爲“八易其稿”并不爲過。筆者本以爲大功告成，豈知斗轉星移，風雲又起。出版方提出上述《引論》早已全文發表，獨立成書，而且歷時二十餘載，時至今日，其學術前瞻性業已淡化，建議撤出。這一建議非常冷靜客觀，不得不請人再行增補，於是有了山東大學劉心明教授與本校研究生張子昊共同完成的另一附錄《甲骨學與金學通釋》。此時筆者已是鬢髮盡斑，身神疲憊，摯友以健康第一、頤養天年相勸，不由憶起唐君前日在連續審校了四十個晝夜之後大病一場，無怨無悔。這種一絲不苟的嚴謹學風，這種不計代價的拼搏精神，老夫何堪自安自惜？在此，特爲賈、唐二女氏重書一筆，并藉以自勉。

　　歲月滄桑，如夢如幻，或苦或難，俯仰百變，但同爲名山事業，乃我輩終生宏願。丈夫勵志，何分男女？正道是巾幗不讓鬚眉！萬千感慨，難抒襟懷，藉此一序，或可爲當世浮生之鏡鑒！

張述錚

太歲上章攝提格桂月中浣於山東師範大學映月亭初稿

太歲上章困敦嘉平月下浣於濟南歷下山師大新村定稿

第一章　概　論

"函籍"一詞，納入辭書并構成一個門類，首見於華夫主編的《中國古代名物大典》。
而該書多流布於學術領域，故何謂"函籍"，國人知之未廣。

"函籍"之全稱應是"中國函籍"。其内容應包括函札、文契、簿籍、書籍、載器五大
部分，爲中國文獻的最具體、最全面的文體形式。其中載器指文獻的載體與函器，爲中國
文獻的外在形態，可藉以考見民族文化的特點及其豐富性。不瞭解中國函籍，就難以深切
瞭解中國文獻。同樣，欲深切瞭解中國函籍，亦必須從中國文獻入手。那麼，何謂"中國
文獻"，"中國文獻"與"中國圖書"又有何區别？迄今尚無嚴格界定，今闡釋如下。

何謂中國圖書？ 中國圖書始於何時？

何謂"中國圖書"？ 在劉國鈞先生原著、鄭如斯先生訂補的《中國書史簡編》（書目
文獻出版社 1981 年版 ）中，載有如下論斷："如果要結合内容和形式兩方面來下定義，我
們可以這樣説，圖書是以傳播知識爲目的而用文字或圖畫記録於一定形式的材料上的著作
物。"

劉先生的這一名著，曾於 1964 年和 1980 年先後兩次被松見弘道教授譯往日本，在
彼國頗有影響。依據上述論斷，劉先生認爲"初期的中國書"就是"甲骨文、青銅器、銘

文、石刻"。不過,劉先生是從書史發展的角度提出這一論斷,尚屬探源之説,而懿恭先生的《我們最古的書》(《文物參考資料》1954 年第 5 期)和方厚樞先生的《我國書籍的産生和早期的發展》(《中國出版簡史》第一章,載《出版工作》1980 年第 9 期)等專文和專著,却毫不含混,視劉先生之説爲定論了。同這些論説相呼應者,則有 1974 年 9—10 月間北京圖書館舉辦的"中國圖書展覽",以及以後的多次出國展覽,這些"中國圖書"裏就有甲骨文、鐘鼎文和石刻之類。异國的學者難以明瞭,這些"中國圖書"從内容到形式的規律何在。

依據國人的論述和書展的實物,則錙銖之甲片、千釣之鐘鼎、萬釣之碑碣均可稱爲中國的圖書。這就是説,中國圖書没有形體規律,書籍的功用也不清楚。這種問題的癥結大約就在於可否將甲骨文等視爲中國圖書。

先看甲骨文。依劉先生所擬定的圖書定義,"圖書是以傳播知識爲目的",甲骨文顯然并非如此。殷人崇尚神靈,遇事必以占卜判定吉凶,這就是甲骨文的目的。目的既達,即視爲神物,尊而秘藏,猶今世之保存檔案。這些檔案性質的卜辭,當然不"以傳播知識爲目的",因而不符合劉先生的圖書定義。懿恭先生所謂"甲骨文是占卜的龜册,但它真實地記述了當時的史實,這正是第一手珍貴的確實的直接史料。我們怎能説龜册不是書,而祇起書的作用?"方厚樞先生所謂"甲骨文被稱爲是研究我國商代歷史文化的'百科全書',正是從這個意義上,我們稱它爲我國最早的原始書籍"。懿、方兩先生的論斷,不過是就甲骨文於今世的文獻價值而言,祇是今人的一種衡量而已。而"文獻"又不可與"圖書"等同(下將論及)。圖書一定是編輯的産物,是系統的文字或圖畫的載體。甲骨文中某些甲片雖有串連成册者,祇爲宜於保存而已,其甲片與甲片間并無内在聯係,即使視爲分檔編次,也不過如同今世的分類卡片一樣,仍不成爲書。甲骨文的性質、價值,充其量不過如後世的宫廷檔案,祇能歸屬於文獻中的資料類。

那麽,青銅器與石刻是否可視爲圖書呢? 否! 因爲它們都是以紀念或備忘爲職志,也并非"以傳播知識爲目的"。其時,鄭、晋諸國的刑鼎,鑄文數百,也無非是用以警戒百姓而已。字以千計的曾侯編鐘,仍不外是紀念或備忘性質。漢唐等石經,雖可視爲"以傳播知識爲目的"(本意在於設立統一文本,校正文字异同),似乎符合劉先生的定義,但亦不可稱爲圖書。所謂圖書,除却内容要求之外,還應有形體上的規定性,即圖書必須便於查檢閲讀,或説便於使用,這是構成圖書的不可或缺的特質。而千釣之鐘鼎和那矗立於太學門外的石經之類，顯然與此不合。劉先生所謂"用文字或圖畫記錄於一定形式的材料上的著作物"，實際上對圖書没做形體上的規定，没有任何約束力。

中華民族有悠悠五千餘載的文明史，於其圖書應有一大抵科學的界説。這一界説，不能以今况古，也不能以古類今，而應直貫古今。東漢許慎所謂"著之竹帛謂之書"（《説文·序》，中華書局 1963 年版影印本），是專指簡策和帛書，已經排除了鐘鼎文與石刻（其時甲骨文尚未大宗發現）。前述劉國鈞先生《中國書史簡編》裏的定義，試圖統括古今，但又顯然難以成説。筆者認爲，許慎於"著之竹帛謂之書"之後，有一補充説明："書者，如也"（《説文·序》）。這一"如也"，極其重要，但我國學界多有忽略，當代辭書不予引録，因而失却廓清古今圖書界説的契機！試看漢宋以降對"如"字的解説。《説文·女部》："如，從隨也。從女，從口。"北宋徐鍇注爲："女子從父之教，從夫之命，故從口。會意。"（《説文·序》）古今用例，若"如命"，即從命；"如願"，即遂願；等等。"書者，如也"，就是指圖書具有書寫方便簡捷，閱讀從心隨意兩方面特點。後者尤爲重要。作爲圖書，要供他人查檢閱讀，要查檢閱讀，就必須便於收藏和流通，這是古今盡同的。《墨子·貴義》篇載，墨子南游猶記"周公旦一朝讀書百篇"，以車滿載其書而行；《明鬼》篇又載："故書之竹帛，傳遺後世子孫。"《史記·司馬相如列傳》載："蜀人楊得意爲狗監，侍上。上讀《子虛賦》而善之，曰：'朕獨不得與此人同時哉？'得意曰：'臣邑人司馬相如自言爲此賦。'上驚，乃召問相如。"試看，相如之書自古稱絶地的蜀邑"不翼而飛"，直抵京都長安，以無名之輩的無名之作，竟達於帝王之手。由此可見，古代竹帛形態的圖書，如同其後的册頁（葉）形態的圖書一樣，都是便於收藏和流通的。而後代新的圖書形態如縮微圖書、音像圖書之類，其特點也正在便於收藏和流通。

於是，我們可以做出如下結論：中國圖書是以傳播知識爲主旨、便於收藏和流通的文字或圖畫的編輯載體。這樣的界説，上至古代的簡策、帛書，下至當代的縮微圖書、音像圖書，盡可囊括，大抵可以貫通古今，以期於未來。

那麼，中國圖書當始於何時？據文獻記載，傳説中的五帝時已有其物，夏商時已十分明確，稱爲"典""册"。《書·多士》曰："惟爾知，惟殷先人，有册有典，殷革夏命。"此文明確宣示，商湯革夏桀之命，早在殷先人的典册裏已有記載了。"這和二示（甲骨文中所載示壬、示癸——引者按）與二示配偶的廟號之有典可稽，可以交驗互證。二示和二示的配偶，乃商湯之父母和祖父母，其忌日的廟號，自然會有記載。"（于省吾《釋自上甲六示的廟號及我國成文歷史的開始》，載《甲骨文字釋林》，中華書局 1979 年版）。武丁時期的甲骨刻辭，尚有記載貴族世系者，同商王室自二示至武丁共十三世，亦大致相同，其上限皆在夏末或商初。這又可爲殷商典册的旁證。但有"典""册"，其物又何止於"惟殷先人"？

何謂"册"與"典"？試看《説文·册部》的釋義："册，符命也，諸侯進受於王者也。象其札一長一短，中有二編之形。"而《刀》部"删"下云"册，書也"，可知"册"爲簡編通稱，故符命、書籍皆爲之册。《丌部》"典"下云："五帝之書也。從册在丌上，尊閣之也。"段玉裁注："《三墳》《五典》見《左傳》。閣，猶架也，以丌庋閣之也。"王筠句讀："上世之遺文，皆古人所尊重，故必高閣之，以避朽蠹，亦所以示崇敬也。"可見稱"典""册"，乃就其形體而泛指也。

若就內容而言，夏商周三代亦皆有其物。名曰"圖法"。《呂氏春秋·先識覽》："夏太史令終古出其圖法，執而泣之。夏桀迷惑，暴亂愈甚，太史令終古乃出奔如商。湯喜而告諸侯……殷內史向摯見紂之愈亂迷惑也，於是載其圖法，出亡之周。周武王大悦，以告諸侯。""圖法"，當爲有關國家興亡的重要圖書，因而夏商周三代之史臣皆十分珍惜。夏太史令終古預感夏桀將亡，"出其圖法，執而泣之"。"執"，攜而不釋。殷內史向摯則"載其圖法"以投周。既以車"載"，其數量自不會少。據此可知，夏商周三代之圖書是遞相傳承的。故至孔子編定六經時，尚謂"殷因於夏禮，所損益可知也；周因於殷禮，所損益可知也"（《論語·爲政》），"周監於二代，郁郁乎文哉，吾從周"（《論語·八佾》）。這就是説，春秋末期夏、殷兩代的禮儀圖書（其中包括册典記載），孔子是見到了大概的，故而他能判定周代的禮儀圖書是從夏商兩代損益而來的，而且極其豐富多彩，於是他依從了周代。夏商周三代圖書遞相傳承之風尚，歷代沿襲，遂成中華文化的一大特點，迄今不衰。

通過以上論列，可證夏商之際已有册典了。而《説文》載"册"與"典"的古文皆從竹，分別作𥬇與𥰡，可見其時的册典多以竹類爲書寫材料。當然，册典就是原始的圖書。因而可以大致判定：中國的圖書始於夏商之際，其形制階段當屬簡册。

那麼，上古有哪些圖書呢？《三墳》《五典》《八索》《九丘》《河圖》《洛書》，這些傳説中的圖書固不足爲憑，但《禮記·禮運》所載孔子赴夏商故地所得《夏時》與《坤乾》二書（參見下文），却應是大抵可信的。試看鄭玄於此二書之注釋：《夏時》，"夏四時之書也，其書存者有《小正》（一作《夏小正》——引者按）"；《坤乾》，"殷陰陽之書也，其書存者有《歸藏》"。可見漢代尚存二書之孑遺,足證其不妄(今世的《夏小正》與《歸藏》的真偽,另當別論)。孔子赴夏商故地一事,我國古今學者多視爲信史,故《夏時》《坤乾》二書,連同上述之"圖法",實爲今時可以確知的我國最早的圖書。前文諸先生所指稱的甲骨文、青銅器、石刻均非圖書,也并非中國圖書的源頭。

何謂中國文獻? 中國文獻始於何時?

"文獻"一詞,首見於《論語‧八佾》:"子曰:夏禮吾能言之,杞不足徵也;殷禮吾能言之,宋不足徵也。文獻不足故也,足則吾能徵之矣。"鄭玄注:"獻,猶賢也。我不以禮成之者,以此二國之君文章賢才不足故也。"《禮記‧禮運》也有相近的記載:"孔子曰:我欲觀夏道,是故之杞而不足徵也,吾得《夏時》焉;吾欲觀殷道,是故之宋而不足徵也,吾得《坤乾》焉。《坤乾》之義,《夏時》之等,吾以是觀之。"鄭玄注:"徵,成也。無賢君不足以成也。"以上所引兩書的正文和注文,可以互相參證。可見孔子爲釋禮,曾親往故地以考其實,可嘆的是祇得《夏時》《坤乾》二書,尤感不足的是,夏殷後裔中沒有賢君以助其成,沒有賢君也就難得賢才予以闡釋了。這裏鄭玄釋"文獻"的"獻"爲"猶賢也",而不是"賢也",此一"猶"字值得注意。其時鄭玄可引以爲據的《爾雅‧釋言》曰:"獻,聖也。"《周書‧謚法》曰:"聰明睿智曰獻。"鄭玄未取《釋言》"聖也"之義,也未直注爲"聰明睿智"。不過,《謚法》的釋文却至關重要,它爲研究鄭注提供了有力綫索。鄭注"獻,猶賢也",是因爲賢人"聰明睿智",故能闡釋古禮,但闡釋古禮者并非盡是"聰明睿智"的賢人。《禮記‧禮運》:"王前巫而後史,卜筮瞽侑,皆在左右。"王遇事可垂詢於巫官、史官、卜師、筮師等人。漢司馬遷撰《龜策列傳》時,尚稱"余至江南,觀其行事,問其長老"。所以鄭注"獻"爲"猶賢也",并非專指"賢人",而是指可資詢問的許多人,諸如巫、史、卜、筮、長老等,這些人的言論就是佐證。中國古代典籍,總是依循文字記載與口耳相傳并重這一方式而成書的。如《書》中的"典"記叙史實,"謨"陳述言論;《左傳》於記事之外,又多用"君子曰"廣録古哲言論。迄秦漢之際,也依然是以文字記載與口耳相傳并重,諸如《史記》《漢書》,於紀史之外,亦博采先賢之燕談,此一特點是極明顯的。兩漢之後,歷代典籍莫不如是,這可視爲中華民族鑄成其文獻的一種傳統,鄭注正是這種傳統的反映。這就是説,鄭玄作爲漢代人注"獻"曰"猶賢也",其字面義是指人，其實質則是指人的"言論"。中國文獻的體例，至宋末馬端臨的《文獻通考》已漸大備。馬氏自序云："引古經史謂之文；參以唐宋以來諸臣之奏疏、諸儒之議論謂之獻。故名曰《文獻通考》。"馬著正是依循中國文獻的定義和構成傳統，分爲典籍記載與重要言論兩大方面來進行著作。

中國文獻，就其內容而言，它反映了中華民族五千餘年的文明史，肇始於大汶口文化，歷經奴隸社會、封建社會，直至當代。其表現形式則爲陶器繪契、甲骨文、鐘鼎文、簡牘、帛書、碑碣、檔案、文書、手稿、册頁（葉）書籍，以及縮微圖書、音像圖書，等等。音像圖書中就包括了名人言論。因之，所謂中國文獻是古今同義的。

人們通常指稱的中國文獻，即指其外在的表現形式，指上述種種可見的實體。王欣夫先生稱這些實體爲"廣義文獻學"，則自陷於混亂之中。所謂"文獻學"，當指關於"文獻"的學問，怎可與"文獻"自身等同？中國文獻分類研究，則又可有歷史文獻、地理文獻、軍事文獻、醫學文獻、古典文學文獻、現代文學文獻等諸多類別。

自南宋以來，關於"文獻"，形成了一種傳統的誤釋。朱熹注《論語·八佾》"文獻"曰："文，典籍也；獻，賢也。"朱熹將鄭注的"猶賢也"，徑釋爲"賢也"，一變先賢往哲的言論而爲賢人。"獻"既指賢人，於是劉師培又在其《文獻解》中，將"獻"解爲賢人的"動作威儀"，王欣夫先生也欣於稱引，認爲"比鄭玄更爲明白"（《文獻學講義》，上海古籍出版社 1986 年版）。實在是愈解愈糊塗！孔子赴杞宋以期瞭解的"禮"，係指杞宋先人夏殷的禮制，特指夏殷兩代的文化歷史，即文字記載與口耳相傳的佐證。杞宋距夏殷之世已逾千年，豈可望杞宋有什麼賢人可再現夏殷之時的"動作威儀"？

再看所謂"文物"。凡"文物"統歸於文獻，那就過於寬泛了。張舜徽先生在論證何謂文獻時，曾有如下精闢闡釋："至於地下發現了遠古人類的頭蓋骨或牙齒，那是古生物學的研究範圍；在某一墓葬中出土了大批沒有文字的陶器、銅器、漆器等實物，有必要考明其形制、時代和工藝的發展情況，那是古器物學的研究範圍。這些都是考古學家的職志。"（《中國文獻學》，中州書畫社 1982 年版）這就是說，與文字無關的文物是不能稱爲"文獻"的。但張先生於其前文將"有歷史價值的繪畫"，也擯除於"文獻"之外，卻顯然失之粗疏。繪畫，古時泛稱圖籍，包括了輿地圖、器物圖、人物圖、景物圖……在我國古籍中，總是將圖籍與書籍并稱，即所謂圖書。如，《韓非子·大體》："豪傑不著名於圖書，不錄功於盤盂。"《前漢紀·成帝紀》："觀古之圖書，賢聖之君皆有賢臣在側。"《晋書·天文志上》：“東壁二星，主文章。天下圖書之秘府也。”以上足證圖書包括了繪畫。這就是中國圖書的歷史構成，古今盡同。

中國文獻的確切類劃，應包括我國古今重要的圖書、資料（如文書、檔案之類）及附有字圖的文物。所謂史料價值、情報價值，貫通於三者之間，舊有圖書和有關文物的新發現，可以有“情報價值”，新的情報資料一經公布，亦即具備了“史料價值”。于乃義先生認爲“情報專指調查報告，應隸屬資料範圍”（《地方文獻簡論》，載《文獻》1979 年第 1 期），這一論斷并未表明三者之間的内在聯係。

那麼，中國文獻始於何時？作爲迄今可見的文獻實物，當首推山東莒縣、諸城出土的陶尊繪契。它們隸屬於大汶口文化，其中的一些繪契已被學界確認爲象形文字。這些象形文字同甲骨文字十分相近，形符、意符俱備，開漢字之先河。這就是說，中國文獻縱跨五千餘載，早於中國圖書史千年之久。

以上臚論主要依據張述錚《中國圖書文獻域界及其源流考辨》（原載《山東師範大學學報（人文社會科學版）》1987 年第 4 期）。

第一節　函札源流箋釋

函札多爲人際交往之函件。它包括簡札、書信、名片和柬帖等。

簡札是最早的一類函札。其本意是指用於書寫的竹簡與木片。早在春秋時代，一些簡單明瞭的告誡、策命、盟誓和詔告等多書於一片竹簡之上，便於携帶和使用，謂之“簡書”。故《春秋左傳序》：“大事書之於策，小事簡牘而已。”孔穎達疏《釋器》云：“簡謂之畢。”郭璞云：“今簡札也。”許慎《説文》云：“簡，牒也；牘，書版也。”蔡邕《獨斷》曰：“策者，簡也。”由此言之，則簡、札、牘、畢同物而异名。孔穎達疏曰：“單執一札謂之簡，連編諸簡乃名爲策。”後世“簡札”之行用，蓋源於此。至後漢，“札”曾一度用於公文之稱。魏晋南北朝時期，“札”或單稱或與其他字組合，往往具有書信、短文、便條等多種含義。唐朝除繼續沿用“札”之書信、短文等義外，其公文的含義逐漸增加，且出現了稱專治公文之官吏即札吏者。唐皮日休《二游詩·徐詩》：“宣毫利若風，剡紙光於月。札吏指欲胼，萬通排未闋。”宋代士人始將自己的奏書稱爲“札子”或“札”。如王安石有《本朝百年無事札子》，陸游寫過《上殿札子》和《蠟彈省札》。清代中期，史學界盛行考據之風，一種讀書隨筆性質的著作方式頗爲流行。著名者有顧炎武的《日知録》和趙翼的《廿二史札記》。因古稱小木簡爲札，條記於札，故稱札記。是取札之短小，積少成多意。清代章學誠《文史通義·外篇三》："文章者，隨時表其學問所見之具也；札記者，讀書練識以自進於道之所有事也。"足見札記之重要。章炳麟《國故論衡·文學總略》："是故繩綫連貫謂之經，簿書記事謂之專，比竹成册謂之侖，各從其質以爲之名，亦猶古言'方策'，漢言'尺牘'，今言'札記'也。"

簡札其物早已出現，但簡與札的合稱却是後來之事。漢王充《論衡·自紀》："猶吾文未集於簡札之上，藏於胸臆之中，猶玉隱珠匿也。"唐宋以後曾數度因其短小被稱爲"小簡"。唐皇甫枚《非烟傳》："象結錦囊於懷，細讀小簡。"宋徽宗宣和年間，士大夫之間書信往來，通常采用駢儷文的箋啓，再附以散文體的手書，後者則被稱爲"小簡"。另外，唐宋以降，手札之稱較爲常用，且多指親筆書寫的信札。唐杜甫《暮秋枉裴道州手札率爾遣興寄遞呈蘇涣侍御》："道州手札適復至，紙長要自三過讀。"

函札之較早者還有書信。今存於國家圖書館的雲南少數民族之結繩書信即爲一例。1975 年秋，在湖北雲夢睡虎地四號秦墓中發掘出兩片木牘，據專家考證此即爲目前所見的最早的家信。

發信者一名黑夫，一名驚，均係秦國戍役士兵，其信發自河南淮陽一帶，寄至湖北雲夢故鄉。内容主要是向家中要錢及衣物等。史載，先秦至兩漢書信多書寫於竹簡或一尺見方的木板之上；東漢至南北朝時期，紙帛并用；隋唐之後，始普遍用紙；以物傳情或紅葉題詩，當屬別例。就書信的内容而言，又可分爲家信、友信、公信、情書等，且隨着社會生產生活的日益擴大而不斷增加。家信又稱家書，指家人寫給游子的信件。婦孺皆知者莫過於大詩人杜甫的《春望》詩："烽火連三月，家書抵萬金。"清沈復《浮生六記·坎坷記愁》："乾隆乙巳，隨侍吾父於海寧官舍，芸於吾家書中附寄小函。"時至近現代，家信又用以指游子寫給家鄉親友的信函。《三俠五義》第二〇回："家信也送到了，現有帶來的回信。"友信則指朋友之間的來往信件。尤其是明清以往，士大夫間多以書信往來研討學問，切磋國事。公信則指用於公事的推薦信等，此在本卷《文契説·公文考》中有詳細論述。情書則純指男女之間表達愛慕之情的書信，這在中國古代并不多見。至清始見"情書"之稱。清李漁《慎鸞交·受降》："從未見，情書外，把朱文判，全不怕旁人目詫奇觀。"

　　書信之稱多種多樣，有以信箋質地稱之者，如尺牘、尺素、尺紙等。概因書信曾分別書於一尺之大的木板、絲帛和紙片之上。《史記·扁鵲倉公列傳贊》："緹縈通尺牘，父得以後寧。"後世書信之稱約始於隋唐。事見唐王駕《古意》詩："一行書信千行淚，寒到君邊衣到無？"亦有以傳遞方式稱之者，如雁書、魚書、黃犬等。唐王勃《采蓮曲》："不惜西津交佩解，還羞北海雁書遲。"唐李白《送友人游梅湖》詩："莫惜一雁書，音塵坐胡越。"唐韋皋《憶玉簫》詩："長江不見魚書至，爲遣相思夢入秦。"元王實甫《西廂記》第五本二折："不聞黃犬音，難傳紅葉詩，驛長不遇梅花使。"此類書信得名，均因鴻雁、鯉魚、家犬曾充當或傳説中充當過傳遞書信工具。更有士大夫之間相互尊稱、美稱對方之來信者，如瑶華音、蘭訊、瑶簡、芳翰等。南朝齊謝朓《郡内高齋閑坐答吕法曹》詩："惠而能好我，問以瑶華音。"唐李白《代別情人》詩："天涯有度鳥，莫絶瑶華音。"《南史·謝弘微傳》引晉謝混《誡族子》詩："通遠懷清悟，采采漂蘭訊。"唐李商隱《戊辰會静中出贴同志》詩："瑶簡被靈誥，持符開七門。"唐玄宗《登蒲州逍遥樓》詩："一覽遺芳翰，千載肅如神。"等等。

　　由於中國地域遼闊，交通不便，書信之傳遞成爲古人一大難題。這也激發了中華民族豐富的創造力和想象力，出現了許多傳信佳話。其中有源於古人曾用鯉魚形信封的鯉魚傳書。晉代著名學者陸機更留下了家犬送信的千古佳話。唐時又有飛奴（即信鴿）投書，事見五代王仁裕《開元天寶遺事·傳書鴿》。唐代傳奇小説《柳毅傳》則記載了書生柳毅代人傳遞書信以救人的故事，更顯書信傳遞之重要。唐詩尤其是邊塞詩中則留下了大量馬上捎信報平安的詩句。

　　名片是繼書信之後產生的又一古老的人際交往之中介物。早在秦漢時期，人們將名字刻在削好的竹片或木片上，用於拜見師長等，時稱爲"謁"。因竹木携帶不便，故其上字不多，僅有名字、籍貫等。《史記·酈生陸賈列傳》和《漢書·外戚傳下》則分別有關於"謁""刺"的記載。近年隨着文物考古工作的不斷進展，兩漢迄於魏晉的墓葬中出土了許多"謁"和"刺"的實物。隨着紙的發明，名片得到充足的發展契機。魏晉以降，名片樣式日益繁多，内容逐漸增加，名片之稱亦漸趨龐雜。除以"刺"稱者相沿不衰外，名柬、名紙、名帖、門狀、手本之稱亦不絶於史。唐中期，春風得意的新進士們曾在京師長安以名紙或紅箋拜謁權貴名流，事見五代王仁裕《開元天寶遺事·風流藪澤》。入宋以後，又有大狀、小狀之分，大的用全紙，小的則用半紙。事見宋周密《癸辛雜識·前集·送刺》。宋張世南《游宦紀聞》記錄了家中收藏的北宋元祐年間秦觀、黃庭堅等人與當時名流常立（字子允）交往所用過的名刺之樣本格式。另外，宋時亦有逢年過節使僕從至親朋家投送名刺以示祝賀的。宋周密《癸辛雜識・前集・送刺》："節序交賀之禮，不能親至者，每以束刺僉名於上，使一僕遍投之，俗以爲常。"後世之賀年片，蓋源於此。

明清以降，人際交往日益廣泛，名片之形制、内容亦大起變化。未摺的稱單帖，自中間摺起的稱雙帖，而紅色的則稱紅帖或紅刺。又有專門用於下屬拜見上司，或門生參見坐師的手本，多以綿紙六頁摺成，外加底殼。其中下屬見上司者用青色底殼，門生見座師者則用紅綾爲底殼。因其多用於下拜見上，故此物亦稱上行手本。值得一提的是，明中後期，作爲通俗的名帖，曾一度成爲阿諛奉承之徒討好巴結權貴們的工具。據清趙翼《陔餘叢考》載，拜謁嚴嵩者，以紅綾爲名帖，以赤金絲爲字；拜謁張居正者，則以織錦爲名帖，以大紅絨爲字；更有自署"門下小厮，渺渺小學生"之類，以降低自己，來達到抬高對方的目的。清末民初，社會急劇變革，生活節奏加快，名片遂趨於小型化，便於隨身携帶。

束帖與書信、名片不同。"束""帖"二者合而爲一乃晚起之物，約在明清之時。此前的數千年間，"束"與"帖"分別承擔了後世束帖之義，祇不過其内涵未必完全吻合而已。如唐皮日休《魯望以竹夾膝見寄因次韻酬謝》詩："大勝書客裁成束，頗賽溪翁截作筒。"如《紅樓夢》第四八回："探春笑道：'明兒我補一個束來，請你入社。'"如宋蔡絛《鐵圍山叢談》卷一："及壽節日，則宰臣預命直省官具帖子，請學士、待制赴尚書省錫宴齋筵。"如《平山冷燕》第一九回："寶知府隨發帖請酒。"然束帖之實物却早在唐代即已出現。初唐時，群臣之間吊喪問疾，多用慰問帖。至唐中期，進士及第報喜，多用金屑塗飾的箋帖，時稱"泥金帖"。宋及其以後各代，束帖之内容逐漸增多，此稱呼亦日益繁雜。每遇婚嫁、生日、房園開建諸事，多邀親眷好友歡聚飲宴，以共志喜。因此遂有"請帖""請狀""請書"之稱。而後興起的"全帖"更是考究，以示隆重之至。此種束帖多以梅紅色紙摺成十面，其第一面寫"正"字或"正肅"二字，第二面署名。《儒林外史》第三回："正待坐下，早看見一個體面的管家，手裏拿着一個大紅全帖，飛跑了進來。"至於家遇喪事，則用"孝帖兒"向親友報喪。而用於答謝之事的束帖則稱"謝束""謝帖"。約至明清，束與帖合而稱之，更明確了其後世束帖之義。《京本通俗小說・菩薩蠻》："小僧心病發了，去不得。有一束帖，與我呈上恩王。"《二刻拍案驚奇》卷一一："忽見一個後生象個遠方來的，走到面前，對着陸氏叩了一頭，口稱道：'鄭官人有書拜上娘子。'遞過一封束帖來。"漸至近現代，請束之稱始通行於世。魯迅《兩地書·致許廣平六十》："不料下午便接到請束。"時至今日，隨着印刷材料和技術的日新月异，請束的質地和内容都發生了巨大的變化。

總之，作爲人際交往之重要媒介，函札經歷了數千年的發展過程。其載體從竹簡、木牘、絲帛到紙張，愈來愈方便和快捷；其内容却愈來愈詳細和複雜。從作爲秦國戍役兩士兵之陪葬品的書信，到今日之漫天飛舞的名片，其變化可謂巨矣。無論是書信之變遷，謁刺之脱胎換骨，還是束帖之更新，函札内容之擴大，均值得後人認真考究。此略爲考之，詳則見本卷第二章。

第二節　文契源流箋釋

所謂文契，乃公文、契券之統稱。之所以將二者類考，乃因其同爲社會運行機制之中介物也。古時文契多行用於官府及官民之間，且均具有公證、憑據和權威之内涵。然就現存文獻而言，是先有契券，後有公文。傳説早在上古時代，伏羲即教會人們先將兩塊木板拼合在一起，然後於中縫刻上幾道痕代表數目，最後由雙方各執其一作爲憑據，此即早的契券。故契券是人們在交往中，將約定的事項用刀、筆等工具，刻或寫在金屬、木材、紙、帛等物體上，以作爲對許諾事項的憑信。《周禮·地官·質人》："書契，取予市物之券也。其券之象，書兩札，刻其側。"至春秋戰國時代，契券的形制、内容、名稱及應用範圍都發生了巨大的變化。行用於商品交易中的契券稱"質劑"。買賣雙方成交後，在該憑證上畫押，然後各執一半，以爲憑信。而行用於租借、抵押等關係中的契券則稱"質要"。戰國以後，契券的範圍主要有行用於統治階層的"符""鐵券"，行用於民間的借貸契券和行用於官民之間的税契、地券等。

"符"是古代君主授予臣下的信物，作爲傳達命令或調遣軍隊的憑證。戰國時期信陵君"竊符救趙"故事中的"符"即爲此物。符多以銅鑄，亦有以金、玉、木等材料製成者。又因其形狀多爲虎形、魚形，故稱爲"虎符""魚符"。戰國時期的兵符爲虎符，至唐時改用魚符，至宋時仍使用魚符作爲發兵的憑證。與古代社會制度相適應，作爲君臣之間的鐵券成爲至高無上的契券。史載，劉邦戰勝項羽登上皇帝寶座後，"又與功臣剖符作誓，丹書鐵券，金匱石室，藏之宗廟"。其誓詞是："使黄河如帶，泰山若礪，國以永存，爰及苗裔。"因該誓詞用丹砂書寫於鐵製契券之上，故又稱"丹書鐵券"，亦可叫作"誓書鐵券"。爲了取信和謹防假冒，將鐵券從中剖開，半存諸侯王，半存朝廷。至唐，鐵券則漸變成嵌金，且又賦予其免死憑證等特權。明時的鐵券基本依照唐代而未變，《水滸傳》第五二回："柴進告道：'小人是柴世宗嫡派子孫，家門有先朝太祖誓書鐵券。'"

值得一提的是，秦漢以降，除沿用先秦的契券之外，一是出現了買賣奴隸的契券，二是地券至魏晉南北朝時期始廣泛行用於社會。其質地有金屬、石、磚等。自唐代以後，民間田宅的買賣均須"立券報官"。元承唐宋，土地買賣亦須投稅，而後發給契券，成爲土地合法買賣納稅之憑證。至清，官方對土地之租佃又有詳細的規定，契券再起憑信作用，以防引起争端。同時，行用於民間的借貸契券亦較爲普遍。其中把債分爲"欠負"與"負債"二種。欠負係因"借"引起，即借用及其他契券所負債務；負債原因"貸"引起，即借貸所負的債務。至明清時則有"借契""借券""借豹""借票""借據"等稱。其多是向人借取錢物時所寫之書面憑據。由借物人開具，出借人保存。

除"符"和"鐵券"類特殊契券外，行用於民間的各種契券的擔保制自先秦時代已有記載。有的還規定必須由特定的人員到場簽名畫押，監督契券的簽訂。如田宅買賣，親屬、鄰居必須到場，或簽押，或在賣契上寫上"邀同親屬某、鄰居某到場"的字樣；分家契券須有房族尊長及親屬長輩等到場畫押。後來，一般契券亦要有中間人簽押。明清時，擔保人還要出具字據、認保書等憑據，承諾爲契券雙方擔保。

至於公文，雖與契券具有一定的相通性，如前所述之公證和權威等，然其應用範圍更具有廣泛性和開放性，并不像契券那樣須具有嚴格意義的當事雙方，更無須擔保。公文發生於官與官、官與民之間。上古無紙，公文多書於木板。蓋因木牘容字較多，故其多爲官府文書、名册、布告、通信等文件之載體。"公文"之稱始行用於漢代。1993年，長沙走馬樓吴墓發掘出土了孫吴時期公文實物，多爲州、郡、縣（國）各級官府之間、各部門間往行公文，内容涉及征討平息武陵蠻叛亂、軍糧督運、借貸還糧、司法審訊、民案調查等諸多方面。至南北朝時期，絶大多數公文書寫於麻紙之上。紙張上下幅度平均爲23~24.5厘米。唐以前的公文大體分上行、下行等形式。其上行公文大體是《宋書·禮二》所載皇太子監國儀注的"關事儀"公文程式："某曹關：太常甲乙啓辭。押。某屬令某甲上言。

某事云云。請臺告報如所稱。主者詳檢相應。請聽如所上。事諾別符，申攝奉行。謹關。年月日。"這與吐魯番出土高昌公文、長沙走馬樓出土孫吳公文實物程式基本一致。

唐代以降，公文之類型逐漸增多，如詔、令、奏、議、判、教、啓、牒等稱，不絕於史。其中"牒"是應用極廣的簡短公文形式。唐韓愈《袁州申使狀》："每奉公牒，牒尾'故牒'字，皆爲'謹牒'字，有異於常。"但現存唐代"牒"式公文實物極少，目前僅發現石刻少林寺碑碑陰——《賜少林寺地牒》(拓本現藏北京大學圖書館)。該牒文是由上級官府頒發給承受牒文者的。其格式是：首先，書寫發牒官衙及受牒對象；其次，記錄要通知的內容，然後是簽署日期；最後，書牒官員和主事官員由低至高依次簽名。另《文物》1984 年第 5 期《唐天山縣南平鄉令狐氏墓誌考釋》一文中，介紹了一件在吐魯番出土的唐代灰磚墓誌。這件永徽五年（654）十月二十九日的令狐氏墓誌，與現常見到的唐代其他墓誌有所不同。它轉錄了一篇唐代版授婦女鄉君的官司牒文，成爲唐代"牒"類公文形式的一個重要實物。此外，在近年出土的吐魯番文書中，也保存了一些當地"牒"的殘件。1979 年 5 月，新疆若羌石峽遺址出土了兩件元代公文實物。其質地爲麻紙，字體是行書、俗體字并用。公文的左上角有摺叠轉送時加蓋的矩形黑色戳印。其殘長 19.5 厘米、寬 17.5 厘米，惜僅存十三字，應爲一件公文的尾部。其年代當在元至元二十一年（1284）至三十年間。

宋明兩代又以"申狀"稱上行公文。如宋洪邁《容齋隨筆·翰苑故事》："公文至三省，不用申狀。但尺紙直書其事。"再如《水滸傳》第三四回："看了黃信申狀：'反了花榮，結連清風山強盜，時刻清風寨不保。事在告急，早遣良將，保守地方。'"明清時下級官署呈上的公文稱"申文"。如《警世通言·玉堂春落難逢夫》："劉爺做完申文，把皮氏一起俱已收監。"

總之，無論是契券還是公文，均是古代政治、經濟關係中極爲重要的見證與實物。其出現之早，行用範圍之廣，行用時間之長，多爲其他實物所不及，頗值得認真考究。此處限於篇幅，僅能簡單勾勒它們的産生、發展和行用的基本脈絡。餘則見本卷第三章。

第三節　簿籍源流箋釋

簿籍，用於登錄人、事和財物的冊籍，如名簿、户口簿、記事簿、賬簿等。上古無紙，録之於竹木片，故稱。《説文》中有"薄"無"簿"，段玉裁釋曰："蓋後人易草爲竹以分別其字耳。"據唐賈公彦考證，最早的"簿"見於《周禮·天官·小宰》。而"簿"之稱最早見於春秋戰國時代。又《説文·竹部·籍》："籍，簿也。"段玉裁釋曰："凡箸於竹帛皆謂之籍。""簿"與"籍"之聯合，蓋源於此。

先秦曾記載人名於竹簡、木板之上，其事見於《周禮》，是爲最早之名籍。《商君書·兵守》："客治簿檄，三軍之多，分以客之候車之數。"此時似含有軍中名籍之義，且後世相沿不輟。至漢始有名籍之説，但僅指記名入册之義，見於《史記·汲鄭列傳》："高祖令諸故項籍臣名籍，鄭君獨不奉詔。詔盡拜名籍者爲大夫，而逐鄭君。"《周禮·天官·司書》"以叙其財，受其幣"，漢鄭玄注引鄭衆曰："謂受財幣之簿書也。"此恐爲較早之賬簿。而最早的户籍之制則始見於《周禮·天官·小宰》："聽閭里以版圖。"漢鄭玄注："版，户籍。"《管子·禁藏》："户籍田結者，所以知貧富之不訾也。"唐尹知章注："謂每户置籍，每田結其多少，則貧富不依訾限者可知也。"史載早期的户籍、賬簿與名籍一樣，均被書於木板、竹簡之上。當然，其内容僅是簡單的記録而已。

至漢則有"官簿"，見於《漢書·翟方進傳》："先是逢信已從高弟郡守歷京兆、太僕爲衛尉矣，官簿皆在方進之右。"此應爲名籍趨於專門化之始。繼而又引發了魏晉南北朝時代之"簿狀""簿閥"盛行於世。"簿狀"是記載朝廷内外官吏品秩階次及任職狀況的冊簿，由政府有關部門統一掌握和管理，用作官吏考評升降的依據和參考。"簿閥"則是記録先世歷官情況的冊簿。當時的朝廷選拔官吏，民間男女結親均依據此，它是門閥制度盛行時代的特殊產物。同時，士族們爲了光耀門庭，紛紛編製了各自的譜牒名録，以求得賦役和仕途的特權，時稱"士籍"。

另《漢書·宣帝紀》："黄龍元年詔……上計簿，具文而已，務爲欺謾，以避其課。"此"計簿"乃各地方官吏定時上報給中央政府的有關該地區户口、賦税、土地等統計情況的冊簿。《後漢書·南匈奴傳》："當決輕重，口白單于，無文書簿焉。"此處之"簿"已含有記事簿之義。至唐時，"簿"曾與"牒"合二爲一，用以統稱簿册文書。《新唐書·裴遵慶傳》："遵慶性強敏，視簿牒詳而不苛，世稱吏事第一。"值得一提的是，唐時出現了"簿賬"之稱。《新唐書·百官志》："寺人六人，從七品，掌皇后出入，執御刀冗從。掖庭局，令二人，從七品下，丞三人，從八品下，掌宫人簿賬、女工。"但距後世之"賬簿"含義尚有一定的距離。

宋元以降，社會生活日趨世俗化和多樣化，人與人之間的隸屬關係由終身制逐漸向雇傭制發展。故出現了專門記録雇傭人員的名籍，諸如雇籍、樓羅歷、聽用簿等。《宋史·食貨志六》："官雇弓手，先雇嘗充弓手之人。如不足，以武勇有雇籍者充。"宋陶穀《清異録·百花·樓羅歷》："宫人出入皆搜懷袖，置樓羅歷以驗姓名，法制甚嚴，時號花禁。"《畫圖緣》第一二回："因替他改個名字，叫做賴自新，吩咐注在聽用簿上。"

大約自宋代始，隨着造紙術與印刷術的廣泛應用，"簿"之形狀趨於册頁（葉）制，故有"歷子""卷歷""册子""册簿"之稱。《水滸傳》第一一〇回："那時胡俊已是招降了兄弟胡顯，將東川軍民版籍、户口及錢糧册籍，前來獻納聽罪。"明陸深《溪山餘話》："今東南之田有二則：曰官田，曰民田。然官田未必盡重，而民田未必盡輕，存諸册籍，有此異同。"清代則出現了"簿籍""簿册"及俗語化的"簿子"之類的名稱。名籍，至清則有稱"年貌册"者。

宋以後，土地日益私有，各種單行的地籍，如方賬、莊賬、魚鱗圖、坵基簿、流水賬等相繼設立起來。同時由於原有的户籍失實，户帖、甲帖、丁口簿、類姓簿、户産册、鼠尾册等新型的户籍逐漸出現，地籍已取得了和户籍并行的地位。

值得一提的是，隨着經濟關係的發展和生活範圍的擴大，與之相關的"賬簿"日益繁雜。有專門用於購買物品的買物歷即賬簿，見於宋洪邁《夷堅丁志·三鴉鎮》；有私家記録錢物收入狀况的賬簿即曰黄簿，見於元孔克齊《靜齋至正直記·出納財貨》；而"坐簿"則指專門記録手工作坊之訂貨底賬，見《醒世恒言》卷一三。更爲重要的是，沿用至今的"賬簿"一稱始在民間出現。《醒世恒言·張孝基陳留認舅》："房中桌上，更無别物，單單一個算盤，幾本賬簿。"約自清中葉，近現代意義的"賬簿"之稱始通行於世。

簿籍之書寫材料即質地經歷了竹木、絲帛及各種紙品的不同發展時代；其内容也經歷了從簡單逐漸走向複雜的過程。先秦時的簿籍内容多不過十字，少則一字。如名籍僅著姓名而已，多因書寫材料所限。紙的運用，使簿籍之内容得以逐漸增加。至清，僅賬簿就有記録詳細的官府底賬"解支庫簿"，有專用於核查對證的賬簿"簿據"，有内分舊管、新收、開除、實在四項的賬簿"四柱册"，更有逐日記録的流水賬簿"日收簿"。連食鹽生産者亦有名籍，時稱"竈籍"。事見《清會典·户部》："凡民之著於籍，其別有四，一曰民籍，二曰軍籍，三曰商籍，四曰竈籍。"其他各種專門名籍亦是不絶於史。早在晋時，已有記録學生姓名的名籍，稱"員録"。唐有軍功人員的名籍稱"勛籍"。"禮案"則是官妓的名籍，見於元關漢卿《謝天香》第四折。

沿用至今的仍有"簿册""簿籍""簿子"及財務會計的專用賬簿——"簿記"等。其中，"簿册"統指記事、記賬的簿子，"簿籍"則是賬簿、名册的通稱，而"簿子"是專指記載某種事項的本子。由此可見，兩千年來的簿籍之載體和内容，雖歷經多次變遷，然基本定制相沿不衰，源遠流長。詳見本卷第四章。

第四節　書籍源流箋釋

最初之書，當爲殷商之甲骨書——典和册。近代以來殷墟出土之甲骨，貫穿者有之，套札者有之，叠放者亦有之。其數量有三片、四片、五片不等，長短不齊。其編連方式：先在甲骨片上穿孔，再用一根繩子或皮帶，將甲骨一一片地綴編成册，此即爲甲骨書。此種編連方式即爲最早的書籍裝幀形式。甲骨之内容爲單純的殷代典章制度文獻，亦間或有對祖先歷史的追溯。據《書·多士》載："惟殷先人，有册有典。""典"和"册"之文字符號與編連之甲骨已十分象形，故文獻與實物均證實了早期書籍的存在。而正式稱"書籍"爲"書"，則始於《論語·先進》："何必讀書，然後爲學。"《説文·叙》："著於竹帛稱之書。"《史記·禮書》："書者，五經六籍總名也。"

春秋戰國之時，竹簡、木牘被廣泛應用作書寫材料，成爲書籍的主要載體。故繼甲骨書之後，又有竹書、木書行用於世。竹簡用於書寫材料之前，須加工處理後方可使用。時人多稱之爲"殺青"。竹書遂有"青簡"之名。竹書寫成，一片片依次排列，再用麻繩、皮繩或絲繩編連，謂之策（册）。故"册""策""簡册""韋編"（編連竹簡的熟牛皮稱"韋"）等成爲竹書文獻的常見稱謂。又時人言及書籍時，往往竹帛并舉。《墨子·尚賢下》："古者聖王……書之竹帛，鏤之金石，琢之盤盂，傳遺後世子孫。"《韓非子·安危》："先王寄理於竹帛"。"竹帛"即時人乃至後人對書寫於竹簡和絹帛之書籍文獻的稱謂。春秋戰國時代的絲織品有帛、絹、縑、素等名，故書籍亦有帛書、縑書或素書、絹書之稱。　1973

年湖南長沙馬王堆三號西漢墓出土的帛書是我們今天所看到的最重要的帛書，此次共出土帛書十多種，十二萬多字，數量龐大。大約與竹書同時或稍後的還有木書。漢代王充在《論衡·量知篇》中説："斷木爲槧，析之爲版，力加刮削，乃成奏牘。"由此，"版""版籍""牘"成爲木書的稱謂。

竹書之裝幀在承繼甲骨書的基礎上更趨實用。竹簡寫完之後，用麻繩、皮繩或絲繩依次編連，一般爲二道編、三道編，間或有四道、五道編的。編成後，於每册正文之前，加上兩支不寫字的竹片，謂之"贅簡"，以保護正文不受磨損，是爲後代書籍扉頁之淵源。"贅簡"之前有"標簡"，上寫篇名，下寫書名。簡片自右向左編連，完畢後，以最後一簡爲中軸，自左向右收捲，捲成一束，用繩子捆緊。"標簡"露在外面，爲檢閲者提供便利。木書之裝幀形式大體與竹書相同。 1973 年湖南長沙馬王堆三號西漢墓出土的大批帛書，則使後人得以目睹古代帛書裝幀之風采。

戰國秦漢時代，隨着人們對上古歷史的追溯和推測，書籍便有了一些古書的名稱。如《三墳》(指伏羲、神農、黄帝之書)、《五典》(指五帝之書)、《八索》(指八卦之書)、《九丘》(指有關九州地理之書)。其後，將它們排列組合成丘索、墳典、墳素、墳索等泛稱。《左傳·昭公十二年》："是能讀《三墳》《五典》《八索》《九丘》。"晋杜預注："皆古書名。"時值春秋戰國，百家爭鳴，諸子紛紛著書立説，書籍之内容數量急劇增加，但亦多是治國安邦之政治文獻。西漢武帝時"罷黜百家，獨尊儒術"，儒家經典遂脱穎而出，成爲經典書籍。當時經書所用竹簡的長度，皆爲漢尺二尺四寸，以別於諸子雜記等其他類書籍。漢武帝時，魯恭王拆孔子舊宅，擴建宮殿，於夾墻中發現古文《尚書》及《禮記》《春秋》《孝經》，凡數十篇，因稱這些書爲"壁經"。書中字體皆用秦以前文字寫成，又稱"古經"，即古文經書。

約東漢時代，紙書始行於世。但初期的紙甚爲粗糙，書寫不便，時人便用黄檗染紙，使之光滑美觀，書寫流利，亦可辟蠹。書籍遂有"黄奶子"之戲稱。至晋因紙書普遍流行，書籍之裝幀較之前代漸趨考究。著名學者荀悦曾提出了"盛以縹囊，書以緗素"的裝幀審美標準，即盛書用淡青色之絲織品，寫書則用淺黄色的絲織品，使書籍形式淡雅大方。因之，後世書籍復有"緗牘""緗素"等雅稱。同時，紙書盛行之後，書籍裝幀遂由簡策形式演變爲卷軸形式。故後世書籍亦復有"卷""卷册"等稱。要者，"書籍"之稱始在魏晋時代行用於世，延續至今。《三國志·魏書·王粲傳》："邕曰：'此(指王粲)王公孫也，有異才，吾不如也。吾家書籍文章，盡當與之。'"

後漢佛教東來，其教義經典亦在中國廣泛傳播，其文獻不僅可與儒家經籍并稱爲"經典""內典""內範""寶籍"，且形成了富有中國特色的佛教文獻，如"三藏""玄籍""密藏"等。同時，中國原生之道教不斷壯大，其文獻亦逐漸擴充。加之魏晋南北朝時期的大發展，遂有"鴻寶""仙諜""紫書""蕊書""龍章""藻笈""紫芝書""寶篆"等稱行用於世。與道教相關的是神仙之類書籍。《文選·左思〈吳都賦〉》"烏策篆素，玉牒石記"，北魏張銑注："玉牒、石記，皆典策類也。"另産生於南北朝時期之經史子集四部分類法沿用至清。其中史書的數量巨大，占了現存古書較大比重，稱謂亦是不勝枚舉。早在漢時，即有"丹青""丹素"之稱。漢王充《論衡·書虛篇》："俗語不實，成爲丹青；丹青之文，賢聖惑焉。"

隋唐時代，書籍之裝幀繼魏晋之後更加考究。《隋書·經籍志序》："其正御書，皆裝翦華綺，寶軸錦標。"又："煬帝即位，秘閣之書，限寫五十副本，分爲三品：上品紅琉璃軸，中品紺琉璃軸，下品漆軸。"唐承隋制，書籍之裝幀更趨典雅。唐張彥遠《歷代名畫記》載："〔書軸以〕白檀身爲上，香潔去蟲。小軸白玉爲上，水精爲次，琥珀爲下。大軸杉木漆頭，輕圓最妙。"自唐季至清的千餘年間，紙書的裝幀，其形制由卷軸制度逐漸過渡到了冊頁（葉）制度；其形態經歷了旋風裝、經摺裝、蝴蝶裝、包背裝、綫裝之變化。旋風裝是由卷軸裝到冊頁（葉）裝的一種過渡形式，也是冊頁（葉）裝的最初形式。約至唐武后至唐昭宗時期，經摺裝始出現，主要流行於唐代，後多用於佛經函札、碑帖等裝幀。五代至宋，雕版印刷空前發展，引起書籍裝幀形式發生變化，蝴蝶裝應運出世且盛行於宋元兩代。包背裝興起於南宋後期，經元至明中葉流行。同時，包背裝係由蝴蝶裝演變而來，改正了蝴蝶裝翻檢不便易散失的缺點。著名的《永樂大典》和《四庫全書》，就采用的是包背裝形式。約在唐五代，綫裝已處於萌芽狀態。至宋，綫裝技術已臻成熟，明中葉開始盛行，最終成爲我國古代冊頁（葉）制書籍最重要的裝幀形式。流傳至今的古籍絕大多數係綫裝。

雕版印刷始於唐代，初僅用於刻印佛經及字書、曆書等日用雜書，其中唐咸通九年（868）所刻《金剛經》是現存最早的有確切年代記載的雕版印刷物。至五代後唐馮道始倡雕印儒家經傳，刻印技術漸臻成熟，至宋代已普行於全國各地。早在唐時，四川地區就已有了書坊刻書，即有書商刻書營利。五代以後，坊本始盛。其刻書之書坊隨時地變遷，故有書鋪本、書林本、書肆本、書堂本、書棚本等名目行用於世。五代宋元時，坊刻多集中於杭州、福建、四川等地，明清時更遍及全國，其中以北京、南京爲主。坊肆刻書之著名者有福建建安余氏勤有堂及建陽麻沙書坊、席氏掃葉山房等。坊刻諸書以營利爲目的，多重實用，印刷量大，流播較廣，但校印不精是其缺點。早在五代時期，官刻和私刻相繼出現，并與坊刻競相發展。宋代，形成了我國歷史上有名的三大刻書系統，刊印了大量的書籍，其中有相當一部分保留至今。官刻即政府各機關所刻之書籍。五代時後唐宰相馮道奏請雕印九經，開官刻之先河。自宋始，官刻有中央與地方之別。宋代中央刻書以國子監爲主，地方政府刻書名目繁多，統而稱之爲“公使庫本”。元代中央政府刻書以興文署爲主，地方刻書主要集中於各路儒學及書院。明代開内府刻書之先，由司禮監所屬經廠庫主持，地方政府刻書則遍及各府、廳、州、縣。清沿明制，仍爲内府刻書，但改由武英殿主其事。私人刻印書籍，始於五代，盛於清。此類書不以出售營利爲目的，且多出自士大夫之手，故以底本好、校勘精、刻工良、紙墨上乘而著稱。

北宋慶曆年間，畢昇發明了泥活字印刷術。版本始有“活字本”之類。繼畢昇之後，元代王禎又發明了木活字印書法。元明以後，又有錫活字本、銅活字本、鉛活字本、瓷活字本行用於刻書業。目前，各種質料的活字本均有傳本。其中，以鉛活字、木活字本爲較多。清雍正年間的《古今圖書集成》和乾隆年間的《武英殿聚珍版叢書》就分別以銅、木活字排印，是古代活字本的代表作。書籍的套印技術是雕版印刷史上的又一成就。其采用兩種或兩種以上不同的顏色分別雕版合印，多選擇較有價值版本的書籍，故套印本爲世人所重。現存最早的套印本是元至元六年（1340）中興路資福寺所刻的無聞和尚《金剛經注》。明萬曆後期套印始盛，著名的有吳興（今浙江湖州）閔、凌二家。清代内府套印本頗佳，著名的如《勸善金科》《古文淵鑑》，皆爲五色套印本。私家如光緒二年（1876）廣東翰墨園刊《杜工部詩集》，除正文用墨色外，各家評語，以五色分別，紫色爲明王世貞，藍色爲明王慎中，朱色爲清王士禛，綠色爲清邵長蘅，黄色爲清宋犖，頗爲考究。

刻印書籍講究版本即底本之選擇始於宋，宋葉夢得《石林燕語》卷八：“五代馮道始奏請官鏤六經板印行……自是書籍刊鏤者益多……然板本初不是正，不無訛誤，世既一以板本爲正，而藏本日亡，其僞謬者遂不可正，甚可惜也。”宋歐陽修《集古録跋尾·唐田弘正家廟碑》：“自天聖以來，古學漸盛，學者多讀韓文，而患集本訛舛。惟余家本屢更校正，時人共傳，號爲善本。”始見“善本”之稱。因善本難得，自宋始即有藏書家據某一底本臨寫、影寫或翻印，是爲摹本。至明，宋元舊槧、舊鈔亦趨稀有。影鈔本就是把可透影的紙覆在底本上面，按其原來的字體，點畫行款，甚至邊欄界綫原樣摹寫。影鈔起於明末，毛氏之"毛鈔"本尤爲公私收藏家珍視。

總之，迄今爲止，作爲人類文明和知識傳播主要載體的書籍，經歷了幾千年的發展，其形制和内容均變化巨大。從簡單編連成册之竹書、木書到裝幀精美的現代書籍，從寥寥數字的記言記事到包羅萬象的皇皇巨著，每一變化，每一進步，都值得深加考究。詳見本卷第五章。

第五節　載器源流箋釋

本節所言載器是指用以記載、保存函籍的物體。前者即金石、竹帛、紙張等書寫材料；後者指盛放函籍之物具如函、箱、囊、封等。

商之甲骨、周之青銅等是迄今發現較早、較完備的書寫材料。而竹簡和絲帛，則是我國古代繼甲骨、青銅之後出現的兩種不同形制的函籍載體。故先秦之人每言及函籍，往往是竹帛并舉。《墨子·尚賢下》："書之竹帛，鏤之金石，琢之盤盂，傳遺後世子孫。"《韓非子·安危》："先王寄理於竹帛。"至戰國時期，作爲函籍主要載體的竹簡，其刮削整治亦已形成一套完整的加工流程。與竹簡同時或稍後行用的書寫材料還有木簡。即古人寫書，或用木牘，或用竹簡。又因竹簡容字少，木簡容字較多，故木簡多成爲官府文書、名册、布告、通信、圖畫等之載體。至於古人書信，通常書於一尺長的木板之上，謂之尺版，故今天仍有稱之爲"尺牘"者。同時，因爲用木板作地圖比用竹簡好，故古代的地圖多畫在木板之上。故今稱國家的領土，謂之版圖，猶其遺意。當然，竹簡、木板之外，自春秋戰國時代起，絲織品亦曾作爲貴重函籍之載體。因有帛、繒、縑、素等名，故書於其上的函籍，就有帛書、縑書或素書、繒書之稱。著名者如 1972 年長沙馬王堆漢墓出土之帛書。

東漢後期，隨着造紙術的發明，竹簡因其笨重、移動不便等缺點，遂開始了逐漸被紙張代替的過程。但一則初期的紙量少，書籍載體經歷了相當長的紙與竹簡、木板、絲帛并用時代。二則初期的紙質劣品次，甚爲粗糙，書寫極爲不便。故約自晋時起，人們便用黄檗染紙，使之光滑美觀，書寫流利，亦可辟蠹。故經潢治過後的紙，又稱爲黄紙。至東晉末年，桓玄一度稱帝，下令："古無紙，故用簡，非主於敬也。今諸用簡者，皆以黃紙代之。"自此，函籍之載體基本爲紙張所代。而竹簡、木板、絲帛和石料作爲函籍之載體，不過是偶爾爲之或特殊用之而已。

信封作爲函札中之書信之盛放物具，出現較早。早在戰國時代，史書就有關於信封之記載，事見《戰國策·齊策》："齊王使使者問趙威后，書未發，威后問使者曰：'歲亦無恙耶？民亦無恙耶？王亦無恙耶？'"據今人麻守中解釋，"書未發"即書信未啓封，信封之存在已不可疑。至秦漢時代，書信仍大都寫刻在竹簡、木札上，封發時用麻繩捆扎。爲防他人私拆，便在繩端或交叉處封上黏土，再蓋上印章，是謂封泥，亦稱泥封。此蓋爲信封之簡陋者。同時，一種鯉魚形的信封始出現并逐漸行用於世。漢蔡邕《飲馬長城窟行》："客從遠方來，遺我雙鯉魚。呼兒烹鯉魚，中有尺素書。"著名學者聞一多認爲：雙鯉魚，藏書之函也。其物以兩木版（板）爲之，一底一蓋，刻綫三道，鑿方孔一，綫所以通繩，孔所以受封泥。……此或刻爲魚形，一孔以當魚目，一底一蓋，分之則爲二魚，故曰雙鯉魚也。至明時，如不是死喪凶信，信封則書有"平安"二字。《水滸傳》第三五回："酒罷，石勇便去包裹內取出家書，慌忙遞與宋江。宋江接來看時，封皮逆封着，又没'平安'二字。宋江心內越是疑惑，連忙扯開封皮……"清時信封已與今日大體相同，祇是寫法不同。其正反兩面均寫有文字，但寫法各异。

函籍之正式有函，蓋自漢始。其典型爲"斗檢封"，整體呈方形，發放時封其口而加蓋印章，用以防止他人偷啓。與書信一樣，此時的文書多書於竹木簡牘之上，封發時用繩捆扎，在繩結處用膠泥加封，上蓋印，作爲信驗，以防偷拆。亦有將簡牘盛於囊內，於其外繫繩封泥者。而函之玉製、石製等，意在函籍之長期存放，多用於國家重大典禮如泰山封禪，漢武帝、唐玄宗、宋真宗封禪時均用之，且多用玉製。

作爲函籍之要者，書籍盛放之器——書箱確係古人至爲考究者。較早者有"巾箱"，其稱約始於漢。與普通書箱相比，其體積略小。時人亦多用以放置文件、信札、書卷等函籍。稱書箱爲"笈"，約始行用於後漢，蓋多以竹藤製成。其小巧輕便，可隨身携帶，沿用至今。至唐又有稱竹簏編製而成的書箱爲"書簏"者。因國人向有珍視書籍之傳統，其後有金製、絲製、玉製等書箱行用於世。當然，古人愛書，爰及書箱，亦有美其名曰琅笈、琅函、瓊笈、錦篋者。玉笈即玉製或飾玉之書箱，多用以貯藏珍貴書籍。瓊笈亦書箱之美稱，多爲玉製或玉飾。

　　至於書套更是講究。多以麻布、絲織品等製成，稱爲"帙"，用以管理、保護圖書。《説文·巾部》："帙，書衣也，从巾，失聲。帙或从衣。"段玉裁注："書衣，謂用裏書者，今人曰函。"

　　值得一提的是，專門盛放詩稿之物始行用於唐，如囊、筒、瓢、篋等，應有盡有。詩囊即盛放詩稿之袋子。此物由書囊演化而來。書囊即盛放書籍、公文及信函之袋子。其多以絲布製成，間有以皮物爲之者。詩囊一物始用於唐代詩人李賀。據史載，李賀每旦日出，騎弱馬，從小奚奴，背着錦囊，遇有所得，即書之投入囊中。更有趣者，唐宋文人墨客因便於携帶，以盛放詩稿之竹筒傳遞唱酬之作，情趣極佳。用瓢貯放詩稿亦是唐人之杰作。而以竹製箱子盛放詩稿更顯示出唐代詩人的多産，時人謂之"詩篋"。

　　總之，幾千年來，函籍之載體經歷了從石器、甲骨、青銅到竹簡、木牘、絲帛，乃至紙物的漫長發展過程。正是載體的不斷更新與完善，帶來了函籍數量的逐漸增加與擴大，從而爲知識的傳播和應用，爲人們之間的交流和合作提供了廣闊的機會與空間。而作爲盛放函籍之器具亦是歷經千載，异彩紛呈，既有變化多端的信封、函器、書箱，亦有專門盛放詩稿之物。它們在函籍的保護、流通和保密過程中，舉足輕重，風光無限。故爲一考，以饗世人。詳見本卷第六章。

第二章　函札説

第一節　簡札考

　　所謂簡札，古時本意是指用於書寫的竹簡與木片。《説文·竹部·簡》段玉裁注曰：《片部》曰：'牒，札也。'《木部》曰：'札，牒也。'按，簡，竹爲之；牘，木爲之。牒札，其通語也。"後引申爲短小的記録載體，類於後世之便函。但二者之合稱出現較晚。可以説在漫長的歷史長河裏，它們分別與另外的字組成了不同的名物。札之組合，大體不出便函之意。簡之組合，略有歧异，除便函外，尚不時引出竹簡之本義，尤其在竹簡退出書寫用品之後。

　　"簡"作爲書寫載體通行於先秦兩漢。時人製竹爲簡，用於書寫，事見漢應劭《風俗通》(《太平御覽》卷六〇六引)。《〈説文〉五篇上·竹部》："簡，牒也。"杜預《春秋左傳序》曰："諸侯亦各有國史，大事書之於策，小事簡牘而已。"孔穎達正義曰："簡之所容一行字耳；牘乃方版，版廣於簡，可以並容數行。凡爲書，字有多有少，一行可盡者，書之於簡，數行乃盡者，書之於方；方所不容者，乃書於策。"當時的一些簡單明瞭的告誡、策命、盟誓和詔告等文書多書於一片竹簡之上，便於携帶和使用，謂之"簡書"。故《春秋左傳序》孔穎達正義又曰："單執一札謂之簡，連編諸簡乃名爲策。"後世"簡札"之行用，蓋始於此。

至唐宋以後，紙得以廣泛應用。“簡”之本義逐漸消失，剩下的衹是作爲紙張的代名詞而已，如唐宋之簡牘、簡翰、簡牒。《舊唐書·韋元甫傳》：“元甫精於簡牘，錫詳於訊覆。”宋蘇轍《蠶麥》詩：“爲農良未易，爲吏畏簡牘。”《舊唐書·李愬傳》：“軍吏咸以不殺〔李〕祐爲言，簡翰日至，且言得賊諜者具言其事。”唐白居易《唐贈尚書工部侍郎吳郡張公神道碑銘》：“及除書簡牒到門，即公捐館舍之明日也。”而後，“簡”之簡單、簡潔意漸與“札”之短小意結合，而成後世的便函之意，取代簡書之原意。

“札”之本義，較“簡”更爲明顯，就是書寫用的小而薄的木片。《史記·司馬相如列傳》：“相如曰：‘請爲天子游獵賦，賦成奏之。’上許，令尚書給筆札。”又有“札書”，如《墨子·號令》：“札書得，必謹案視參食者。”又《雜守》：“民相惡，若議吏。吏所解，皆札書藏之，以須告之至以參驗之。”《史記·封禪書》：“〔公孫〕卿有札書曰：黃帝得寶鼎宛朐。”至後漢，“札”始用於公文之稱。《後漢書·費長房傳》：“長房復令就太守服罪，付其一札，以救葛陂君。”魏晉南北朝時期，“札”或單稱或與其他字組合，往往具有書信、短文、便條等多種含義。如《古詩十九首》：“客從遠方來，遺我一書札。”《宋書·謝晦傳》：“高祖嘗訊囚，其旦，刑獄參軍有疾，札晦代之。”南朝齊劉勰《文心雕龍·時序》：“孟堅珥筆於國史，賈逵給札於瑞頌。”《魏書·夏侯道遷傳》：“道遷雖學不淵治，而歷覽書史，閑習尺牘，札翰往還，甚有意理。”唐朝除繼續沿用“札”之書信、短文等義外，其公文的含義逐漸增加，且出現了稱專治公文的“札吏”。杜甫《冬晚送長孫漸舍人歸州》詩：“會面思來札，銷魂逐去檣。”又《送韋十六評事充同谷防禦判官》詩：“題詩得秀句，札翰時相投。”唐張說《羽林恩召觀御書王太尉碑》詩：“隴首名公石，來承聖札歸。”唐皮日休《二游詩·徐詩》：“宣毫利若風，剡紙光與月。札吏指欲胼，萬通排未闋。”宋代士人始將自己的奏書稱爲“札子”或“札”。如王安石有《本朝百年無事札子》，陸游寫過《上殿札子》和《蠟彈省札》。成於明代的通俗小說《水滸傳》稱上行公文爲“札子”，平行或下行公文爲“札付”。《水滸傳》第一六回：“梁中書道：‘我有心要抬舉你，這獻生辰綱的札子內，另修一封書在中間，太師跟前重重保你，受道敕命回來。’”又第一七回：“且說濟州府尹自從受了北京大名府留守司梁中書札付，每日理論不下。”清代中期學界盛行考據之風，一種讀書隨筆性質的著作方式頗爲流行。因古稱小木簡爲札，條記於札，故稱“札記”（亦作“剳記”）。是取札之短小，積少成多意。著名的有顧炎武的《日知錄》和趙翼的《廿二史劄記》。清章學誠《文史通義·外篇·與林秀才》："文章者，隨時表其學問所見之具也；劄記者，讀書練識以自進於道之所有事也。"由此，足見札記於做學問之重要。章炳麟《國故論衡·文學總略》："是故繩綫連貫謂之經，簿書記事謂之專，比竹成册謂之侖。各從其質以爲之名，亦猶古言'方策'，漢言尺牘，今言札記矣。"

簡與札的合稱雖是後來之事，然其物却早已出現。《爾雅·釋器》："簡謂之畢"。宋邢昺疏："簡，竹簡也。古未有紙，載文於簡，謂之簡札。"漢王充《論衡·自紀》："猶吾文未集於簡札之上，藏於胸臆之中，猶玉隱珠匿也。"《後漢書·范滂傳》："臣之所舉，自非叨穢奸暴，深爲民害，豈以污簡札哉？"時人亦稱"簡""札"爲"削"。蓋因古人曾削竹木以爲書寫信函之工具。《初學記》卷一九引漢王褒《僮約》："治舍蓋屋，書削代牘。"《後漢書·蘇竟傳》："走昔以摩研編削之才，與國師公從事出入，校定秘書。"李賢注："削，謂簡也。"北齊顏之推《顏氏家訓·書證》："古者書誤則削之，故《左傳》云'削而投之'是也。或即謂札爲削。"

唐宋及其後各代曾數度因簡之短小稱之爲"小簡"。唐皇甫枚《三水小牘·非烟傳》："象結錦囊於懷，細讀小簡。"宋徽宗宣和年間，士大夫之間書信往來，通常采用駢儷文的箋啓，再附以散文體的手書，後者則被稱爲"小簡"。宋洪邁《容齋四筆·教官掌箋奏》："予官福州，但爲撰公家謝表及祈謝晴雨文，至私禮箋啓小簡皆不作。"至清代亦曾稱爲"簡畢"。清惲敬《前光祿寺卿伊公祠堂碑銘》："惟是敬以後學操簡畢與廟廷之事，懼勿任爲罪於後世。"章炳麟《〈社會通詮〉商兌》："若夫韓愈、楊光先輩，以其私意，抒之簡畢，陳之廟堂，則於全體固無所與。"

值得注意的是，唐宋及其以後，"手札""手劄"之稱較爲常用，且多指親筆書寫的信札。唐杜甫《暮秋枉裴道州手札率爾遣興寄遞呈蘇涣侍御》："道州手札適復至，紙長要自三過讀。"宋文瑩《玉壺清話》卷七："今若水亦儒人，曉武可嘉也。時北戎猶擾，上密以手劄訪之。"清孫枝蔚《戊戌生日作》詩："每汝手札至，愁卧輒一旬。"魯迅《書信集·致許壽裳》："昨得手札，屬治心學，敬悉一是。"與此相關，人們稱專用於問候的簡札爲"候札"。清孔尚任《桃花扇·阻奸》："是鳳撫衙門來的有馬老爺候札。"

另外，隨着書寫工具的普及，簡札之内容逐漸增多，如後世之休書、傳誄、遺囑、薦書等，但也漸漸失去簡札之原始意義，因其早期的内容祇是寥寥數語。至於近現代之簡章、簡訊、簡報，祇是其原意之遺存而已。

簡札 [1]

用以書寫的竹簡、木札。後指短小的文字載體。此稱漢代已行用。漢王充《論衡·自紀》："猶吾文未集於簡札之上。"《爾雅·釋器》："簡謂之畢"，晋郭璞注："今簡札也。"唐元結《廣宴亭紀》："吾當裁蓄簡札，待爲之頌。"

【箋札】 [1]

即簡札。此稱唐代已行用。唐趙冬曦《奉和聖製送張說上集賢學士賜宴賦得蓮字》："箋札來宸禁，衣冠集詔筵。"參見本卷《文契說·公文考》"箋札 [2]"文。

【削】

即簡札。古人削竹木以爲書寫信函之載體，故稱。此稱多行用於漢魏時期。《初學記》卷一九引漢王褒《僮約》："治舍蓋屋，書削代牘。"《後漢書·蘇竟傳》："走昔以摩研編削之才，與國師公從事出入，校定祕書。"李賢注："削，謂簡也。"北齊顔之推《顔氏家訓·書證》："古者書誤則削去。故《左傳》云'削而投之'是也。或即謂札爲削。"

簡書

書寫於竹簡之上的較重要的簡短文字，一般爲簡單明瞭的告誡、策命、盟誓和詔告等。後因以泛指簡札。此稱先秦時期已行用。《詩·小雅·出車》："豈不懷歸，畏此簡書。"毛傳："簡書，戒命也。鄰國有急，以簡書相告，則奔命救之。"漢孔穎達疏："古者無紙，有事則書之於簡，謂之簡書，以相戒命之救急。"《後漢書·段熲傳》："熲爲合膏藥，並以簡書封於簡中。"唐李商隱《爲舉人獻韓郎中琮啓》："仰瞻几閣，伏待簡書。"

小簡

本謂短小簡札。此稱始行用於唐代。唐皇甫枚《三水小牘·非烟傳》："象結錦囊於懷，細讀小簡。"至宋徽宗宣和年間，士大夫之間書札往來，常采用駢儷文的箋啓，再附以散文體手書，後者亦被稱爲小簡。宋洪邁《容齋四筆·教官掌箋奏》："予官福州，但爲撰公家謝表及祈謝晴雨文，至私禮箋啓小簡皆不作。"宋陸游《老學庵筆記》卷三："宣和間……有以駢儷牋啓與手書俱行者，主於牋啓，故謂手書爲小簡。"

手稿

多指簡札之手寫原稿。此稱宋代已行用。宋邵博《聞見後録》卷二三："予舊從司馬氏得文正公熙寧年辭樞筦出帥長安日手稿密疏。公

白阳畢公自嚴遺迹（山東省圖書館藏）

尋自免，絕口不復言天下事矣。"《宋史·司馬光傳》："〔王〕珪即命吏以其手稿爲按。"明郎瑛《七修續稿·事物·香臺百咏》："予得公之手稿，每讀每嘆其學博才敏。"後多用以指文章的手寫原稿。

手書

亦稱"手筆""手迹""手墨""手翰"。指某人親筆書寫之物，多含手令、手命之意。此稱漢代已行用，初時頗具筆迹、字迹之意。《史

記·封禪書》："天子識其手書，問其人，果是偽書。"而後相沿，方有親筆書寫，以示特殊重視。《漢書·薛宣傳》："不忍相暴章，故密以手書相曉。"漢代又有"手筆""手迹"之稱。《後漢書·趙壹傳》："仁君忽一匹夫，於德何損？而遠辱手筆，追路相尋，誠足愧也。"《後漢書·循吏傳序》："其以手迹賜方國者，皆一札十行，細書成文。"至三國時"手筆"已有後世之書法真迹之意。《三國志·吳書·張紘傳》"紘著詩賦銘誄十餘篇"南朝宋裴松之注："〔孔〕融遺紘書曰：'前勞手筆，多篆書。'"南北朝時的"手迹"已確具有後世書法真品之意。北齊顏之推《顏氏家訓·慕賢》："〔丁硯〕殊工草隸……吾雅愛其手迹，常所寶持。"唐時亦因墨、翰皆爲書寫用具，又有"手墨""手翰"諸稱。《新唐書·李彥芳傳》："家故藏高祖太宗賜靖詔書數函……皆太宗手墨。"唐韓愈《與鄂州柳中丞書》："是以前狀，輒述鄙誠，眷惠手翰還答，益增欣悚。"

【手筆】

即手書。此稱漢代已行用。見該文。

【手迹】

即手書。此稱漢代已行用。見該文。

【手墨】

即手書。此稱唐代已行用。見該文。

【手翰】

即手書。此稱唐代已行用。見該文。

手記

親筆書寫的書信、日記、筆記。此稱漢代已行用。《後漢書·公孫述傳》："詔書手記，不可數得。"唐皇甫枚《三水小牘·非烟傳》："咸通末，予復代垣，而與遠少相狎，故洛中秘事

亦知之。而垣復爲手記，故得以傳焉。"《元史·儒學傳·宇文公諒》："嘗挾手記一册，識其編首曰：'畫有所爲，暮則書之，其不可書，則不敢爲，天地鬼神，實聞斯言。'"

手札

亦作"手劄"。亦稱"親札"。親筆信札。此稱唐代已行用。唐杜甫《暮秋枉裴道州手札率爾遣興寄遞呈蘇渙侍御》詩："道州手札適復至，紙長要自三過讀。"唐白居易《初與元

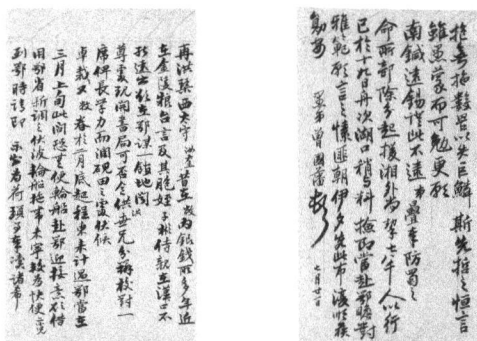

曾國藩手札
（現藏山東省圖書館）

九別後忽夢見之及寤而書適至兼寄桐花詩悵然感懷因以此寄》詩："開緘見手札，一紙十三行。"宋文瑩《玉壺清話》卷七："今若水亦儒人，曉武可嘉也。時北戎猶擾，上密以手劄訪之。"清孫枝蔚《戊戌生日作》詩："每汝手札至，愁臥輒一旬。"另亦有專稱親筆書寫的手札爲"親札"者。南唐馮延巳《更漏子》詞："金剪刀，青絲髮，香墨蠻箋親札。"清錢泳《履園叢話·舊聞·席氏多賢》："我輩得縣官親札，靖一方之害，乃汝等翻欲陷我耶！"

【手劄】

同"手札"。此體宋代已行用。見該文。

【親札】

即手札。此稱五代時期已行用。見該文。

手簡

亦稱"手畢"。指親手所寫書簡信札。因古人曾書信札於簡牘，故稱。此稱宋代已行用。宋陸游《老學庵筆記》卷三："予淳熙末還朝，則朝士乃以小紙高四五寸、闊尺餘相往來，謂之手簡。"元時有"手畢"之稱。元虞集《道園學古錄》卷四〇《題蘇文忠公諸帖》："而卷尾題字，則雒州之子華麓先生手畢。集視之，爲表伯父矣。此卷坡書及石湖跋，皆真無疑。"《通雅·器用·書札》："宋子京以手簡爲手畢。"

【手畢】

即手簡。此稱元代已行用。見該文。

記

通指文書信札之類。此稱漢代始行用。《漢書·蕭望之傳》："朋奏記望之。"顏師古注："記，書也。前書待詔鄭朋奏記於蕭望之，奏記自朋始也。"又《張敞傳》："以臣有章劾當免，受記考事。"顏師古注："記，書也。若今州縣爲符教也。"

空文

無實義之書札。此稱漢代已行用。漢桓寬《鹽鐵論·非鞅》："故賢者，處實而效功，亦非徒陳空文而已。"漢司馬遷《報任安書》："左丘無目，孫子斷足，終不可用，退而論書策，以舒其憤，思垂空文以自見。"《史記·日者列傳》："飾虛功，執空文，以誷主上。"

空函

沒有內容之函件。此稱晉代已行用。《晉書·殷浩傳》："後溫將以浩爲尚書令，遺書告之，浩欣然許焉。將答書，慮有謬誤，開閉者數十，竟達空函，大忤溫意，由是遂絕。"《南史·梁武帝紀》："是馳兩空函，定一州矣。"

牒[1]

多載有重要命令之簡札。此稱先秦時期已行用。《左傳·昭公二十五年》："右師不敢對，受牒而退。"參見本卷《文契說·公文考》"牒[2]"文。

寶牒

珍貴的書札。多用以指他人之來函。此稱三國時期已行用。三國吳徐陵《爲貞陽侯與陳司空書》："開金繩之寶牒。"

黃紙札

省稱"黃札"。用黃紙寫成之書札，故稱。此物主要行於南北朝時期。蓋初期的紙很粗糙，書寫不便，即用黃檗染紙，使之光滑美觀，書寫流利，亦可辟蠹。至東晉末年，桓玄稱帝，下令："古無紙，故用簡，非主於敬也。今諸用簡者，皆以黃紙代之。"故南北朝時期的書札等多書於經黃檗染過的紙即黃紙之上。《南史·張興世傳》："〔明帝〕進興世龍驤將軍，領水軍，拒南賊。時臺軍據赭圻，朝廷遣吏部尚書褚彥回就赭圻行選。是役也，皆先戰授位，檄板不供，由是有黃紙札。"《南史·徐陵傳》載陵在吏部答諸求官人書曰："白銀難得，黃札易營。"

【黃札】

"黃紙札"之省稱。此稱南北朝時期已行用。見該文。

遺占

亦稱"先令書"。即後世之遺書。多由立遺言者口授，別人代書。漢時有"先令書"之稱行用。《漢書·何並傳》："〔並〕疾病，召丞掾作先令書。"20世紀80年代在江蘇儀徵出土了"先令券書"，是墓主臨終前夕所立的一類文書。券書內容涉及遺產的繼承和地權的轉移，是目前考古發現的最早遺囑（見《文物》1987年第

1 期）。至南北朝時期始有"遺占"之稱行用。《文選·顏延之〈陶徵士誄〉》："敬述靖節，式遵遺占。"唐呂延濟注："遺占，遺書也。占者，口隱度其事，令人書之也。"

【先令書】

即遺占，此稱漢代已行用。見該文。

遺稿

死者遺留之手稿。此稱南北朝時期已行用。南朝梁沈約《梁武帝集序》："雖密奏忠規，遺稿必削，而國謨藩政，存者猶多。"宋蘇軾《范文正公集叙》："又十一年，遂與其季德儒同僚於徐，皆一見如舊，且以公遺稿見屬爲叙。"

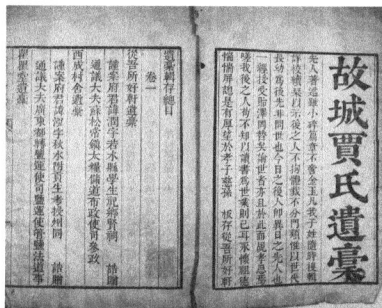

故城賈氏遺稿
（山東省圖書館藏）

《宋史·歐陽修傳》："修游隨，得唐韓愈遺稿於廢書簏中，讀而心慕焉。"元丁鶴年《悼湖心寺壁東文上人》詩："几上殘經塵已暗，篋中遺稿墨猶香。"清劉大昌《江若度文序》："友人方君巨川求得其平生遺稿，鏤板以行於世。"

遺翰

亦稱"遺記"。指前人遺世之文章、手札等。此稱南北朝時期已行用。《晉書·律曆志》："秦始皇焚書蕩覆，典策缺亡，諸子瑣言，時有遺記。"南朝梁劉勰《文心雕龍·明詩》："成帝品錄，三百餘篇，朝章國采，亦云周備，而辭人遺翰，莫見五言。"《孔子家語·本姓解》："論

百姓之遺記。"宋黃伯思《東觀餘論·法帖刊誤·王會稽書》："獨區區遺翰見寶，後人覽之，深爲興嘆。"

【遺記】

即遺翰。此稱晉代已行用。見該文。

籤

指簽署文字之簡札。此稱南北朝時期已行用。《陳書·世祖紀》："每雞人伺漏，傳更籤於殿中，乃敕送者必投籤於階石之上，令鏗然有聲。""籤"或作"簽"，清包世臣《書陳雲乃延恩罷讀圖》："道光壬辰，雲乃以郡倅簽分江蘇。"

封檢 [1]

原指加蓋印記的封口，後藉指封緘的文書、信件。此稱唐代已行用。唐陸龜蒙《和江南道中懷茅山廣文南陽博士》詩之一："自拂烟霞安筆格，獨開封檢試砂床。"明唐順之《冬至南郊》詩："封檢微題字，屏帷悉畫雲。"

封題

本指在書札封口上簽押，引申爲書札代稱。此稱唐代已行用。唐釋道世《法苑珠林》卷三六："玄視之，封題如故，而鎖自相離。"又一一三卷："手自緘封題以寄遇。"明吳寬《賦黃樓送李貞伯》詩："暇日登高倘能賦，封題須附冥飛鴻。"明汪廷訥《玉抱肚·寄陳蕙卿》曲之一："青溪大隱，托江魚把封題寄頻。"

仙翰

帝王之手簡。此稱唐代已行用。唐李嶠《奉教追赴九成宮途中口號》詩："委質承仙翰，祗命遄遙策。"

觚牘

亦稱"觚編"。本意指編連成冊、用於書寫的竹簡、木札，後藉指書札。此稱唐代已行用。

唐柳宗元《唐故給事中皇太子侍讀陸文通先生墓表》："孔子作《春秋》，千五百年……秉觚牘，焦思慮，以為論注疏者百千人矣。"又《志從父弟宗直殯》："善操觚牘，得師法甚備。"唐來鵠《聖政紀頌》："君誥臣箴，觚編毫略，前書後經，規善鑒惡，國之大章，如何寢略。"

【觚編】

即觚牘。此稱唐代已行用。見該文。

青詞

亦稱"綠章"。道士齋醮時上奏天神的章表。因用朱筆書於青藤紙上，故名。此稱唐代已行用。唐李肇《翰林志》："凡太清宮道觀薦告詞文，用青藤紙朱字，謂之青詞。"唐李賀《綠章封事（為吳道士夜醮作）》："綠章封事咨元父，六街馬蹄浩無主。"宋陸游《花時遍游諸家園》詩："綠章夜奏通明殿，乞借春陰護海棠。"

【綠章】

即青詞。此稱唐代已行用。見該文。

飛札

揮筆疾書而成的筆札。此稱唐代已行用。唐元稹《僧如展及韋載同游碧澗寺各賦詩予落句云他生莫忘靈山別滿壁人名後會稀》詩："紫毫飛札看猶濕，黃字新詩和未成。"又《贈童子郎》詩："十歲佩觿嬌稚子，八行飛札老成人。"

白簡

道士祭告神祇的書札。此稱唐代已行用。唐陸龜蒙《和傷開元觀顧道士》詩："何事神超入杳冥，不騎孤鶴上三清。多應白簡迎將去，即是朱陵鍊更生。"

簡帖 [1]

亦稱"簡帖兒"。多指信札、文書之類。此稱金代已行用，元明兩代較常見。金董解元《西廂記諸宮調》卷五："張生聲絲氣噎，問紅娘曰：'鶯鶯知我病否？你來後，又有甚詩詞簡帖？'"元鄭光祖《倩女離魂》第三折："把巫山錯認做望夫石，將小簡帖聯做斷腸集。"元王實甫《西廂記》第三本第二折："我是相國的小姐，誰敢將這簡帖兒來戲弄我。"又第三本第四折："笑你個風魔的翰林，無處問佳音，則向簡帖兒上計林稟。"元白樸《墻頭馬上》第一折："張千，將這簡帖兒與那小姐去。"《喻世明言》卷三五："打開看，裏面一對落索環兒，一雙短金釵，一個簡帖兒。"《朱子語類輯略》卷八："介甫初與呂吉甫好時，常簡帖往來。"

【簡帖兒】

即簡帖 [1]。此稱元代已行用。見該文。

休書

亦稱"離書"。古時丈夫離弃妻子的文書。因古時婦女在夫妻關係中處於從屬地位，男子可以不孝、不育等七種理由離弃妻子。此稱宋代已行用。宋施德操《北窗炙輠錄》卷下："〔姜八郎〕謂其妻曰：'無他策，惟有逃耳。'顧難相挈以行，乃偽作一休書遣之。"宋洪邁《夷堅丁志·吉撝之妻》："必得長官效人間夫婦決絕寫離書與之，乃可脫。"元關漢卿《救風塵》第四折："一紙休書，你快走。"《水滸傳》第八回："小人今日就高鄰在此，明白立紙休書，任從改嫁，並無爭執。"清李漁《凰求鳳·墮計》："親事不去做，也勾得緊了，還寫一封休書，說上許多歹話，幾乎把他羞死。"

【離書】

即休書。此稱宋代已行用。見該文。

雙書

文書之一種。多用於公私信函。其形式一般是四六箋啓與手簡合緘，前者爲主，後者副之。此稱宋代已行用。南宋時恐無暇盡讀之，曾用一紙直陳事由。至清時官署兩方通函，必作兩摺，是爲雙書之遺。宋陸游《老學庵筆記》卷三："宣和間……有以駢儷牋啓與手書俱行者。主於牋啓，故稱手書爲小簡，然猶各爲一緘。已而，或厄於書吏不能俱達，於是駢緘之，謂之雙書。"清王士禎《香祖筆記》卷一〇："宋士大夫以四六牋啓與手簡駢緘之，謂之雙書……予家所藏萬曆中先達名人與諸祖父書劄，皆用朱絲闌大副啓，雖作家書亦然。"

掌記[1]

隨身携帶的記事小紙片。此稱宋代已行用。宋邵博《聞見後録》卷二："〔陳〕衍嘗預知來日三省所奏事，作掌記與太母，爲酬答執政之語。"宋周必大《益公題跋·御筆掌記跋》："〔上〕每臨朝，以方寸紙作掌記，微偃兩傍而中摺之，置在御手。"參見本卷《簿籍説·簿册考》"掌記[2]"文。

奎章

亦稱"奎畫"。專指帝王手書之文翰。此稱宋代已行用。宋岳珂《桯史》："山南有萬杉寺，本仁皇所建，奎章在焉。"《玉海·聖文·御書·紹興書大成殿牓》："高宗皇帝雲章奎畫，昭回於天。"

【奎畫】

即奎章。此稱宋代已行用。見該文。

儷劄

以駢儷文寫的書札。此稱宋代已行用。《説郛》卷五七引宋邵桂子《雪舟脞語》："至元辛已初到雲間，饋物衆姻識，頃刻作儷劄數枚，並不要重複。曹誠齋、吳蒙静皆妻叔，合作一席，以儷劄見招。"

玄疏

祈禱文書。用於祈求上天和神的保佑，焚化以達於。此稱明代已行用。明佚名《玉環記·祝香保父》："近日爹爹身體不安，無可報答，不免到神前立下玄疏。"

法帖

僧寺公文或僧人的書簡。此稱明代行用。《水滸傳》第六回："清長老道：'師兄多時不曾有法帖來'。"又："次早，清長老陞法座，押了法帖，委智深管菜園。"

書狀

略帶公文性質的簡札。此稱清代已行用。清吳偉業《與梅伯言先生書》："里人毛西垣孝廉入都，謹附書狀，屬令面呈。"

年疏

亦稱"交年疏"。祈福之祝文。古代每逢年終僧尼、道士降祝告文給施主，祈求神靈保佑，故名。此稱清代已行用。《紅樓夢》第五〇回："我正疑惑，忽然又來了兩個姑子，我心裏才明白了：那姑子必是來送年疏或要年例香例銀子。"

【交年疏】

即年疏。此稱清代已行用。見該文。

日記

亦稱"家乘""日録"。記事簿，因逐日記事，故名。此稱漢代已行用。時多用以記載君王之過。漢劉向《新序·雜事一》："司君之過而書之，日有記也。"唐以後逐漸爲私人用以記事，迄今猶然。唐李翺《來南録》是目前所知我國最早的私人日記。宋歐陽修有《于役志》，范成大有《吳船錄》。明王秀楚《揚州十日記》是清初統治者屠殺揚州人民的歷史見證。至清，日記大盛。著名人士逐日記錄，終年不斷。清譚嗣同《瀏陽興算記·經常章程五條》："夜間寫日記，須載明本日陰晴風雨。"宋時又有稱"家乘""日錄"。黃庭堅有《宜州乙酉家乘》，宋陸游《老學庵筆記》卷三："黃魯直有日記，謂之家乘。至宜州猶不輟書。"又《東鄰築舍與兒輩訪之爲小留》詩："年豐日有携尊輿，家乘從今不一書。"宋羅大經《鶴林玉露》卷一〇："山谷晚年作日錄，題曰家乘。取《孟子》'晋之乘'之義。"1993 年江蘇連雲港尹灣漢墓出土的簡牘中發現了漢代日記的實物——元延二年（前 11）日記（簡一一七六）。在預先編製成册的元延二年曆譜上記事。如果某日有需記之事，就在此日干支或所記節氣下的空白處加以記錄。曆譜將大小月分開排，應由六十二支整簡組成，包括書有"元延二年"四字的標題簡一支，分記大月月名和小月月名的簡二支，記日的干支簡五十九支（大月用三十支，小月用二十九支）。寫干支和記事文字用草體書寫，記事文字大都記錄何時出發，至何地住宿以及其他公私事務。專家認爲可能是墓主的記事日記。參閱《尹灣漢墓簡牘初探》（載《文物》1996 年第 10 期）。

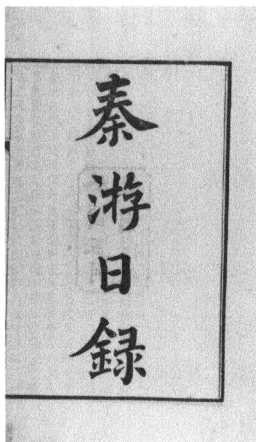

藏園居士著《秦游日錄》（山東省圖書館藏）

【家乘】[1]

即日記，此稱宋代已行用。見該文。

【日錄】[1]

即日記，此稱宋代已行用。見該文。

【册曆】

即日記。此稱明代已行用。明陸容《菽園雜記》卷七："聞公有一册曆，自記日行事，纖悉不遺，每日陰晴風雨，亦必詳記。"

日程曆

行程之日志。宋李廌《師友談記》："蔣穎叔之爲江淮發運也……嘗於所居公署前立一旗，曰占風旗，使人日候之，置籍焉。令諸漕綱日程，亦各記風之便逆。蓋雷、雨、雪、雹、霧、露等有或不均，風則天下皆一。每有運至，取其日程曆以合之，責其稽緩者。"

須知

備忘錄。清黃六鴻《福惠全書·莅任部·看須知》："須知，乃一州縣之政事大綱節目，無不備載。"

札記

亦作"劄記"。讀書筆記。多爲古代學者披覽諸書後寫成的校勘考釋文字。宋謂之"考"，如宋人魏了翁《古今考》。或稱"考異"，如朱熹之《韓文考異》。清乾嘉諸儒，翻刻古書，考究諸史原委，往往著成札記，附於原書之後，亦有題"勘誤考异"之名稱者。以此名書者，始於清閻若璩之

清陸繼輅著《合肥學舍札記》（山東省圖書館藏）

《潛邱劄記》。清趙翼《廿二史劄記》爲考史之名著。清宋犖《香祖筆記序》："公退之暇，輒見其著書自娱，殆無虛日。聲詩古文而外，間隨筆爲劄記，要必貫串經史，表章文獻，即一名一物，異日可垂典故、備法戒者，乃録之。"參閲清葉名澧《橋西雜記·札》。

【劄記】

同"札記"。此體清代已行用。見該文。

韵牒

寫有聯句的竹簡。此稱唐代已行用。《類説》卷六引唐段成式《廬陵官下記·句枝》："予以坐客聯句，互送爲煩，乃取斑竹以白金絡首加茶莢，以遞送聯句……好韵不僻者，書於竹簡，謂之韵牒。"

誄

亦稱"銘誄""傳誄"。哀悼性文書。其早期之文字多簡短，類於簡札，内容多以哀婉語氣記述死者生平。此稱先秦時期已行用。《周禮·春官·大祝》："作六辭以通上下親疏遠近。一曰祠，二曰命，三曰誥，四曰會，五曰禱，六曰誄。"又因誄多銘刻於金石器物之上，故亦稱之爲"銘誄"。《荀子·禮論》："其銘誄繫世，敬傳其名也。"《後漢書·种暠傳》："昔先賢既没，有加贈之典；周禮盛德，有銘誄之文。"至漢，因其内容多以哀婉語氣叙述逝者生平，亦稱"傳誄"。《東觀漢記·平原懷王劉勝傳》："平原王葬，鄧太后悲傷，命史官述其行迹，爲傳誄，藏於王府。"唐韓愈《祭虞部張員外文》："論德叙情，以視諸誄。"清章炳麟《文學總論》："《七略》惟有詩賦，及東漢銘誄論辯始繁。"

【銘誄】

即誄。此稱先秦時期已行用。見該文。

【傳誄】

即誄。此稱漢代已行用。見該文。

壽序

專爲祝壽而撰寫的文字。多贊譽華美之辭。此稱明代已行用，盛於明清。明白悦有《贈復軍都督府定遠侯鄧公六十壽序》。清陳康祺《郎潛紀聞》卷七："壽序諛詞，自前明歸震川（有光）始入文稿。然每觀近今名人集中偶載一二，亦罕有不溢美者。"

説帖 [1]

條陳意見和建議的簡帖。附於正文之後，猶今之意見書、建議書。此稱清代已行用。《清會典·内閣·大學士協辦大學士職掌》："凡票擬雙簽、三簽、四簽，皆加具説帖，申明義例。亦有單簽加説帖。"《官場現形記》第五七回："拿白摺子寫了説帖，派管家當堂呈遞。"《老殘游記》第三回："至於其中曲折，亦非傾蓋之間所能盡的，容慢慢的做個説帖呈出覽了。"

第二節　書信考

書信是人際交往之函件。古時書信二字分稱，且各有所指。"書"指往來信函。《左傳·昭公六年》："叔向使詒子産書。""信"指使者。《古詩前箋·古詩爲焦仲卿妻作》："自可斷來信，徐徐更謂之。"聞人伏箋："陳曰：斷來信，謂謝絕媒人。"魏晉南北朝時期，書信方始連稱，但意爲傳送緘札音訊者。如《晋書·陸機傳》："我家絕無書信，汝能齎書取消息不？"《南齊書·侯子響傳》："臣累遣書信唤法亮渡，乞白服相見，其永不肯。"後世意義的書信始見於隋唐之時。唐王駕《古意》詩："一行書信千行淚，寒到君邊衣到無？"但書信之實物却早在先秦時代已經存在。史載先秦至兩漢書信多書寫於竹簡或一尺見方的木板之上，故書信有尺牘、書札等稱；亦有書於絲帛之上者，故書信亦有尺素、帛書等稱。1996年在湖南長沙走馬樓出土的孫吳簡牘中，有一木質信札，多行書，兩面書寫，有些字迹漫漶不清。東漢至南北朝時期，紙帛并用，隋唐之後，已普遍用紙。以物傳情或紅葉題詩，當屬別例。

古時書信之傳遞方式主要是郵驛，但宋代之前却不受理私人信件，故傳信成爲古人一大難題。這也激發了中華民族豐富的創造力和想象力，出現了許多傳信佳話。其中有蘇武的鴻雁傳書，事見《漢書·蘇武傳》："數年，匈奴與漢和親。漢求武等，匈奴詭言武死。後漢使復至匈奴，常惠請其守者與俱，得夜見漢使，具自陳道。教使者謂單于，言天子射上林中，得雁，足有係帛書，言武等在某澤中。使者大喜，如惠語以讓單于。單于視左右而驚，謝漢使曰：'武等實在。'"亦有鯉魚傳書故事。晋代著名學者陸機更留下了家犬送信的千古佳話。據《晋書·陸機傳》記載："初，機有駿犬，名曰黄耳，甚愛之。既而羈寓京師，久無家問。笑語犬曰：'我家絕無書信，汝能齎書取消息不？'犬搖尾作聲。機乃爲書，以竹筩盛之而繫其頸。犬尋路南走，遂至其家，得報還洛。其後因以爲常。"唐時又有飛奴（即信鴿）投書，事見五代王仁裕《開元天寶遺事·傳書鴿》。唐代傳奇小説《柳毅傳》則記載了書生柳毅代人傳遞書信以救人的故事。唐詩尤其是邊塞詩中有大量馬上捎信報平安的詩句。1975年秋，在湖北雲夢睡虎地四號秦墓中發掘出兩片木牘，據專家考證即爲目前所見的最早的家信。發信者一名黑夫，一名驚，均係秦國戍役士兵，其信發自河南淮陽一帶，寄至湖北雲夢故鄉。內容主要是向家中要錢及衣物等。兩信眷屬極爲珍視，不僅待到士兵役滿回歸，而且直至老死隨之陪葬。由此，足見當時書信傳遞之不易。這一狀況延續了千餘載。明末張煌言曾有"渺渺參辰……經年尺鯉"紀實文字（見張煌言《祭建國公鄭羽長鴻逵文》），言當時的書信傳遞尚須一年時間。清乾嘉年間，一種郵遞私信的商業機構——民信局始興起并逐漸遍及全國。至19世紀末，清政府開辦的郵政事業逐步代替了民信局業務。1934 年 9 月，國民政府發布命令，正式壟斷全國郵政。

　　就書信的内容而言，可分爲家信、友信、公信、情書等。家信又稱家書，指家人寫給游子的信件。婦孺皆知者莫過於詩人杜甫的《春望》詩：“烽火連三月，家書抵萬金。”清沈復《浮生六記·坎坷記愁》：“乾隆乙巳，隨侍吾父於海寧官舍，芸於吾家書中附寄小函。”時至近現代，家信又指游子寫給家鄉親友的信函。《三俠五義》第二〇回：“家信也送到了，現有帶來的回信。”友信則指朋友之間的來往信件。尤其是明清以往，士大夫間多以書信往來研討學問，切磋國事，蔚然成風。這在古代書信中占有很大的比例。翻檢任何一部古人文集，則隨處可見。公信則指用於公事的推薦信等。情書則純指男女之間表達愛慕之情的書信。這在中國古代并不多見。元代有稱“勾魂帖”者，事見元佚名《馬陵道》第四折。清代始見“情書”之稱。清李漁《慎鸞交·受降》：“從未見，情書外，把朱文判，全不怕旁人目詫奇觀。”

　　書信的稱呼多種多樣，有以信箋質地稱之者，如尺牘、尺素、尺紙等。《史記·扁鵲倉公列傳贊》：“緹縈通尺牘，父得以後寧。”宋吳處厚《青箱雜記》卷七：“嘗有應制科人成鋭，集詩三篇，國子博士侯君以獻於隨，隨覽之，乃親筆尺牘答侯君。”《文選·陸機〈文賦〉》：“函綿邈於尺素，吐滂沛乎寸心。”《宋書·自序》：“復裁少字，宣志於璞，聊因尺紙，使卿等具知厥心。”唐韋應物《南池宴錢子辛賦得科斗》詩：“且願充文字，登君尺素書。”宋司馬光《送導江李主簿君俞》詩：“西風時有意，尺紙慰離群。”亦有以傳遞方式稱之者，如雁書、魚書、黄犬等。唐王勃《采蓮曲》：“不惜西津交佩解，還羞北海雁書遲。”唐李白《送友人游梅湖》詩：“莫惜一雁書，音塵坐胡越。”唐韋皋《憶玉簫》詩：“長江不見魚書至，爲遣相思夢入秦。”元王實甫《西廂記》第五本二折：“不聞黄犬音，難傳紅葉詩，驛長不遇梅花使。”更有士大夫之間相互尊稱、美稱對方之來信者，如瑶華音、蘭訊、瑶簡、芳翰等。南朝齊謝朓《郡内高齋閑坐答吕法曹》詩：“惠而能好我，問以瑶華音。”唐李白《代别情人》詩：“天涯有度鳥，莫絶瑶華音。”《南史·謝弘微傳》引晉謝混《誡族子》詩：“通遠懷清悟，采采摽蘭訊。”唐李商隱《戊辰會静中出貽同志》詩：“瑶簡被靈誥，持符開七門。”唐玄宗《登蒲州逍遥樓》詩：“一覽遺芳翰，千載肅如神。”

書信

單稱“書”。相互往來之函件。古時書、信二字有別，書指函札，信爲使者。後合爲函件的泛稱，且書、信二字亦可分別單稱。秦漢以前，書信寫於一尺見方的木牘上，外用木板或木匣加泥封緘；亦有書於繒帛之上者。紙發明後，多以紙爲之，外加信封緘口。《左傳·昭公六年》：“叔向使詒子産書。”《晋書·陸機傳》：“我家絶無書信，汝能齎書取消息不？”《梁書·到漑傳》：“因賜漑《連珠》曰：‘研磨墨以騰文，筆飛毫以書信。’”唐王駕《古意》詩：“一行書信千行淚，寒到君邊衣到無？”唐李紳《端州江亭得家書》之一：“開拆遠書何事喜，數行家信抵千金。”清沈復《浮生六記·閨房記樂》：“余携‘願生生世世爲夫婦’圖章二方，余執朱文，芸執白文，以爲往來書信之用。”

【書】[1]

“書信”之單稱。此稱先秦時期已行用。見該文。

【書札】

即書信。亦作“書劄”。亦稱“書簡”“信札”。因古時曾書信於木簡之上，故稱。此稱漢代已行用。事見《古詩十九首·客從遠方來》：“客從遠方來，遺我一書札。”唐杜審言《贈崔融》詩：“雲天斷書札，風土異炎凉。”唐李白《蘇武》詩：“白雁上林飛，空傳一書劄。”至宋亦見“書簡”之稱行用於世。宋吳曾《能改齋漫録·事始·書簡用多幅》：“濬出征并汾，盧每致書疏，凡一事別爲一幅，朝士至今敩之。蓋重疊別紙，自光啓始也。見《北夢瑣言》乃知今人書簡務爲多幅，其來久矣。”《警世通言·唐解元一笑姻緣》：“一應往來書劄，授之以意，輒令代筆，煩簡曲當，學士從未曾增減一字。”清王文潛《送胡長史從軍鬱林》詩：“阮瑀工書劄，陳琳解賦詩。”至近代又有“信札”行用於世。《二十年目睹之怪現狀》第六五回：“這本底稿在雲岫是非常秘密的，内中都是代人家謀占田産、謀奪孀婦等種種信札，與及誣捏人家的呈子。”

【書劄】

同“書札”。此體唐代已行用。見該文。

【書簡】[1]

即書札。此稱宋代已行用。見該文。

【信札】

即書札。此稱近代已行用。見該文。

【書辭】

即書信。亦作“書詞”。此稱漢代已行用。《漢書·司馬遷傳》：“書辭宜答，會東從上來，又迫賤事，相見日淺，卒卒無須臾之間得竭指意。”至唐又有“書詞”之稱行用。唐韓愈《送石處士序》：“先生仁且勇，若以義請而强委重焉，其何説之辭！於是撰書詞，具馬幣，卜日以授使者，求先生之廬而請焉。”

【書詞】

同“書辭”。此體唐代已行用。見該文。

【函書】

即書信。單稱“函”。亦稱“函問”“函電”“函稿”“函札”“函件”。此稱三國時期已行用。《三國志·吳書·張温傳》：“謹奉所齎函書一封。”宋陸游《答吳提官啓》：“伏蒙講修拜禮，惠示函書，温乎其容若加親，粲然有文以相接。”明李東陽《進〈大明會典〉禮畢有述》詩：“啓籤納青簡，函書獻紫宸。”魏晋時亦有單稱書信爲“函”者，但内容較普通書信短小、簡單，多是一事一函，寥寥數語。晋傅玄《傅子》卷四：“〔曹操〕授曄以心腹之任，每有疑事，輒以函問曄，至一夜數十至耳。”清沈復《浮生六記·坎坷記愁》：“乾隆乙巳，隨侍吾父於海寧官舍，芸於吾家書中附寄小函。”至清，亦有“函問”行用於世。清薛福成《庸盦筆記·曾文正公挽聯》：“蓋左公始爲文正所薦舉，中間以事相齟齬，不通函問者已九年矣。”隨着電報的傳入，晚清亦有行用“函電”之稱書信者。清曾紀澤《遵旨議烟臺續增專條及先後辦理情形疏》：“加以總理衙門王大臣平心體察，函電周詳，俾臣有所遵守，是以英國廷臣雖經叠次更易，終得就我範圍也。”另有以“函稿”稱呼書信之底稿者。清馮桂芬《皖水迎師記》：“繼薦太倉錢主事鼎銘，許之，且以函稿見屬，辭，不獲，稿成，授錢君。”清曾紀澤《復陳中俄議界情形疏》：“除將致俄外部函稿譯漢咨呈總理衙門查核外，謹將微臣遵旨與俄國外部商議界務情形，恭摺復陳。”又《倫敦致劉康侯太守》：“兹將復丹崖星使函稿寄弟一閲。”至近現代，又有以“函札”“函件”代指書信者。梁啓超《論小説與群治之關係》：“文之淺而易解者，不必小説；尋常婦孺之函札，官樣之文牘，亦非有艱深難讀者存也。”

【函】[1]

　　“函書”之單稱。此稱晋代已行用。見該文。

【函問】

　　即函書。此稱清代已行用。見該文。

【函電】

　　即函書。此稱清代已行用。見該文。

【函稿】

　　即函書。此稱清代已行用。見該文。

【函札】

　　即函書。此稱近代已行用。見該文。

【函件】

　　即函書。此稱近代已行用。見該文。

【書問】

　　即書信。蓋因書信可傳達异地親朋之間的問候。此稱三國時期已行用。三國魏曹丕《與吳質書》：“足下所治僻左，書問致簡，益用增勞。”宋邵博《聞見後録》卷一五：“故足迹不至于門藩，書問不通于左右者，且十餘年矣。”

【書疏】

　　即書信。此稱三國時期已行用。三國魏曹丕《又與吳質書》：“雖書疏往返，未足解其勞結。”晋陶潛《祭程氏妹文》：“書疏猶存，遺孤滿眼。”唐杜甫《潭州送韋員外迢牧韶州》詩：“洞庭無過雁，書疏莫相忘。”宋葉適《夫人徐氏墓志銘》：“自是十年，必明書疏不闕，然愈卑下不已。”

【書翰】

　　即書信。此稱南北朝時期已行用。南朝宋鮑照《擬〈青青陵上柏〉》詩：“書翰幸閑暇，我酌子縈弦”。《南史·王弘傳》：“凡動止施爲及書翰儀禮，後人皆依仿之，謂爲王太保家法。”至清代乃至近現代猶有沿用者。清余懷《板橋雜記·麗品》：“〔董小宛〕七八歲時，阿母教以書翰，輒了了。”許傑《魯迅與蔣徑三》：“《孤燕》是一本書翰的小説集。”

【書題】

　　指書信。此稱南北朝時期已行用。《南史·周山圖傳》：“〔周山圖〕於書題甚拙，謹直少言，不嘗説人短長。”唐岑參《祁四再赴江南別》詩：“山驛秋雲冷，江帆暮雨低。憐君不解説，相憶在書題。"《舊唐書·懿宗紀》："知卿兩任雲中，恩及國昌父子，敬憚懷感，不同常人。宜悚與書題，深陳禍福，殷勤曉喻，劈析指宜。"宋洪邁《容齋續筆·高鍇取士》："〔高〕鍇知舉，誡門下不得受書題。"

【翰札】

即書信。亦稱"札翰"。此稱晉代已行用。《晉書·何曾傳》："性既輕物，翰札簡傲。"三國時亦有"札翰"之稱。《魏書·夏侯道遷傳》："道遷雖學不淵洽，而歷覽書史，閑習尺牘，札翰往還，甚有意理。"唐高適《途中酬李少府贈別之作》詩："行李多光輝，札翰忽相鮮。"

【札翰】

即翰札。此稱三國時期已行用。見該文。

【書子】

即書信。此稱明代已行用。明劉基《誠意伯劉文成公文集》卷一："只着報喜的家人捎着書子去着他每來。"《兒女英雄傳》第三回："大爺你就照我這話，並現在的原故，結結實實的替我給他寫一封書子。"

【書緘】

即書信。此稱宋代已行用。宋周密《齊東野語·謝惠國坐亡》："荆閫呂武忠文德，平時事公謹，書緘往來，必稱恩府，而自書爲門下使臣。"《水滸傳》第四七回："李應教請門館先生來商議，修了一封書緘。"

寸札

亦稱"片札""一字""短箋""寸紙""寸簡""寸楮""寸箋""寸函"。短小的書信。古時書寫用具短缺，故書信短小，説明問題而已。又早期的書信多書於木板、竹簡之上，故有"寸札"之稱。紙的應用，爲書信帶來了方便快捷的書寫材料，短信亦有"寸紙"等稱。近代以來，亦有用上述稱呼稱其書信以示自謙者。南朝梁王僧孺《與何炯書》："倘不以垢累，時存寸札，則雖先犬馬，猶松喬焉。"《南史·鍾嶸傳》載鍾嶸上武帝書曰："揮一金而取九列，寄片札以招六校。"唐杜甫《登岳陽樓》詩："親朋無一字，老病有孤舟。"唐劉禹錫《送陸侍御歸淮南使府五韻》："曾忝揚州薦，因君達短箋。"宋陳師道《送李奉議亳州判官》詩之三："因聲問何如？胡不枉一字。"宋歐陽修《歐陽文忠公集·書簡·又皇祐六年》："初望西物甚衆，今寸紙一字不可得，況南山竹萌之類耶？"宋韓淲《昌甫寄酒蛤辣螺新蠵皆山味所久無》詩："走送三物寸簡傳，青燈山牖瓶梅邊。"宋林希逸《跋山谷與魏彭澤四帖》："今片札寸簡，百世寶之。"元戴表元《題趙郎中詩卷》："好事者幸而得之，尺箋寸楮，不翅重寶。"元柳貫《作枯木醜石因題二詩遺李輔之檢校》詩："巨石長林開颯爽，尺綃寸楮破鴻濛。"明李贄《山中得弱侯下第書》詩："昨夜山前雷雨作，傳君一字到黃州。"明高明《琵琶記·拐兒紿誤》："匆匆的聊附寸箋，草草伏乞尊照不宣。"清吳下阿蒙《斷袖篇·琴書》："倘得機緣，寸札相招，我立至。"清紀昀《閱微草堂筆記·灤陽消夏錄三》："宋小岩將歿，以片札寄其友曰：'白骨可成塵，游魂終不散。'"清黃六鴻《福惠全書·蒞任部·待游客》："衹費寸箋半刺。"太平天國羅大綱《致英使書》："今藉羽便，特修寸楮，伏維明鑒。"清秋瑾《念奴嬌·寄閨珵妹》："別緒千絲，離情萬縷，寸紙應難剖。"

【片札】

　　即寸札。此稱南北朝時期已行用。見該文。

【一字】

　　即寸札。此稱唐代已行用。見該文。

【短箋】

　　即寸札。此稱唐代已行用。見該文。

【寸紙】

　　即寸札。此稱宋代已行用。見該文。

【寸簡】

　　即寸札。此稱宋代已行用。見該文。

【寸楮】[1]

　　即寸札。此稱元代已行用。見該文。

【寸箋】

　　即寸札。此稱明代已行用。見該文。

【寸函】

　　即寸札。此稱近代已行用。見該文。

尺書[1]

　　亦稱"尺翰""尺題""書尺""尺箋""尺函""尺一""尺一書"。古人曾書信於一尺左右的簡牘、絲帛和紙張之上，故稱。《漢書・韓信傳》："奉咫尺之書，以使燕。"唐顏師古注："八寸曰咫。咫尺者，言其簡牘，或長咫，或長尺，喻輕率也。今俗言尺書，或言尺牘，蓋其遺語耳。"《陳書・蔡景歷傳》："尺翰馳而聊城下，清談奮而嬴軍却。"唐駱賓王《軍中行路難》詩："雁門迢遞尺書稀，鴛被相思雙帶緩。"唐杜甫《苦雨》詩："尺書前日至，版築不時操。"唐李匡乂《資暇集》卷中："忌日必哀……尺題留而不復，親戚來而不拒。言不近娛，志不離戚。"宋韓駒《送范叔器次路公弼韻》："小駐鄱陽未宜遠，欲憑書尺問寒溫。"《宋史・王繼恩傳》："詔中外臣僚，曾與繼恩交識及通尺書者一切不問。"宋梅堯臣《得福州蔡君謨密學書并茶》詩："尺題寄我憐衰翁，刮青茗籠藤纏封。"宋李元綱《厚德錄》卷二："有卜者，言干宮禁，上怒……因籍其家得朝士往還書尺。"宋岳珂《寶真齋法書贊・汪彥章譽望求賢薦書》："古道之存，存乎尺箋，盍思乎免斾。"元戴表元《題趙郎中詩卷》："好事者幸而得之尺箋寸楮，不翅重寶。"清顧炎武《寄李生雲霑時寓曲周僧舍課子衍生》詩："歲晚漳河朔雪霏，僕夫持得尺書歸。"清黃六鴻《福惠全書・陞遷部・稟啓》："先志隆施於雀躍，尺函遠錫。"《古今小説・趙伯昇茶肆遇仁宗》："多謝貴人修尺一，西山制置逕相投。"《聊齋志異・甄后》："郎試作尺一書，我能郵致之。"清方文《訪吳錦雯不遇留此》詩之一："板扉深巷掩，霉雨暮天寒。尺一授童女，歸時拭淚看。"

【尺翰】

　　即尺書。此稱南北朝時期已行用。見該文。

【尺題】

　　即尺書。此稱唐代已行用。見該文。

【書尺】

　　即尺書。此稱宋代已行用。見該文。

【尺箋】

　　即尺書。此稱宋代已行用。見該文。

【尺函】

　　即尺書。此稱清代已行用。見該文。

【尺一】

　　即尺書。此稱清代已行用。見該文。

【尺一書】

　　即尺書。此稱清代已行用。見該文。

尺素書

　　亦稱"尺素""尺錦書""書素""尺帛""素

書"。古人多將書信書於一尺左右的絲綢之上，故稱。漢蔡邕《飲馬長城窟行》："客從遠方來，遺我雙鯉魚。呼童烹鯉魚，中有尺素書。"唐李善注："素，生帛也。"唐呂向注："尺素，絹也。古人爲書，多書於絹。"《文選·陸機〈文賦〉》："函綿邈於尺素，吐滂沛乎寸心。"唐劉良注："素，帛也，古人用以書也。"南朝梁王僧孺《擣衣》："尺素在魚腸，寸心憑雁足。"唐韋應物《南池宴錢子辛賦得科斗》詩："且願充文字，登君尺素書。"唐陸龜蒙《東飛鳧》詩："載得尺錦書，欲寄東飛鳧。"唐李商隱《夜思》詩："寄恨一尺素，含情雙玉璫。"唐權德輿《九華觀宴餞崔十七叔判官赴義武幕兼呈書記蕭校書》詩："記室有門人，因君達書素。"宋范成大《有懷襲養正》詩："昨承書素説，行侍板輿歸。"明何景明《塘上行》詩："安得雲中雁，尺帛寄離愁。"清遁廬《童子軍·報捷》："雁雲高，問漢家尺帛，幾時飛到。"清吳偉業《鸞鶴》詩："丁令歸來寄素書，羽毛零落待何如？"

【尺素】

即尺素書。此稱晉代已行用。見該文。

【尺錦書】

即尺素書。此稱唐代已行用。見該文。

【書素】

即尺素書。此稱唐代已行用。見該文。

【尺帛】

即尺素書。此稱明代已行用。見該文。

【素書】[1]

即尺素書。此稱清代已行用。見該文。

尺牘[1]

亦稱"赤牘"。因古人曾書信於一尺見方的木板（板牘）上，故稱。漢王充在《論衡·量知篇》中說："斷木爲槧，析之爲版，力加刮削，乃成奏牘。"一般地説，一塊木板，謂之版；版上寫字，謂之牘。此稱漢代已行用。《史記·扁鵲倉公列傳贊》："緹縈通尺牘，父得以後寧。"《漢書·陳遵傳》："〔陳遵〕贍於文辭，性善書，與人尺牘，主皆藏去以爲榮。"唐歐陽詹《送張尚書書》："以尚書山容海納，則自斷於胸襟矣，豈在攸攸八行尺牘進退於人乎？"宋吳處厚《青箱雜記》卷七："嘗有應制科人成鋭，集詩三篇，國子博士侯君以獻於隨，隨覽之，乃親筆尺牘答侯君。"明謝肇淛《五雜俎·事部二》："三代之人必習爲詞命，童子入小學則教之應對，蓋赫蹏未興，赤牘未削，一切利害事宜皆面陳而口宣之。"

【赤牘】[1]

即尺牘。此稱明代已行用。見該文。

尺紙

亦稱"尺楮""尺蹏"。古時曾將書信書於紙片之上，故稱。此稱南北朝時期已行用。《宋書·自序》："復裁少字，宣志於璞，聊因尺紙，使卿等具知厥心。"宋司馬光《送導江李主簿君俞》詩："西風時有意，尺紙慰離群。"又因楮樹皮是製造桑皮紙和宣紙的原料，故又有"尺楮"之稱行用於世。宋王邁《謝辟不就啓》："敬裁尺楮，往白前茅。"宋陳亮《復陸伯壽》："方圖專馳尺楮上慶，遂成先辱，惶恐不可言。"又《與章德茂侍郎》之二："尺紙不復到門下，非敢慢也，勢固至此。"《好逑傳》第一三回："今遇老先生乃不得已，只得親修尺楮，具不腆之儀，以代斧柯。"清代又有"尺蹏"之稱，蹏指小而薄的紙。清錢謙益《十六日雨中邀徐于諸人看燈口占代簡》："曲欄陰靄意萋迷，發興邀賓走尺蹏。"

【尺楮】

即尺紙。此稱宋代已行用。見該文。

【尺蹏】

即尺紙。此稱清代已行用。見該文。

八行書

省稱"八行"。舊時信箋每頁八行，因稱。此稱漢代已行用。《後漢書·竇融傳》載竇章"與馬融崔瑗同好，更相推薦"，唐李賢注引馬融《與竇伯向（章）書》："書雖兩紙，紙八行，行七字。"北齊邢邵《齊韋道遜晚春宴》詩："誰能千里外，獨倚八行書。"唐孟浩然《登萬歲樓》詩："今朝偶見同袍友，却喜家書寄八行。"《金瓶梅詞話》第五五回："就叫那門館先生寫着一封通候的八行書信。"清李漁《意中緣·悟詐》："八行代我傳心事，千里從人索好音。"《官場現形記》第二回："看有什麽路子，弄封八行，還是出來做他的典史。"

【八行】

"八行書"之省稱。此稱唐代已行用。見該文。

鄉信

亦稱"鄉書"。家鄉親友的來信。古時向重鄉土，尤其是客居他鄉的游子更重視來自家鄉的信息，故"鄉信""鄉書"之稱每每見於古人詩文。唐孟浩然《初年樂城館中臥疾懷歸》詩："往來鄉信斷，留滯客情多。"唐岑參《巴南舟中夜書事》詩："見雁思鄉信，聞猿積淚痕。"唐王灣《次北固山下》詩："鄉書何處達，歸雁洛陽邊。"前蜀韋莊《章臺夜思》詩："鄉書不可寄，秋雁又南回。"元黃庚《書山陰驛》詩：

"寄驛通鄉信，題詩記旅愁。"清王廣心《懷友》詩："君恩移白日，鄉信斷黃河。"清孫道乾《小螺庵病榻憶語·題詞·哭舍妹》："鄉書甫啓讀未終，涕泗狼藉縑素中。"

【鄉書】 [1]

即鄉信。此稱唐代已行用。見該文。

家信

亦稱"家問""家書"。居於兩地家屬間之書信。古人向守"父母在，不遠游"之規，如因國家重命在外，祇能在家信中獲知親屬之寒暖，故"家信""家書""家問"遂成爲文人墨客的永恒話題。《晋書·陸機傳》："初，機有駿犬，名曰黄耳，甚愛之。既而羈寓京師，久無家問，笑語犬曰：'我家絶無書信，汝能齎書取消息不？'犬摇尾作聲。機乃爲書，以竹筩盛之，而繫其頸，犬尋路南走，遂至其家。"《南史·徐陵傳》："及侯景入寇，陵父摛先在圍城之内，陵不奉家信，便蔬食布衣，若居哀恤。"《周書·劉璠傳》："璠母在建康遘疾，璠弗之知。嘗忽一日舉身楚痛，尋而家信至，云其母病。"唐李亢《獨異志》卷中："晋陸雲字士龍，家在吴，久不得家信。"唐杜甫《春望》詩："烽火連三月，家書抵萬金。"五代王仁裕《開元天寶遺事·泥金帖子》："新進士才及第，以泥金書帖子附家書中，用報登科之喜。至文宗朝遂寢削此儀也。"宋彭乘《續墨客揮犀·崔球畫夢至家》："後月餘，家問至，其妻寄此詩，一字不差。"清惲敬《女嬰壙銘》："敬方游太原，五月十六日，嬰以痘殤……九月，家問至太原。"

【家問】

即家信。此稱晋代已行用。見該文。

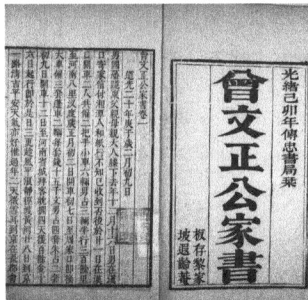

曾文正公家書
（山東省圖書館藏）

【家書】

即家信。此稱唐代已行用。見該文。

平安信

亦稱"平安字""平安紙"。多爲出門在外之人向家報告平安的書信。古人向有"兒行千里母擔憂"之說，故以書信傳達平安信息成爲游子生活的重要内容之一。因而，平安信之記載不絶於史。又因古時書信之傳遞較爲困難，該類書信多簡潔明瞭，故又有"平安字""平安紙"之稱。唐段成式《酉陽雜俎·羽篇》："大理丞鄭復禮言：波斯舶上多養鴿，鴿能飛行數千里，輒放一隻至家，以爲平安信。"宋陳與義《試院書懷》詩："細讀平安字，愁邊失歲華。"元范梈《福州雜咏》："家人定得平安字，最念癡雛不解看。"元佚名《桃花女》楔子："想我河南人出外經商的可也不少，怎生平安字稍（捎）不得一個回來。"明商家梅《得家書》詩："忽見平安字，封題是老親。自驚爲客久，不敢述家貧。"清李慈銘《越縵堂樂府外集·星秋夢》："憑盈盈生長畫堂前，勞夢裏家園指點，恨不得倩寄平安紙一緘。"至明，除凶喪信外，則在信封上寫有"平安"二字，蓋平安信之遺。《水滸傳》第三九回寫朱貴用蒙汗藥麻翻戴宗，并從他身上搜出蔡京子寫的家信，祇見信封有

"平安家信，百拜奉上父親大人膝下，男蔡德章謹封"。

【平安字】

即平安信。此稱宋代已行用。見該文。

【平安紙】

即平安信。此稱清代已行用。見該文。

郵書

亦稱"音翰""音問""音郵""音信""音耗""音訊""音書""書郵"。郵驛傳遞之書信。因古時交通不便，郵路漫漫，故稱。此稱漢代已行用。《後漢書·張奐傳》："使人未反，復獲郵書。"晋陸機《答賈長淵》詩之十："公之云感，貽此音翰。蔚彼高藻，如玉如蘭。"晋陶潛《贈長沙公族祖》詩："敬哉離人，臨路悽然。款襟或遼，音問其先。"南朝陳徐陵《又爲貞陽侯答王太尉書》："行人失辭，尚停然諾，臨江總巒，企望音郵。"北周庾信《擬咏懷》詩之七："榆關斷音信，漢使絶經過。"《周書·晋蕩公護傳》："今大齊聖德遠被，特降鴻慈，既許歸吾於汝，又聽先致音耗，積稔長悲，豁然獲展。"唐元稹《酬樂天早春閑游西湖》詩："故交音訊少，歸夢往來頻。"唐宋之問《渡漢江》詩："嶺外音書斷，經冬復歷春。"唐李白《大堤曲》："不見眼中人，天長音信斷。"唐柳宗元《登柳州城樓寄漳汀封連四州》詩："共來百越文身地，猶自音書滯一鄉。"宋范成大《藻侄比課五言詩已有意趣老懷甚喜因吟病中十二首示之》之七："堆案書郵少，登門刺字稀。"金元好問《和白樞判》詩："書郵但覺浮沉久，詩卷何緣唱和曾。"鄧溥《得大我書聞其歸自柏林喜而不寐》詩："郵書入手喜還驚，認押開封見姓名。"

【音翰】

即郵書。此稱晋代已行用。見該文。

【音問】

即郵書。此稱晋代已行用。見該文。

【音郵】

即郵書。此稱南北朝時期已行用。見該文。

【音信】

即郵書。此稱南北朝時期已行用。見該文。

【音耗】

即郵書。此稱南北朝時期已行用。見該文。

【音訊】

即郵書。此稱唐代已行用。見該文。

【音書】

即郵書。此稱唐代已行用。見該文。

【書郵】

即郵書。此稱宋代已行用。見該文。

萬里書

亦稱"遠翰""遠信"。指遠方親友的來信。此稱南北朝時期已行用。北周庾信《寄王琳》詩："獨下千行淚，開君萬里書。"晋鮑照《吳興黃浦亭庾中郎別》詩："昧心附遠翰，炯言藏佩韋。"唐獨孤及《代書寄上李廣州》詩："唯憑萬里書，持用慰饑渴。"宋蘇軾《和丙辰歲八月中於下潠田舍穫》詩："跨海得遠信，冰盤鳴玉哀。"

【遠翰】

即萬里書。此稱南北朝時期已行用。見該文。

【遠信】

即萬里書。此稱宋代已行用。見該文。

犬書

以犬傳送的書信。其事源出於晋。《晋書·陸機傳》："初，機有駿犬，名曰黃耳，甚愛之。即而羈寓京師，久無家問，笑語犬曰：'我家絕無書信，汝能齎書取消息不？'犬搖尾作聲。機乃爲書，以竹筩盛之，而繫其頸。犬尋路南走，遂至其家，得報還路。後其以爲常。"此稱唐代已行用。唐李賀《始爲奉禮憶昌谷山居》詩："犬書曾去洛，鶴病悔游秦。"元王實甫《西廂記》第五本二折："不聞黃犬音，難傳紅葉詩，驛長不遇梅花使。"

魚雁

亦稱"鱗鴻""鱗羽""雁魚""魚鴻"。因古時傳説中魚雁均能傳遞書信，故稱。其中魚傳遞書信則源自漢蔡邕《飲馬長城窟行》："客從遠方來，遺我雙鯉魚。呼兒烹鯉魚，中有尺素書。"雁傳遞書信則據蘇武故事，《漢書·蘇武傳》："昭帝即位。數年，匈奴與漢和親。漢求武等，匈奴詭言武死。後漢使復至匈奴，常惠請其守者與俱，得夜見漢使，具自陳道。教使者謂單于，言天子射上林中，得雁，足有係帛書，言武等在某澤中。使者大喜，如惠語以讓單于。單于視左右而驚，謝漢使曰：'武等實在。'"後世將二者連稱，用以代指書信。又因古人喜用"鴻""羽"等代雁，用"鱗"等代"魚"，文獻裏便有了"鱗鴻""鱗羽""魚鴻"等書信之代稱。晋傅咸《紙賦》："鱗鴻附便，援筆飛書。"宋晏幾道《生查子》詞："關山魂夢長，魚雁音塵少。"宋徐鉉《王三十七自京垂訪作此送之》詩："只就鱗鴻求遠信，敢言車馬訪貧家。"宋柳永《傾杯樂》詞："頻耳畔低語，知多少他日深盟，平生丹素，從今盡把憑鱗羽。"明劉基《怨王孫》詞："鱗羽路阻，佳人何處，木落山寒，江空歲暮。"明沈鯨《雙珠記·日下相逢》："浩蕩風塵阻雁魚，相逢骨肉共歃歠。"《金瓶梅詞話》第五三回："鱗鴻無便，錦箋慵寫。"清孫枝蔚《懷楊吉公司理》詩："頻年魚雁絕，使我淚長垂。"清林則徐《致姚春木王冬壽書》："龍沙萬里，鱗羽難通，但有相思，勿勞惠答也。"

【鱗鴻】

即魚雁。此稱晋代已行用。見該文。

【鱗羽】

即魚雁。此稱宋代已行用。見該文。

【雁魚】

即魚雁。此稱明代已行用。見該文。

【魚鴻】

即魚雁。此稱近代已行用。見該文。

魚書

亦稱"魚緘""魚文""文鱗""五色魚""雙魚""魚箋""魚素"。因古人多將書信摺叠成魚形寄遞，故稱。南朝梁蕭統《南宫八月啓》："或叩鳳念，不黜魚緘。"唐駱賓王《艷情代郭氏答盧照鄰》詩："流風迴雪儷便娟，驤子魚文實可憐。"唐韋皋《憶玉簫》詩："長江不見魚書至，爲遣相思夢入秦。"唐楊發《東齋夜宴酬紹之起居見贈》詩："十年江海魚緘盡，一夜笙歌鳳吹頻。"唐李商隱《題二首後重有戲贈任秀才》："虚爲錯刀留遠客，枉緣書札損文鱗。"唐李白《秋浦寄内》詩："有客自梁苑，手携五色魚，開魚得錦字，歸問我何如。"又因古人多將白絹信箋叠成雙魚形寄出，亦稱"雙魚""魚素"。唐杜甫《送梓州李使君之任》詩："五馬何時到，雙魚會早傳。"元方回《贈吕肖卿》詩之三："溢浦稀魚素，陽山杳雁程。"元任昱《寨兒令·書所見》曲："碧波深不寄魚箋，翠衾寒猶帶龍涎。"元李唐賓《梧桐葉》第一折：

"一旦恩情成斷絕，烽火相連，雁帖魚書誰與傳？"明王世貞《答滁陽羅太僕》詩："忽報江秋魚素到，似言山色馬曹多。"清李漁《閑情偶寄·器玩·箋簡》："魚書雁帛而外，不有竹刺之式可爲乎？"清吴偉業《送何蓉庵出守贛州》詩之四："小字裁魚素，長亭響鹿車。"

【魚緘】

即魚書。此稱南北朝時期已行用。見該文。

【魚文】

即魚書。此稱唐代已行用。見該文。

【文鱗】

即魚書。此稱唐代已行用。見該文。

【五色魚】

即魚書。此稱唐代已行用。見該文。

【雙魚】

即魚書。此稱唐代已行用。見該文。

【魚箋】

即魚書。此稱元代已行用。見該文。

【魚素】

即魚書。此稱元代已行用。見該文。

鯉書

亦稱"鯉素""雙鯉""素鯉""尺鯉"。古時曾傳說鯉魚可用於書信之傳遞，故稱。語出漢蔡邕《飲馬長城窟行》："客從遠方來，遺我雙鯉魚。"鯉書信箋曾是一尺左右的白絹所爲，叠成雙魚形，故亦有以之代指書信者，文人詩詞更是喜用不厭。南朝陳王瑳《長相思》詩："雁封歸飛斷，鯉素還流絕。"唐獨孤及《爲元相公祭嚴尚書文》："白馬龍踡，鯉書遂絕。"唐韓愈《寄盧仝》詩："先生有意許降臨，更遣長鬚致雙鯉。"唐劉禹錫《洛中送崔司業使君扶侍赴唐州》詩："相思望淮水，雙鯉不應稀。"唐武元衡《祭李吉甫文》：“風傳麗句，緘開素鯉。金石相投，鏗然在耳。”宋劉才邵《清夜曲》：“門前溪水空粼粼，鯉素不傳嬌翠鬟。”明汪廷訥《種玉記·登雋》：“訪母潛來衛舅居，怕似海侯門難通鯉書。”明張煌言《祭建國公鄭羽長鴻逵文》：“千里片鴻，經年尺鯉。”清金人望《答鈕琇書》：“欣傳鯉素，耿耿生平。”清孫枝蔚《燈宵別興·客燈》詩：“鯉書將至花須笑，茅屋高懸壁可憎。”參閱明楊慎《丹鉛總録·物用類·簡牘》。

【鯉素】

　　即鯉書。此稱南北朝時期已行用。見該文。

【雙鯉】

　　即鯉書。此稱唐代已行用。見該文。

【素鯉】

　　即鯉書。此稱唐代已行用。見該文。

【尺鯉】

　　即鯉書。此稱明代已行用。見該文。

雁書

　　亦稱“雁足”“雁封”“雁信”“雁帖”“雁帛”。飛雁傳遞之書信。此稱源於《漢書·蘇武傳》，見“魚雁”文。古人亦利用雁之來去定候以傳遞信件者，故有上述异稱行用於世。南朝梁王僧孺《詠擣衣》：“尺素在魚腸，寸心憑雁足。”南朝陳王瑳《長相思》詩：“雁封歸飛斷，鯉素還流絶。”唐王勃《采蓮曲》：“不惜西津交佩解，還羞北海雁書遲。”唐李白《送友人游梅湖》詩：“莫惜一雁書，音塵坐胡越。”唐溫庭筠《寄湘陰閣少府乞釣輪子》詩：“若向三湘逢雁信，莫辭千里寄漁翁。”前蜀杜光庭《懷古今》：“雁足凄凉兮傳恨緒。”元李唐賓《梧桐葉》第一折：“一旦恩情成斷絶，烽火相連，雁

帖魚書誰與傳？”元柳貫《舟中睡起》詩：“江驛比來無雁帛，水鄉隨處有魚罾。”

【雁足】

　　即雁書。此稱南北朝時期已行用。見該文。

【雁封】

　　即雁書。此稱南北朝時期已行用。見該文。

【雁信】

　　即雁書。此稱唐代已行用。見該文。

【雁帖】

　　即雁書。此稱元代已行用。見該文。

【雁帛】

　　即雁書。此稱元代已行用。見該文。

帛書[1]

　　亦稱“帛信”。古人曾書信於絲帛之上，故稱。《漢書·陳湯傳》：“軍候假丞杜勳斬單于首，得漢使節二及谷吉等所齎帛書，諸鹵獲以畀得者。”唐鄭錫《千里思》詩：“帛書秋海斷，錦字夜機閑。”《駢字類編·器物門二十六》引宋釋善權詩云：“天涯有回雁，帛信莫因循。”

【帛信】

　　即帛書[1]。此稱宋代已行用。見該文。

竿牘

　　亦稱“書牘”。古人以竹簡、木牘寫書信，故稱。《莊子·列禦寇》：“小夫之知，不離苞苴竿牘。”唐陸德明釋文引司馬彪曰：“謂竹簡爲書，以相問遺，修意氣也。”《南史·范雲傳》：“書牘盈案，賓客滿門。”宋朱彧《萍洲可談》卷二：“陽翟田望勤於竿牘……日發數十函不倦。”宋蔡絛《鐵圍山叢談》卷三：“有一士人頗强記自負，飲酒世甚少雙，乃求朝士之有聲價者，藉其書牘與先容。”宋陸游《上辛給事書》：“郵傳之題咏，親戚之書牘……皆可以洞

見其人之心術才能。"

【書牘】

即竿牘。此稱南北朝時期已行用。見該文。

簡版[1]

亦作"簡板"。亦稱"牌子""簡牌""簡槧"。寫在板上之書信。此稱宋代已行用。宋陸游《老學庵筆記》卷三:"元豐中,王荆公居半山,好觀佛書。每以故金漆版書藏經名,遣人就蔣山寺取之。人士因有用金漆版代書帖與朋儕往來者。已而苦其露洩,遂有作兩版相合,以片紙封其際者。久之其制漸精,或又以縑囊盛而封之。南人謂之簡版,北人謂之牌子,其後又通稱之簡版或簡牌。"宋周必大《題六一先生九帖》:"宣和後,簡板盛行,日趨簡便,親舊往來之帖遂少。"宋周密《癸辛雜識·前集·簡槧》:"簡槧,古無有也,陸務觀謂始於王荆公,其後盛行。"參見本卷《載器説·載體考》"簡版[2]"文。

【簡板】[1]

同"簡版[1]"。此體宋代已行用。見該文。

【牌子】

即簡版[1]。此稱宋代已行用。見該文。

【簡牌】[1]

即簡版[1]。此稱宋代已行用。見該文。

【簡槧】[1]

即簡版[1]。此稱宋代已行用。見該文。

木夾

亦稱"木契"。古時信函之一種。書於木片之上,并以另一木片覆封之,故名。宋代曾行用於雲南少數民族地區。《事物異名錄》卷二〇引《宣和書譜》卷一八:〔章孝規〕嘗爲路魯瞻書雲南木夾。木夾,則彼方所謂木契。蠻夷之俗,古禮未廢,故其往復移文猶馳木夾。"

【木契】

即木夾。此稱宋代已行用。見該文。

白絹斜封

古人以白絹書信而斜封之,封口加印,後因以代指書信。此稱唐代已行用。唐盧仝《走筆謝孟諫議寄新茶》:"日高丈五睡正濃,軍將叩門驚周公。口云諫議送書信,白絹斜封三道印。"宋胡繼宗《書言故事·書翰》:"謝人惠書云,辱白絹斜封之賜。"

印檢

古代書信之蓋印封緘處。隋何遜《門有車馬客》詩:"故鄉有書信,縱橫印檢開。"元龍輔《女紅餘志》卷上:"南革箋云:啟印檢而含情,睹題畫而揮淚。"

箋記

亦稱"書啓""箋記書啓""書呈"。多指下屬送呈上級的信函。此稱三國時期已行用。《三國志·魏書·趙儼傳》"入爲司空掾屬主簿"南朝宋裴松之注引《魏略》:"太祖北拒袁紹,時遠近無不私遣箋記,通意於紹者。"南朝梁劉勰《文心雕龍·書記》:"原箋記之爲式,既上窺乎表,亦下睨乎書……清美以惠其才,彪蔚以文其響,蓋箋記之分也。"至唐,"箋記"多被"書啓"所代。唐李商隱《雜纂》:"開人家盤合書啓。"宋時亦有二者并稱。宋歐陽修《與陳員外書》:"下吏以私自達於其屬長,而有所候問請謝者,則曰箋記書啓。"至元又有"書呈"行用於世,其意大抵與"書啓"相當。元佚名《謝金吾》第二折:"元帥,有老夫人的書呈在此,你是看咱。"元佚名《劉弘嫁婢》楔子:"俺將着書呈投奔洛陽劉弘員外去來。"《剪燈新語・翠翠傳》：“賓客盈門，無人延款；書啓堆案，無人裁答。”

【書啓】

即箋記。此稱唐代已行用。見該文。

【箋記書啓】

即箋記。此稱宋代已行用。見該文。

【書呈】

即箋記。此稱元代已行用。見該文。

方勝兒

指叠成兩個斜方形的信札，以示通信之雙方互相聯結。此稱元代已行用。元王實甫《西廂記》第三本第一折：“把花箋錦字叠做個同心方勝兒。”《金瓶梅詞話》第八回：“寫就，叠成一個方勝兒，封停當，付與玳安收了。”

候札

亦稱“候函”。表示問候的信件。一般較普通信函簡略，寥寥數語，表明意思即可。此稱清代已行用。清孔尚任《桃花扇・阻奸》：“是鳳撫衙門來的有馬老爺候札。”清黄六鴻《福惠全書・蒞任部・郵稟帖》：“前任候函一通，令胥役投送。”近現代之慰問信蓋源於此。

【候函】

即候札。此稱清代已行用。見該文。

瑶華音

亦稱“蘭訊”“瑶緘”“綺札”“芳翰”“瑶簡”“瑶函”“玉札”“瑶札”“芳訊”“寶札”“瓊音”“瑶箋”“琅函”“琅帙”。對別人書信之美稱。書信至南北朝，已超出單純傳遞音訊之範圍，加上時人崇尚行文華美，辭藻堆砌，士人之間的往來書信便以文采飛揚、盡展華麗爲能事，故亦出現了相互稱譽對方書信的美稱，如“蘭訊”“瑶緘”等。《南史・謝弘微傳》引晋謝混《誡族子》詩：“通遠懷清悟，采采摽蘭訊。”南朝齊謝朓《郡内高齋閑坐答吕法曹》詩：“惠而能好我，問以瑶華音。”唐代詩文興盛，文人之書信來往愈加崇尚文辭華美。其書信美稱遠遠多於南北朝時期。唐王勃《宇文德陽宅秋夜山亭宴序》：“遂令啓瑶緘者，攀勝集而長懷。”唐盧照鄰《樂府雜詩》序：“雲飛綺札，代郡接於蒼梧；泉涌華篇，岷波連於碣石。”唐李白《代別情人》詩：“天涯有度鳥，莫絶瑶華音。”唐玄宗《登浦州逍遥樓》詩：“一覽遺芳翰，千載肅如神。”唐李商隱《戊辰會静中出貽同志》詩：“瑶簡被靈誥，持符開七門。”唐黄滔《薛舍人啓》：“金口開時，講貫則處其異等；瑶函發處，推揚則實彼極言。”唐皮日休《懷華陽潤卿博士》詩：“數行玉札存心久，一掬雲漿漱齒空。”唐宇文融《奉和命宴東堂賜》詩：“飛文瑶札降，賜酒玉杯傳。”唐羅隱《寄黔中王從事》詩：“貪將醉袖矜鶯谷，不把瑶緘附鯉魚。”而後的宋、元、明、清各代，書信之美稱雖不如前代豐富多彩，但“芳翰”“瑶函”“瑶箋”之稱仍不絶於史。元陳樵《長安有狹斜行》詩：“班姬輟芳翰，紈扇從風揚。”明袁中道《寄周儀曹野王書》：“壬子歲，曾得瑶函並柄頭詩，甚佳。”《事物異名録・書籍・書束》：“芳訊，蘭訊，寶札，瓊音，《山堂肆考》皆書簡名。”清孫枝蔚《列仙詩》之四：“東華童子捧瑶箋，青鳥銜書送地仙。”明清時又有“琅函”“琅帙”之美稱。明蔡復一《答友書》：“琅函遠貺，讀之不可釋。”明梁辰魚《六犯清音・宮怨》：“蘭臺已賦，琅帙未通，丹霞枉鎖了秦樓風。”清顧炎武《答李紫瀾》：“春來兩接琅函，著作承明，紬書金匱，自不負平生之所學。”

【蘭訊】

　　即瑤華音。此稱南北朝時期已行用。見該文。

【瑤緘】

　　即瑤華音。此稱唐代已行用。見該文。

【綺札】

　　即瑤華音。此稱唐代已行用。見該文。

【芳翰】

　　即瑤華音。此稱唐代已行用。見該文。

【瑤簡】

　　即瑤華音。此稱唐代已行用。見該文。

【瑤函】[1]

　　即瑤華音。此稱唐代已行用。見該文。

【玉札】

　　即瑤華音。此稱唐代已行用。見該文。

【瑤札】

　　即瑤華音。此稱唐時已行用。見該文。

【芳訊】

　　即瑤華音。此稱明代已行用。見該文。

【寶札】

　　即瑤華音。此稱明代已行用。見該文。

【瓊音】

　　即瑤華音。此稱明代已行用。見該文。

【瑤箋】

　　即瑤華音。此稱清代已行用。見該文。

【琅函】[1]

　　即瑤華音。此稱明代已行用。見該文。

【琅帙】

　　即瑤華音。此稱明代已行用。見該文。

華翰

　　亦稱“華緘”。對他人書信之敬稱和美稱。此稱南北朝時期已行用。南朝陳徐陵《答周處士書》：“仰披華翰，甚慰魁結。”唐崔致遠《龍州裴峴尚書》：“遠勞專介，特枉華緘。”唐劉禹錫《謝寶相公啓》：“每奉華翰，賜之衷言，果蒙新恩，重忝清貫。”《太平廣記》卷四九一引唐皇甫枚《非烟傳》：“發華緘而思飛，諷麗句而目斷。”

【華緘】

　　即華翰。此稱唐代已行用。見該文。

手命

　　對他人書信的尊稱。此稱三國時期已行用。《三國志·魏書·呂布傳》：“布答太祖曰：‘布獲罪之人，分爲誅首，手命慰勞，厚見褒獎。’”《文選·吳質〈答魏太子箋〉》：“奉讀手命，追亡慮存，恩哀之隆，形於文墨。”唐呂向注：“手命，謂太子與質書也。”

教告

　　有告諭教誨之意，是對書信之尊稱。此稱唐代已行用。多用於士大夫之間的書信往來，以示謙恭。唐柳宗元《亡姊崔氏夫人墓志蓋石文》：“先公自鄂如京師，其時事會世難，教告罕至。夫人憂勞逾月，默泣不食。又懼貽太夫人之憂慮，紿以疾告，書至而愈，人乃知之。”

五雲字

　　書信之美稱。此稱始行用於唐代韋陟。史載，韋陟與人書信，多是侍妾據其授意所屬，韋陟僅署其名。因所署五彩信箋上之“陟”字若五朵雲，故稱。宋辛棄疾《水調歌頭·嚴子文同傅安道和前韻因再和謝之》：“寄我五雲字，恰向酒邊開。”參閱《新唐書·韋陟傳》。

雲錦字

　　省稱“錦字”。書信之代稱。因書信寫於錦紋瑰麗猶如雲彩的錦上，故稱。後用以敬稱他人書信。此稱唐代已行用。唐李白《以詩代書答元丹丘》詩："青鳥海上來，今朝發何處。口銜雲錦字，與我忽飛去。"又《秋浦寄內》詩："有客自梁苑，手携五色魚。開魚得錦字，歸問我何如。"唐鄭錫《千里思》詩："帛書秋海斷，錦字夜機閑。"元王實甫《西廂記》第三本第一折："把花箋錦字叠做個同心方勝兒。"

【錦字】

"雲錦字"之省稱。此稱唐代已行用。見該文。

緘札

亦稱"緘素"。因古人常以木牘、縑帛寫書信，故稱。此稱唐代已行用。唐李商隱《春雨》詩："玉璫緘札何由達，萬里雲羅一雁飛。"明張羽《續懷友》詩："携賞邈難期，庶望遺緘素。"

【緘素】

即緘札。此稱明代已行用。見該文。

緘[1]

書信封口，亦代指書信。此稱唐代已行用。唐白居易《初與元九別後忽夢見之及寤而書適至兼寄桐花詩悵然感懷因以此寄》詩："開緘見手札，一紙十三行。"宋王禹偁《回襄陽周奉禮同年因題紙尾》詩："武關西畔路巉巖，兩月勞君寄兩緘。"

檄[1]

徵召或聲討文書，亦指信函。此義僅見於宋代。宋王安石《寄丁中允》詩："使君子所善，來檄自可求。何時子來意，待子南山頭。"

貼書

指書信，亦指書吏助手。此稱宋代已行用。宋周密《齊東野語·譏不肖子》："有士赴考，其父充役，爲貼書，勉其子登第則可免。"

鄉書[2]

向天子推薦賢能之士的信函。西周時，三年大比一次，鄉老和鄉大夫等遴選鄉中賢能之士，上書推薦給天子。後因以稱鄉試中舉爲"領鄉書"或"鄉書"。《宋史·張孝祥傳》："年十六，領鄉書。"明王鏊《贈戴大賓》詩："鄉書已中異等科，胸中經史誰告詔。"參閱《周禮·地官·鄉大夫》。

薦牘

推薦人才的書信。清王士禎《池北偶談·談獻一·司徒公歷仕録》："公政績甚著，且屢登薦牘。今送杉板，是賄而求薦也，不可。"《儒林外史》第三三回："杜少卿道：小侄菲才寡學，大人誤采虛名，恐其有沾薦牘。"

閶闉

指寫給權貴謀求進身的書信。《事物異名録·書籍·書簡》引《瀛奎律髓》："有詩人爲謁客者干求一二要路之書，謂之閶闉，副以詩篇，動獲千萬緡。"

密函

秘密之信函。此稱南北朝時期已行用。《南史·殷景仁傳》："密函去來，日中以十數。"

謗書

亦稱"謗帖"。攻訐他人之書簡。此稱先秦時期已行用。《戰國策·秦策二》："魏文侯令樂羊將攻中山，三年而拔之。樂羊反而語功。文侯示之謗書一篋。"唐崔顥《結定襄郡獄效陶體》詩："謗書盈几案，文墨相填委。"至明時又有"謗帖"行於世，多用於張貼。明祁彪佳《馳報安撫蘇州情形疏》一文有"吳江縣匿名謗帖"句。

【謗帖】

　　即謗書。此稱明代已行用。見該文。

匿名書

　　亦稱"匿名帖""匿名信"。古多指以攻訐、恐嚇等爲目的的不署名或不署真實姓名的信件。此稱南北朝時期已行用。《周書·柳慶傳》："〔柳〕慶以賊徒既衆，似是烏合，既非舊交，必相疑阻，可以詐求之。乃作匿名書。"《唐律疏義·鬥訟·投匿名書告人罪》："諸投匿名書告人罪者，流二千里。"明李介《天香閣隨筆》卷二："馮令士仁政不善。有投匿名書者，歷詆其疵。"明時亦稱"匿名帖"。清唐訓方《里語徵實》卷中下引《鑒撮》："明武宗朝有投匿名帖於丹墀者，帖言劉瑾亂政。"清末民初以來，"匿名信"逐漸代之而起，行用於世。《二十年目睹之怪現狀》第一〇六回："那個借錢不遂的翻譯先生，挾了這個嫌，便把彌軒作弊的事情，寫了一封匿名信給龍光。"魯迅《朝花夕拾·藤野先生》："終於流言消滅了，幹事却又竭力運動，要收回那一封匿名信去。"

【匿名帖】

　　即匿名書。此稱明代已行用。見該文。

【匿名信】

　　即匿名書。此稱近現代已行用。見該文。

【飛書】

　　即匿名書。亦稱"飛文""飛章""飛條""飲章"。其內容多爲污衊詆毀之詞，對受害者猶如飛來橫禍，故稱。《漢書·劉向傳》："是以群小窺見間隙，緣飾文字，巧言醜詆，流言飛文，譁於民間。"《後漢書·梁松傳》："遂懷怨望，四年冬，乃懸飛書誹謗，下獄死。"李賢注："飛書者，無根而至，若飛來也，即今

匿名書。"《後漢書·寇恂傳》："以臣婚姻王室，謂臣將撫其背，奪其位，退其身，受其勢。於是遂作飛章以被於臣，欲使墜萬仞之阬，踐必死之地。"《後漢書·呂强傳》："群邪項領，膏脣拭舌，競欲咀嚼，造作飛條。"《後漢書·蔡邕傳》："臣一入牢獄，當爲楚毒所迫，趣以飲章，辭情何緣復聞！"唐李賢注："飲，猶隱却告人姓名，無可對問。章者，今之表也。"《南史·蕭引傳》："吳璡竟作飛書，李蔡證之，坐免官，卒於家。"

【飛文】

　　即飛書。此稱漢代已行用。見該文。

【飛章】

　　即飛書。此稱漢代已行用。見該文。

【飛條】

　　即飛書。此稱漢代已行用。見該文。

【飲章】

　　即飛書。此稱漢代已行用。見該文。

副啓

　　正式信件之外附加的信。此稱明代已行用。明王世貞《觚不觚錄》："尺牘之有副啓也，或有所指譏，或有所請託，不可雜他語，不敢具姓名，如宋疏之'貼黃'類耳。近年以來，必以此爲加厚……甚至有稱副啓一、副啓二，至三至四至五者。"《金瓶梅詞話》第五五回："〔西門慶〕就叫書童，把那銀剪子剪開護封，拆了內涵封袋，打開副啓細細看時……"

蠟丸

　　亦稱"蜜丸""蠟彈""蠟書"。蠟封之書信。古人常將書信或奏狀密封於蠟丸之中，以防泄露和受潮，故稱。此稱唐代已行用。唐趙元一《奉天錄》卷二："〔包〕佶使使飛表於蠟丸中，

論〔陳〕少游收財事。"《新唐書·顏真卿傳》:
"肅宗已即位靈武,真卿數遣使以蠟丸裹書陳
事。"又《李澄傳》:"興元元年,澄遣盧融間道
奉表詣行在。德宗嘉之,署帛詔內蜜丸,授澄
刑部尚書、汴滑節度使。"《舊五代史·晋書·尹
暉傳》:"時范延光據鄴謀叛,以暉失意,密使
人齎蠟彈,以榮利啖之。"《宋史·李顯忠傳》:
"乃密遣其客雷燦以蠟書赴行在。"宋陸游《追
憶征西幕中舊事》詩之四:"關輔遺民意可傷,
蠟封三寸絹書黄。"自注:"關中將校密報事宜,
皆以蠟書至宣司。"

【蜜丸】

即蠟丸。此稱唐代已行用。見該文。

【蠟彈】

即蠟丸。此稱五代時期已行用。見該文。

【蠟書】

即蠟丸。此稱宋代已行用。見該文。

礬書

用明礬水寫成的書信。其字迹濕時方能顯
現,可藉以保密。此稱宋代已行用。宋李心傳
《建炎以來繫年要録》卷一:"曹輔至興仁,守
臣徽猷閣待制贛縣曾楙詰之。輔乃裂衣襟出御
筆蠟封,乃樞密院礬書,以遺楙。"《金史·宣
宗紀上》:"太原府宣撫使烏古論禮遣人間道齎
礬書,至京師告急。"

蠶書

用繭紙書寫的信。此稱唐代已行用。唐喬
知之《從軍行》詩:"宛轉結蠶書,寂寥無雁
使。"

情書

亦稱"勾魂帖"。男女之間表示愛情的書
信。元佚名《馬陵道》第四折:"俺把心中事明
訴説,您把詩中句細披閲,大古來有甚費周折,
多嗜是您勾魂帖。"明清始見"情書"之稱。《醒
世姻緣傳·李玉英獄中訴冤》:"焦氏嚷道:'可
是寫情書約漢子,壞我的帖兒?'"清李漁《慎
鸞交·受降》:"從未見,情書外,把朱文判,
全不怕旁人目詫奇觀。"近現代則多沿用之。柔
石《二月》六:"他又找不出一句辯論,説這樣
的通信是交際社會的一切通常信札,并不是情
書。"

【勾魂帖】

即情書。此稱元代已行用。見該文。

鸞書[1]

定親之婚帖。亦泛指情書。此稱明代已行
用。明孟稱舜《張玉娘貞文記·閨酌》:"道是
王家的,央了縣裏大爺,親把鸞書來送。"明李
昌祺《剪燈餘話·田洙遇薛濤聯句記》:"鸞書
寄恨羞封淚,蝶夢驚愁怕念鄉。"參見本卷《函
札説·束帖考》"鸞書[2]"文。

第三節　名片考

所謂名片,是指人際交往時互通姓名以建立聯係的紙片,其上寫或印有持片人的姓
名、身份、職務、住址和通信處等,古時尚有籍貫、出生月日等內容。名片之稱明末時已

行用，但名片之制起源甚早，稱謂代有變化，形制和内容亦有不同。

我國向有禮儀之邦的美譽，人際交往，尤其是士大夫之間更是考究。早在秦漢時期，人們就已將名字刻在削好的竹片或木片上，用於拜見師長等，時稱爲"謁"。因竹木携帶不便，故其上字不多，僅名字、籍貫而已。《説文·言部》："謁，白也。"段玉裁注："按，謁者，若後人書刺，自言爵里姓名，並列所白事。"《史記·酈生陸賈列傳》："酈生瞋目案劍叱使者……使者懼而失謁，跪拾謁，還走。復入報曰：'客，天下壯士也。叱臣，臣恐，至失謁。'"《漢書·外戚傳下》則有關於刺的記載。以上證明謁、刺在秦漢之際已通行。《釋名·釋書契》："謁，詣也。詣，告也。書其姓名於上以告所詣者也。"王先謙疏證補云："王啓原曰《齊書·符瑞志》建元元年有司奏，掘得泉中得銀木簡，長一尺，廣二寸，隱起文曰：'盧山道人張陵再拜謁詣起居。'"這是文獻中最早有關謁被發現的記録。20 世紀 70 年代後，隨着文物考古工作的不斷進展，兩漢迄於魏晋的墓葬中出土了許多謁和刺的實物。1974 年 3 月，江西南昌發掘了一座西晋磚墓，内有夫妻合葬二棺。在左側男棺中發現五枚木簡，形制相同，皆長 25.3 厘米，寬 3 厘米，厚 0.6 厘米，全爲墨書。這五枚木簡分三種格式：一種是"弟子吴應再拜問起居南昌字子遠"，計三枚；一種是"豫章吴應再拜問起居南昌字子遠"，僅一枚；另一種是"中郎豫章南昌都鄉吉陽里吴應年七十三字子遠"，亦一枚。1979 年 6 月，又在南昌發掘了一座孫吴墓。墓内有三棺，其中一棺内有二十一枚木簡，形制相同，長 24.5 厘米，寬 3.5 厘米，厚 1 厘米。上有隸體墨書，文字亦盡同，爲"弟子高榮再拜問起居沛國相字萬綬"。以上兩處發現，可將名刺分爲三類：一爲爵里刺，在簡端寫明郡望、姓名，并書"再拜"；其下稍空間格，再書"問起居"；在簡的下方偏左側，以小字注明鄉里及本人之字，這就是吴應墓出土的第二種。二爲晚輩刺，與前類基本相同，祇是簡端標明輩分，下方或改爲地望、官職，這就是吴應墓的簡式。三爲下官刺，其方式是於簡中央長書一行，即官職、郡望、鄉里、年歲及字，這就是吴應墓出土木簡的第三種。今世發現最多的爲第一類，次爲第二類，但古未見晚輩刺之稱，似皆歸於爵里刺中，最少者爲第三類。1984 年發掘安徽馬鞍山孫吴右軍、左大司馬朱然墓時，又出土木刺十四枚，正面直行墨書，行文爲三種：一種爲"丹楊朱然再拜問起居故鄣字義封"；一種爲"故鄣朱然再拜問起居字義封"；另一種爲"弟子朱然拜再拜問起居字義封"。木刺皆長 24.8 厘米。另有木謁三枚，長度亦爲 24.8 厘米，但寬度約爲木刺的三倍，爲 9.5 厘米。木謁正中頂頭書一"謁"字，右側直書"□節右軍師左大司馬當陽侯丹楊朱然再拜"等十八字,"再拜"二字最小,偏於右之側。此即當時謁的一般格式,爲下屬進謁上級之用。以上刺謁,爲封建時代用於陰間之物,或曰爲墓主死後鬼魂所用,但體現的却是生前情狀。

秦漢以降,因使用時間、場合和身份的不同,名刺分别有謁和刺的稱謂。東漢之後,謁的使用逐漸減少,而刺以其輕巧、簡約而得以在社會廣泛流行。唐宋之後興起的"名帖",則是兩漢謁刺之遺風。

漢末,"謁"漸改稱爲"刺",亦有二者合稱時。人們拜見時遞上刺稱爲"投刺"。漢王充《論衡·骨相篇》:"韓生謝遣相工,通刺倪寬,結膠漆之交"。《後漢書·童恢傳》:"及賜被劾當免,掾屬悉投刺去。"漢以後,名片漸以紙做,但刺之稱仍相沿不輟,并派衍出各種稱謂。如爵里刺,因上記有姓名、官爵、籍貫等,故稱。《三國志·魏書·夏侯淵傳》南朝宋裴松之注引《世語》:"〔夏侯榮〕幼聰慧,七歲能屬文,誦書日千言,經目輒識之。文帝聞而請焉。賓客百餘人,人一奏刺,悉書其鄉邑名氏,世所謂爵里刺也。客示之,一寓目,使之遍談,不謬一人。"又因其有通名報姓之用,亦稱"名刺"。《梁書·江淹傳》:"永元中,崔慧景舉兵圍京城,衣冠悉投名刺,淹稱疾不往。"因多刻於竹木板上,故又稱"板刺"。《南史·虞荔傳》:"王欲見荔,荔辭曰:'未有板刺,無容拜謁。'"至唐因士大夫間崇尚禮儀,附庸風雅,亦美其名曰"玉刺"。如唐陸龜蒙《上元日道室焚修寄襲美》詩:"三清今日聚靈官,玉刺齊抽謁廣寒。"至宋又有"手刺""門刺"之稱。事見宋陸游《老學庵筆記》卷三,文中說士大夫之間交往,宋太祖、太宗時用門狀,至元豐間始盛行手刺,其開頭不列具官銜,祇寫某謹上,謁見某官,年月日,最後寫上求見人的名銜。宋歐陽修《與郭秀才書》則記載了自己年輕時到叔父家遇見郭秀才携門刺來訪一事。另外,宋葉廷珪《海録碎事·人事》"未有板刺,無容拜謁",則透露了此時仍有沿用"板刺"之稱者。

東漢時,紙的發明爲古老的名片帶來了新的發展契機。魏晉以降,名片樣式日益繁多,名片内容逐漸增加,名片之稱亦漸趨龐雜。除以刺稱者相沿不衰外,名柬、名紙、名帖、門狀、手本之稱亦不絶於史。唐中期,春風得意的新進士們在京師長安以名紙或紅箋拜謁權貴名流,事見五代王仁裕《開元天寶遺事·風流藪澤》。唐武宗時,宰相李德裕權盛,阿諛之輩認爲僅以舊刺顯得輕薄,遂改具銜起居,時謂之"門狀"。入宋以後,又有大狀、小狀之分,大的用全紙,小的則用半紙。事見宋周密《癸辛雜識·前集·送刺》。内容"或書官職,或書郡里,或稱姓名,或只稱名,既手書之,又稱主人字,且有同舍尊兄之目"。詳可參閱宋張世南《游宦紀聞》。重要的是，該書還記錄了著者家中收藏的北宋元祐年間秦觀、黄庭堅等人與當時名流常立（字子允）交往時用過的名刺之樣本格式："觀，敬賀子允學士尊兄。正旦，高郵秦觀手狀。"又："庭堅奉謝子允學士同舍。正月　日，江南黄庭堅手狀。"另外，宋時亦有逢年過節使僕從至親朋好友家投送名刺以示祝賀的風氣。宋周密《癸辛雜識·前集·送刺》："節序交賀之禮，不能親至者，每以束刺簽名於上，使一僕遍投之，俗以爲常。"後世之賀年片，蓋源於此。

明清以降，人際交往日益廣泛，名片之形制内容亦大起變化。未摺的稱"單帖"，從中間摺起的稱"雙帖"，而紅色的則稱"紅帖"或"紅刺"。《通俗編》卷九《雙帖單帖》："六部尚書、侍郎、大小九卿，於内閣用雙紅帖，報之單帖。五部九卿於冢宰用雙帖，亦報之單帖。"又引《觚不觚録》："故事，吏部尚書體最重，六卿以下投皆用雙摺刺，惟翰林學士以單紅刺往還。"另外，又有專門用於下屬拜見上司或門生見坐師的手本，多以綿紙六頁摺成，外加底殼。其中，下屬見上司用青色底殼，門生見坐師則以紅綾爲底殼。因用於下拜見上，此物亦稱上行手本。再因其紙呈長條形，上直行書工整楷體細字，上呈時又高拱如捧香，民間俗稱爲"一炷香"。《古今小説》卷二九《月明和尚度柳翠》："柳府尹遂將參見人員花名手本，逐一點過不缺。"《兒女英雄傳》第一三回："只見跟班的從懷裏掏出一個黑皮紙手本來，衆人兩旁看了，都詫異道：欽差大人，怎生還用着這上行手本。拜誰也？"《通俗編》卷九《手本》："今手本單書官銜姓名，俗號一炷香者，長刺也。"值得一提的是，明中後期，作爲社會交往用的名帖曾一度成爲阿諛奉承之徒討好巴結嚴嵩、張居正等權貴們的工具。據清趙翼《陔餘叢考》載，拜謁嚴嵩者，以紅綾爲名帖，以赤金絲爲字；拜謁張居正者，則以織錦爲名帖，以大紅絨爲字。更有自署"門下小厮，渺渺小學生"之類，以降低自己的身價達到抬高對方的目的。

清末民初，社會發展迅速，生活節奏加快，名片趨於小型化，便於隨身携帶。梁啓超《新中國未來記》："我今日偶然忘記了帶名片，見諒見諒。"20世紀80年代以後，名片之制在中國大陸得到空前發展，且五光十色，應有盡有。形制上由長方形演變成菱形、三角形、圓形、橢圓形等，質地上有紙、塑料，進而出現了介於二者之間的"撕不爛"，國外則有可以食用者，可謂匠心獨具。與古代不同的是，上至高級幹部，下到中學生，祇要認爲有必要向社會傳達自己的信息，即可印製名片，且配有盒裝，頗爲便捷，極大地方便了人們的社會交往。

名片

指人際交往中互通姓名以求建立聯係并便於携帶的輕巧載體。上有持片人的姓名、身份、住址及通訊處等。名片之制，起源甚早。秦漢時已見行用，其形制、内容、稱謂代有變化。秦漢時稱"謁"，以竹木爲之，因多用於拜兄師長，有拜謁之義，故稱之爲"謁"。至東漢時又稱爲"刺"，内容漸廣，有謁見、問安、薦舉、贈物等，其形較謁爲窄，益加輕巧。此後"謁"與"刺"漸無區別，多連稱之爲"謁刺"。"謁"與"刺"於 20 世紀 80 年代之後多有出土，多見於兩漢魏晋墓葬中。唐代之後，紙張得以廣泛應用，以後又有"名紙""刺紙"諸稱。"名片"之稱，約始於明清時期。清俞樾《茶香室續鈔·古人書疏皆題後以答》："按此則知今人所用名片，始明季也。"20 世紀 80 年代，名片之制在中國大陸得以空前發展，質地多樣，形式繁夥，可謂五光十色，頗便於快節奏的信息化社會生活。

謁

名片早期形式。此稱漢代已行用。《史記·高祖本紀》：高祖"乃紿爲謁曰：'賀錢萬，實不持一錢。'"司馬貞索隱："謁，謂以札書姓名，若今之通刺，而兼載錢穀也。"《後漢書·孔融傳》："河南尹何進當遷爲大將軍，楊賜遣融奉謁賀進，不時通，融即奪謁還府，投劾而去。"《釋名·釋書契》："謁，詣也。詣，告也。書其姓名於上以告所詣者也。"王先謙疏證補云："王啓原曰《齊書·符瑞志》建元元年有司奏，掘得泉中得銀木簡，長一尺，廣二寸，隱起文曰：'盧山道人張陵再拜謁詣起居。'"這是文獻中最早有關謁被發現的記録。20 世紀 70

年代後，隨着文物考古工作的不斷進展，兩漢迄於魏晋的墓葬中出土了許多謁的實物。1985 年，江蘇連雲港博物館在海州區陶灣村黄石崖發掘了一座西漢中晚期太守墓。出土謁兩件，謁長 21.5 厘米，寬 6.5 厘米，厚 0.8 厘米。隸書。"謁"和"請"均另占一行頂端，比尹灣漢墓出土木謁行文略有簡化，但格式一致。這是東海太守西郭寶申報個人姓名、職官等的自用謁。兩件分別書"謁"和"請"，當各有不同的作用（見《文物》1996 年第 8 期）。20 世紀 90 年代初，連雲港博物館項劍雲在海州南門磚廠已被破壞的墓葬中采集到木謁一件。其時代當在新莽或東漢初年。這件木謁和西漢末年的謁相比更加簡化，但形制上没有大的改變。1993 年 2 月，江蘇連雲港東海尹灣村發掘西漢墓葬六座，出土了十件木謁。其中二件爲墓主人師饒自用謁，二件爲其屬吏的謁，六件爲容丘侯等向師饒問疾的謁。這十件謁尺寸均爲長 22.5 厘米，寬 7 厘米，厚 0.2~0.6 厘米。正反兩面書寫，格式和行文基本統一，隸書。其正面均爲受謁者的官職和姓氏尊稱。職官和姓氏分兩行并格書寫。反面一般分三行書寫。第一行爲遣謁者官職、姓名以及恭語"再拜"。第二行爲一問候語："請""謁""問"等。第三行爲奉謁者的官職、籍貫、姓名，以及奉謁的目的。

刺

名片早期形式。此稱漢代已行用。《後漢書·禰衡傳》："建安初，〔禰衡〕來游許下，始達潁川，乃陰懷一刺，既而無所之適，至於刺字漫滅。"宋范成大《藻侄比課五言詩已有意趣老懷甚喜因吟病中十二首示之》之七："堆案書郵少，登門刺字稀。"宋周密《癸辛雜識·前集·送刺》："今時之刺，大不盈掌，足見禮之薄矣。"清趙翼《陔餘叢考·名帖》："古人通名，本用削木書字。漢時謂之謁，漢末謂之刺。"1974 年，江西南昌永外正街一號晉墓出土木刺五件，長 25.3 厘米，寬 3 厘米，厚 0.6 厘米。楷書。這五件木刺的行文格式略有差異，是兩晉時期有關刺的實物。在近期長沙走馬樓出土的孫吳簡牘中，名刺數量不多，但保存較好，内容爲問安、謁見、薦舉、贈物等，長 24.21 厘米，寬 3.2 厘米，厚 0.5 厘米。該簡上書"弟子黃朝再拜　問起居　長沙益陽　字元寶（正面）弟子史先再拜（反面）"。20 世紀 80 年代初，湖北鄂城水泥廠工地出土三國時期孫吳木牘六件。長 24~25 厘米，寬 3.3 厘米，厚 0.4 厘米。文字爲隸書，其中兩件爲完整刺，是迄今見到的最早的刺的形制。

【名刺】

即刺。此稱南北朝時期已行用。《梁書·江淹傳》："永元中，崔慧景舉兵圍京城，衣冠悉投名刺，淹稱疾不往。"唐元稹《重酬樂天》詩："最笑近來黃叔度，自投名刺占陂湖。"清俞樾《春在堂隨筆》卷五："余名刺作隸書，或以爲怪。"

【玉刺】

即刺。此稱唐代已行用。唐陸龜蒙《上元日道室日焚修寄襲美》詩：二清今日聚靈官，玉刺齊抽謁廣寒。"

【通刺】

即刺。《史記·高祖本紀》：高祖"乃紿爲謁曰：'賀錢萬，實不持一錢。'"唐司馬貞索隱："謁，謂以札書姓名，若今之通刺，而兼載錢穀也。"唐李商隱《爲同州張評事謝聘錢啓》：

"辨裝無闕，通刺有期。"

【手刺】

即刺。此稱宋代已行用。宋陸游《老學庵筆記》卷三："士大夫交謁，祖宗時用門狀……元豐後又盛行手刺，前不具銜，止云'某謹上，謁某官，某月日'，結銜姓名。刺或云狀。亦或不結銜，止書郡名，然皆手書。"

【板刺】

即刺。亦作"版刺"。此稱南北朝時期已行用。《南史·虞荔傳》："王欲見荔，荔辭曰：'未有板刺，無容拜謁。'"宋梅堯臣《范景仁紫微見過亦謁不遇道上逢之》詩："版刺留姓名，不遑佇軒屏。"

【版刺】

同"板刺"。此體宋代已行用。見該文。

謁刺

名片早期形式。"謁"與"刺"均爲名片之古稱，後人并而稱之。此稱漢代已行用。漢應劭《風俗通義·愆禮·公車徵士豫章徐孺子》："孺子無有謁刺，事訖便去。"王利器注引《資治通鑑》卷五四注："謁，猶刺也。"宋洪邁

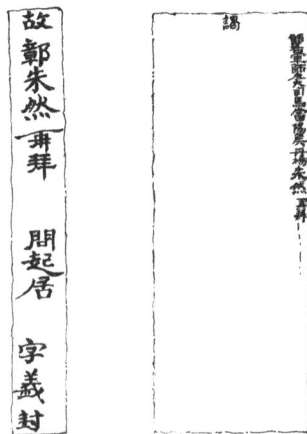

三國孫吳朱然墓木名刺及木謁
（據 1984 年安徽馬鞍山出土實物摹寫）

《容齋三筆·高子允謁刺》："王順伯藏昔賢墨帖至多，其一曰高子允諸公謁刺，凡十六人。"《事文類聚·人事·謁見遭沮》："文潞公判北京，有汪輔之者……初入謁，潞公方坐廳事，閱謁刺，置案上不問。"1984年，安徽馬鞍山發掘孫吳時期朱然墓，出土木刺十四件，長24.8厘米，寬3.4厘米，厚0.6厘米。木謁三件，其中一件長24.8厘米，寬9.5厘米，厚3.4厘米。謁、刺同時被發現，進一步證明到三國時期，二者仍同時并用。

名紙

紙卡製名片。此稱唐代已行用。五代王仁裕《開元天寶遺事·風流藪澤》："長安有平康坊，妓女所居之地。京都俠少萃集於此，兼每年新進士，以紅箋名紙游謁其中。"明田藝蘅《留青日札·刺紙》："古者削竹木以書姓名，故曰刺……後以紙書，故曰名紙。"

【刺紙】

即名紙。此稱明代已行用。明田藝蘅《留青日札·刺紙》："嘉靖初年，士夫刺紙不過用白鹿，如兩指闊。"清俞樾《茶香室續鈔·論簡帖用白紙》："今之刺紙，非表白錄羅紋箋，則大紅銷金紙，長有五尺，闊過五寸。"

【名柬】

即名紙。此稱清代已行用。《清史稿·禮志十》："屬官見長官，轅門外降輿馬，自左門入。初見具名柬，呈履行。"

【名帖】

即名紙。其形式多樣，有單名帖、雙柬帖、白全名帖、紅全名帖。顏色主要有紅、白二種，以紅色居多，白色較紅色顯貴。此稱明代已行用。清趙翼《陔餘叢考》卷三〇："《湧幢小品》

記張江陵盛時，謁之者名帖用織錦。"《官場現形記》第二回："趙溫手捧名帖，含笑向前，道了來意。"參閱清俞正燮《癸巳存稿·名帖》。

【片子】

即名紙。此稱清代已行用。《二十年目睹之怪現狀》第七六回："把我的片子交他帶一張回去，替我們謝謝少大人。"

參榜

亦稱"榜子"。參拜時的投名帖。此稱金代已行用。金董解元《西廂記諸宮調》卷八："抵關入城，直至衙門旁，不及殷勤展參榜。"元佚名《張協狀元》第三五齣："狀元萬福，且息怒，奴家不具榜子參賀。"

【榜子】

即參榜。此稱元代已行用。見該文。

手本[1]

亦稱"履歷脚色""脚色""履歷""手版""上行手本""一炷香"。宋黃震《黃氏日鈔存·申楊提舉新到任求利便狀》："令別具本職合商確事件、民間緊切利病並履歷脚色一本繳申者。"宋周必大《周文忠公集》卷一三四："須先令吏房取具本人脚色，檢照祖宗舊法，毋使背戾。"宋陳均《皇朝編年備要》卷一二："令具履歷聽旨。""手本"爲明清時名帖稱謂，尤用於見上司、座師或官貴。《水滸傳》第二回："所有一應合屬公吏、衙將……盡來參拜，各呈手本。"《二刻拍案驚奇》卷四："忽然門上傳進一個手本來。"《通雅》卷三一："今脚色，手本，履歷，亦相謂爲'手版'。"《古今小說》卷二九："柳府尹遂將參見人員花名手本，逐一點過不缺。"《兒女英雄傳》第一三回："只見跟班的從懷裏掏出一個黑皮紙手本來，衆人兩旁看了，都詫異道：欽差大人，怎先還用着這上行手本。拜誰也？”《通俗編》卷九：“今手本單書官銜姓名，俗號一炷香者，長刺也。”參閱明劉鑾《五石瓠·手本名帖》。

【履歷腳色】

即手本[1]。此稱宋代已行用。見該文。

【腳色】

即手本[1]。此稱宋代已行用。見該文。

【履歷】

即手本[1]。此稱宋代已行用。見該文。

【手版】

即手本[1]。此稱明代已行用。見該文。

【上行手本】

即手本[1]。因多用於下屬見上司或學生見師長，故稱。此稱清代已行用。見該文。

【一炷香】

即手本[1]。因其紙呈長條形，上直行書工整楷體細字，上呈時又高拱如捧香，故俗稱。此稱清代已行用。見該文。

拜帖

多用於朋友拜會之名帖。此稱明代已行用。明王驥德《韓夫人題紅記》一八出：“書童……取我拜帖匣裏筆硯過來。”

單帖

用於官場、多不摺叠的一種名帖。此稱明代已行用。明朱國禎《涌幢小品·坊局嚴重》：“稍暇即發單帖邀館中新進者。”《通俗編》卷九《雙帖單帖》：“六部尚書、侍郎、大小九卿，於內閣用雙紅帖，報之單帖。五部九卿於冢宰用雙帖，亦報之單帖。”

雙帖

亦稱“雙摺刺”。從中間摺起的名帖。《通俗編》引明王世貞《觚不觚錄》：“故事，吏部尚書體最重，六卿以下投皆用雙摺刺。”詳“單帖”文。

【雙摺刺】

即雙帖。此稱明代已行用。見該文。

單紅刺

亦稱“單紅帖”。用於官場的一種紅色不摺叠的名帖。此稱明代已行用。《通俗編》引明王世貞《觚不觚錄》：“故事，吏部尚書體最重，六卿以下投皆用雙摺刺，惟翰林學士以單紅刺往還。”明沈德符《萬曆野獲編·內閣·相公投刺司禮》：“其往還，俱單紅帖，彼此稱侍生，則揆地可知矣。”

【單紅帖】

即單紅刺。此稱明代已行用。見該文。

寸楮[2]

楮，紙之代稱，以名片長不過尺，故稱。此稱清代已行用。清張爾岐《蒿庵閑話》卷一：“寸楮往來，始於崇禎年，以嚴禁請託，於投挾為便也。”

爵里刺

亦稱“履歷手版”。刺之一種，因上記姓名、官爵、里貫，故稱。此稱三國時期已行用。《三國志·魏書·夏侯淵傳》南朝裴松之注引《世說新語》：“〔夏侯榮〕幼聰慧，七歲能屬文，誦書日千言，經目輒識之。文帝聞而請焉。賓客百餘人，人一奏刺，悉書其鄉邑名氏，世所謂爵里刺也。”唐駱賓王《夏日游德州贈高四》詩：“言投爵里刺，來泛野人船。”《通雅》卷三一：“爵里刺即今之履歷手版也。”

【履歷手版】

即爵里刺。此稱明代已行用。見該文。

下官刺

亦稱“長刺”。刺之一種。刺文一行直書而下，有官職、地望、鄉里、年歲。此稱漢代已行用。《釋名·釋書契》：“下官刺曰長刺，長書中央一行而下之也。”今世已多有實物出土，1974 年 3 月江西南昌西晋墓出土之中郎將吳應的下官刺甚完整清晰，可資比照。

【長刺】

即下官刺。此稱漢代已行用。見該文。

門狀

唐宋士大夫交往時的一種名帖。宋陸游《老學庵筆記》卷三：“士大夫交謁，祖宗時用門狀。”宋周密《癸辛雜識前集·送刺》：“昔日投門狀，有大狀、小狀，大狀則金紙，小狀則半紙。”

第四節　柬帖考

柬、帖合而爲一乃晚起之物，約在明清之時。此前的數千年間，“柬”與“帖”分別承擔了後世柬帖之義，祇不過其内涵未必完全吻合而已。

古“柬”與“簡”相同，共同具有遴選、選擇的意思。《荀子·修身》：“安燕而血氣不惰，柬理也。”楊倞注曰：“柬與簡同，言柬，擇其事理所宜而不務驕逸。”其二具有簡短意。《漢書·高惠高后文功臣表》：“恐議者不思大義，設言虛亡，則厚德掩息，遴柬布章，非所以視化勸後也。”顔師古注引晋灼曰：“柬，古簡字也。簡，少也。言今難行封，則得繼絶者少。”王先謙補注：“簡，略也。遴柬，即吝嗇簡略之謂。”後世之柬帖、名片、短信等，蓋源於此。唐皮日休《魯望以竹夾膝見寄因次韻酬謝》詩：“大勝書客裁成柬，頗賽溪翁截作筒。”元佚名《百花亭》第三折：“昨日央王小二將着一柬寄與王郎，不知下落。”明徐弘祖《徐霞客游記·滇游日記六》：“莘野乃翁沈君具柬邀余同悉檀諸禪侶，以初六日供齋獅林。”《紅樓夢》第四八回：“探春笑道：‘明兒我補一個柬來，請你入社。’”

“帖”始指寫在絲織物上的標簽。《説文·巾部·帖》：“帖，帛書署也。”段玉裁注：“《木部》曰：‘檢，書署也。木爲之，謂之檢；帛爲之，則謂之帖。皆謂標題，今人所謂簽也。’”王筠句讀：“即今之書簽。”可見，從“標簽”到“書簽”，都含有“提示”之意。後世之“招帖”“布告”即由此而來。《南史·庾杲之傳》：“百姓那得家家題門帖賣宅？”元佚名《劉弘嫁婢》第一折：“王秀才，四隅頭與我出出帖子去，道劉弘員外放贖不要利，再不開解典庫了也。”《西游記》第一四回：“你只上山去將帖兒揭起，我就出來了。”《警世通言·呂大郎還金完骨肉》："夫妻兩個煩惱，出了一張招子，街坊上叫了數日，全無影響。"《京本通俗小説·西山一窟鬼》："這個小娘子從秦太師府三通判位下出來，有兩個月，不知放了多少帖子……只是高來不成，低來不就。"《二十年目睹之怪現狀》第五回："前幾個月，就貼了一張招租的帖子。"

另外，"帖"之厚重於普通紙張的質地和令人醒目的簡短文字，啓發了名帖、請柬的内涵。至宋以後，"帖子""帖兒"與"帖"之單稱一樣，均具有名帖、請柬之意。宋蔡絛《鐵圍山叢談》卷一："及壽節日，則宰臣預命直省官具帖子，請學士、待制赴尚書省錫宴齋筵。"金董解元《西廂記諸宮調》卷一："寫個帖兒倩人寄，寫得不成倫理。"《水滸傳》第六三回："收得梁山泊没頭帖子數十張，不敢隱瞞，只得呈上。"《儒林外史》第一回："老爺拿票子傳我，我怎敢不去？如今將帖來請，原是不逼迫我的意思了。"《儒林外史》第一回："辭了危素，回到衙門，差翟買辦持個侍生帖子去約王冕。"《白雪遺音·玉蜻蜓·露像》："只要送個帖子到吳縣衙門去，差役趕出你衆光頭。"《平山冷燕》第一九回："竇知府隨發帖請酒。"

約至明清，柬與帖合而稱之，更明確了其後世柬帖之意。《京本通俗小説·菩薩蠻》："小僧心病發了，去不得。有一柬帖，與我呈上恩王。"《二刻拍案驚奇》卷一一："忽見一個後生象一個遠方來的，走到面前，對着陸氏叩了一頭，口稱道：'鄭官人有書拜上娘子。'遞過一封柬帖來。"《花月痕》卷四："荷生將柬帖兒遞給青萍，説道：'送到愉園就回來罷。'"

然柬帖之實物却早在唐時已出現。初唐時，群臣之間吊喪問疾，多用慰問帖。宋米芾《寄題薛紹彭新收錢氏子敬帖》："蕭李駿子弟，不收慰問帖。"唐中期，進士及第報喜，多用金屑塗飾的箋帖，時稱"泥金帖"。五代王仁裕《開元天寶遺事·泥金帖子》："新進士才及第，以泥金書帖子附家書中，用報登科之喜。至文宗朝遂寢削此儀也。"

宋及其以後各代，柬帖之内容逐漸增多，名稱亦日益繁雜。每遇婚嫁、生日、房園開建諸事，多邀親眷好友歡聚飲宴，以共志喜，因此而有"請帖""請狀""請書"之稱。《警世通言·白娘子永鎮雷峰塔》："當日親眷鄰友主管人等，都下了請帖。"《醒世恒言·吕洞賓飛劍斬黃龍》："請往來道士二千員，恭爲純陽真人度誕之辰，特齋請狀拜請。"明湯顯祖《牡丹亭·淮泊》："喜是相公説的早，杜老爺多早發下請書了。"而後興起的"全帖"更是考究，以示隆重之至。此種柬帖多以梅紅色紙摺成十面，其第一面寫"正"字或"正肅"二字，第二面署名。《儒林外史》第三回："正待坐下，早看見一個體面的管家，手裏拿着一個大紅全帖，飛跑了進來。"至於家遇喪事，則用"孝帖兒"向親友報喪。《金瓶梅詞話》第六三回："西門慶交溫秀才起孝帖兒，要刊去，令寫'荆婦奄逝'。"而用於答謝之事的束帖則稱"謝束""謝帖"。清朱之瑜《答奧村庸禮書》之一一："不一一解具謝束。"廖仲愷《致饒潛川黃德源曾允明□經國函》："陳府謝帖亦經廿九日寄上，統希查收。"亦有用於通報某事的束帖，稱"報帖"。《警世通言》卷七《陳可常端陽仙化》："徑到西山靈隱寺，先有報帖報知。"

　　漸至近現代，請束之稱始通行開來。魯迅《兩地書·致許廣平六十》："不料下午便接到請束。"時至今日，隨着印刷材料和技術的日新月异，請束的質地和内容都發生了巨大的變化。

束帖

　　亦稱"束""帖子""帖兒""帖"。請束、請帖、請狀類之通稱。此稱先以"束"和"帖"分別承擔束帖之義，後組合一起。唐皮日休《魯望以竹夾膝見寄因次韻酬謝》詩："大勝書客裁成束，頗賽溪翁截作筒。"宋蔡條《鐵圍山叢談》卷一："及壽節日，則宰臣預命直省官具帖子，請學士、待制赴尚書省錫宴齋筵。"金董解元《西厢記諸宫調》卷一："寫個帖兒倩人寄，寫得不成倫理。"元佚名《百花亭》第三折："昨日央王小二將着一束寄與王郎，不知下落。"《京本通俗小説·菩薩蠻》："有一束帖，與我呈上恩王"。《金瓶梅詞話》第二六回："到天明，西門慶寫了束帖，叫來興兒做干證，揣着狀子，押着來旺兒往提刑院去。"《儒林外史》第一回："老爺拿票子傳我，我怎敢不去？如今將帖來請，原是不逼迫我的意思了。"

【束】

　　即束帖。此稱唐代已行用。見該文。

【帖子】[1]

　　即束帖。此稱宋代已行用。見該文。

【帖兒】[1]

　　即束帖。此稱金代已行用。見該文。

【帖】[1]

　　即束帖。此稱清代已行用。見該文。

【簡帖】[2]

　　即束帖。其實物初唐已見，其稱名始見於宋代。宋蘇軾《與張元明書》："適在院中，得王郎簡帖如此，今封呈，切告輟忙一往。"後世稱用甚廣。如金董解元《西厢記諸宫調》卷四："親曾和俺詩韻，分明寄着簡帖，誰知是咭噠，此恨教人怎割捨？"《古今小説·簡帖僧巧騙皇甫妻》："打開看，裏面一對落索環兒，一雙短金釵，一箇簡帖兒。"

孝帖兒

束帖之一種。用於向親友報喪。此稱始行用於清代。《金瓶梅詞話》第六三回："西門慶交溫秀才起孝帖兒，要刊去，令寫'荊婦奄逝'。"

慰問帖

束帖之一種。此稱始用於唐初群臣之間吊喪問疾，至宋則用途漸廣。今日之慰問帖則另當別論，很難從中找出聯係。前者多是安慰之意，後者則純爲問候之情。宋米芾《寄題薛紹彭新收錢氏子敬帖》："蕭李駿子弟，不收慰問帖。"

泥金帖

束帖之一種。此稱始行用於唐代之進士及第報喜。唐盧言《盧氏雜記》："屑金以飾箋簡，謂之泥金帖。"五代王仁裕《開元天寶遺事·泥金帖子》："新進士才及第，以泥金書帖子附家書中，用報登科之喜。"宋楊萬里《送族弟子西赴省》詩："淡墨榜頭先快睹，泥金帖子不須封。"

茶角

束帖之一種。專用於請人赴茶會。此稱宋代已行用。時友人聚會談天，多以茶助興，遂有專門請人赴會之帖。宋林逋《夏日寺居和酬葉次公》詩："社信題茶角，樓衣笐酒痕。"

雙回帖兒

束帖之一種。用於謝賀或哀悼的書束。此稱清代已行用。《金瓶梅詞話》第六三回："寫期服生雙回帖兒，問你夏老爹，多謝了。"

報帖

束帖之一種。通報的帖子。後猶指向得官、復官、升官和於考試高中者家人送去的喜報。此稱宋代已行用。宋蔡正孫《詩林廣記·前集·杜牧之》："公（牛僧孺）因以縱逸爲戒，牧之始猶諱之，公乃命取一篋以示，皆街子輩報帖，云杜書記平善，乃大感服。"《京本通俗小說·菩薩蠻》："徑到西山靈隱寺，先有報帖報知。"《儒林外史》第三回："范進三兩步進屋裏來，見中間報帖已經升掛起來。"

請帖

亦稱"下帖""請狀""請書""請束"。古人好客嬉鬧，每遇婚嫁、生日、房園開建諸事，多邀親眷好友歡聚飲宴，以共志喜。元佚名《百花亭》第二折："這書詞則是紙攝人魂的下帖，摘人心的公案，追人命的鈎頭。"《警世通言·白娘子永鎮雷峰塔》："當日親眷鄰友主管人等，都下了請帖。"《醒世恒言·呂洞賓飛劍斬黃龍》："請往來道士二千員，恭爲純陽真人度誕之辰，特齋請狀拜請。"明湯顯祖《牡丹亭·淮泊》："喜是相公説的早，杜老爺多早發下請書了。"漸至近現代，"請束"之稱始通行開來。魯迅《兩地書·致許廣平六十》："不料下午便接到請束。"

【下帖】

即請帖。此稱元代已行用。見該文。

【請狀】

即請帖。此稱明代已行用。見該文。

【請書】

即請帖。此稱明代已行用。見該文。

【請束】

即請帖。此稱近代已行用。見該文。

全帖

請帖中較爲考究的一種，用於較爲隆重的禮節。此種束帖多以梅紅色紙摺成十面，其第一面寫"正"字或"整肅"二字，第二面署名。《儒林外史》第三回："正待坐下，早看見一個體面的管家，手裏拿着個大紅全帖，飛跑了進來。"

謝柬

亦稱"謝箋""謝帖"。用於答謝之事的柬帖，類今之感謝信。然内容簡潔，形式固定。清朱之瑜《答奧村庸禮書》之十一："不一一解具謝柬。"另有專用於答謝別人之宴請的謝箋。《琅邪代醉編·謝魚箋》："黄滔爲王審知推官，審知遺之魚，徐寅代爲謝箋曰：'銜諸斷索，才從羊續懸來；列在彤盤，便到馮驩食處。'時亦大稱之。"近世又有"謝帖"之稱行用。廖仲愷《致饒潛川黄德源曾允明□經國函》："陳府謝帖亦經廿九日寄上，統希查收。"

【謝箋】

即謝柬。此稱清代已行用。見該文。

【謝帖】

即謝柬。此稱近代已行用。見該文。

招帖

亦稱"門帖""帖子""招子""招兒""帖兒""招紙"。即印在紙片之上供張貼宣傳用的文字圖畫等。遠在南北朝時期，已有門帖之物流行。《南史·庾杲之傳》："百姓那得家家題門帖賣宅？"至元明時又有"帖子""帖兒"等稱行用，後漸有"招子""招帖"。元佚名《劉弘嫁婢》第一折："王秀才，四隅頭與我出出帖子去，道劉弘員外放贖不要利，再不開解典庫了也。"明阮大鋮《燕子箋·誤認》："尋姐姐不見時作速寫下招子，沿途粘貼。"《水滸傳》第二六回："那婆子取了招兒，收拾了門户，從後頭走過來。"《西游記》第一四回："你只上山去將帖兒揭起，我就出來了。"《警世通言·吕大郎還金完骨肉》："夫妻兩個煩惱，出了一張招子，街坊上叫了數日，全無影響。"《京本通俗小説·西山一窟鬼》："這個小娘子從秦太師府三通判位下出來，有兩個月，不知放了多少帖子……只是高來不成，低來不就。"《二十年目睹之怪現狀》第五回："前幾個月，就貼了一張招租的帖子。"《二十年目睹之怪現狀》第七三回："他賣書，外頭街上貼的萃文齋招紙，便是他的。"《老殘游記》第三回："白妞是何許人？説的是何等樣看，爲甚一紙招帖，便舉目若狂如此？"

近代以降，隨着商品經濟的發展，招帖之用途日益廣泛，大凡房屋出租、出售，商品買賣及招生辦學等，皆用一紙招帖廣而告之。冰心《兩個家庭》："頭一天上學從舅母家經過的時候，忽然看見陳宅門口貼着'吉房招租'的招帖。"

20世紀80年代以後，招帖之名多被告示、公告、廣告之類所代，内容亦大起變化，但形式却基本一致。隨着廣播電視的普及，舊式招帖漸趨減少，但仍不失其作爲廣而告之的手段與作用，時常散見於街頭、車站、碼頭等公共場所。

【門帖】

即招帖。此稱南北朝時期已行用。見該文。

【帖子】[2]

即招帖。此稱元代已行用。見該文。

【招子】

即招帖。此稱明代已行用。見該文。

【招兒】

即招子。此稱明代已行用。見該文。

【帖兒】[2]

即招帖。此稱明代已行用。見該文。

【招紙】

即招帖。此稱清代已行用。見該文。

説帖[2]

猶招帖、告示。此義主要行用於近代。魯迅《集外集拾遺補編・我的種痘》："在電綫柱子和墻壁上，夏天常有勸人勿吃天然冰的警告，春天就是告誡父母，快給兒女去種牛痘的説帖，上面還畫着一個穿紅衫的小孩子。"

手榜

亦作"手牓"。指招帖、告示等。《元史・林興祖傳》："至正八年，特旨遷爲道州路總管……永明縣洞猺屢竊發爲民害。興祖以手牓諭之，皆曰：'林總管廉而愛民，不可犯也。'三年不入境。"《初刻拍案驚奇》卷二一："林善甫放心不下，恐店主人忘了，遂於沿路上令王吉於墻壁粘手榜。"《清平山堂話本・陰騭積善》："豈有此説，我若要你一半時，須不沿路粘貼手榜，交你來尋。"

【手牓】

同"手榜"。此體元代已行用。見該文。

庚帖

亦稱"吉帖""八字帖""紅庚"。古時男女訂婚時相互交換的帖子。其上一般寫有訂婚人的姓名、年齡、籍貫和祖宗三代等，又因舊稱人的年齡爲庚，故稱。明高明《琵琶記》第六齣："我做媒婆甚妖嬈……合婚問卜若都好，有鈔。只怕假做庚帖被人告，吃栲。"明湯顯祖《牡丹亭・冥誓》："杜麗娘小字有庚帖，年華二八，正是婚時節。"又因訂婚爲喜事，取其吉祥意，亦有稱"吉帖"者。元鄭廷玉《楚昭公》

第四折："要將金枝公主與楚昭王小公子爲婚，遣某親送吉帖來此。"《初刻拍案驚奇》卷一〇："待官人考了優等，就出吉帖便是。"另古代占星相命學家又以人出生的年、月、日、時分別與天干地支相搭配共得八字，并據以推算人的吉凶禍福及婚姻等人生大事。而男女雙方訂婚時首要考慮的是八字是否衝撞，之後纔能交換訂婚帖，成爲夫妻。故庚帖又稱"八字帖"。清張泰交《受祜堂集》卷三《審趙天禄强婚》："設以八字帖爲許婚矣，〔趙〕天禄肯即止呼？"至近現代，庚帖多取紅色以圖大吉大利，故其又有"紅庚"之稱。田漢《獲虎之夜》："她的娘疼愛女兒，聽説侯家裏是那樣的人家，起初還不肯回了紅庚呢？"

【吉帖】

即庚帖。此稱元代已行用。見該文。

【八字帖】

即庚帖。此稱清代已行用。見該文。

【紅庚】

即庚帖。此稱近代已行用。見該文。

鸞書[2]

定親之婚帖。亦泛指情書。此稱明代已行用。明孟稱舜《張玉娘貞文記・閨酌》："道是王家的，央了縣裏大爺，親把鸞書來送。"明李昌祺《剪燈餘話・田洙遇薛濤聯句記》："鸞書寄恨羞封淚，蝶夢驚愁怕念鄉。"參見本卷《函札説・書信考》"鸞書[1]"文。

啓帖

診療文書。其上記有病人症狀、病因分析、辨癥結果及藥方，猶今之病歷。其陳述病狀、病因分析和辨癥結果者，謂之"症源"；用藥方案謂之"藥案"。《紅樓夢》第一四回："又有迎春染病，每日請醫服藥，看醫生啓帖、病源、藥案等事，亦難盡述。"今日醫院之病歷蓋源於此。

封條

亦稱"封皮""封簽兒"。粘貼在門户或器物上的字條，表示封閉、封存或没收，以防私自開啓或動用。宋蘇軾《論葉温叟分擘度牒不公狀》："省部今依准敕命指揮，出給到空名度牒三百道，並封皮。"《水滸傳》第一回："門上使着胳膊大鎖鎖着，交叉上面貼着十數道封皮，封皮上又是重重叠叠使着朱印。"《平妖傳》第七回："把佛堂前門鎖斷，貼下兩層封條。"《歧路燈》第六七回："我方纔過來，見門兒鎖着，門屈戍上邊有你一個小紅封簽兒，自是閑房無用。"《平山冷燕》第九回："我看前日舟中，封條遍帖，衙役跟隨，若不是個顯宦的家小，那有這般光景。"清葉廷琯《鷗陂漁話·附記徧行堂集事》："觀察詢所藏何物，僧曰：'自康熙年間至今，本寺更一住持，即加一封條，所藏何物實未悉。'"

【封皮】[1]

即封條。此稱宋代已行用。見該文。

【封簽兒】

即封條。此稱清代已行用。見該文。

傳單

通知單。此稱清代已行用。清陸世儀《復社紀略》："癸酉春，〔張〕溥約社長爲虎邱大會，先期傳單四出。"《儒林外史》一八回："外邊一個小廝送將一個傳單來。"參見本書《朝制卷·文告簿籍説·文移告示考》"傳單"文。

食單

亦稱"菜單"。食品單。上開列有諸種食物。此稱宋代已行用。宋虞儔《戲書》詩："過午食單毋溷我，飯來開口亦欣然。"明王志堅《表異録·人事飲食》："何曾有平安公食單，韋巨源有燒尾宴食單。"清趙翼《楊桐山再具精饌招飲賦謝》："君並不仿古食單，自出新意調醎酸。"《文明小史》第一八回："西崽呈上菜單，主人請他點菜。他肚子裏一樣菜都没有，仍舊托主人替他點了一湯四菜。"

孔德成宴請菜單
（山東省圖書館藏）

【菜單】

即食單。此稱清代已行用。見該文。

白摺 [1]

習字用的空白摺子。《花月痕》第二六回："適有荷生習楷的白摺堆在案頭，隨手取一本，却已套有印格，便磨墨蘸筆，作起楷書來。"

第三章　文契説

第一節　公文考

　　公文乃處理公務之文書。自有書契之日，便有公文，然其名目繁多，初時并無一統而括之的稱呼。古無紙，公文多書於木板。漢王充《論衡·量知篇》："斷木爲槧，析之爲版，力加刮削，乃成奏牘。"一塊木板，謂之版；版上寫字謂之牘。因木牘容字多（據武威《慶氏禮》漢簡），故其多成爲官府文書、名册、布告、通信等公文之載體。《正字通·片部》："牘，官司文案曰牘。"因此，"牘"成爲公文之較早稱呼，行用於先秦兩漢時代。《史記·絳侯周勃世家》："勃以千金與獄吏，獄吏乃書牘背示之。"而後，自魏晋至清沿用不衰。晋張協《雜詩》之三："閑居玩萬物，離群戀所思。案無蕭氏牘，庭無貢公綦。"宋蘇舜欽《王公行狀》："牘下大理，法官引近詔盜殺其徒者原之，雄不當死。"

　　以"牘"衍生者，又有"牒牘""案牘""公牘""文牘"等稱，行用於漢及以後各代。漢王充《論衡·超奇篇》："夫鴻儒稀有，而文人比然；將相長吏，安可不貴？豈徒用其才力，游文於牒牘哉！"南朝齊謝朓《落日悵望》詩："情嗜幸非多，案牘偏爲寡。"《北史·陽昭傳》："學涉史傳，尤閑案牘。"唐劉禹錫《陋室銘》："無絲竹之亂耳，無案牘之勞形。"宋程大昌《演繁露續集·談助》："今人有複名而單書一字者。劉韶美名儀鳳，守蜀郡，嘗有公牘至省部，單書一儀字。"清薛福成《出使四國公牘序》："公牘之體，曰奏疏，下告上之詞也；曰咨文，平等相告也；其雖平等而稍示不敢與抗者，則曰咨呈；曰札文，曰批答，上行下之辭也。"《紅樓夢》第一七回："如今上了年紀，且案牘勞煩，於這怡情悦性的文章更生疏了。"

"公文"之稱始行用於漢代。漢荀悦《漢紀·武帝紀一》："苞苴盈於門庭，聘問交於道路，書記繁於公文，私務衆於官事。"《三國志·魏書·趙儼傳》："輒白曹公，公文下郡，綿絹悉以還民。"重要的是，1993年長沙走馬樓吳墓發掘出土了孫吳時期公文實物，多爲州、郡、縣（國）各級官府之間、各部門間往行公文，内容涉及征討平息武陵蠻叛亂、軍糧督運、借貸還糧、司法審訊、民案調查等諸多方面。竹簡公文的書寫格式有單行、雙行。公文木簡長24.2厘米，寬1.5~1.9厘米，厚0.4~0.5厘米；木牘長23.4~25厘米，寬6~9.6厘米，厚0.6~0.9厘米。另1959—1979年，我國吐魯番出土了高昌古城的公文實物，其中有一百六十件文書屬於東晋十六國時期。其正規公文有固定的書寫格式、官吏的簽署、年月日和勾勒等。其名稱有"符""牒""刺""敕""屬""解""期""召"諸種，絕大多數書寫於麻紙之上。紙張上下平均在23~24.5厘米，約合晋尺一尺。少數公文的紙張幅度衹有11~12.5厘米，可能是裁成半幅使用。可以看出，自前涼時期以來，高昌郡行用之公文已普遍使用紙張。這批文書大多數用黑墨書寫，少數用藍墨書寫。

唐以前的公文大體分上行、下行等形式。其上行公文的程式大體是《宋書·禮二》所載皇太子監國儀注的"關事儀"公文程式："某曹關：太常甲乙啓辭。押。某屬令某甲上言。某事云云。請臺告報如所稱。主者詳檢相應。請聽如所上。事諾別符，申攝奉行。謹關。年月日。"這與吐魯番出土高昌公文、長沙走馬樓出土孫吳公文實物程式基本一致。唐代公文之類型較多，如詔、令、奏、議、判、教、啓、牒……其中"牒"是應用極廣的簡短公文形式。唐韓愈《袁州申使狀》："每奉公牒，牒尾'故牒'字，皆爲'謹牒'字，有異於常。"現知較完整地保留了"牒"原貌的實物，僅石刻少林寺碑碑陰——《賜少林寺地牒》，拓本現存北京大學圖書館。該牒文是由上級官府頒發給承受牒文者的。其格式是：首先，書寫發牒官銜及受牒對象；其次，記録要通知的内容，然後簽署日期；最後，書牒官員和主事官員由低至高依次簽名。另《文物》1984年第5期《唐天山縣南平鄉令狐氏墓志考釋》一文，介紹了一件在吐魯番出土的唐代灰磚墓志。這件永徽五年（654）十月二十九日的令狐氏墓志與現常見到的其他唐代墓志有所不同。它轉録了一篇唐代版授婦女鄉君的官司牒文，成爲唐代"牒"類公文形式的一個重要實物。此外，1994 年出土的吐魯番文書中，也保存了一些當地"牒"的殘件。二一〇墓十三號文書，從其"謹録牒上"等文字中可以看出它也是回覆上級官府的文牒。因此，它們與上述令狐氏墓志中引録的牒文不同，屬於另一種類型，即由下呈上的"牒"。此外，尚可見到一些民用書札亦稱爲"牒"，如阿斯塔那二一〇墓二號文書。1979 年 5 月，新疆若羌石峽遺址出土了兩件公文實物。其質地爲麻紙，字體是行書、俗體字并用。公文的左上角有摺叠轉送時加蓋的矩形黑色戳印。其殘長 19.5 厘米，寬 17.5 厘米，惜僅存十三字。應爲一件公文的尾部。其年代當在元至元二十至三十年（1284—1293）。

宋明兩代又有以"申狀"稱上行公文者。宋洪邁《容齋隨筆·翰苑故事》："公文至三省，不用申狀。但尺紙直書其事。"《水滸傳》第三四回："看了黃信申狀：'反了花榮，結連清風山强盗，時刻清風寨不保，事在告急，早遣良將，保守地方。'"《續資治通鑑·宋太宗端拱元年》："〔趙〕普始爲節度使貽書臺閣，體式皆如申狀，得者必封還之。"

明清時下級官署呈上的公文稱"申文"。《警世通言·玉堂春落難逢夫》："劉爺做完申文，把皮氏一起俱已收監。"《清會典事例·吏部·書吏》："試期定於每年八月，考試申文、告示各一道，論文義優劣，分別等第。"清黃六鴻《福惠全書·莅任部·文移諸式》："申報上司，用申文。"

辛亥革命以後，國民政府數次頒布《公文程式條例》，除廢止舊時代使用之公文名目外，還規定了公文之十幾種程式。中華人民共和國成立後，中央人民政府政務院、國務院辦公廳亦曾數次發布公文處理辦法，其程式亦有十幾種。柳青《銅墻鐵壁》第六章："'昨黑夜堡裏來了公文。'二木匠站在坡上説。"參閲《文物》1986 年第 4 期、1986 年第 9 期、1987 年第 5 期、1999 年第 9 期相關文章；劉壯《中國應用文發展史》和日本學者池田温《中國古代籍賬研究》。

公文

泛指處理公務之文書。自有書契，即有公文。然名目繁多，不一而足。初用簡牘，名稱多與"簡""牘"連用；紙張發明之後，其名又多與"簿""籍"爲綴。"公文"之稱始見於漢代。漢荀悦《漢紀·武帝紀一》："苞苴盈於門庭，聘問交於道路，書記繁於公文，私務衆於官事。"其後歷代沿用。《三國志·魏書·趙儼傳》："輒白曹公，公文下郡，綿絹悉以還民。"《警世通言》卷八《崔待詔生死冤家》："徑來湖南潭州府，下了公文，同來尋崔寧和秀秀。"清李漁《奈何天·密籌》："〔內高聲稟介〕湖廣宣撫使衙門，有公文投進。"20 世紀 20 年代以來，有大量竹簡公文出土，內容涉及法律、軍事、吏治、民事借貸等社會生活的多個領域。

公牘

官府處理公務之文書。牘，木牘，秦漢以前多用以書寫公文。據此，該稱似應早已有之，然今所見之最早者爲唐時。此後一直行用，至今猶然。唐范攄《雲溪友議·卷中·吳門秀》："〔楊初〕爲西江王大夫仲舒從事，終日長吟，不親公牘，府公微言，拂衣而去。"宋程大昌《演繁露續集·談助》："今人有複名而單書一字者。劉韶美名儀鳳，守蜀郡，嘗有公牘至省部，單書一儀字。"清薛福成《出使四國公牘序》："公牘之體，曰奏疏，下告上之辭也；曰咨文，平等相告也；其雖平等而稍示不敢與抗者，則曰咨呈；曰札文，曰批答，上行下之辭也。"清鄭觀應《盛世危言·郵政上》："凡朝廷之詔旨，臣工之章疏，本管之上下文移，隔省之關提，照會，統謂之公牘。"

【牘書】

即公牘。單稱"牘"。此稱漢代已行用。漢賈誼《新書·俗激》："大臣之俗，特以牘書不報、小期會不答耳，以爲大故，不可矣。"《史記·絳侯周勃世家》："勃以千金與獄吏，獄吏乃書牘背示之。"明袁宏道《與皇甫·二泉書》："抱牘之苦，甚於報病；簿領之趣，惡於藥餌。"

【牘】 [1]

"牘書"之單稱。此稱漢代已行用。見該文。

【案牘】

即公牘。亦作"案櫝"。此稱南北朝時期已行用，沿用至近世。南朝齊謝朓《落日悵望》詩："情嗜幸非多，案牘偏爲寡。"《北史·陽昭傳》："學涉史傳，尤閑案牘。"唐劉禹錫《陋室銘》："無絲竹之亂耳，無案牘之勞形。"《新唐書·選舉志下》載張九齡上疏："古者或遙聞辟召，或一見任之，是以士修名行而流品不雜。今吏部始造簿書，以備遺忘，而反求精於案牘，不急人才。"宋曾鞏《英宗實錄院申請》："先朝臣僚，有得罪譴謫者，乞下御史臺、審刑院、刑部、大理寺，據實錄院所要案櫝，畫時供借。"宋吳曾《能改齋漫錄·事始一》："以江西民喜訟，多竊去案牘，而州縣不能制。湛爲立千丈架閣。"劉師培《論近世文學之變遷》："觀其體制，又略與案牘之文同科，蓋行文之法，固不外徵引及判斷二端也。"

【案櫝】

同"案牘"。此體宋代已行用。見該文。

【文牘】

即公牘。此稱宋代已行用。宋蘇軾《上初即位論治道》之二："而尚書諸曹，文牘繁重，窮日之力，書紙尾不暇，此皆苛察之過也。"《宋史·梅執禮傳》："比部職勾稽財貨，文牘山委，率不暇經目。"元迺賢《贈張直言南歸》詩："文牘日冗繁，民力愈疲竭。"清唐甄《潛書·權實》："令不行者，文牘榜諭，充塞衢宇，民若罔聞，吏委如遺。"

【卷牘】

即公牘。此稱元代已行用。元宋褧《燕石

集》卷一五《廷對貼黃引》："臣因獲遍閱乙卯、戊午兩科進士程文士之在掌故者，卷牘委積，歷腐將半。"明張居正《請重修大明會典疏》："典章法度，不無損益異同，共條貫散見於簡册卷牘之間凡百，有司艱於考據。"

【箋牘】

即公牘。宋蘇軾《答許狀元啓》："忽承箋牘之臨，皆自聽聞之誤。"明胡應麟《少室山房筆叢·史書佔畢五》："宋劉穆之目覽詞訟，手答箋牘。"

剡牘

文牘。古時剡木爲簡，故稱。此稱宋代已行用。宋樓鑰《通添差教授王太傅啓》："撫躬甚喜，剡牘先之。"清鈕琇《觚賸·鳴鉦薦試》："〔梅中丞〕因面課而甲乙之曰：'可售者僅二十人耳。'周水心其首也。遂許其致剡牘于學使者。"

牒²

亦稱"牒牘""文牒""牒文"。早期多爲竹製的公文。《淮南子·齊俗訓》："夫竹之性浮，殘之爲牒，束而投之水，則沉。"因竹簡容字少於木牘，故該類公文多簡單明瞭。此稱先秦時期已行用。《左傳·昭公二十五年》："右師不敢對，受牒而退。"又因木牘亦爲公文之載體，故至漢有稱公文爲"牒牘"者。漢王充《論衡·超奇篇》："夫鴻儒稀有，而文人比然；將相長吏，安可不貴？豈徒用其才力，游文於牒牘哉！"南朝梁劉勰《文心雕龍·書記》："百官詢事，則有關、刺、解、牒。"至唐，"牒"成爲諸多公文類型中較爲廣泛采用的簡短形式。一般公文亦稱"文牒"。《新唐書·百官志》："下之呈上，其制有六……六曰牒。"唐白居易《杜陵叟》詩："昨日里胥方到門，手持敕牒榜鄉村。"唐元稹《長慶元年德音》："賊中文牒妄作異端，皆云朝廷徵兵欲戍邊塞，此皆狂詐扇動人心。"《舊唐書·崔器傳》："器懼，所受賊文牒符敕，一時焚之。"《文物》1984年第5期《唐天山縣南平鄉令狐氏墓志考釋》一文，介紹了一件吐魯番出土的唐代灰磚墓志。這件永徽五年（654）十月二十九日的令狐氏墓志，轉錄了一篇唐代版授婦女鄉君的官司牒文，爲今人提供了唐代公文"牒"的重要實物。《二程語録》卷一二："先生在講筵，不曾請俸。諸公遂牒户部，問不支俸錢，户部索前任歷子。"自元代始，有直稱公文爲"牒文"者。元武漢臣《生金閣》第三折："妻青，我與你一道牒文去。"《水滸傳》第八回："貼上封皮，押了一道牒文，差兩個防送公人監押前去。"《古今小説·單符郎全州佳偶》："候至日中，還不見發下文牒。"參見本書《朝制卷·文告簿籍説·文移告示考》"牒文"文。

【牒牘】

即牒²。此稱漢代已行用。見該文。

【文牒】

即牒²。此稱唐代已行用。見該文。

【牒文】

即牒²。此稱元代已行用。見該文。

牒呈

牒之一種。明制，下級官吏上呈的公文稱呼。入清，牒呈之用不限於上行，平行、下行亦用之，但各有定制，不可濫用。凡府佐貳行知府，州縣佐貳行州縣，直隸州知州行知府，兩司首領行知府，府廳行提督等，皆用牒呈。明徐師曾《文體明辨·公移》："今制……下達上者曰咨呈，曰案呈，曰呈，曰牒呈，曰申。”
參閱《清會典·禮部·儀制清吏司四》。參見本
書《朝制卷·文告簿籍説·文移告示考》“牒呈”
文。

軍牒

牒之一種。軍用之牒。《南齊書·武十七王
傳》：“愚謂郎官尤宜推擇，宋運告終，戎車屢
駕，寄名軍牒，動竊數等。”唐李商隱《行次西
郊作》詩：“夜半軍牒來，屯兵萬五千。”《金
史·章宋紀四》：“由是中外信之，宣撫司以三
省樞密院及盱眙軍牒來上。”

密牒

牒之一種。機密之牒。《新唐書·蘇珦傳》：
“武后殺韓魯諸王，付珦密牒按訊，珦推之無
狀。”《新唐書·劉静傳》：“文静進曰：‘有密牒
言反者。’公目威等省牒。”

儒牒

牒之一種。用於委任地方主管學務官員的
公文。明文徵明《送彭赴嘉興訓導》詩之二：
“東望嘉禾近百程，漫隨儒牒去親庭。”

牒狀

官府文書、證件。此稱始行用於唐代，而
後衍爲公文、憑證，沿用至清。《新唐書·百官
志》：“司記二人……掌宮内文簿入出，録爲抄
目，審付行焉。牒狀無違，然後加印。”清蔣士
銓《第二碑·題坊》：“蒙諭取到前朝官給地券
執照二紙……驗先朝牒狀，紅泥出印床。”

檄 [2]

急需傳遞的公文。此制始於秦漢，常於一
尺二寸的木簡爲之，以紙代簡後，改用紙爲之。
内容多爲徵召、曉喻、申討等。《史記·張耳陳
餘列傳》：“誠聽臣之計，可不攻而降城，不戰

而略地，傳檄而千里定。”《漢書·申屠嘉傳》：
“嘉爲檄召鄧通詣丞相府。”漢司馬相如之《喻
巴蜀檄》、三國魏鍾會之《檄蜀文》等皆是。清
孔尚任《桃花扇·撫兵》：“俺待要飛檄金陵，
告兵曹轉達車駕，許咱們遷鎮移家。”

【檄書】

即檄 [2]。亦特指聲討與征伐的軍事文書。此
稱始行用於先秦時期。《六韜·犬韜》：“太公曰：
‘凡用兵之法，必有分合之變，其大將先定戰地
戰日，然後移檄文書與諸將吏。’”《後漢書·寇
恂傳》：“檄書至，恂即勒軍馳出，並移告屬縣，
發兵會於溫下。”唐劉長卿《行營酬吕侍御》
詩：“孔璋才素健，早晚檄書成。”宋劉過《水
龍吟·寄陸放翁》詞：“想見鑾飛，如椽健筆，
檄書親草。”

【羽書】

即檄 [2]。亦稱“羽檄”“羽毛書”。將緊急
投遞的軍用文書上插上羽毛，故稱。此稱漢代
已行用。漢陸賈《楚漢春秋》：“布反，羽書
至，上大怒。”《漢書·高帝紀》：“吾以羽檄徵
天下兵，未有至者。”《後漢書·西羌傳論》：“燒
陵園，剽城市，傷敗踵繫，羽書日聞。”唐杜
甫《秋興》詩：“直北關山金鼓振，征西車馬羽
書馳。”又《贈李八秘書別三十韻》：“戰連唇
齒國，軍急羽毛書。”宋葉適《送潘德久》詩：
“未有羽書吟自好，全提白下入詩奩。”《金瓶
梅詞話》第一〇〇回：“却説周統制見大勢番兵
來搶邊界，兵部羽書大牌星火來，連忙整率人
馬，全裝披掛，兼道進兵。”清鈕琇《觚賸·圓
圓》：“烽火羽書，相望於道。”參見本書《朝制
卷·文告簿籍説·文移告示考》“羽檄”文。

【羽檄】

即羽書。此稱漢代已行用。見該文。

【羽毛書】

即羽書。此稱唐代已行用。見該文。

【檄羽】

即檄[2]。此稱唐代已行用。唐劉長卿《罷攝官後將還舊居留辭李侍御》詩："草映翻營綠，花臨檄羽飛。"明徐師曾《文體明辨·檄》："若有急，則插雞羽而遣之，故謂之檄羽，言如飛之疾也。"

文案

公文案卷。此稱晋代已行用。晋陸機《答張士然》詩："終朝理文案，薄暮不遑眠。"《晉書·徐邈傳》："足下選綱紀，必得國士，足以攝諸曹。諸曹皆是良士，則足以掌文案。"《北堂書鈔》卷六八引《漢雜事》："先是公府掾多不視事，但以文案爲務。"《金瓶梅詞話》第八八回："生前委被武松因忿帶酒，殺潘氏、王婆二命，叠成文案，就委地方保甲瘞埋看守。"《花月恨》第五一回："荷生覺得自己是替他掌文案。"

文書[1]

文件，公文。此稱漢代已行用。《漢書·刑法志》："文書盈於几閣。典者不能遍睹。"《漢書·張湯傳》："〔張〕湯掘窟得盜鼠及餘肉，劾鼠掠治，傳爰書，訊鞫論報。"顏師古注："爰，換也，以文書

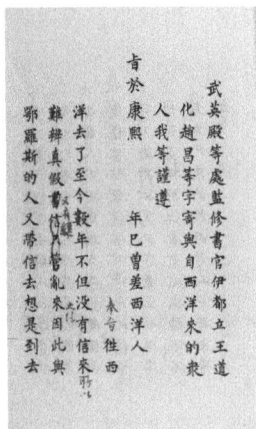

清康熙與羅馬使節關係
文書影印本
（山東省圖書館藏）

代換其口辭。"王先謙補注："傳爰書者，傳囚辭而著之文書。"唐元稹《望喜驛》詩："滿眼文書堆案邊，眼昏偷得暫時眠。"宋黃伯思《東觀餘論·記與劉無言論書》："劉憲御史羣無言來，予與論書，劉因言，政和初人於陝西發地，得木竹簡一甕，皆漢世討羌戎馳檄文書，若今吏案行遣，皆章草書，然斷續不綴屬，惟鄧騭永初二年六月一篇成文爾。"《二刻拍案驚奇》卷二○："〔太守〕當下出了一紙文書給與緝捕使臣。"

【箋簡】

即文書[1]。此稱唐代已行用。唐韋應物《送陸侍御還越》詩："敬恭尊郡守，箋簡具州民。"

書案

公文，案牘。此稱漢代已行用。《後漢書·劉玄傳》："韓夫人尤嗜酒，侍飲，見常侍奏事，輒怒曰：'帝方對我飲，正用此時持事來乎！'起，抵破書案。"唐劉禹錫《白侍郎大尹自河南寄示池北新葺水齋即事招賓十四韻兼命同作》詩："酒瓶常不罄，書案任成堆。"

文奏

官府文書。此稱南北朝時期已行用。《文選·謝朓〈京路夜發〉詩》："文奏方盈前，懷人去心賞。"唐張銑注："文奏，謂官簿書。"亦專指奏疏。魏曹植《聖皇篇》："侍臣省文奏，陛下體仁慈。"《隋書·高祖紀下》："天災地孽，物怪人妖，衣冠鉗口，道路以目，傾心翹足，誓告於我，日月以冀，文奏相尋。"參見本書《朝制卷·詔誥章奏説·章奏考》"文奏"文。

文翰

公文。此稱三國時期已行用，宋以後此義漸廢，而成爲文章、文辭的代稱。《三國志·吳

書·孫賁傳》"皆歷列位"，南朝宋裴松之注引《孫惠別傳》："惠文翰凡數十首。"《梁書·鍾嶸傳》："衡陽王元簡出守會稽，引爲寧朔記室，專掌文翰。"《新唐書·薛收傳》："元敬掌文翰，號稱職。"宋宋敏求《春明退朝錄》卷上："按唐舊説，禮部郎中掌省中文翰，謂之南宮舍人。"

吏書

亦稱"吏文""吏案"。官府之文書。因往返於官吏之手，故稱。此稱三國時期已行用。《三國志·吳書·丁奉傳》："〔張〕布曰：'丁奉雖不能吏書，而計略過人，能斷大事。'"至唐又有"吏文"之稱行用。《新唐書·裴延齡傳》："永貞初，度支建言：'延齡曩列別庫分藏正物，無實益而有吏文之煩。'乃詔復以還左藏。"宋時又以其常置於官吏案頭而稱爲"吏案"。宋黃伯思《東觀餘論·記與劉無言論書》："劉憲御史燾無言來，予與論書，劉因言，政和初人於陝西發地，得木竹簡一甖，皆漢世討羌戎馳檄文書，若今吏案行遣，皆章草書，然斷續不綴屬，惟鄧騭永初二年六月一篇成文爾。"

【吏文】

即吏書。此稱唐代已行用。見該文。

【吏案】

即吏書。此稱宋代已行用。見該文。

案牒

指官署之文書簿册。此稱唐代已行用。《新唐書·陸贄傳》："舊制，吏部選以歲集。乾元後，天下兵興，率三年一調，吏員稽壅，則案牒叢淆，僞冒蒙真，吏緣以爲奸。"

公案

官府的案件文卷。此稱義甚繁。此義唐代已行用。唐釋子蘭《寄乾陵楊侍郎》詩："步量野色成公案，點檢樵聲入奏聞。"宋蘇軾《辨黃慶基彈劾札子》："今來公案，見在户部，可以取索案驗。"元王實甫《西廂記》第三本第二折："那簡帖兒倒做了你的招狀，他的勾頭，我的公案。"

案卷

古代官署中分類存放之文書檔案。此稱五代時期已行用，至清末主要限於辦案記錄。其常爲一案一卷，故稱。五代王仁裕《開元天寶遺事·口案》："每有公事赴本司行勘，胥吏輩未敢訊劾，先取則於〔張〕九齡，囚於前面分曲直，口撰案卷。"《二十年目睹之怪現狀》第四五回："前幾天我偶然翻檢舊案卷，見前任官内，羅魏氏已經告過他一次忤逆。"近代以後，此稱内涵擴展，凡機關、企事業單位分類保存以備查閲的文件統稱爲案卷。許地山《人非人》："他把案卷解開，拿起筆來批改。"

箋札 [2]

亦作"箋劄"。箋書，公文。此稱唐代已行用。唐趙冬曦《奉和聖製送張説上集賢學士賜宴賦得蓮字》詩："箋札來宸禁，衣冠集詔筵。"宋王讜《唐語林·賞譽》："相國劉公贍，其先人諱景，本連州人。少爲漢南鄭司徒掌箋劄，因題商山驛側泉石，司徒奇之。"

【箋劄】

同"箋札 [2]"。此體宋代已行用。見該文。

文移

公文。多用於不相統屬的官署間公文之總稱。此稱漢代已行用。《後漢書·光武紀上》："於是置僚屬，作文移，從事司察，一如舊章。"宋曾敏行《獨醒雜志》卷七："自舉兵至訖事，文移數篋；崎嶇兵火，毀失殆盡，僅存印曆。"清俞樾《茶香室三鈔・文移稱關》："關，蓋都省樞密院自相往來文移之稱也。其體與劄子大同小異。"清鄭觀應《盛世危言・郵政上》："凡朝廷之詔旨，臣工之章疏，本管之上下文移，隔省之關提、照會，統謂之公牘。"

【公移】

即文移。此稱宋代已行用。宋佚名《儒林公議》卷上："拓跋德明承繼遷玉宇，志在自守，然其下部族亦時寇抄邊境，及公移究詰，則陽言不知。"宋趙彥衛《雲麓漫鈔》卷七："急急如律令，漢之公移常語，猶今云符到奉行。張天師漢人，故承用之，而道家遂得祖述。"明徐師曾《文體明辨・公移》："按公移者，諸司相移之詞也。其名不一，故以公移括之。"清王士禛《池北偶談・談異四・準字諱兩見》："宋寇萊公準作相，諸司公移，諱其名，改爲'准'，至今相沿不易。"

文籍

公文册。此稱宋代已行用。宋王安石《本朝百年無事劄子》："聚天下財物，雖有文籍，委之府史，非有能吏以鈎考，而斷盜者輒發。"宋周密《齊東野語・趙伯美》："求盱江公庫之文籍，則在目。"《太平廣記・神仙・張殖》："大曆中，西川節度使崔寧嘗有密切之事差人走馬入奏，發已三日，忽於案上文籍之中，見所奏表净本猶在，其函中所封乃表草耳。"

文字[1]

公文、案卷。此稱宋代已行用。宋范仲淹《耀州謝上表》："今後賊界差人齎到文字，如依前僭僞，立便發遣出界，不得收接。"《宣和遺事前集》："有那押司宋江接了文字看了，星夜走去石揭村，報與晁蓋幾個。"《三國志平話》卷一："前後一月，求救文字，三番皆被劉封納殺不申。"《古今小説・簡帖僧巧騙皇甫妻》："錢大尹看罷，即時教押下一個所屬去處，叫將山前行山定來，當時山定承了這件文字。"

公狀

下屬呈報上司公文。此稱宋代已行用。宋王禹偁《上宰相謝免判吏部南曹啓》："豈可職衘帶制誥之文，公狀具尊卑之數，雖知不便，未敢固辭。"宋趙彥衛《雲麓漫鈔》卷四："國初公狀之制：前具官，別行叙事，後云'牒件狀'如前，謹狀。至宣和以後始用今制：前具官，別行稍低，叙事訖，復別作一行，稍高，云'右謹具申聞，謹狀'。"

札子

公文之一種，此稱唐代已行用。唐陸贄有《本朝名臣進奏議札子》。宋王安石有上皇帝之《本朝百年無事札子》。宋宋咸《進〈孔叢子〉表》："臣咸言准中書札子，以臣注《孔叢子》奉聖旨附遞投進者。"明徐師曾《文體明辨序説》："宋人則監前制而損益之，固有札子，有狀，有書，有表，有封事，而札子之用居多。"《水滸傳》第一六回："梁中書道：'我有心要抬舉你，這獻生辰綱的札子内，另修一封書在中間，太師面前重重保你，受道敕命回來。'"清逖盧《童子軍・警鼓》："我那縣太爺，奉了本府大人的札子，説是民間私設的學堂，一概不准學習兵操，仰該縣一律禁止。"《二十年目睹之怪現狀》第四回："不到十來天工夫，他便接連着奉了兩個札子，委了籌防局的提調與及山貨局的會辦了。"

捷書

亦稱"捷報"。報捷之文書。常用於通報戰爭勝利或科舉考中之類的好消息。此稱南北朝時期已行用。《梁書·蔡道恭傳》："奇謀間出，捷書日至。"唐王維《從軍行》詩："髆頭夜落捷書飛，來奏金門着賜衣。"唐杜甫《洗兵馬》詩："中興諸將收山東，捷書夜報清晝同。"唐杜牧《少年行》："捷報雲臺賀，公卿拜堀厄"。宋曾鞏《太祖皇帝總序》："江南平，覽捷書而泣曰：'師征不義，而顧令吾民死兵，彼何負哉。'"清昭槤《嘯亭雜録·食魚羹》："金川用兵時，累歲未得進，至乙未冬，始克勒烏圍。阿文成公桂以捷書進。"

【捷報】

即捷書。此稱唐代已行用。見該文。

降表

投降之表文。此稱五代時期已行用。《新五代史·後蜀世家·孟昶》："〔李〕昊事王衍爲翰林學士。衍之亡也，昊爲草降表，至是又草焉。蜀人夜表其門曰'世修降表李家。'當時傳以爲笑。"清納蘭性德《西苑雜咏和葒友韻》之三九："都監聲名敵指揮，隔河降表最先馳。"

塘報[1]

載有軍情之文書。此稱明代已行用。明單本《蕉帕記·陷差》："小官今日見塘報，那兀術會同劉豫圍住白鹿岡一帶了。"清孔尚任《桃花扇·誓師》："忽接塘報，本月二十一日北兵已入淮境。"清李漁《比目魚·駭聚》："昨日，左營牌將，有塘報寄來。"

雲馬文書

太平天國緊急軍務文書。因封面蓋有帶翅飛馬行馳雲中之印章，故名。由疏附衙傳遞，規定每小時須行五十里。參閲《中國近代史資料叢刊·金陵雜記》。

申狀

上行公文之一種。申，猶呈也。傳世唐代檔案中即見其實物，盛行於宋。宋洪邁《容齋隨筆·翰苑故事》："公文至三省，不用申狀。但尺紙直書其事。"《水滸傳》第三四回："看了黃信申狀：'反了花榮，結連清風山強盜，時刻清風寨不保，事在告急，早遣良將，保守地方。'"《續資治通鑑·宋太宗端拱元年》："〔趙〕普始爲節度使，貽書臺閣，體式皆如申狀，得者必封還之。"參見本書《朝制卷·文告符籍說·文移告示考》"申狀"文。

符

亦稱"文符""旨符"。古代下行公文之一種，多用於下達告諭、政令，爲吏民執行上級命令之依據。此制始行用於先秦，漢代已行用此稱。《釋名·釋書契》："符，付也。書所以敕命於上，付使傳行之也。"《晉書·王羲之傳》："復被州符，增運千石。"而後亦有稱"文符"者。南朝梁鍾嶸《詩品·總論》："若乃經國文符，應資博古。"至唐又有"旨符"之稱行用。旨是意旨，主張；符是朝廷傳達命令、調兵遣將的憑證。二者合一後，即成爲官署文件之代稱。《新唐書·食貨志一》："中書令李林甫以租庸、丁防、和糴、春綵、稅草無定法，歲爲旨符，遣使一告，費紙五十餘萬。"又："玄宗初立，求治，蠲徭役者給蠲符。"《新唐書·百官志一》："凡上之逮下，其制有六，一曰制……六曰符，省下於州，州下於縣，縣下於鄉。"宋蘇軾《論積欠六事並乞檢會應詔所論四事一處行下狀》："文符日至其門，鞭笞日加其身。"明謝肇淛《五雜俎·事部四》："周定州刺史孫彥高，被突厥圍城，不敢出廳，文符須徵發者，於小牕接入。"清貝青喬《雜謠》詩："縣官目擊議開賑，諸使方下秋徵符。"

【文符】

即符。此稱南北朝時期已行用。見該文。

【旨符】

即符。此稱唐代已行用。見該文。

頭子

填好年月的命令狀，屬下行公文。此稱五代時期已行用。《五代史平話·周上》："道經洛陽，見西京留守王守恩貪鄙聚斂，刻剥百姓，徑出樞密院頭子，命白文珂代守恩做西京留守。"

功狀

亦稱"功載"。記載功績之文書。其物始見於先秦，時稱"功載"。《書·洛誥》："惟命曰：'汝受命篤弼，丕視功載，乃汝其悉自教工。'"蔡沈集傳："功載者，記功之載籍也。"漢以後改稱功狀。《三國志·吳書·孫堅傳》："刺史臧旻列上功狀，詔書除堅鹽瀆丞。"《新五代史·雜傳·段凝》："〔段〕凝與彥章各自上其功，巖等從中匿彥章功狀，悉歸其功於凝。"元揭傒斯《重建濟州會源閘碑》："明年春二月，具功狀，遣其屬孟思敬，至京請文勒石。"

【功載】

即功狀。此稱先秦時期已行用。見該文。

徵書

用於徵召之公文。此稱漢代已行用。沿用至明代。《後漢書·郎顗傳》："聞徵書到，夜縣印綬於縣廷而遁去。"南朝宋劉義慶《世說新語·賢媛》："汝父昔罷豫章，徵書朝至夕發。"

唐白居易《策林三·議井田阡陌息游惰止兼并實版圖》："於是生業相固，食力相濟，其出財徵也，不待徵書而已平矣。"明劉基《送李子庚之金陵》詩："也知使者徵書急，莫厭輕舟出郭頻。"

驛書

由驛站傳遞之公文。此稱漢代已行用。《漢書·燕剌王旦傳》："〔劉〕旦置驛書，往來相報，許立〔上官〕桀爲王，外連郡國豪傑以千數。"《晋書·摯虞傳》："驛書班下，被於遠近，莫不鳥騰魚躍，喜蒙德澤。"

計最

考核官吏之文書。由地方官按規定時間呈報京師。此稱漢代已行用。《漢書·嚴助傳》："陛下不思加誅，願奉三年計最。"顏師古注引晋灼曰："最，凡要也。"《舊唐書·玄宗紀下》："朝集而計最，校吏能也。"宋胡宿《何世昌可著作郎陸若濟劉寅張齊古並可大理寺丞制》："咸能飭厲廉規，敷宣敏力，交章入薦，計最居高。"

計書[1]

州郡官吏上呈朝廷的總結報告書。唐劉知幾《史通·史官建置》："漢法，天下計書先上太史，副上丞相。"清道光時修《樂至縣志》裴顯忠叙："漢時計書，既上太史，郡國地志，固亦在焉。"1993年，連雲港尹灣漢墓出土簡牘中發現了該類册簿的實物——集簿（木牘一，正、反），標題"集簿"兩字用隸體書於正面牘首中央，正文用草體書於正、反兩面，所記爲東海郡的行政建置、吏員設置、户口、墾田和錢出入等年度統計數字。與《續漢書·百官志五》劉昭注引胡廣《漢官解詁》所述集簿内容大致吻合，但亦互有出入，此可能是東海郡上計所用集簿的底稿或副本。參閲《尹灣漢墓簡牘初探》（載《文物》1996 年第 10 期）。

載書

亦稱"盟書"。古代會盟時所訂立的盟約文書。此稱先秦時期已行用。《孟子·告子下》："葵丘之會，諸侯束牲載書而不歃血。"《左傳·襄公九年》"晋士莊子爲載書"杜預注："載書，盟書。"《周禮·大司寇》："凡邦之大盟約，涖其盟書，而登之於天府。"《三國志·吴書·吴主傳》："凡曰之約，皆如載書。"《新唐書·安禄山傳》："慶緒懼人之貳己，設壇加載書，歃血與群臣盟。"近年出土的山西侯馬盟書提供了實物。參見本書《朝制卷·告章奏説·詔章生考》"盟書"文。

【盟書】

即載書。此稱先秦時期已行用。見該文。

陰書

保密軍事文書。 多一分爲三，三人分送。如一人被敵截虜，亦不至泄密。此稱先秦時期已行用。《六韜·龍韜·陰書》："主以書遺將，將以書問主，書皆一合而再離，三發而一知。再離者，分書爲三部，三發而一知者，言三人，人操一分，相參而不使知情也。此稱陰書，敵雖聖智，莫之能識。"

方書

亦稱"四方文書"。古時公文多書於木牘之上，而一尺見方之牘則謂"方"，故稱。此稱漢代已行用。《史記·張丞相列傳》："張丞相蒼者，陽武人也……秦時爲御史，主柱下方書。"裴駰集解引三國魏如淳曰："方，版也，謂書事在版上者也……或曰四方文書。"

【四方文書】

即方書。此稱三國時期已行用。見該文。

除書

亦稱"除目"。授官職之文書。早期多書於木牘之上，吐魯番出土的東晋十六國時期高昌文書可證。此稱始行用於漢，唐以後亦有稱"除目"者，二者并行至清。《漢書·王莽傳中》："是時争爲符命封侯，其不爲者相戲曰：'獨無天帝除書乎？'"唐韋應物《始除尚書郎别善福精舍》詩："除書忽到門，冠帶便拘束。"唐白居易《劉十九同宿》詩："紅旗破賊非吾事，黄紙除書無我名。"唐姚合《武功縣中作》詩之八："一日看除目，終年損道心。"《新五代史·劉延朗傳》："後月餘，文遇獨直，帝夜召之，語罷〔石〕敬塘事……乃令文遇手書除目，夜半下學士院草制，明日宣制，文武兩班皆失色。"清趙翼《擢授貴西兵備道紀恩述懷》詩："天上除書恩主眷，風前殘燭老親年。"清吴偉業《送湘陰沈旭輪讞判深州》詩之二："故舊憐除目，妻孥笑俸錢。"新疆吐魯番出土的唐代灰磚墓志，轉録了一篇唐代版授婦女鄉君的除書公文實物。參閲《文物》1984 年第 5 期《唐天山縣南平鄉令狐氏墓志考釋》。

【除目】

即除書。此稱唐代已行用。見該文。

露布

本謂不緘封之文書。此稱漢代已行用。《東觀漢記·李雲傳》："白馬令李雲素剛，憂國，乃露布上書。"露布者，表其無私意也。三國以後，此稱逐漸衍爲軍事文書或布告、通知之泛稱，并一直行用至今。作爲軍事文書，初多指檄文，後亦用以稱捷報。《三國志·魏書·王肅傳》："明帝時，大司農弘農、董遇亦歷注經傳，頗傳於世等"，南朝宋裴松之注引三國魏魚豢《魏略》："後馬超反，超劫〔賈〕洪將詣華陰，使作露布。"明郎瑛《七修類稿·詩文類·各文之始》："露布始於賈洪爲馬超伐曹操，予考漢桓時，地因數震，李雲露布上書，移副三府，注謂不封，則是漢時已有其名。至魏以後，專爲軍書。本義露於耳目，布之四海也。若元魏戰捷，欲聞於天下，乃書帛建於漆竿之上，名爲露布。"明張四維《雙烈記·從徵》："捷書不必通家信，露布先須達帝京。"清陳玉樹《乙酉春雜感》詩："瘴海珠江馳露布，金戈鐵馬逐天驕。"作爲布告、通告之意，亦始行用於三國時。漢曹操《表論田疇功》："又使部曲持臣露布，出誘胡衆。"《資治通鑑·唐懿宗咸通九年》："龐勛自謂無敵於天下，作露布，散示諸寨及鄉村。"

【露板】

即露布。亦作"露版"。古無紙，奏章、檄文、捷書常以木板爲之，故稱。此稱三國時期已行用。《三國志·魏書·崔琰傳》："時未立太子，臨淄侯植有才而愛。太祖狐疑，以函令密訪於外。唯琰露板答曰：'蓋聞《春秋》之義，立子以長。加五官將（曹丕）仁孝聰明，宜承正統。'"後世亦有書"板"爲"版"者。晉王羲之《雜帖》："尋得彭祖送萬九日露版，再破賊，有所獲。"《晉書·齊王冏傳》："南陽處士鄭方露版極諫，主簿王豹屢有箴規，同並不能用。"《魏書·傅永傳》："義陽既平，〔中山王〕英使司馬陸希道爲露板，意謂不可，令永改之。"明顧起綸《國雅品·士品四》："〔趙督察元實〕舊著《感知》云：'伐海督都戎，露板薦胡公。'"明郎瑛《七修類稿》："露布，《文心雕龍》又曰露板，皆因其名而巧於用義耳。"

【露版】

同"露板"。此體三國時期已行用。見該文。

檄 [3]

古代下級官吏所以檄迎其上之文書。其内容、形制、作用均無明確記載，故難以考出。此義僅行用於漢代。《後漢書·陳寔傳》："懷檄請見。"《後漢書·范冉傳》："少爲縣小吏，年十八，奉檄迎督郵。"

【二尺書】

即檄 [3]。因其寫於二尺之簡上，故名。此稱漢代已行用。《説文·木部》："檄，二尺書。"

黃案

尚書省文案之一種。因用黃紙書寫，故名。蓋初期造紙粗糙而書寫不便，須用黃檗染紙，使之光滑美觀，且書寫流利，亦可辟蠹。故經染治過後的紙即爲黃紙。此制當始於東晉以紙代簡之後，此稱則始行用於南北朝時期。《南齊書·百官志》："凡諸除署、功論、封爵、貶黜、八議、疑讞、通關案，則左僕射主，右僕射次經。維是黃案，左僕射右僕射署朱符見字，經都丞竟，左僕射橫畫成目，左僕射畫，令畫。"唐李肇《唐國史補》卷下："吏部甲庫，有朱泚僞黃案數百道，省中常取戲玩，已而藏之。"《資治通鑑·齊東昏侯永元元年》："宦者以裹魚肉還家，並是五省黃案。"胡三省注："案，文案也，藏之以爲案據。尚書用黃札，故曰黃案。"《宋書·禮志》："右關事儀，準於黃案。"清姚鼐《聞香苣兄擢廣東按察使却寄二十韻》詩："昔濫京倉禄，晨趨省户丹。循書黃案尾，默愧惠文冠。"

白案

尚書省文書之一種。此稱南北朝時期已行用。《南齊書·百官志八》:"白案,右丞上署,左丞次署;黃案,左丞上署,右丞次署。"

引黃

奏章前所附之摘要。因以黃紙書寫,故稱。此制始行用於唐代,今人文學作品中亦有述及。宋葉夢得《石林燕語》卷三:"唐制,降敕有所更改,以紙貼之,謂之貼黃。蓋敕書用黃紙,則貼者亦黃紙也。"

空黃

蓋有官印的空白公文書、任命狀,先在官銜下填姓名,以後再履歷等。多用黃紙轉抄,故稱。此稱宋代已行用。《宋史·張叔夜傳》:"擢中書舍人,給事中。時吏惰不虔,凡命令之出於門下者,預列銜,使書名而徐填其事,謂之空黃。叔夜極陳革其弊。"

爰書

記錄囚徒供詞的文書,多行用於秦漢,猶後代之招狀。《史記·酷吏列傳》:"〔張〕湯掘窟得盜鼠及餘肉,劾鼠掠治,傳爰書,訊鞫論報。"司馬貞索隱:"韋昭云:'爰,換也。古者重刑,嫌有愛惡,故移換獄書,使他官考實之。故曰傳爰書也。'"《漢書》唐顏師古注:"爰,換也,以文書代換其口辭。"清王先謙補注:"傳爰書者,傳囚辭而著之文書。"

劾

揭發糾舉罪狀所用之公文。此稱漢代已行用。《後漢書·范滂傳》:"滂睹時方艱,知意不行,因投劾去。"

反書

謀劃叛亂之文書。此稱漢代已行用。《史記·吳王濞傳》:"七國反書聞天子。天子乃遣太尉條侯周亞夫將三十六將軍,往擊吳楚。"清梅曾亮《晁錯論》:"帝之削七國也,志甚壯。反書聞,乃惶遽自誅其大臣。"

刊章

不載告發人姓名之捕人文告。此稱漢代已行用。《後漢書·張儉傳》:"鄉人朱並,素性佞邪,為儉所棄。並懷怨恚,遂上書告儉與同郡二十四人為黨。於是刊章討捕。"李賢注:"刊,削。不欲宣露並名,故削除之而直捕儉等。"《晉書·刑法志》:"將亡之國,典刑咸棄,刊章以急其憲,適意以寬其綱。桓靈之季,不其然歟!"明王志堅《表異錄·國制》:"刊章,刊落姓名而下其章也。"清黃遵憲《逐客篇》詩:"刊章指名捉,逋逃萃淵藪。"

款狀

開具罪證、羅列罪狀的文書。此稱宋代已行用。宋羅燁《醉翁談錄·子瞻判和尚游娼》:"及見款狀招伏,即行據斷。"《水滸傳》第一二回:"牛二家又沒苦主,把款狀都改得輕了。"又第二一回:"有那梁山泊晁蓋送與你的一百兩金子,快把來與我,我便饒你這一場天字第一號官司,還你這招文袋裏的款狀。"又第二七回:"把一干人審問相同,讀款狀與武松聽了。"

勾頭

拘捕犯人之公文。此稱主要行用於元人曲詞,可知其為民間流行之稱。元王實甫《西廂記》第三本第二折:"這的是先生命慳,須不是紅娘違慢。那簡帖兒倒做了你的招狀,他的勾頭,我的公案。"元佚名《百花亭》第二折:"這書詞則是紙攝人魂的下帖,摘人心的公案,追人命的勾頭。"元佚名《冤家債主》第四折:

"只望哥哥准發一紙勾頭文書，將那土地閻神也追的他來，與老漢折證一個明白。"

丹書[1]

記載犯人罪狀的文書。因以朱筆記録，故名。此稱先秦時期已行用，南北朝時期之後極少行用。《左傳·襄公二十三年》："初，斐豹，隸也，著於丹書。"唐杜預注："蓋犯罪没爲官奴，以丹書其罪。"漢曹操《度關山》詩："有燔丹書，無普赦罪。"《文選·陸機〈謝平原内史表〉》："苟削丹書，得夷平民。"唐李周翰注："丹書，定罪之書。"

公文帖

官府捕人之文書。此稱明代已行用。《水滸傳》第一一回："州尹大驚，隨即押了公文帖，仰緝捕人員將帶做公的，沿鄉歷邑，道店村坊，畫影圖形，出三千貫信賞錢，捉拿正犯林冲。"

釘封文書

舊時刑部發往各地批准處決囚犯的文書。此稱清代已行用。清黄六鴻《福惠全書·刑名部·款犯》："上司拿訪，必系釘封。凡釘封文書，不可當堂輕拆，須携入内衙密看。"《官場現形記》第九回："陶子堯不等到看完，兩隻手已經氣得冰冷，眼睛直勾勾的，坐在那裏，一聲也不言語，停了一會子，説道：'這是我的釘封文書到了。'"又《福惠全書·莅任部·承事上司》："遇有釘封，即係機密。"《二十年目睹之怪現狀》第四八回："凡是釘封文書，總是斬决要犯的居多，拆開來一看，内中却是雲南的一個案件。"

黄册[1]

經刑部審定的案件文書，待皇帝最後判决。此稱清代已行用。《清會典·刑部》："秋審朝審，九卿詹事科道，各入班以集議於天安門外，進黄册於上，及期予勾。"

案記

經手過往文書的存録本。此稱唐代已行用。《新唐書·百官志二》："掌言二人，掌宣傳，外司附奏受事者，奏聞；承敕處分，則録所奏爲案記。"

底

亦稱"宣底"。唐宋時期樞密機構宣皇帝詔諭、發布公行文書的底本和稿本。此稱唐代已行用。宋沈括《夢溪筆談·故事》："予按唐故事，中書舍人職掌詔誥，皆寫四本，一本爲底，一本爲宣。此'宣'謂行出耳，未以名書也。晚唐樞密使自禁中受旨，出付中書，即謂之'宣'。中書承受，録之於籍，謂之'宣底'。"宋宋敏求《春明退朝録·公家文稿》："樞密院降宣故事，有梁朝宣底二卷。降宣始自朱梁之時，晋天福五年，改樞密院承旨爲承宣，亦似相合其底，乃底本也。"又曰："公家文書之稿，中書謂之草，樞密謂之底，三司謂之檢。"

【宣底】

即底。此稱唐代已行用。見該文。

净本

抄寫工整清晰之文書。此稱唐代已行用。《太平廣記·神仙·張殖》："大曆中，西川節度使崔寧嘗有密切之事差人走馬入奏。發已三日，忽於案上文籍之中，見所奏表净本猶在，其函中所封乃表草耳。"

草

唐宋時代中書省文書之底稿。此稱宋代已行用。宋宋敏求《春明退朝録·公家文稿》："公家文書之稿，中書謂之草，樞密謂之底，三司謂之檢。"

脚本 [1]

公牘或文書的底稿。此稱清代已行用。《西游補》第九回："犯鬼有個朝臣脚本，時時藏在袖中。"清彭元瑞《知聖道齋讀書跋·盡忠録》："〔季滄葦〕以是書見貽，朱墨皆荆川筆云。細閱書中絶無批評，但省圈抹，不得其讀書之意。既取荆川《右編》勘之，圈者皆入《右編》，抹者節去，始知即其纂《右編》時脚本。"

底案

原始文案。此稱清代已行用。清黄六鴻《福惠全書·陞遷部·吊案卷》："將原行詳覆底案，粘連成卷。"

金花帖子

科舉考試登第之通知書。始於唐，達於宋。主文用黄花箋或塗金紙，長四至五寸，闊三寸餘，先書主司者姓名，次大書登第者姓名，其下爲知舉花押。以此盛大帖中，外亦書姓名。參閱宋洪邁《容齋隨筆》卷一三"金花帖子"文、宋趙彦衛《雲麓漫鈔》卷二、明陳繼儒《太平清話》卷四。

布政榜

宋代節度使的告示。宋徐度《却掃編》卷上："本朝節度使雖不赴鎮，然亦別降敕書，宣諭本鎮軍民。而爲節度使者，亦自給榜本鎮，謂之布政榜。"

印狀

空白公文表格，上印有關事項與官銜名，多用於禮儀官署。此制始於宋。《續資治通鑑·宋仁宗至和元年》："禮院故事，常須爲印狀，列署衆銜；或非時中旨訪問，不暇編白禮官，則白判寺一人書填印狀，通進施行。"

文解

向上司解送之文書。此義僅行用於元代。《元典章·禮部一·表章正官校勘》："校勘無差，具解進呈，仍於文解上開寫撰文校勘官吏及復匣鎖鑰備細申呈。"

文電

公文，通電。此稱行用於近代電報發明之後。子虚子《湘事記》："譚授小印與唐乾一，令任總務科事務，刊撰文電，布告地方。"

批回

亦稱"回文"。上級官署批下的公文。此稱元代已行用。元李潛夫《灰闌記》第三折："哥哥不勞分付，只要到府時，早些打發我批回。"明沈德符《萬曆野獲編補遺·户部·江南白糧》："各項料物，有索取銀四百餘兩，乃得批回者也。"亦有稱"回文"者。《水滸傳》第九回："當下收了林冲，押了回文……兩個公人自領了回文，相辭了回東京去。"清梁紹壬《兩般秋雨盦隨筆·侯元經》："〔侯元經〕年五十官，官江左縣丞，解餉户部，爲庫吏需索，不即予批回，侯大窘。"《清會典事例·刑部·刑律捕亡·應捕人追捕罪人》："州縣廣緝重犯，不得濫給緝票。先將該犯年貌案由並差役年貌籍貫及所差名數，一面詳明，督撫知照各該省；一面改用通關，給予差役攜帶在身，密行偵緝。如有踪迹，即將通關呈報該地方官，添差拿解。如緝無踪迹，仍投換回文，以爲憑驗。"

【回文】

即批回。此稱明代已行用。見該文。

回狀

回執公文。此稱僅行用於明人小説，可知其主要行用於民間。《水滸傳》第八回："不必遠去，只就前面僻静去處把林冲結果了，就彼處討紙回狀回來便了。"

卷宗

按一定標準彙存的文件。此稱元代已行用。《元典章・臺綱二・刷卷須見首尾》："被刷人員顧知己便，就行另作卷宗。"《明律・吏律》："代官已到，舊官各照已定限期，交割户口錢糧刑名等項，及應有卷宗籍册完備。"清昭槤《嘯亭雜録・廣賷虞之死》："〔廣興〕少聰敏，熟於案牘，每對客背卷宗，如瓶瀉水，不餘一字。"今稱保存文件用的紙夾爲卷宗。參見本書《朝制卷・文告簿籍説・簿籍考》"卷宗"文。

號簿

舊時官府登記上司發來公文及其有關文件的簿册。此稱唐代已行用。唐王建《贈郭將軍》詩："向晚臨階看號簿，眼前風景任支分。"至清，一般一式兩份，一存内衙，一存外宅，故又有内號簿、外號簿之分。清黄六鴻《福惠全書・莅任部・設内外號簿》："凡上司公文，各房稿案與一應差票，必先宅内掛號，放行用印，而後發該房，則内號較外號爲尤重矣。"又同書《出堂規》："凡出牌票該承行，務將原案同號簿送簽，如有牌票無案，有牌案無號簿者，重責。"《糊塗世界》卷一〇："這些我不管，我是替他上上號簿，辦些雜事，他面裏書啓上另有人的，此外也並没别人。"

名號簿

省稱"名號"。亦稱"外號簿"。號簿之一種。舊時官府登記上司公文及其他有關文件簿册之存於外宅者。此稱始行用於清代。見"號簿"文。

告文

祭祀文書。此稱明代已行用。《明史・沈鯉傳》："〔帝〕議分遣大臣禱天下名山大川……〔鯉〕請齋三日，以告文授太常屬致之，罷寺觀勿禱。"明李贄有《關王告文》。

典簿

朝廷之文書檔案。此稱明代已行用。明劉若愚《酌中志・大内規制紀略》："曰古今通集庫，係印綬監所掌，古今君臣畫像、符券、典簿貯此。"

手本 [2]

公文。明張居正《明制體以重王言疏》："凡官員應給誥敕，該部題奉欽依手本到閣，撰述官先具稿，送臣等看詳改定，謄寫進呈，候批紅發下，撰述官用關防掛號，然後發中書舍人寫軸用寶，此定制也。"

帖 [2]

公文、公告。此稱漢代已行用。《樂府詩集・横吹曲辭五・木蘭詩二首》之一："昨夜見軍帖，可汗大點兵。"唐杜甫《新安吏》詩："府帖昨夜下，次選中男行。"

文帖

公啓、通知。此稱唐代已行用。唐宣宗李忱《大中元年正月十七日赦文》："每年收市之物，即所在州府具色目，先下文帖，指揮令據宫中收市價輸納。"宋趙彦衛《雲麓漫鈔》卷一二："〔建炎〕九年，令保正長專管烟火盗賊，不得承受文帖及課輸事。"《水滸傳》二二回："宋太公三年前出了宋江的籍，告了執憑文帖。"

堂帖

亦稱"堂牒""堂帖子""堂劄子""劄子"。唐宋時期宰相處分任免官吏的文書，名稱出自宰相處理政務之所——政事堂。此稱始行用於唐代，宋初廢其制，後改稱“劄子”，但仍有沿稱“堂帖”者。唐李肇《唐國史補》卷下：“宰相判四方之事有堂案，處分百司有堂帖。”《資治通鑑·唐文宗太和八年》：“密以堂帖示王守澄。”胡三省注：“帖由政事堂出，故謂之堂帖。”《新五代史·閩世家·王審之》：“〔閩主王昶〕又遣醫人陳究以空名堂牒賣官。”宋沈括《夢溪筆談·故事一》：“唐中書指揮事謂之‘堂帖子’。曾見唐人堂帖，宰相簽押，格如今之堂劄子也。”《續資治通鑑·宋神宗熙寧二年》：“前代中書用堂牒，乃權臣假此爲威福。太祖時以堂帖重於敕命，遂削去之。今復用劄子，何異堂牒？”《宋史·寇準傳》：“〔寇〕準怒，堂帖戒拯，毋亂朝制。”參見本書《朝制卷·文告簿籍説·文移告示考》“堂帖”文。

【堂牒】

即堂帖。此稱五代時期已行用。見該文。

【堂帖子】

即堂帖。此稱唐代已行用。見該文。

【堂劄子】

即堂帖。此稱宋代已行用。見該文。

【劄子】

即堂帖。此稱宋代已行用。見該文。

堂案

唐時政事堂即宰相府的文書檔案。唐李肇《唐國史補》卷下：“宰相判四方之事有堂案，處分百司有堂帖。”《新唐書·宋璟傳》：“張嘉貞後爲相，閱堂案，見其危言切議，未嘗不失聲嘆息。”

堂斷

訴訟案件的判決書。此稱清代已行用。清林則徐《關防告示》：“至上控案件，除府州縣批語堂斷，應准鈔粘外，其有鈔録屬詳者，該民人何由得見？”

薦剡

亦稱“薦函”。薦舉人才之公牘，因多用剡溪所產之紙書寫，故稱。宋宋祁《張文定公行狀》：“薦剡需頭之奏，願遂角巾之游。”又有“薦函”之稱。宋李流謙《澹齋集》卷一七《宋運使墓志銘》：“未識面爭羅致，或迎剡薦函”。宋陳造《江湖長翁集》卷二三《送應緯之廣文序》：“予有以悉其所未試者，捧薦函謁帝閽矣。”明文徵明《丁亥元旦次才伯韻》：“深負鄭莊騰薦剡，游巖痼疾久烟霞。”清黃六鴻《福惠全書·筮仕部·薦托》：“至於七司之尊輩，與雖親而不浹者，薦函尤不可索。”

【薦函】

即薦剡。此稱宋代已行用。見該文。

鶚書

亦稱“鶚表”。薦函之一種，多用於向上級薦舉直士賢才。語出漢孔融《薦禰衡表》：“鷙鳥累百，不如一鶚。”宋陳造《餞寄定海交代》詩：“諸公蜚鶚書，犯巖尚遺力。”宋曾鞏《送李莘太傅》詩：“久待連城價，誰騰一鶚書？君王覽豪俊，應復召嚴徐。”宋張方平《謝范天章薦應制科》詩：“千古聲名傳鶚表，四方豪俊望龍門。”

【鶚表】

即鶚書。此稱宋代已行用。見該文。

撮白

宋時官府公文上的白紙附箋。宋江休復《江鄰幾雜志》：“審刑奏案，貼黃上更加撮白，撮白上復有貼黃。”

簿書[1]

官署文書檔册之統稱。此稱先秦時期已行用，沿用至清代。《周禮·夏官·大司馬》："群吏撰車徒，讀書契。"漢鄭玄注："讀書契，謂以簿書校録軍實之凡要。"《漢書·禮樂志》："而大臣特以簿書不報期會爲故。"顏師古注："簿，文簿也。故謂大事也。言公卿但以文案簿書報答爲事也。"漢王充《論衡·謝短篇》："以儒生修大道，以文吏曉簿書。"《新唐書·選舉志下》引張九齡上疏："古者或遥聞辟召，或一見任之，是以士修名行而流品不雜。今吏部始造簿書，以備遺忘，而反精於案牘，不急人才。"唐杜甫《早秋苦熱堆案相仍》詩："束帶發狂欲大叫，簿書何急來相仍。"清李漁《慎鸞交·譎諷》："憲駕經臨，自當遠接，只因簿書碌碌，致失郊迎，多有得罪。"參見本卷《簿籍説·簿册考》"簿書[2]"文。

【文簿】

即簿書[1]。此稱漢代已行用。《後漢書·公孫瓚傳》："其文簿書記皆汲而上之。"前蜀杜光庭《虬髯客傳》："家人自堂東舁出二十床，各以錦綉帕覆之。既陳，盡去其帕，乃文簿鑰匙耳。"《水滸傳》第一一九回："衆多將佐功勞，俱各造册，上了文簿，進呈御前。"

關文

單稱"關"。公文之一種。用於平行官署間相互質詢。此制始於南北朝時期，達於清代，其稱亦然。南朝梁劉勰《文心雕龍·書記》："百官詢事，則有關、刺、解、牒。"《舊唐書·職官志二》："諸司自相質問，其義有三：關、刺、移。關，謂關通其事。"清俞樾《茶香室三鈔·文移稱關》："關，蓋都省樞密院自相往來文移之稱也。其體與劄子大同小異。"至元代始用曰"關文"者，其義亦有所擴展。《元典章·兵部三·押運》："各處所設脱脱禾孫，止憑前站關文即行應付，並不盤當，習成此敝。"《警世通言·玉堂春落難逢夫》第二四回："却説公子行下關文，到北京本司院提到蘇淮、一秤金，依律問罪。"《儒林外史》第一三回："那差人進來磕了頭……隨呈上一張票子和一角關文。"

【關】

"關文"之單稱。此稱南北朝時期已行用。見該文。

諮呈

公文之一種。用於下級對上級或平行機關之間。此稱宋代已行用。《資治通鑑·唐昭宗大順二年》："軍務煩勞，不若盡以相付，日具記事諮呈，兄但高居自逸而已。"明徐師曾《文體明辨·公移》："今制……下達上者曰諮呈，曰案呈，曰牒呈，曰呈，曰申。"至清，凡可以用諮文的平級機關而又必須表示恭敬之意者用諮呈，沿用至現代。《皇朝文獻通考·選舉考》："布按二司諮呈爾部。"清薛福成《出使四國公牘序》："公牘之體……其雖平等而稍示不敢與抗者，則曰諮呈。"

諮文

元時行用。同級官署與官吏之間往來的公文。此稱元代已行用。元黃溍《金華黃先生文集》卷一九有《陳乞依舊致仕諮文》。《清會典事例·吏部·滿洲銓選》："承襲官爵者，由該旗諮文到日開缺。"《儒林外史》第四〇回："替他出了一角諮文送部引見。"清薛福成《出使四國公牘序》："公牘之體，曰奏疏，下告上之辭也，曰諮文，平等相告也。"凡可以用諮文的平級機關而又必須表示恭敬之意者用諮呈，沿用至現代。

通關

指通行關照各地照辦之公文。蓋由"關文"演繹而來，此稱僅行於清。《清會典事例·刑部·刑律捕亡·應捕人追捕罪人》："州縣廣緝重犯，不得濫給緝票。先將該犯年貌案由並差役年貌籍貫及所差名數，一面詳明，督撫知照各該省；一面改用通關，給予差役携帶在身，密行偵緝。如有踪迹，即將通關呈報該地方官，添差拿解。如緝無踪迹，仍投換回文，以爲憑驗。"《六部成語·戶部·通關法解》："通關通行關照各處之公文也。"

照會

本謂官署間行文。此稱宋代已行用。宋蘇軾《相度準備賑濟第一狀》："本司已具上項事件，關牒本路轉運提刑司，照會相度施行去訖。"至元代，成爲官署間相互通知的文書之名稱。元石子章《竹塢聽琴》第二折："昨日照會來，説有一個新官下馬，差人接去了。"《金瓶梅詞話》第七〇回："當廳夏提刑拆開，同西門慶先觀本衛行來考察官員照會。"清鄭觀應《盛世危言·郵政上》："凡朝廷之詔旨，臣工之章疏，本管之上下文移，隔省之關提、照會，統謂之公牘。"清末以來，此稱又成爲國家間外交往來的文件之名稱。清薛福成《出使四國公牘序》："大臣出使，有洋文照會者，蓋以此國使臣告彼國外部大臣之辭，亦即兩國相告之辭也。"

【説帖】³

即照會。此義始自清代中期，近世亦間有用之者。清林則徐《會諭義律分別准駁事宜》："本大臣、本部堂查閱此次説帖，尚不及前次之明白。"

文報

公文、書札、案卷。此稱主要行用於近代。清鄭觀應《盛世危言·開源·鐵路》："文報便捷，驛站經費亦可量裁。"

公本

若干人聯名之奏本。此稱僅行用於清人小説。《醒世姻緣傳》第三二回："鄉宦們肯上公本，求聖恩浩蕩，將錢糧或是蠲困免，或暫停徵。"

申文

明清時下級官署呈上的文書。《警世通言·玉堂春落難逢夫》："劉爺做完申文，把皮氏一起俱已收監。"《清會典事例·吏部·書吏》："試期定於每年八月，考試申文、告示各一道，論文義優劣，分別等第。"參閱清黃六鴻《福惠全書·蒞任部·文移諸式》。

白摺²

朝廷應制文書之一種。因由白紙摺叠成册而名。清代朝廷大考，或御史軍機中書教導諸生，皆用白摺。清康有爲《廣藝舟雙楫·原書》："應制之書，約分二種：一曰大卷，應殿試者也；一曰白摺，應朝考者也。"

白摺子

原爲寫公文的摺子，後藉指公文。老舍《二馬》："他考過幾回學部的録事，白摺子寫不好，作録事的希望只好打消。"

印文

蓋有官署印章的公文。此稱主要行用於清代。《清會典·大理寺·會核》："凡應會三法司畫題事件，刑部將稿面鈐蓋司印，注明緣由……用印文移送法司衙門畫題，限十日內亦用印文送回。"

印花

緘封公文的憑證。此稱主要行用於清代。《清會典事例·吏部·漏用印信》："〔乾隆〕三十七年奏准，各省督撫等拜發奏折，俱於夾板之外用棉榜紙封固，接縫處黏貼印花。其奉差出京官員，照例領取兵部印花備用。如有遺漏黏貼印花者，照遺漏用印例，罰俸一年。"

印信

印章、印記。此稱始行用於唐，沿用至今。唐元稹《酬樂天東南行詩一百韻》："斂縉偷印信，傳箭作符繡。"《水滸傳》第二三回："武松讀了印信榜文，方知端的有虎。"

抄白

文件副本。此稱僅行用於明代民間。《水滸傳》第二二回："宋太公三年前出了宋江的籍，告了執憑文帖，見有抄白在此，難以勾捉。"

正鈔

猶今之公文正本。清代從皇帝附還內閣之奏文及諭旨，一送主辦官員，一送有關之官廳。送有關官廳者稱外鈔，與正鈔相對。此稱主要行用於清。《清會典事例·都察院》："凡科鈔，給事中親接本於內閣，各分其正鈔外鈔而下於部。"參見本書《朝制卷·詔誥章奏說·章奏考》"正鈔"文。

外鈔

猶今之公文副本。見"正鈔"文。參見本書《朝制卷·詔言先章奏說·章奏考》"外鈔"文。

長書

亦稱"白箋"。上達公侯尊貴的書呈。此稱宋代已行用。宋趙昇《朝野類要·法令》："萬言書：上進天子之書也。若上公侯，則名之曰長書。"亦有以白紙之信箋藉指上達尊者的文書者。南朝梁任昉《到大司馬記室箋》："謹詣廳奉白箋謝聞。"

【白箋】

即長書。此稱南北朝時期已行用。見該文。

僞書[1]

僞造的文書、信件。此稱漢代已行用。《史記·封禪書》："〔文成將軍少翁〕乃爲帛書以飯牛，詳不知，言曰此牛腹中有奇。殺視得書，書言甚怪。天子識其手書，問其人，果是僞書。於是誅文成將軍，隱之。"《史記·貨殖列傳》："吏士舞文弄法，刻章僞書，不避刀鋸之誅者，沒於賂遺也。"明沈德符《萬曆野獲編·吏部·贗書》："鍾會作僞書以賺寶劍。"

邸報

亦稱"邸抄"。古時由官方定期發布的政情通報。漢唐時地方長官設"邸"於京師，邸中傳抄詔令、章奏、官吏任免等政治資訊，以報知諸藩，故名。後漸由私行改爲官辦。隨時代不同，邸報有多種類型。唐人有"雜報""報狀"，唐玄宗時期發行的《開元雜報》載有起居注、詔令奏議、廟堂會議等內容；宋代有"朝報""小報"等名目，漸由朝廷編發；清代改稱"京報"，但習慣上仍沿稱"邸報"。明以後其編刊發行趨於完善，開近代報紙之先河。明末始有活字版印本，清代并專設京報房，由朝廷委托報房商人經營，其裝訂形式亦由散頁改爲册裝。宋蘇軾《小飲公瑾舟中》詩："坐觀邸報談迁叟，閑説滁山憶醉翁。"宋尤袤《全唐詩話·韓翃》："邸報制誥闕人，中書兩進名，不從，又請之，曰：'與韓翃。'"清查慎行《人海記·左良玉犯闕》："乙酉，南京立國，監軍御史黃澍與士英構隙，僞傳邸報，藏太子詔，召良玉入清君側。"《儒林外史》第一回："危老爺已自問了罪，發在和州去了，我帶了一本邸抄來與你看。"王先謙增補《東華録·順治》卷一六載，順治八年閏二月"癸丑，大學士剛林等奏：臣等纂修《明史》，查天啓四年及七年六月《實録》並崇禎一朝事蹟俱缺，宜敕内外各官廣示曉諭：重懸賞格，凡鈔有天啓、崇禎《實録》或有彙集邸報者，多方購求，期於必得。"據今人潘天楨考證，現藏南京圖書館乾隆三十五年（1770）、三十八年、四十二年活字印《題奏事件》應是清代中期印行的日報，是我國最早報紙的現存實物。該報共一百零三天，每天三頁，竹紙單面排印。每頁無邊框，也無

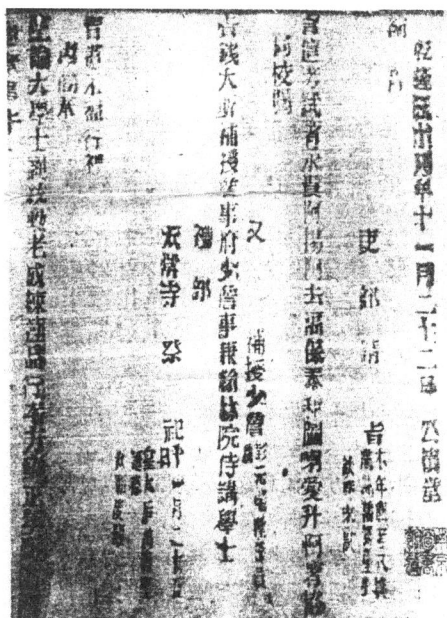

乾隆三十八年（1773）版《題奏事件》
（南京圖書館藏）

行綫，但有版心，版心上印"題奏事件"四字，下印"一""二""三"是當天的頁數編號。對摺後的報紙高寬比現在出版的十六開雜志稍大，形式如綫裝本古籍。每天首頁第一行均印出版日期和出版者。參閲清顧炎武《日知録·邸報》。

【邸抄】

即邸報。此稱清代已行用。見該文。

【告報】

即邸報。此稱宋代已行用。宋蘇軾《辭起居郎狀》："右臣今月十九日准閤門告報，已有告命，除臣起居郎者。"宋陸游《老學庵筆記》卷三："紹興末，史魏公爲參政，始命書吏鏤版從邸吏告報，不受雙書。"

雜報

邸報之一種。此稱唐代已行用。唐代有《開元雜報》。唐孫樵有《讀〈開元雜報〉》文。見"邸報"文。

報狀

邸報之一種。内容多載軍政消息、學術資訊、農事、氣象等。此稱唐代已行用。唐王建《贈華州鄭大夫》詩："報狀拆開知足雨，敕書宣過喜無因。"宋陸游《老學庵筆記》卷七："一日朝士同觀報狀，見嶺南郡守以不法被劾。"

朝報

邸報之一種。朝廷用以傳布文書政令的政情通觀。凡邸報、閣抄，外地統謂之朝報。多見於宋以後。宋周麟之《〈跋光君講春秋序復〉文》："初，王荆公欲釋《春秋》以行天下，而莘老之書已出，一見而有慕心，自知不復能出其右，遂詆聖經而廢之，曰此斷濫朝報也。"明湯顯祖《還魂記·悼殤》："朝報高昇。"參見本

書《朝制卷·文告簿籍説·文移告示考》"朝報"文。參閲宋趙昇《朝野類要·朝報》、清王士禛《池北偶談·談故四·朝報》。

小報

邸報之一種。此稱宋代已行用。宋方大琮《鐵庵集》卷一五："某燈夕得章貢録到小報，知除目在臘八。"

塘報 [2]

邸報之一種。屬軍事情報。此稱始行用於明。明張居正《奉諭擬遼東賞功疏》："該同官大學士呂調陽等，録示閣中題稿，並該鎮塘報，傳奉聖意，欲臣議擬處分。"

京報

舊時由京師寄往外省的公文和法令，統稱京報。此物始行用於漢。漢代之郡國，唐代之藩鎮均在京師設邸，用以"通奏報，待朝宿"。其所抄發的皇帝諭旨和大臣奏議等官方文書以及有關的政治情報，其稱大致是宋明時期曰"邸報"，清

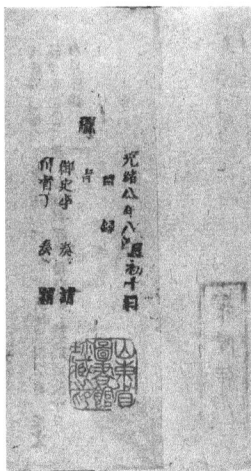

清光緒八年（1882）八月初十日《京報》（山東省圖書館藏）

乾隆、嘉慶年間曰"題奏事件"，道光、咸豐起名"京報"。參閲《六部成語注解·京報起源》。

報紙

傳播新聞的印刷物。其形式爲散頁，出版周期固定。中國的報紙，是19世紀初期自外國傳入的。初時亦有據外文直譯爲新聞紙者，如清道光十九年林則徐所辦之《澳門新聞紙》。《二十年目睹之怪現狀》第八回："又書所見云'料來不少芸香氣，可惜狂生在上風'之類，不知他怎麼都選在報紙上面。"梁啓超《變法通議·論不變法之害》："報紙免税之議，起於道光十六年。"

【報章】

即報紙。此稱民國時期已行用。魯迅《書信集·致章廷謙》："果然，有幾種報章，又對我大施攻擊。"巴金《談〈新生〉及其他》："我爲了那一個時期的安静而愉快的生活，至今還感激、懷念那些姓名不曾上過報章的小人物。"

叢報

雜志之早期稱呼。如《新民叢報》等。此稱始行用於清末，沿用至今。清梁啓超《清議報一百册祝辭并論報館之責任及本館之經歷》之二："若此者，日報與叢報（叢報指旬報、月報、來復報等，日本所謂雜志者是也），皆所當務，而叢報爲尤要。"

第二節　契券考

"契券"始爲刻以爲約之意。《説文·刀部》："券，契也……券別之書，以刀判契其旁，故曰契券。"契券即人們在交往中，將約定的事項用刀、筆等工具，刻或寫在金屬、木材、

紙帛等物體上，以作爲對許諾事項的憑信。《周禮·地官·質人》："書契，取予市物之券也。其券之象，書兩札，刻其側。"段玉裁注"券"字曰："兩家各一之書牘，分刻其旁，使可兩合以爲信。"傳說契券發明於上古時期的伏羲氏。他教會人們將兩塊木板拼合在一起，在中縫刻上幾道痕代表數目，然後由雙方各執一塊作爲憑據，這就是最早的契券。它透露了原始社會末期出現的簡單商品交換的信息。《左傳·文公六年》："董逋逃由質要，治舊洿本秩禮。"杜預注："質要，券契也。"孔穎達疏："謂斷争財之獄，用券契正定之也。"此"券契"與"契券"同一義也。後世二者多交叉行用。《戰國策·齊策》："於是約車治裝，載券契而行。"《管子·輕重甲》："定券契之齒，釜鏂之數。"

至春秋戰國時代，契券的形制、内容、名稱及應用範圍都發生了巨大的變化。行用於商品交易中的契券稱"質劑"。買賣雙方成交後，在該憑證上畫押。然後各執一半，以爲憑信。《周禮·地官·質人》："凡買賣者質劑焉，大市以質，小市以劑。"《周禮·地官·司市》："以質劑結信而止訟。"漢代鄭玄認爲，質是一種長券，用於購買人口、牛馬一類大宗買賣；劑是一種短券，用於購買兵器、珍異之物一類小宗買賣。兩者都由官府設置的主管市場的質人替買賣雙方製發。行用於發生租借、抵押等關係雙方的券契稱質要。當然，行用最多的是契、券等，又稱判書、傅別、分支、書契。《周禮·秋官·朝士》："凡有責者，有判書以治則聽。"《周禮·天官·小宰》："四曰聽稱責以傅別。"鄭玄注："傅別，謂券書也。聽訟責者，以券書決之。"《周禮·天官·小宰》："六曰聽取予以書契。"鄭玄注："鄭司農（衆）云：'書契，符書也。'玄謂書契，謂出、予、受、入之凡要，凡簿書之最目，獄訟之要辭，皆曰契。"其形式均爲一分爲二，雙方各執其一，作爲憑信。略有區别的是：質劑爲手書一札，前後文相同而從中分開，雙方各執半札；傅別則在契券中間寫上"中"字，從"中"字中間分開，雙方各執其半；書契則是書寫兩札，使雙方各執一札，更接近於現代合同的一式兩份。

戰國及其以後，契券的行用範圍主要有行用於統治階層的"符""鐵券"，行用於民間的借貸契券和行用於官民之間的税契、地券等。

"符"是古代君臣之間的一種契券，是古代君主授予臣下的信物，作爲傳達命令或調遣軍隊的憑證。戰國時期信陵君"竊符救趙"故事中的"符"即此。符多以銅鑄，也有金、玉、竹、木製成。如《史記·吕不韋列傳》："乃與夫人刻玉符，約以爲適嗣。"又因其形狀多爲虎形、魚形，故稱爲"虎符""魚符"。"符"從中剖開分爲兩半，有關雙方各執一半，使用時兩半相驗合，即表示可信。戰國時期的兵符爲虎符，唐時改用魚符。唐魚符分左右兩半，中縫處刻"合同"二字，分開後每半邊都是半個字，合在一起即爲合同。宋代時仍使用魚符作爲發兵的憑證。另外，唐宋時門衛開啟殿門也要使用魚符，但這種魚符同兵符有些區別。它是刻檀木爲魚，另刻檀木坎，正好容魚；坎放在門使處，魚留在宮中，魚坎相合纔開殿門。

鐵券之制，源於漢代。《漢書·高帝紀》載，劉邦戰勝項羽登上皇帝寶座後，"又與功臣剖符作誓，丹書鐵券，金匱石室，藏之宗廟"。時分封功臣有一定的典禮和儀式，其誓詞是："使黄河如帶，泰山若礪，國以永存，爰及苗裔。"其意爲即使奔騰的黄河變得像帶一樣的細流，高大的泰山變成一塊磨刀石，被封的國家也永遠存在，且傳給子孫後代。因該誓詞是用丹砂書寫於鐵製券之上，故又爲"丹書鐵券"，亦可叫作"誓書鐵券"。既是契券，爲了取信和謹防假冒，將鐵券從中剖開，半存諸侯王，半存朝廷。至唐，鐵券則漸變成嵌金，且又賦予其免死等特權。據明陶宗儀《輟耕録》載，唐王朝封吳越王時的鐵券，"形宛如瓦，高尺餘，闊二尺許，券詞黄金商嵌。"内容除所封的爵銜、官職、邑地及據以受封的功績外，特別刻有："卿恕九死，子孫三死，或犯常刑，有司不得加責。"明時的鐵券基本依照唐代而未變，據清凌揚藻《蠢勺編》卷四〇記："台州民錢允一，有家藏吳越王鏐唐賜鐵券。洪武初，太祖欲封功臣，遣使取其式而損益之。其制如瓦，第爲七等……外刻歷履恩數之詳，以記其功。中鎸免罪減禄之數，以防其過。字嵌以金，凡九十七副，各分左右，左頒功臣，右藏内府。有故，則合之以取信。"《水滸傳》第五二回，柴進告道："小人是柴世宗嫡派子孫，家門有先朝太祖誓書鐵券。"

秦漢時代，除沿用先秦的契券之外，還出現了買賣奴隸的契券，如《全上古三代秦漢三國六朝文·僮約》記載了一件買賣奴婢的事，生動細緻地描寫了買賣雙方從談判到訂立契券的全過程。走馬樓考古出土的孫吳簡"吏民田家莂"大木簡亦屬此類。還出現地券，魏晋南北朝始廣泛行用於社會。其質地有金屬、石、磚等。安徽當塗龍山橋鄉雙梅村曾發現一件孫吳時期的地券。券爲錫質，青色，呈扁條形。長35.8厘米，寬4.3厘米，重350克。券文三行九十一字。券文内容是孟氏的後人爲其購買墓地以及基地的四至、地價、制定契券的時間等，并標明墓主人的身份和祖籍。1991年，甘肅寧縣博物館發現一件五代後周的買地券。該券紅褐色，石質，略呈方形，長38厘米，寬53厘米，厚5.6厘米。自左至右豎行楷書，陰刻，共十二行，滿行十三個字，全文一百四十二字。内容記其所買土地的四至、時間等。1989 年，洛陽附近發掘金代墓葬出土一件買地券，爲青灰色磚質，略呈方形，長 31.7 厘米，寬 33 厘米，厚 5.2 厘米。從右至左竪行行楷，朱書，共十一行，每行二十二至二十四字，約二百七十字。内容爲記其所買土地的大小、時間等。（參見《文物》1987 年第 4 期、1997 年第 9 期等）

自唐代以後，民間土宅的買賣均須“立券報官”。如《文獻通考·徵榷》：“民間典賣田産，必使之請官契，輸稅錢。”時交易者成交後，要按規定繳納契券稅。而後官府在契券上蓋公章稱爲“官契”或“稅契”。由於印章印迹是紅色的，稱作“赤契”，元明清稱作“紅契”或“朱契”。與此相反，未納稅者則稱爲“白契”。

元承唐宋，土地買賣亦須投稅，而後發給契券，成爲土地合法買賣的憑證。安徽博物院現藏元延祐二年（1315）契券。該契券質地爲檀皮紙，木版印刷，由辦稅人填寫土地買賣人姓名、地價等項目，有司蓋有五印（印文已漫漶不清）。原件高 30 厘米，寬 34.5 厘米，周飾纏枝花紋邊。内容爲購買土地的時間、價格、等次。

至清又對土地之租佃有詳細的規定，以防引起争端。據《青田縣志·風土志·争佃》記載：“按發札（指賣方執約）、承札（指買方執約）必寫兩紙，中寫合同兩字。將出佃、墾佃、買佃、招佃據實注明，更將賣佃未賣佃、有工本無工本、有佃皮無佃皮據實注明，訟端自息。”

同時，行用於民間的借貸契券亦是較爲普遍的。古代把債分爲“欠負”與“負債”二種。欠負係因“借”引起，即借用及其他契券所負債務；負債係因“貸”引起，即借貸所負的債務。在出土的居延漢簡中，有討債務契券。前者通常分上下兩欄，上欄記債權人的姓名、身份，下欄記債務人的姓名、身份及債的内容；後者則相反，上欄記債務人的姓名、身份，下欄記債權人的姓名、身份及債的内容。唐律和宋律都規定應區別對待不同的負債，“欠負”與不出舉的“負債”同等看待，債務人不履行債務時，債權人可以向官府控告；而對於出舉的“負債”（唐代通稱舉貸），如發生糾紛，官府不予受理。至明清時期則有“債契”“借券”“借約”“借票”“借據”等稱，多是向人借取錢物時所寫之書面憑據，由借物人開具，出借人保存。

而契券的擔保自先秦時代就有記載。《周禮·大司徒》“使之相保”漢鄭玄注“保，猶任也”，“任”即見證人。有的還規定必須由特定的人員到場簽名畫押，監督契券的簽訂。如田宅買賣，親屬、鄰居必須到場，或簽押或在賣契上寫上“邀同親屬某、鄰居某到場”

的字樣；分家契券須有房族尊長及親屬長輩等到場畫押。後來，一般契券亦要有中人簽押。明清時，擔保人還要出具字據、認保書等憑據，承諾爲契券雙方擔保。清黃六鴻《福惠全書·蒞任部·考代書》："投具認保狀。"

清乾隆三十八年（1773），浙江布政司發布告示説："民間執業，全以契券爲憑。其契載銀數或百十兩或數千兩，皆與現銀無異。是以民間議價立契之時，必一手交銀，一手交契，從無將契券脫手付與他人收價之事……蓋有契，斯有業，失契即失業也。"這表明契券在社會經濟及民間交流中的作用日益加强。清末民初，隨着西方契約制的傳入，古老的契券制更趨成熟。

信

亦稱"信符"。泛指憑據。此稱先秦時期已行用。《墨子·號令》："大將使人行守，操信符。信不合，及號不相應者，伯長以上輒止之。"《周禮·地官》："掌節，上士二人。"漢鄭玄注："節猶信也，行者所執之信。"《史記·刺客列傳》："今行而毋信，則秦未可親也。"《警世通言·陳可常端陽仙化》："告恩王，錢原許妾供養，妾亦怕他番悔，已挈了他上直朱紅牌一面爲信。"

【信符】

即信。此稱先秦時期已行用。見該文。

契券

亦稱"券契"。契據、證券、憑證、合同書。人們於社會活動中彼此認定的具有約束力的文字載體。自私有制出現之後，契券亦相應而生。此稱先秦時期已行用。《荀子·君道》："合符節，別契券者，所以爲信也。"《戰國策·齊策四》："於是約車治裝，載券契而行。"《管子·輕重甲》："定券契之齒，釜鏂之數。"《魏書·釋老志》："或償利過本，或翻改券契，

侵蠹貧下，莫知紀極。"宋張齊賢《洛陽搢紳舊聞記·白萬忏遇劍客》："有賈客乘所借馬過門者。白之左右，皆識之，聞於白。詰之，曰：於華州八十千買之。契券分明，賣馬姓名易之矣。"參見本書《朝制卷·牌符票證説·票證考》"契券"文。

【券契】

即契券。此稱先秦時期已行用。見該文。

【券書】

即契券。亦稱"約劑""券帖""券約"。此稱先秦時期已行用。《周禮·春官·大史》："有約劑者。"漢鄭玄注："約劑，要盟之載辭及券書也。"《史記·孟嘗君列傳》："貧窮者，燔券書以捐之。"有學者根據新疆樓蘭遺址的殘簡和甘肅敦煌懸泉驛出土的簡牘，認爲兩漢和魏晉的券書制度主要有左右券別券和正背券別券兩種形式。在長沙走馬樓出土的孫吳簡牘中，發現其木券書亦證明上述推斷的準確性。《南史·范述曾傳》："後有吳興丘師施亦廉潔稱，罷臨安縣還，唯有二十籠簿書，並是倉庫

券帖。"宋洪邁《夷堅甲志·死卒致書》："走卒乃丞相所遣至李氏者，道死於嵊縣。縣人檢屍得其券帖。"宋蘇舜欽《檢書》詩："墜亡多玩愛，存聚必券帖。"清黃六鴻《福惠全書·刑名部·債負》："債負必以券約爲憑。"

【約劑】

即券書。此稱先秦時期已行用。見該文。

【券帖】

即券書。此稱南北朝時期已行用。見該文。

【券約】

即券書。此稱清代已行用。見該文。

【判書】

即契券。此稱先秦時期已行用。《周禮·秋官·朝士》："凡有責者，有判書以治則聽。"漢鄭玄注："判，半分而合者，故書判爲辨。"唐孔穎達疏："判，半分而合者，即質劑傅別分支合同，兩家各得其一者也。"南朝梁劉勰《文心雕龍·書記》："券者，束也。明白約束，以備情僞，字形半分，故周稱判書。"

【書契】

即契券。此稱先秦時期已行用。《周禮·天官·小宰》："六曰聽取予以書契。"漢鄭玄注："鄭司農（衆）云：'書契，符書也。'玄謂書契，謂出、予、受、入之凡要。凡簿書之最目，獄訟之要辭，皆曰契。"孫詒讓正義："凡以文書爲要約，或書以符券，或載於簿書，並謂之書契。"《周禮·地官·質人》："掌稽市之書契。"漢鄭玄注："書契，取予市物之券也。其券之象，書兩札，刻其側。"參見本書《朝制卷·牌符票證說·票證考》"書契"文。

【傅別】

即契券。其式中剖爲二，雙方各執一以核對。剖分後雙方所執之券亦稱"別券"。此稱先秦時期已行用。《周禮·天官·小宰》"四曰聽稱責以傅別。"鄭玄注："傅別，謂券書也。聽訟責者，以券書決之。傅，傅著約束於文書；別，別爲兩，兩家各得一也。"又《秋官·士師》"凡以財獄訟者，正之以傅別、約劑。"漢鄭玄注："傅別，中別手書也。"《管子·內言》："問人之貸粟米有別券者，幾何家。"

【別券】

即傅別。將傅別剖分而成的券據。此稱先秦時期已行用。見該文。

質劑

亦作"劑劑"。亦稱"下手書""畫指券""印牒"。契券之一種。多用於商品交易。買賣雙方成交後，在該憑證上畫押，然後各執一半，以爲憑信。此稱先秦時期已行用。《周禮·地官·質人》："凡買賣者質劑焉，大市以質，小市以劑。"《周禮·地官·司市》："以質劑結信而止訟。"漢鄭玄注："質劑，謂兩書一札而別之也，若今下手書。"唐賈公彥疏："漢時下手書，即今畫指券，與古'質劑'同也。"《廣韻·人質》："劑劑，券也。長曰劑，短曰劑。《周禮》作質劑。"明代亦稱"印牒"，并由官府統一印發給商品交往之經紀人。《通雅》："下手書，即畫指券也……今經紀當行，官給印牒，是其遺制。"

【下手書】

即質劑。此稱漢代已行用。見該文。

【畫指券】

即質劑。此稱唐代已行用。見該文。

【劑劑】

同"質劑"。此體宋代已行用。見該文。

【印牒】

即質劑。此稱明代已行用。見該文。

劑

契券之一種。訴訟雙方之具結文書。此稱先秦時期已行用。《周禮・秋官・大司寇》："以兩劑禁民獄。"鄭玄注："劑，今券書也。"賈公彥疏："劑謂券書者，謂獄訟之要辭。"孫詒讓正義："蓋與今篏獄之責具結狀略相類。"

質要

契券之一種。主要用於發生買賣、租借、抵押等關係之雙方，以爲憑信。此稱先秦時期已行用。《左傳・文公六年》："董逃由質要，治舊洿本秩禮。"杜預注："質要，券契也。"唐孔穎達疏："謂斷爭財之獄，用券契正定之也。"

僮約

亦稱"獻狀"。契券之一種。賣身契。此稱漢代已行用。漢代王褒作《僮約》，以記奴婢僕役契約，後因以泛稱主奴契約。《警世通言》卷八《崔待詔生死冤家》："璩公歸去與婆婆説了。到明日寫一紙獻狀獻來府中，郡王給與身價，因此取名秀秀養娘。"清趙翼《僮約》詩："僮約雖頒十數條，守門奴已出游遨。"

【獻狀】

即僮約。此稱明代已行用。見該文。

伍符

契券之一種。指各伍軍士相互作保的憑證。此稱漢代已行用。《史記・張釋之馮唐凛列傳》："夫士卒盡家人子，起田中從軍，安知尺籍伍符？"司馬貞索隱："伍符者，命軍人伍伍相保，不容奸詐也。"唐李靖《李衛公問對》："漢制有尺籍伍符，後世符籍以紙爲之，於是失其制矣。"後亦泛指有關軍中賞罰制度的文件、記錄。《新唐書・班宏傳》："今軍在節度，雖有尺籍伍符，省署不校也。"清錢謙益《兵部職方清吏司主事王弘祖授承德郎制》："尺籍伍符之必計，而一粒一錢之不遺。"

帖子 [3]

單稱"帖"。契券之一種。多用於質當或過付財物。此稱南北朝時期已行用。《南史・蕭坦之傳》："檢家赤貧，唯有質錢帖子數百。"《金史・百官志三》："出帖子時，寫質物人姓名，物之名色，金銀等分兩，及所典年月日，錢貫，下架年月之類。"《紅樓夢》第一四回："鳳姐命彩明要了帖念過，聽了一共四件。"

【帖】 [3]

"帖子 [3]"之單稱。此稱清代已行用。見該文。

單

契券之一種。記錄事物之清單、票據。此稱唐代已行用。唐鄭望之《膳夫錄》："韋僕射巨源有燒尾宴食單。"宋胡太初《晝簾緒論・聽訟》："不若令自逐一披覽案卷，切不要案吏具單。"元楊瑀《山居新語》："李公一日遣人來杭果木鋪買砂糖十斤，取其鋪單，因計其價，比之官費，有數十倍之遠。"

身券

契券之一種。即解除軍籍的身份證明。此稱唐代已行用。唐陸贄《平朱泚後車駕還京大赦制》："如有年老及疾患尪弱，不任軍旅，願歸鄉里者，並給身券。"

地券

亦稱"地符""地契"。契券之一種。土地買賣時訂立的契約文書。此稱唐代已行用。《舊唐書・盧群傳》："盧載初喻少誠，還地券，君子哉。"《續資治通鑑長編·宋神宗元豐六年》："〔朱信〕後又詣尚書省，自言家有古書可案，取視之，乃唐中和七年地契。"《宋史·食貨志上二》："方量畢，以地及色參定肥瘠而分五等，以定稅則，至明年三月畢，揭以示民，一季無訟，即書户貼，連莊帳付之，以爲地符。"據《文物》1987年第4期：安徽當塗文管所在龍山橋鄉雙梅村發現一件東吳時期的地券。券爲錫質，青色，呈扁條形。長35.8厘米，寬4.3厘米，重350克。券文三行九十一字。録文如下："吳故夷道督奮威將軍諸暨都卿侯會稽孟贇。息男壹爲贇賈男子周壽所有丹楊無湖馬頭山冢地一丘，東出大道，西極山，南北左右各廣五十丈，直錢五十萬，即日交畢。關連橋刺奸，齊謹破券，以解是爲明。鳳皇三年八月十九日對共破券。"券文内容係孟贇後人爲其購買墓地以及墓地的四至、地價、制定契約的時間等語，并説明了墓主人的身份和祖籍。參閲當塗文物管理所《當塗縣發現東吳晚期地券》。

【地符】

即地券，此稱宋代已行用。見該文。

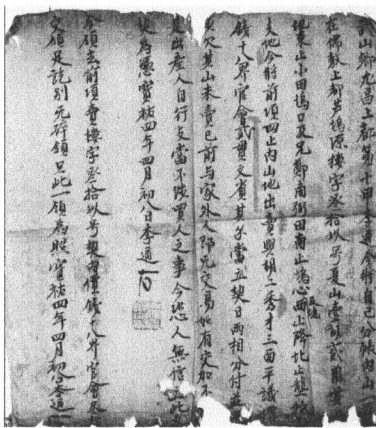

宋寶祐四年（1256）地契
（山東省圖書館藏）

【地契】

即地券，此稱宋代已行用。見該文。

【契書】

即地券。此稱唐代已行用。《舊唐書·盧群傳》："及〔盧群〕爲節度使至鎮，各與本地契書，分付所管令長，令召還本主，時論稱美。"《文獻通考·田賦考》："宋紹興十二年，令各鄉造砧基簿，詔人户田産，多有契書，而今來不上砧基簿者，皆没官。"宋曹彦約《新知澧州朝辭上殿劄子》："夫契書者，交易之祖也；砧基簿者，税役之祖也。"

碑券

契券之一種。記載田地所有權的石碑。此稱明代已行用。明徐紘《明名臣琬琰續録》卷一六："而殺其夫，匿其碑券，以强占民田。"清黄六鴻《福惠全書·雜課部·學租》："歷稽碑券。"

分支帳

契券之一種。分家析産的契據。此稱宋代已行用。《資治通鑑·梁武帝天監十六年》："即令行臺軍司給壹，當中豎裂，一支付勳人，一支送門下。"胡三省注："此韓愈《寄崔立之》詩所稱'當如合分支'者也，今人亦謂析産文契爲分支帳。"

甘結

契券之一種。甘願具結、畫押保證之文書。此稱宋代已行用。宋宋慈《洗冤集録·聖朝頒降新例·檢驗法式》："仍取苦主並聽一干人等，連名甘結，依式備細開寫當日保結。"元郭畀《雲山日記》："到省中領文書，取回甘結。"明高明《琵琶記·義倉賑濟》："左右與他取了甘結。"

付身

亦稱"牌面"。一種身份憑證。此稱宋代已行用。宋李綱《與呂安老提刑書》之二："有一項潰兵犯瀏陽……遣陳照、李建等禦之，已逼逐出境。殺獲五十餘人，腰間得付身，皆江西帥司所給者，乃信傳言之妄。"《續資治通鑑・宋孝宗淳熙四年》："近來軍中之弊，以漸而革。如逃亡事故付身，有家累者批鑿，無家累者焚毀，數年之間，免冒濫者多矣。"至元時官吏證明自己官職身份的憑證稱"牌面"。《元典章・禮部・牌面》："內外諸官員懸帶前職牌面，及有金牌換授虎符，亦不曾將前職牌面回納並罷職身，故官員牌面俱各未曾解納，擬合追收。"《元史・兵志四》："使臣無牌面文字，始給馬之驛官及元差官，皆罪之。有文字牌面，而不給驛馬者，亦論罪。"《水滸傳》第一一九回："當時盡收拾損折將佐的官誥牌面，送回京師，繳納還官。"

【牌面】

即付身。此稱元代已行用。見該文。

白契

契券之一種。舊時買賣田宅的原始文契。因其未向官府納稅，未經官府蓋印認可，故名。此稱宋代已行用。宋鄭剛中《論白契疏》："竊見典賣田宅，法限六十日投印，又六十日請契。恐其故違限約，則扼以倍納之稅，恐其因倍而畏，則寬以赦放之限。疑若無弊矣，而其弊今有不勝言者。買產之家，類非貧短，但契成則視田宅已爲己物，故吝惜官稅，自謂收藏白契，不過倍納而止。"

軍令狀

接受軍令後所立的保證文書。其上一般載明，如不能完成任務，願受軍法處置等項內容。此稱宋代已行用。宋王明清《揮麈後錄》卷六："范德孺帥慶州日，忽夏人入寇，圍城甚急……麾下有老指揮使獨來前曰：'願勒軍令狀，保無它。'"《警世通言》卷八《崔待詔生死冤家》："那秀秀兀自在櫃身裏坐地，見那郭排軍來得怎地慌忙，却不知他勒了軍令狀來取你。"

遺券

契券之一種。謂人死後遺留之債務契據。此稱宋代已行用。《宋史・李周傳》："其族晚得遺券，周取以還之。"

宅券

契券之一種。房屋所有權之憑據。此稱宋代已行用。《宋史・陶穀傳》："〔李〕崧自北還，因以宅券獻逢吉，逢吉不說，而崧子弟數出怨言。"清袁枚《隨園隨筆・今人所不爲而古人大賢爲之》："余按：邵康節宅券用溫公戶名，田券用富公戶名。此事若在後人，必以爲托足權門矣。"

牌票

契券之一種。各級官署下發的命令性公文，差役可以此爲執行的憑證。此稱明代已行用。《明經世文編》卷一四〇康海《與姜武功計處樊伸等賊攻犯事宜》："然後索其所執關文牌票，果是真實，方令守門布列執兵之人，開門照數放入。"沿用至近代。《紅樓夢》第九三回："賈璉道……這是本官不知道的，並無牌票出去拿車，都是那些混賬東西在外頭撒野擠訛頭。"《儒林外史》第四回："現今奉旨禁宰耕牛，上司行來牌票甚緊。"

文書 [2]

契券之一種。係一種字據。此稱元代已行

用。元佚名《貨郎擔》第二折："恐後無憑，立此文書爲照。"《水滸傳》第四六回："屍首着仰本寺住持，即備棺木盛殮，放在別處，立個互相殺死的文書便了。"《二刻拍案驚奇》："便寫了一張情願受雇專管牧畜的文書。"

交單

契券之一種。上交財物之單據。此稱明代已行用。《明律·戶律四》："若將侵欺借貸那移之數，乘其水火盜賊，虛捏文案，及扣換交單籍册，申報瞞官者，並計贓，以監守自盜論。"

借契

亦稱"借票""借券""借約""借據"。契券之一種。向人借取錢物時所寫之書面憑據。由借物人開具，出借人保存。此稱明代已行用。明范受益、王錂《尋親記·遣役》："立借契人周羽，爲因缺欠使用，情願借到張處白銀。"明黃佐《泰泉鄉禮》卷四："當告該甲轉告約正人等立借票一紙"。清李漁《慎鸞交·債餌》："小女是許過人家的，不便寫在紙上，只立一張借契便了。"又："少不得是張借券。"清鄭觀應《盛世危言·國債》："聞中國借券之股份，中外人爭購之。"清李漁《慎鸞交·雪憤》："起先寫的是借約，後來討起債來，忽然換做質身文契。"清黃六鴻《福惠全書·刑名部·債負》："假立借約，轉會取討。"《二十年目睹之怪現狀》第四六回："我接過來一看，不覺吃了一驚，原來是我伯父親筆寫給他的一百兩銀子借票。"又第九六回："仗着他老子的臉，人家都相信他，商定了利息，訂定了日期，寫了借據。"

【借票】

即借契。此稱明代已行用。見該文。

【借券】

即借契。此稱清代已行用。見該文。

【借約】

即借契。此稱清代已行用。見該文。

【借據】

即借契。此稱清代已行用。見該文。

五花度牒

契券之一種。官府簽署之度牒，上有多種花押，爲舊時僧道出家之書面憑證。此稱明代已行用。《水滸傳》第四回："〔趙員外道〕：'我曾許下剃度一僧在寺裏，已買下一道五花度牒在此，只不曾有個心腹之人，了這條心願。'"

分書

亦稱"分關"。契券之一種。子孫分析祖先遺産時所立之契據。此稱明代已行用。《醒世恒言·徐老僕義憤成家》："那些親鄰看了分書，雖曉得分得不公道，都要做好好先生……勸慰顏氏收了進去，入席飲酒。有詩爲證：分書三紙語從容，人畜均分票至公。老僕不如牛馬用，擁孤孀婦泣西風。"《古今小説》卷一〇："取出父親親筆分關，請梅氏母子到來，公同看了。"清平步青《霞外攟屑·分支分書》："若析産符券，則名分書。"

【分關】

即分書。此稱明代已行用。見該文。

火票

契券之一種。傳送緊急公文之憑據。言火者，謂其急也。此稱清代已行用。徐珂《清稗類鈔·物品·火票》："凡馬遞公文，皆用兵部憑照，令沿途各驛接遞，謂之火票。言其急速如火也。"

吐退

契券之一種。一種字據，多是因某種原因退還契約時所立。此稱明代已行用。明王陽明《批右江道斷復向武州地土呈》：〔王仲金馮一〕情願陪償，吐退歸一。"《儒林外史》第一六回："你哥聽人説，受了原價，寫過吐退與他，銀子零星收來都花費了。"

記色

契券之一種。書面憑據。此稱清代已行用。《金瓶梅詞話》第八五回："他教你回個記色與他，或寫幾個字兒稍了去，方信我送的有個下落。"

紙筆

契券之一種。多用於民間社會交往。此稱清代已行用。《官場現形記》第四四回："我的老爺，事情隔了二十多年，中人已經死了，那裏去找中人？橫竪有紙筆爲憑，被告肯認帳就是了。"

當票

亦稱"典票""當契"。當鋪開具給典當者的票據。上載當鋪名、所當物品名、抵押價款、交押款人收執、質押期限等。此稱清代已行用。《紅樓夢》第五七回："一語未了，忽見湘雲走來，手裏拿着張當票，口内笑道：'這是什麼帳篇子？'"清褚人穫《堅瓠五集・貧士徵》："典票日增，質物日减。"清毛祥麟《三略彙編・小刀會記略》："章公字可元……囊固空，死後檢其笥，惟典票數十張。"清悟明《敕建報恩寺梵利志》卷六："塔班租約四紙，又當契一紙。"

【典票】

即當票。此稱清代已行用。見該文。

【當契】

即當票。此稱清代已行用。見該文。

【質券】

即當票。此稱金代已行用。《金史・李晏傳》："故同判大睦親府事謀衍家有民質券，積其息不能償，因没爲奴。"

保狀

契券之一種。由保證人填寫的有一定格式的保證書。此稱宋代已行用。《晦庵先生朱文公文集續集》卷六："保狀已納還仲本，印紙今並附其人持歸"。清黄六鴻《福惠全書・錢穀部・催徵》："取其糧房總書保狀，實保結得某裏甲某堪應户頭，總催某年分本甲花户錢糧。"

認保狀

契券之一種。承認爲別人擔保的文書。多由某人因對某人某事所作承諾而出具。此稱清代已行用。清黄六鴻《福惠全書・蒞任部・考代書》："投具認保狀。"

包管

契券之一種。保證書。此稱清代已行用。《儒林外史》第五二回："老哥如不見信，我另外寫一張包管給你。"

關書

聘請書。用來聘請塾師或幕僚之憑證。其上寫有任期、職位和酬金數目。此稱清代已行用。清佚名《都門竹枝詞・教館》："關書聘禮何曾見，自僱驢車搬進來。"《老殘游記》第三回："那們就下個關書去請。"

紅票

取錢憑據。舊時錢肆所用，常以彩箋書寫，故稱。此稱明代已行用。明李夢陽《奉送大司馬劉公歸東山草堂歌》："白金之鋌紅票記，寶鈔生硬鴉翎黑。"清富察敦崇《燕京歲時記·紅票兒》:"錢肆取錢之帖謂之票子。每屆歲除,凡富貴之家,以銀易錢者,皆用彩箋書寫,謂之紅票兒。亦取其華美吉祥之意。"《金瓶梅詞話》第二六回:"知縣自恁要做分上,胡亂差了一員司吏,帶領幾個仵作來看了,自買了一具棺材,討了一張紅票。"

批子

契券之一種。用於支取銀錢的字據。此稱明代已行用。《醒世恒言·鄭節使立功神臂弓》:"張員外道:'没在此間,把批子送我宅中質。'"《水滸傳》第二一回:"也好,你取紙筆來,我寫個批子與你去取。"

第四章　簿籍説

第一節　簿册考

簿册，即用於記録之册籍，如名簿、記事簿、賬簿等。上古無紙，録之於竹木之片，故稱。《説文·寸部》中有"薄"無"簿"，段玉裁注曰"蓋後人易草爲竹以分別其字耳。"《説文·寸部》："專，六寸簿也。"清段玉裁注曰："六寸簿，蓋笏也。《釋名》曰：笏，忽也。君有命則書其上，備忽忘也。"又《説文·竹部·籍》："籍，簿書也。"段玉裁注曰："凡著於竹帛皆謂之籍。"由此可知，最早的"簿"祇是一種記録君命朝事的竹製手板。後世的各種簿册之義概源於此。

據唐賈公彦考證，最早的"簿"見於《周禮·天官·小宰》："六曰聽取予以書契。"漢鄭玄注："書契，謂出予受入之凡要。"唐賈公彦疏："凡要亦是簿書也。"而"簿"之稱最早見於春秋戰國時代。《商君書·兵守》："治簿檄，三軍之多，分以客之候車之數。"此時似含有軍中名籍之義，且後世相沿不衰。《資治通鑑·梁武帝大同三年》："丞相歡欲收兵更戰，使張華原以簿歷營點兵。"元胡三省注："簿者，軍之名籍。"至漢時出現了"簿書""簿要""計簿"等稱。《周禮·天官·司書》"以叙其財，受其幣"漢鄭玄注引鄭衆曰：

"謂受財幣之簿書也。"此稱始有"賬簿"之義。又《周禮・地官・鄉師之職》："各掌其所治鄉之教而聽其治……大役則帥民徒而至，治其政令，既役，則受州里之役要，以考司空之辟，以逆其役事。"唐賈公彥疏："役要，則役人簿要。"此稱沿用《商君書》之名籍含義。《漢書・宣帝紀》："黃龍元年詔……上計簿，具文而已，務爲欺謾，以避其課。"此"計簿"乃各地方官吏定時上報給中央政府的有關該地區戶口、賦稅、土地等統計情況的冊簿。此制約始於春秋，至明清仍沿用不輟，是歷代政府管理地方的有效制度。1993 年江蘇連雲港尹灣漢墓出土的簡牘中發現了該類冊簿的實物，標題"集簿"兩字用隸體書於正面牘首中央，正文用草體書於正、反兩面，所記爲東海郡的行政建置、吏員設置、戶口、墾田和錢穀出入等方面的年度統計資料。而《後漢書・南匈奴傳》："當決輕重，口白單于，無文書簿領焉。"此處已含有記事簿之義。

魏晉南北朝時期，"簿狀""簿閥"始盛行於世。前者是記載朝廷內外官吏品秩階次及任職狀況的冊簿。其源於漢代的"官簿"。《漢書・翟方進傳》："先是逢信已從高弟郡守歷京兆、太僕爲衛尉矣，官簿皆在方進之右。""簿狀"由政府有關部門統一掌握和管理，用作官吏考評升降的依據和參考。明丘濬《大學衍義補・備規則・圖籍之儲》追述了當時"簿狀"之盛況："然魏晉以來，官有簿狀，家有譜系。官之選舉，必繇於簿狀；家之婚姻，必繇於譜系。""簿閥"則是記錄先世歷官情況的冊簿。當時的朝廷選拔官吏，民間男女結親，均依據此。它是門閥制度盛行時代的特殊產物。《南史・周敷傳》："〔敷〕素無簿閥，又失衆心。"《梁書・傅昭傳》："博極古今，尤善人物，魏晉以來官宦簿閥，姻通內外，舉而論之，無所遺失。"另外，"簿"亦曾一度用以稱呼文書之類，或稱作"簿領"，或稱作"簿領書"，或稱作其他。《文選・劉楨〈雜詩〉》："沉迷簿領書，回回自昏亂。"唐李善注："簿領，謂文簿而記錄之……司馬彪《莊子注》曰：'領，錄也。'"唐劉良注："簿領書，謂文書也。"同時因逐項登載各種事物的簿籍日益繁雜，一種提要、提綱式的簿書應運而生，時稱"簿最"。《南史・張邵傳》："旦日，帝求諸簿最，應時即至，怪問其速。"至唐代，"簿最"之應用更加廣泛。《新唐書・李石傳》："陛下節用度，去冗食，簿最不得措其奸，則百司治。"又《苗晉卿傳》："〔晉卿〕練達事體，百官簿最，一省無遺，議者比漢胡廣。"又《呂諲傳》："〔諲〕表支度判官，歷太子通事舍人。性靜慎，勤總吏職，諸僚或出游，諲獨頹然據案，鉤視簿最。"另，唐時"簿"始與"牒"合稱，用以統稱簿冊文書。《新唐書・裴遵慶傳》："遵慶性強敏，視簿牒詳而不苛，世稱吏事第一。"值得一提的是，唐時出現了"簿賬"之稱。《新唐書·百官志》："寺人六人，從七品，掌皇后出入，執御刀冠從。掖庭局，令二人，從七品下，丞三人，從八品下，掌宮人簿賬、女工。"當然，此時的"簿賬"與後世之"賬簿"意義尚有一定的距離。

大約自宋代始，隨着紙與印刷術的廣泛應用，"簿"之形狀趨於册頁（葉）制，故其行用時亦有"歷子""卷歷""册子"等稱。《二程語録》卷一二："先生在講筵，嘗典錢使……諸公遂牒户部，問不支俸錢，户部索前任歷子。"宋蘇軾《東坡志林》卷二："子宜置一卷歷，且書之所爲，暮夜必記之。"《朱子語類》卷六七："一日訪之，見他案上有册子。"至明又有"册籍"之稱。《水滸傳》第一一〇回："那時胡俊已是招降了兄弟胡顯，將東川軍民版籍、户口及錢糧册籍，前來獻納聽罪。"明陸深《溪山餘話》："今東南之田有二則：曰官田，曰民田。然官田未必盡重，而民田未必盡輕，存諸册籍，有此異同。"清代則出現了"簿籍""簿册"及俗語化的"簿子"之類的名稱行用。《清會典事例·莅任部·親查閱》："堂庫者，所以貯正項地丁銀兩，及附寄盜賊凶器諸官物者也。例係庫書掌之，出入絲毫，皆登簿籍。"又《户部·關稅·考核》："如有事故，以離任日爲止，作分數考核。至商稅，不令親填簿册，及不給紅單者，罰俸一年。"《儒林外史》第四七回："鄉紳末了一個是唐二棒槌，手裏拿了一個簿子在那裏邊記帳。"

綜觀宋元明清諸代，"賬簿"之稱日益繁雜。宋洪邁《夷堅丁志·三鴉鎮》："林安宅居仁，攝府事，其人介而嗇，意郡僚買羊肉食者必貪，將索買物歷驗之。"此處的"買物歷"乃購買物品的賬簿。元孔克齊《静齋至正直記·出納財貨》："私記謂之曰黃簿，又曰帳目。"此"日黃簿"是私家記録錢物收入狀况的賬簿。繼而行用了流水賬的各種稱謂，參見元睢景臣《哨遍·高祖還鄉》套曲和元喬吉《水仙子·爲友人作》曲等。明時稱財産登記簿爲"版章"（見《明史·潞王翊鏐傳》）。"坐簿"則指專門記録手工作坊之訂貨底賬（見《醒世恒言》卷一三）。更爲重要的是，沿用至今的"賬簿"（帳簿）一稱始在民間行用。《醒世恒言·張孝基陳留認舅》："房中桌上，更無別物，單單一個算盤，幾本帳簿。"清時，官府的底賬稱"解支庫簿"（清黃六鴻《福惠全書·錢穀·立解支庫簿》）；專用於核查對證賬簿的稱"簿據"（見《清會典事例·户部·鹺稅·考成》）；内分舊管、新收、開除、實在四項的賬簿稱"四柱册"（見清錢大昕《十駕齋養新録》卷一九）；逐日記録流水賬簿則稱"日收簿"（見清黃六鴻《福惠全書·錢穀·流水日收簿》）。約自清中葉，近現代意義的"賬簿"之稱始行用。

1967 年，吐魯番阿斯塔那三七七號墓出土文書一件，原被剪作紙鞋，分爲幫、底共八片。經整理，知爲前後相連的一件賬簿，已斷裂爲四段，紙高 27.6 厘米，横長纍計 123厘米。該賬簿雖多殘損，且衹記支用斛斗，未詳收入來由，但逐月記録，殘存部分歷時整一年，實爲古時賬簿之實物（見《吐魯番出土高昌某寺月用斛斗賬歷淺説》，《文物》1989年第 11 期）。至現代社會，沿用下來的仍有"簿册""簿籍""簿子"及財務會計的專用賬簿——"簿記"等。其中，"簿册"統指記事記賬的簿子，"簿籍"則是賬簿、名册的通稱，而"簿子"是專指記載某種事項的本子。

簿書 [2]

記事、記賬之册簿。此稱漢代已行用。《周禮·天官·司書》："以叙其財，受其幣。"漢鄭玄注引鄭衆曰："謂受財幣之簿書也。"《漢書·賈誼傳》："而大臣特以簿書不報，期會之間，以爲大故。"《新唐書·選舉志下》引張九齡上疏："古者或遥聞辟召，或一見任之，是以士修名行而流品不雜。今吏部始造簿書，以備遺忘，而反求精於案牘，不急人才。"唐李紳《宿越州天王寺》詩："休按簿書懲黠吏，未齊風俗昧良臣。"宋蘇軾《謝秋賦試官啓》："方將區區於簿書米鹽之間，碌碌於塵埃箠楚之地。"明李東陽《再哭體齋疊見慰哭子韻》："山斗正懸天下望，簿書常繞病中身。"清劉大櫆《乞同里捐輸以待周急引》："其取息幾何，其已用及未用幾何，登之簿書，歲終會計。"清李漁《慎鸞交·譎諷》："憲駕經臨，自當遠接，只因簿書碌碌，致使郊迎，多有得罪。"清袁宏道《與沈廣乘書》："上官如雲，過客如雨，簿書如山，錢穀如海，朝夕趨承檢點，尚恐不及，苦哉！苦哉！"

【簿要】

即簿書 [2]。此稱漢代已行用。《周禮·地官·鄉師之職》："各掌其所治鄉之教而聽其治……大役則帥民徒而至，治其政令，既役，則受州里之役要，以考司空之辟，以逆其役事。"唐賈公彦疏："役要，則役人簿要"。

【凡要】

即簿書 [2]。此稱漢代已行用。《周禮·天官·小宰》："六曰聽取予以書契。"漢鄭玄注："書契，謂出予受入之凡要。"唐賈公彦疏："凡要亦是簿書也。"《漢書·嚴助傳》："願奉三年計最。"唐顏師古注引晋灼曰："最，凡要也。"《新唐書·岑文本傳》："逾年爲令，從伐遼東，事一委倚，至糧漕最目、甲兵凡要，料配差序，籌不廢手。"

【册籍】 [1]

即簿書 [2]。單稱"册"。《水滸傳》第一一〇回："那時胡俊已是招降了兄弟胡顯，將東川軍民版籍、户口及錢糧册籍，前來獻納聽罪。"明陸深《溪山餘話》："今東南之田有二則：曰官田，曰民田。然官田未必盡重，而民田未必盡輕，存諸册籍，有此異同。"清方苞《〈吴宥函文稿〉·序》："士之聲實雖未得備知，而歷試之册籍可稽也，其鄉之士大夫可訪也。"單稱

"册"。《朱子語類》卷六七："一日訪之,見他案上有册子。"《清會典·宗人府·宗令宗正宗人職掌》："生子,則以告而書於册。"

【册】[1]

"册籍[1]"之單稱。此稱宋代已行用。見該文。

計

亦稱"計書""計籍""計簿""集簿""計帳""計册"。古時地方官吏定時上報給中央政府的有關該地區戶口、賦稅、土地等統計情況之簿册。此制約始於春秋,至明清仍沿用不輟,是歷代政府管理地方的有效措施。《晏子春秋·外篇上二十》:"於是明年上計,景公迎而賀之曰:'甚善矣,子之治東阿也。'"秦則謂之"計書"。《商君書·禁使》:"夫吏專制決事於千里之外,十二月而計書以定事。"至漢,其制不僅加强,而且多種名稱并行。《漢書·張蒼傳》:"蒼乃自秦時爲柱下御史,明習天下圖書計籍。"《漢書·宣帝紀》:"黃龍元年詔:'上計簿,具文而已,務爲欺謾,以避其課。"《漢書·武帝紀》:"受計於甘泉。"唐顏師古注:"受郡國所上計簿也。"《後漢書·百官志五》劉昭注引胡廣曰:"秋冬歲盡,各計縣戶口墾田,錢穀入出,盜賊多少,上其集簿。"其中所云"集簿",顯然是指縣、邑、侯國於每年秋冬歲盡,向所屬郡國呈報的上計簿。1993年,江蘇連雲港尹灣漢墓出土的簡牘中發現了該類册簿的實物,集簿(木牘一,正、反)標題"集簿"兩字用隸體書於正面牘首中央,正文用草體書於正、反兩面,所記爲東海郡的行政建置、吏員設置、戶口、墾田和錢穀出入等方面的年度統計資料。與《後漢書·百官志五》劉昭注引胡廣《漢官解詁》所述集簿內容大致吻合,但亦互有

出入。據專家考證,此可能是東海郡上計所用集簿的底稿或副本(見《尹灣漢墓簡牘初探》,載《文物》1996年第10期)。《後漢書·百官志五》本注曰:"凡郡國皆掌治民,進賢勸功,決訟檢奸。常以春行所主縣,勸民農桑,振救乏絶。秋冬遣無害吏案訊諸囚,平其罪法,論課殿最。歲盡遣吏上計。"《通典·職官·郡太守》云:"漢制,郡守歲盡遣上計掾吏各一人,條上郡內衆事,謂之計簿。"《新唐書·食貨志》:"又有計帳,具來歲課役,以報度支。"宋徐天麟《東漢會要·職官·上計》:"武帝每因封禪泰山,即受計於甘泉。"宋時各地方官吏尚須另上中央一份有關職能機構計書。宋陳傅良《馮司理墓志銘》:"君偕計書上名於禮部。"明高啓《送樊參議赴江西參政序》:"與兵資戰具之供儲,尺籍計簿之鈎校。"清黃六鴻《福惠全書·典禮部·朝覲大計》:"若夫朝覲官員于計册賚部之後,總于歲內到齊,元旦同朝臣慶賀。"

【計書】[2]

即計。此稱先秦時期已行用。見該文。

【計籍】

即計。此稱漢代已行用。見該文。

【計簿】

即計。此稱漢代已行用。見該文。

【集簿】

即計。此稱漢代已行用。見該文。

【計帳】

即計。此稱唐代已行用。見該文。

【計册】

即計。此稱清代已行用。見該文。

尺籍[1]

亦稱"功過狀""功勞簿"。書寫軍令、軍

功之簿籍。此稱先秦時期已行用，時多將軍令、軍功書於一尺長的竹木板上。《史記·循吏列傳》："〔子產爲相〕五年，士無尺籍，喪期不令而治。"張守節正義："言士民無一尺方板之籍書。"《史記·張釋之馮唐列傳》："安知尺籍伍符。"司馬貞索隱："尺籍者，謂書其斬首之功於一尺之板。"至唐則有專門用於記録高級官員功過之簿册，即"功過狀"。皇帝據此考察該官吏之政績并決定其升黜。《新唐書·百官志一》："親王及中書、門下、京官三品以上，都督、刺史、都護、節度、觀察使，則奏功過狀，以覈考行之上下。"元時起始有專門記載某人功勞勳績的"功勞簿"。元佚名《賺蒯通》第一折："我如今跳出是非場，抹下了這功勞簿，只待要修仙辟穀，倒是俺散祖逍遥一願足。"明高啓《送樊參議赴江西參政序》："與兵資戰具之供儲，尺籍計簿之鈎校。"清李漁《比目魚·貽册》："這都是天機轉轆轤呂，神靈演咒符，休得要錯記了功勞簿。"

【功過狀】

即尺籍[1]。此稱唐代已行用。見該文。

【功勞簿】

即尺籍[1]。此稱元代已行用。見該文。

田結

亦稱"地籍""砧基簿""魚鱗圖册""田籍""田册"。登記土地之册簿。此稱先秦時期已行用。《管子·禁藏》："户籍田結者，所以知貧富之不訾也。"唐尹知章注："謂每户置籍，每田結知多少，則貧富不依訾限者可知也。"至唐則有"地籍"之稱行用於世。唐白居易《議百官職田》："故稽其地籍，而田則具存；考以户租，而數多散失。至有品秩等官署同廩禄厚

薄之相懸近乎十倍者矣。"而後隨着人口的增加和荒地的開墾，一則因界址不明而時常發生田地糾紛，另則政府要準確地徵收地賦，一種較爲詳細記録田地四界的登記册即"砧基簿"始行用於宋。《文獻通考·田賦考五》："〔宋紹興十二年〕令各户各鄉造砧基簿……詔人户田産，多有契書，而今來不上砧基簿者，皆没官。"宋曹彦約《新知澧州朝辭上殿劄子》："夫契書者，交易之祖也；砧基簿者，税役之祖也。"至明時民間仍有沿用者。明葉盛《水東日記》卷七載豐文慶復清敏故園："又有得觀之砧基舊簿於鄉人，備載圃地三十餘畝。"同時，宋時亦出現了一種記載土地之四鄰、形狀、數量等的圖册，即"魚鱗圖册"。因圖狀如魚鱗相次，故名。《宋史·食貨志一》："〔婺州〕凡結甲册、户産簿、丁口簿、魚鱗圖、類姓簿，二十三萬九千有奇，創庫貯以藏之。"明洪武二十年（1387），政府在全國推行魚鱗圖册制。目的爲量度田畝，隨糧定區。《明史·食貨志一》："洪武二十年命國子生武淳等分行州縣……量度田畝方圓，次以字型大小，悉書主名及田之丈尺，編類爲册，狀如魚鱗，號曰魚鱗圖册。"清時沿用不衰。《清史稿·食貨志一》："尋又丈放鳳凰、岫巖、安東葦塘約十萬餘畝，按地編號，具魚鱗圖册，事在光緒末年。"另"田册""田籍"等稱亦時常行用。《宋史·侯可傳》："富人有不占田籍而質人田券至萬畝，歲責其租。可晨馳至富家，發櫝出券歸其主。"清王闓運《湘潭縣志》序："金土價同，漕登田册。"

【地籍】

即田結。此稱唐代已行用。見該文。

【砧基簿】

即田結。此稱宋代已行用。見該文。

【魚鱗圖册】 [1]

即田結。此稱宋代已行用。見該文。

【田籍】

即田結。此稱宋代已行用。見該文。

【田册】

即田結。此稱清代已行用。見該文。

禽獸簿

登記簿之一種。用於登記飼養禽獸之類别及數目。此稱漢代已行用。《漢書·張釋之傳》："上登虎圈，問上林尉禽獸簿。"唐顏師古注："圈，養獸之所也。簿，謂簿書也。"清王先謙補注："《通鑑》胡注：禽獸簿，謂簿録禽獸之大數也。"

貢計

登載貢品之賬簿。古時各地方官吏或域外藩屬常將該地的土特產品進獻中央政府，并造册登記，以便查收。此制起始不詳，此稱晉代已行用。《晉書·張寔傳》："遣督護王該送諸郡貢計，獻名馬方珍、經史圖籍於京師。"《宋書·明帝紀》："戊午，皇太子會萬國於東宫，并受貢計。"

解由

官吏任職檔案。内載官員之姓名、籍貫、職别及業績等，以供官吏升降時之參考，并隨官員調動而轉移。此稱宋代已行用。宋周密《癸辛雜識·續集下》："〔陳諤〕嘗爲越學正，滿替，往婺之廉司，取解由……别注他缺。"《金史·百官志一》："凡内外官之政績，所歷之資考，更代之期，去就之故，秩滿皆備陳於解由，吏部據以定能否。"元蔣子正《山房隨筆·説略八》："陳野水言：昔紹興學正任滿後，入城給取解由，道經婺境……一老下碓，詢所以來……野水言：學正任滿，往倒解由。"

公格

官府之簿册。多用於登記田地使用情况等。此稱南北朝時期已行用。《梁書·武帝紀下》："田者荒廢，水旱不作，無當時文例，應追税者，並作田不登公格者，並停。"

白册

明代由地方徵賦役官吏私編之徵税派役簿册。因上報户部之派役簿册，編造者常與官吏串通舞弊，塗改捏造，使人户、田地與實際不符，故另編一册作爲徵賦派役之依據。因係私編，不報户部，故名白册。《明史·食貨一》："其後黄册衹具文，有司徵税、編徭，則自爲一册，曰白册云。"

印紙 [1]

表簿之一種。多用於商品流通之記録，由官府統一印發。其制始於唐。《舊唐書·食貨志下》："市牙各給印紙，人有買賣，隨自署記，翌日合算之。"

印紙歷子

省稱"印紙""印歷"。亦稱"歷紙"。記録外任官吏政績優劣之册簿。其中印有各種有關政績的空白專案，由朝廷統一發給每個外任官員，該官吏則於任内逐項如實填寫，任滿上交，再由朝廷據此考核政績。其制始行用於唐，宋沿用之。有時省稱"印歷"，亦稱"歷紙""印紙"。《宋史·選舉志》："〔宋初承唐制〕，考課雖密，而莫重於官給歷紙，驗考批書。"宋曾敏行《獨醒雜志》卷七："自舉兵至訖事，文移數篋，崎嶇兵火，毁失殆盡，僅存印歷。"《續資治通鑑・宋孝宗乾道二年》："祖宗留意考課之法，王安石始罷之。望遵太宗故事，應監司、郡守朝辭日，別給御前印紙歷子。至於興某利，除某害，各爲條目，每考令當職官吏從實批書，任滿精覈。"又同書《宋太宗至道元年》："州縣官吏勸民墾田，悉書其數於印紙，以俟旌賞。"

【印紙】[2]

"印紙歷子"之省稱。此稱宋代已行用。見該文。

【印歷】

"印紙歷子"之省稱。此稱宋代已行用。見該文。

【歷紙】

即印紙歷子。此稱宋代已行用。見該文。

官籍[1]

官府簿册。此稱元代已行用。《元史・廉希憲傳》："發沙市倉粟之不入官籍者二十萬斛，以賑公安之饑。"

別録

附於正式函件之禮品清單。此稱宋代已行用。宋蘇軾《賜金紫光禄大夫守尚書右僕射兼中書侍郎吕公著生日詔》："今賜卿生日羊酒米麵等，具如別録，至可領也。"《宋史・趙普傳》："今賜羊酒如別録，卿宜愛精神，近醫藥，强飲食。"

禮帖

記載禮品之賬單。此稱明代已行用。明温純《温恭毅集》卷二《鄙詐督臣餽送無名乞賜懲究以正頹風疏》："臣開函見有禮帖一通，内開金色段等物，共代銀二十四兩。"《金瓶梅詞話》第七〇回："夏提刑先遞上禮帖：兩匹雲鶴金段，兩匹色段。"

俸册

記載官吏薪俸之簿書。其如實記録薪俸發放的時間、數額、級差等，以備查詢。此稱清代已行用。《清會典事例・户部・俸餉》："盛京等處旗員，於俸册過部後陞調回京者，仍照例支給原任單俸。"

帳（賬）簿

亦稱"要會""總""簿賬""簿帳""白簿""賬""買物歷""日黄簿""帳目""册歷""歷册""版章""坐簿""日收簿""底賬""簿據""四柱册"。按，表簿籍、簿册之義時，帳簿、賬簿古常通用。記載銀錢貨物出入的簿册。周時官府之帳簿稱"要會"。《周禮・天官・小宰》："八曰聽出入以要會。"漢鄭玄注："要會，謂計最之簿書。月計曰要，歲計曰會。"清孫詒讓正義："以一月之計少，舉其凡要而已，故謂之要。一歲之計多，則總聚考校，故謂之會也。"另有彙總帳簿之稱"總"者。《周禮・天官・職内》："職内，掌邦之賦入，辨其財用之物，而執其總。"漢鄭玄注："總，謂簿書之種別與大凡。官府之有財入，若關市之屬。"至唐有"簿賬"之稱行用。《新唐書・百官志》："寺人六人，從七品，掌皇后出入，執御刀冗從。掖庭局，令二人，從七品下，丞三人，從八品下，掌宫人簿賬、女工。"又："左右衛騎曹參軍事各一人，掌外府雜畜簿賬牧養。"《新唐書・百官志三》："諸屯……掌營種屯田，句會功課及畜産簿帳，以水旱蝝蝗定課。"而那些未經核實認可的帳簿稱爲"白簿"。《新唐書・食貨志五》："先是州縣職田、公廨田，每歲六月以白簿上尚書省覆實，至十月輸送，則有黄籍，歲一易之。"五代始有稱"賬"者。《舊五代史・周書・世宗紀二》："每年造僧賬兩本，其一本奏聞，一本申祠部。逐年四月十五日後，勅諸縣取索管界寺院僧尼數目申州，州司攢賬，至五月終以前文帳到京。"且此稱相沿不衰。《醒世恒言・張孝基陳留認舅》："將昔日岳父所授財產，並歷年收積米穀布帛銀錢，分毫不敢妄用，一一開載賬上。"至宋則專稱購買物品的帳簿爲"買物歷"。宋洪邁《夷堅丁志・三鴉鎮》："林安宅居仁，攝府事，其人介而嗇，意郡僚買羊肉食者必貪，將索買物歷驗之。"元代稱私家記錄錢物收入狀況帳簿爲"日黃簿""帳目"。事見元孔克齊《靜齋至正直記・出納財貨》："私記謂之日黃簿。又曰帳目。"明周祈《名義考・物部・帳目》："今俗謂簿籍曰帳目。"又稱流水帳簿爲"册歷"或"歷册"。元睢景臣《哨遍・高祖還鄉》套曲："有甚胡突處，明標着册歷，見放着文書。"元喬吉《水仙子・爲友人作》曲："稅錢比茶錢上欠，斤兩去等秤上掭，吃緊的歷册般拘鈐。"明時稱財產登計簿爲"版章"。《明史・潞王翊鏐傳》："將來本支千億，請索日煩，盡天府之版章，給王邸而不足也。"手工作坊之訂貨底賬被稱爲"坐簿"。《醒世恒言・勘皮靴單證二郎神》："我家開下鋪時，或是官員府中定製的，或是使客往來帶出去的，家中都有一本坐簿。"同時，"帳簿"一稱始行用於世。《醒世恒言・張孝基陳留認舅》："房中桌上，更無別物，單單一個算盤，幾本帳簿。"此處的帳簿兼具後之賬、發票雙重意義。明時又稱逐日記錄收入情況的帳簿爲"日收簿。"明潘季馴《勘過原任張布政復職疏》："取該年日收簿，並交盤册，再加磨對。"清朝入主中原，滿漢文化交匯；清中後期西方財務制度東漸，帳簿之稱愈

益繁雜。原始賬目稱"底帳"。清黃六鴻《福惠全書・錢穀・立解支庫簿》："名曰解支庫簿，此猶人家之日用底帳。"專門用於核查對證之賬單、賬簿稱"簿據"。《清會典事例・戶部・鹺稅・考成》："同治四年奏准，湖南洪江鹺局收鹺總簿內造報鹽數，與鹽行簿據不符，至五萬餘斤，所有委員等均予革職。"其內分舊管、新收、開除、實在四項，多用於官署或私人記載錢糧款項的賬籍稱爲"四柱册"。清錢大昕《十駕齋養新録》卷一九："今官司錢糧交待，必造四柱册。四柱者，舊管、新收、開除、實在也。《至正直記》云：'人家出納財貨者，謂之掌事。記算私籍，其式有四：一曰舊管，二曰新收，三曰開除，四曰見在。'則元時已有此名目。"約自清中葉始，近現代意義的"賬簿"始行用於世。清袁枚《新齊諧・醫妒》："命群姬謝罪叩頭，並取田房帳簿，一切金幣珠翠，盡交夫人主裁。"

【要會】

即帳簿。此稱先秦時期已行用。見該文。

【總】

即帳簿。此稱先秦時期已行用。見該文。

【簿賬】

即帳簿。此稱唐代已行用。見該文。

【簿帳】

即帳簿。此稱唐代已行用。見該文。

【白簿】

即帳簿。此稱始行用於唐。見該文。

【賬】

即帳簿。此稱五代時期已行用。見該文。

【買物歷】

即帳簿。此稱宋代已行用。見該文。

【日黄簿】

即帳簿。此稱元代已行用。見該文。

【帳目】

即帳簿。此稱元代已行用。見該文。

【册歴】[1]

即帳簿。此稱元代已行用。見該文。

【歴册】

即帳簿。此稱元代已行用。見該文。

【版章】

即帳簿。此稱明代已行用。見該文。

【坐簿】

即帳簿。此稱明代已行用。見該文。

【日收簿】

即帳簿。此稱明代已行用。見該文。

【底帳】

即帳簿。此稱清代已行用。見該文。

【簿據】

即帳簿。此稱清代已行用。見該文。

【四柱册】

即帳簿。此稱清代已行用。見該文。

【貲簿】

即帳簿。此稱南北朝時期已行用。《宋書·羊玄保傳》：“皆依定格，條上貲簿。”《新唐書·牛僧孺傳》：“帝遣使者至其家，悉收貲簿，校計出入。”現存實物有北京大學圖書館收藏的吐魯番出土兩件（正反四面）和中國科學院文獻情報中心收藏的吐魯番勝金口出土的北涼貲簿三件（正反六面）（見王素《吐魯番出土北涼貲簿補説》，載《文物》1996年第7期）。

【簿】[1]

即帳簿。此稱先秦時期已行用。《商君書·兵守》：“治簿檄，三軍之多，分以客之候車之數。”《漢書·食貨志》：“洛陽薛子仲、張長叔、臨淄姓偉等，乘傳求利，交錯天下，因與郡縣通奸，多張空簿，府臧不實，百姓俞病。”顏師古注：“簿，計簿也。”又《張釋之傳》：“上登虎圈，問上林尉禽獸簿。”唐顏師古注：“簿，謂簿書也。”《資治通鑑·梁武帝大同三年》：“丞相歡欲收兵更戰，使張華原以簿歷營點兵。”元胡三省注：“簿者，軍之名籍。”

【簿籍】[1]

即帳簿。此稱唐代已行用。唐杜牧《與汴州從事書》：“長吏不置簿籍，一一自檢。”《清會典事例·苗任部·親查閲》：“堂庫者，所以貯正項地丁銀兩，及附寄盜賊凶器諸官物者也。例係庫書掌之，出入絲毫，皆登簿籍。”

【簿子】

即帳簿。此稱宋代已行用，近世衍爲記事本之意。朱熹《三朝名臣言行録》卷一二：“私置一簿子，隨所通説，筆記之。”清李漁《鳳求鳳·假病》：“我到陰間破了幾分小鈔，把判官手裏的簿子，借過來查一查。”

【賬籍】

即帳簿。此稱唐代已行用。《新唐書·百官志一》：“户部郎中、員外郎，掌户口、土田、賦役、貢獻、蠲免、優復、姻婚、繼嗣之事，以男女之黄、小、中、丁、老爲之帳籍。”參見本書《朝制卷·文告簿籍説·簿籍考》“帳籍”文。

【簿牒】

即帳簿。此稱唐代已行用。《新唐書·裴遵慶傳》：“遵慶性强敏，視簿牒詳而不苛，世稱吏事第一。”《明史·楊鶴傳》：“自是簿牒始明，奸弊易核。”清曹寅《雨夕偶懷桐皋僧走筆得二十韻却寄》詩：“晚衙鼓鼕鼕，簿牒清擾擾。”

【書簿】

即帳簿。此稱明代已行用。明李東陽《和沈地官時暘游城西朝天宮韻》詩：“閑官遠書簿，夙夜不在公。”

【歷子】

即帳簿。此稱宋代已行用。《二程語錄》卷一二：“先生在講筵，嘗典錢使……諸公遂牒戶部，問不支俸錢，戶部索前任歷子。”注云：“舊例：初入京官時，用下狀出給料錢歷。”

【總歷】

即帳簿。此稱元代已行用。元劉君錫《來生債》第二折：“行錢！將那家私總歷文書，都與我搬運將出來。”

解支庫簿

稅官解送稅糧之總賬簿。此稱清代已行用。清黃六鴻《福惠全書·錢穀部·立解支庫簿》：“錢糧支解，每年置一總冊，前一頁先開本年應徵數目，後寫某某月日拆銀若干。遇有解支，挨順月日開寫解某衙門某項銀若干，一支某項某等銀若干，以上共解支過銀若干，現貯拆存銀若干。解支一次，扣算開寫一次，拆封一次，連前結總一次，名曰解支庫簿，此猶人家之日用底賬。”

簿注

登記簿。此稱唐代已行用。《新唐書·蘇瓌傳》：“時十道使括天下亡戶，初不立籍，人畏搜括，即流入比縣旁州，更相廋蔽，瓌請罷十道使，專責州縣，預立簿注，天下同日閱正，盡一月止。”

簿狀

亦稱“簿”“簿閥”“簿歷”。記載朝廷內外官吏品秩階次及任職狀況的冊簿。其由朝廷有關部門統一掌握和管理，用作官吏考評升黜的依據和參考。早在漢代，“簿”即爲個人的任官資歷。《漢書·翟方進傳》：“官簿皆在方進之右。”唐顏師古注：“簿，謂伐閱也。”魏晉之“簿狀”蓋源於此。《南史·王僧孺傳》：“始晉太元中，員外散騎侍郎平陽賈弼篤好簿狀，乃廣集衆家，大搜群族，所撰十八州一百一十六郡，合七百一十二卷。”《隋書·經籍志》“職官類”有《陳百官簿狀》二卷，《新唐書·藝文志》作《太建十一年百官簿狀》二卷。《隋書·經籍志》有《陳將軍簿》，明有《土官底簿》。明丘濬《大學衍義補·備規制·圖籍之儲》：“後世封建之制廢，仕者無世官，無分地。然魏晉以來，官有簿狀，家有譜系。官之選舉，必繇於簿狀；家之婚姻，必繇譜系。”同時，門閥制度日漸盛行，致使政府選拔官吏首先依據的是先世歷官簿籍即簿閥。南朝梁沈約《奏彈王源》：“王源見告窮盡，即索〔滿〕璋之簿閥，見璋之任王國侍郎……源父子因共詳議，判與爲婚。”《梁書·傅昭傳》：“博極古今，尤善人物，魏晉以來官宦簿閥，姻通內外，舉而論之，無所遺失。”《南史·周敷傳》：“〔敷〕素無簿閥，又失衆心。”至唐宋，又有“簿歷”之稱行用，多爲官吏之履歷和考核政績之記錄冊簿，用作官吏升降之根據。後亦有專門記述包括官吏個人履歷、三代、鄉貫、年貌等的表狀，則多用於婚配、科舉等。《新唐書·選舉志下》：“然考校之法，皆在書判簿歷、言辭俯仰之間。”宋戴復古《黃州竹樓呈謝國正》詩：“切戒吏來呈簿歷，常邀客至共琴棋。”明李東陽《樂平喬氏族譜序》：“今簿狀之見於官者，應試有卷，中式有録。"

【簿】[2]

即簿狀。此稱漢代已行用。見該文。

【簿閥】

即簿狀。此稱南北朝時期已行用。見該文。

【簿歷】[1]

即簿狀。此稱唐代已行用。見該文。

家狀

參加科舉考試者所填之文狀。其上書姓名、年齡、容貌等。此稱宋代已行用。《宋史·選舉志》："景德中，嘗限舉人於試紙前親書家狀。"宋錢易《南部新書》乙："吏部例程，舉選人家狀，須云中形，黃白色，少有髭；或武選人家狀，云長形，紫黑，多有髭。"宋樵川樵叟《慶元黨禁》："秋當大比，漕司前期取家狀，必欲書'委不是僞學'五字於後。"清趙翼《題竹初自述文》詩："竹初自述文，亦以代家狀。"

簿記

筆記本。此稱唐代已行用。《新唐書·百官志》："司籍、典籍、掌籍各二人，掌供御經籍，分四部，部別爲目，以時暴涼。教學則簿記課業，供奉几案、紙筆，皆預俟焉。"

簿最

簿册之撮要提綱。此稱唐代已行用。《新唐書·李石傳》："陛下節用度，去冗食，簿最不得措其奸，則百司治。"又同書《苗晉卿傳》："〔晉卿〕練達事體，百官簿最，一省無遺，議者比漢胡廣。"又同書《呂諲傳》："〔諲〕表支度判官，歷太子通事舍人。性靜慎，勤總吏職，諸僚或出游，諲獨頹然據案，鈎視簿最。"

簿領

亦稱"簿領書"。官府記事的簿册、文書。此稱南北朝時期已行用。《文選·劉楨〈雜詩〉》："沉迷簿領書，回回自昏亂。"唐李善注："簿領，謂文簿而記録之……司馬彪《莊子注》：'領，録也。'"唐劉良注："簿領書，謂文書也。"《新唐書·王播傳》："〔播〕天性勤吏職，每視簿領紛積於前，人所不堪者，播反用爲樂。"唐包佶《答竇拾遺臥病見寄》詩："誤入塵埃牽吏役，羞將簿領到君家。"《資治通鑑·唐代宗大曆六年》："混爲人廉勤，精於簿領。"明袁宏道《與皇甫二泉書》："抱牘之苦，甚於抱病；簿領之趣，惡於藥餌。"清俞樾《古書疑義舉例·高下相形例》："後世記載之家，但有簿領而無文章。"

【簿領書】

即簿領。此稱南北朝時期已行用。見該文。

日歷

古代史官逐日記録朝廷內外大事之册簿。此稱始行用於唐。唐順宗永貞元年（805）九月令史官撰寫日歷，其格式爲以事繫日，以日繫月，以月繫時，以時繫年。至宋建日歷所，隸屬秘書省。日歷是歷朝實録乃至修撰正史之重要依據。《新唐書·蔣偕傳》："三世踵修國史，世稱良筆，咸云'蔣氏日歷'，天下多藏焉。"《明史·徐一夔》："元和中，韋執誼又奏撰日歷……他時會要之修取於此，實録之修取於此，百年之後紀、志、列傳取於此。"參閱宋吳曾《能改齋漫録·事始二》《宋史·職官志四》。

【日録】[2]

即日歷。此稱宋代已行用。《宋史·周常傳》："陛下於災曖可畏之候，暫停進對，亦人情之常。若著爲定令，則必記於日録，傳之史筆。"

卷歷

亦稱"册歷"。逐日記事簿。此稱宋代已行用。宋蘇軾《東坡志林》卷二："子宜置一卷歷，且畫之所爲，暮夜必記之。"

【册歷】[2]

即卷歷。明陸容《菽園雜記》卷七："聞公有一册歷，自記日行事，纖悉不遺。每日陰晴風雨，亦必詳記。"

譜

亦稱"牒"。記載事物類屬或系統的册籍。此稱漢代已行用。《釋名·釋典藝》："譜，布也，布列見其事也。"《史記·三代世表》："自殷以前，諸侯不可得而譜。"漢鄭玄有《詩譜》，後代有家譜、族譜等屬。《玉篇·片部》："牒，譜也。"《正字通·片部》："牒，天子譜系曰玉牒。"《韓非子·大體》："豪傑不著名於圖書，不録功於盤盂，記年之牒空虛。"

【牒】[3]

即譜。此稱先秦時期已行用。見該文。

譜牒[1]

亦作"譜諜"。亦稱"牒譜"。譜之一種。記述氏族或宗族世系的册籍。《史記·太史公自序》："維三代尚矣，年紀不可考，蓋取之譜牒舊聞，本於兹，於是略推，作《三代世表》第一。"又同書《十二諸侯年表序》："譜諜獨記世謚，其辭略，欲一觀諸要難。"《續資治通鑑長編·宋哲宗元祐六年》："今以爲皇朝本支牒譜之目，其爲繆戾甚矣。"參見本卷《書籍説·類別考》"譜牒[2]"文。

【譜諜】[1]

同"譜牒[1]"。此體漢代已行用。見該文。

【牒譜】

即譜牒[1]。此稱宋代已行用。見該文。

譜表

譜之一種。依照事物類別或系統編成的表歷。如年表、年譜、史表、史譜等。參閱唐劉知幾《史通·表歷》。

名牒

譜之一種。此稱漢代已行用。《後漢書·質帝紀》："其高第者上名牒。"

中

指古代官府檔案卷宗。此稱先秦時期已行用。《周禮·春官·天府》："凡官府鄉州及都鄙之治中，受而藏之。"漢鄭玄注引鄭司農云："治中謂其治職簿書之要。"清江永《周禮疑義舉要·秋官》："凡官府簿書謂之中，故諸官言治中、受中，《小司寇》'斷庶民訟獄之中'，皆謂簿書，猶今之案卷也。此中字之本義，故掌文書者謂之史，其字從又、從中。又者，右手，以手持簿書也。"

【檔案】

即中。亦稱"檔""檔子"。明末滿族入關前，其記事或傳遞消息、命令多用薄木牌。入關後，官府廢止木牌，但關外仍慣用之。其積貯年久者稱檔子、檔案。據遺留的"滿文木牌"實物，其牌長數寸至一寸，寬寸餘，一頭有孔，以便穿聯。清陸隴其《三魚堂日記》卷六："又《陝西提督李思忠墓志銘》云：'本朝用薄板五六寸，作滿字其上……謂之檔子。'"清楊賓《柳邊紀略》卷三："邊外文字，多書於木，往來傳遞者曰牌子，以削木片若牌故也；存貯年久者曰檔案，曰檔子，以積累多，貫皮條掛壁若檔故也。然今文字之書於紙者，亦呼爲牌子、檔子。"後稱分類歸宗立卷保存的文件爲檔案。《紅樓夢》第一一回:"收在帳房裏,禮單都上了檔子了。"《大清會典事例》卷一四載雍正七年(1729)上諭:"嗣後内閣本章及各衙門檔案,皆於正本之外立一副本,另行收貯。"清龔自珍《與陳博士箋》:"惟彗星之出,古無專書,亦無推法。足下何不請於鄭親王,取欽天監歷來彗星舊檔案,贇查出,推成一書?"亦簡稱"檔"。如"軍機檔""廷寄檔""林清案檔"等。

【檔】

即檔案。此稱清代已行用。見該文。

【檔子】

即檔案。此稱清代已行用。見該文。

絲綸簿

明清宫廷保存詔令底稿之檔册。《禮記·緇衣》載"王言如絲,其出如綸",故後世多稱皇帝的詔敕爲"絲綸"。明王鏊《震澤長語·官制》:"内閣故有絲綸簿……及余入内閣,歷朝詔誥底本皆在,非所謂絲綸簿乎?"清葉名灃《橋西雜記·絲綸簿》:"今内閣進本擬簽,經御定後,學士照簽批紅於本面。原寫進簽,仍交漢票簽收存,直班中書記於檔册,曰絲綸簿……然今中書職掌不同,前明絲綸簿之名,則仍其舊耳。"

月表

按月記事之表,始於《史記·秦楚之際月表》。司馬遷因秦漢之際局勢變化複雜多端,故設月表。《史記·太史公自序》:"秦既暴虐,楚人發難,項氏遂亂,漢乃扶義征伐;八年之間,天下三嬗,事繁變衆,故詳著《秦楚之際月表》。"

掌記[2]

亦稱"掌記册兒"。用作備忘録的小本或紙片,隨手記事的小册子。此稱宋代已行用。宋周必大《益公題跋·御筆掌記跋》:"〔上〕每臨朝,以方寸紙作掌記,微偃兩旁而中摺之,置在御手。若内殿則留香案上。"明陳繼儒《讀書鏡》卷一〇:"吕申公晦叔當國時,嘗籍人才已用未用姓名、事件,當行已行條目,謂之掌記。"亦稱"掌記册兒"。宋周密《武林舊事·小經記》:"掌記册兒、諸般簿子。"

【掌記册兒】

即掌記[2]。此稱宋代已行用。見該文。

經摺

舊時用來記事之一種小手摺。此稱明代已行用。《水滸傳》第一八回:"只見何清去身邊招文袋内摸出一個經摺兒來,指道:'這夥賊人都在上面。'"《儒林外史》第二〇回:"只見一個十七八歲的小厮,右手拿着一本經摺,左手拿着一本書。"

手摺

禀陳公事或隨手就事之小册子。此稱明代已行用。明戚繼光《練兵實紀雜集·到官到任寶鑑》:"乃將錢糧兵馬城池地理各文册,於案牘中擇出,粗涉一過,先取大數,抄爲手摺,常在袖中。"參見本書《朝制卷·詔誥章奏説·章奏考》"手摺"文。

手册

便於携帶流覽之記事小册。此稱明代已行用。明張芹《備遺録·兵部尚書齊公》:"〔齊泰〕嘗被召問邊將姓名,泰歷數無遺;又欲考諸圖籍,泰出袖中手册以進。"

册子

書本、簿册之俗稱。此稱宋代已行用。宋趙彦衛《雲麓漫鈔》卷七：“今人呼書曰册子，取簡册之義。”清黄宗羲《宋元學案·象山學案》：“一向耽著文字，令此心全體都奔在册子上，更不知有己。”《兒女英雄傳》第三四回：“那位鬖髮蒼然的都老爺，却只帶着個眼鏡兒，拿着枝紅筆，按着那册子，點一名，叫一人，放一本。”

玉簿

姻緣簿之美稱。此稱唐代已行用。唐李復言《續幽怪録·訂婚店》載，唐韋固夜過宋城，遇一老人於月下檢書，問之，乃人間姻緣簿。元佚名《集賢賓·佳遇》曲：“多管是標緻雙郎正逢着蘇小卿，玉簿上婚姻已定。”明陳鐸《錦庭樂·閨怨》套曲：“春閨有日來雙漸，相逢一笑兩謙謙，玉簿姻緣許再僉。”

衲被

指粘貼起來的資料册。此稱宋代已行用。《事物異名録》卷二〇引《山堂肆考》：“宋楊億所用故事，常令子姪檢出處，每段用小片子録之，綴粘所録而蓄之，時謂衲被。”

病患狀

亦稱“病狀”。疾病的診斷報告書。此稱明代已行用。《水滸傳》第二回：“軍正司禀説染患在家，見有病患狀在官。”《水滸傳》第二回：“半月之前，已有病狀在官，患病未痊。”

【病狀】

即病患狀。此稱明代已行用。見該文。

簿歷[2]

履歷表。此稱唐代已行用。《新唐書·選舉志下》：“吏部甲令，雖曰度德居任，量才授職，計勞升叙；然考校之法，皆在書判簿歷、言辭俯仰之間，侍郎非通神，不可得而知。”

簿歷[3]

按時序記事之記録册。此稱唐代已行用。《舊唐書·姚珽傳》引姚珽《進節愍太子書》：“臣聞銀牓銅樓，宫闈嚴秘，門閤來往，皆有簿歷。”

小册

亦稱“小册子”。指頁數較少的册子。此稱宋代已行用。《續資治通鑑長編·宋真宗大中祥符九年》：“以方寸小册，書兵糧數。”宋劉延世《孫公談圃》卷中：“曾魯公七十餘，苦痢疾。鄉人陳應之用水梅花、臘茶服之，遂愈。子孝寬言其父異其術，親記一小册子後。”

【小册子】

即小册。此稱宋代已行用。見該文。

第二節　名籍考

所謂名籍，是指登録人名的載體。其起源甚早，祇是因上古史料記載失傳，難以考察而已。《説文·竹部·籍》：“籍，簿書也。”段玉裁釋曰：“引申凡著於竹帛皆謂之籍。”“名籍”，即登載人名的册簿。先秦曾載人名於竹簡和木板之上，故此時的名籍稱爲“班”（通

"版")。《周禮·夏官·司士》："掌群臣之版。"漢鄭玄注："故書'版'爲'班'。鄭司農云：'班，書或爲版。版，名籍。'"後代稱人口登記册爲版簿者即源於此。宋高承《事物紀原·治理政體·版簿》："《周禮》：司民掌登萬民之數，自生齒已上，皆書於版……今州縣有丁口版簿即此。"另《周禮·地官·鄉師》有"既役，則受州里之役要，以考司空之辟，以逆其役事"。其中"役要"，據唐賈公彦疏，即爲工役人員的名籍。戰國時代，處士横議，養士之風盛行，遂有專門記載所養之士名字的名籍，即爲"客籍"。事見《戰國策·楚策四》："召門吏爲汗先生著客籍，五日一見。"

秦時名將蒙恬之兄弟蒙毅曾被宦籍除名，事載《史記·蒙恬列傳》："〔蒙毅〕不敢阿法，當高罪死，除其官籍。"此官籍便是秦代的官吏名籍。至漢始有名籍之説，但其僅有記名入册之義，見於《史記·汲鄭列傳》："高祖令諸故項籍臣名籍，鄭君獨不奉詔。詔盡拜名籍者爲大夫，而逐鄭君。"再至《漢書·昌邑哀王劉髆傳》"〔敞〕昧死奏名籍及奴婢財物簿"，始有後世名籍之義。而有關諸侯的名籍則稱爲"侯籍"，如《漢書·高惠高后文功臣表》："以綴續前記，究其本末，並序位次，盡於孝文以昭元功之侯籍。"同時，"官簿"一稱也開始出現。《漢書·王莽傳》："請令天下吏能誦公戒者以著官簿，比《孝經》。"《後漢書·百官志三》："郡國歲因計，上宗室名籍。"《後漢書·安帝紀》："清白愛利，能敕身率下，防奸理煩，有益於人者，無拘官簿。"1993年，江蘇連雲港尹灣漢墓出土的簡牘中有《東海郡下轄長吏名籍》(木牘三，正、反，木牘四)，分別記載東海郡所轄三十八個縣、邑、侯國以及鹽、鐵官長吏的官職、籍貫、姓名、原任官職及遷、除緣由。《東海郡下轄長吏不在署、未到官者名籍》(木牘五，正)按輸錢都内、徭、告、寧、缺(死、免)、有劾、未到官諸項，記載有關長吏的官職、姓名。上端原有大字標題，因殘缺太甚而無法推測原爲何字。今人可藉之一睹漢魏時官員名籍之實物。

魏晋南北朝時代，一方面，門閥制盛行不衰，士族們爲了光耀門庭，紛紛編製了各自的譜牒名録，以求得賦役和仕途的特權，時稱"士籍"。另一方面，社會動蕩不安，仙話神話彌漫，後人將記載仙人名字的册籍稱爲"仙籍"。唐李商隱《重過聖女祠》詩："玉郎會此通仙籍，憶向天階問紫芝。"而官吏的名籍又有"選簿"之稱。《梁書·武帝紀上》："故前代選官，皆立選簿，應在貫魚，自有銓次。"

隋唐時代科舉制度興，與此有關的名籍則有會試參加者稱"小録"，新進士名録稱"題名録"。至於宋代的進士名録稱"黄甲"，則因天子殿試，名榜者即爲天子門生，其名字當然要用黃紙書寫。宋華岳有《呈諸同舍》詩："三舉不登黃甲去，兩庠空笑白丁歸。"明清的武進士名録成爲"武録"。明沈德符《萬曆野獲編·禮部·褐蓋》："今年閱武録，其人已用錦衣籍，登武進士矣。"

宋元以後，社會生活日趨世俗化和多樣化，人與人之間的隸屬關係由終身制逐漸向雇傭制發展，出現了專門記録雇用人員的名籍，諸如雇籍、樓羅歷、聽用簿等。《宋史·食貨志六》："官雇弓手，先雇嘗充弓手之人。如不足，以武勇有雇籍者充。"宋陶穀《清異録·百花·樓羅歷》："宮人出入皆搜懷袖，置樓羅歷以驗姓名，法制甚嚴，時號花禁。"《畫圖緣》第一二回："因替他改個名字，叫做賴自新，吩咐注在聽用簿上。"

就古代名籍的内容而言，可以説包羅萬象。除以上所述種種之外，有關食鹽這項關涉國計民生之事的各種名籍較爲系統。早在春秋時的齊國，就有"海王之國，謹正鹽筴"（《管子·海王》），此爲最早登録食鹽人口的册籍。至少在唐代已有了從事食鹽販運業者的名籍。大詩人白居易在《議鹽法之弊》寫道："上農大賈，易其資産，入爲鹽商……身則庇於鹽籍，利盡入於私室。"至清代，連食鹽生産者亦有名籍，時稱"竈籍"。事見《清會典·戶部》："凡民之著於籍，其別有四：一曰民籍……二曰軍籍……三曰商籍……四曰竈籍。"其他則是有關各種名籍的零星記録。如記載驛站各類人員的名籍稱"驛簿"，《畫圖緣》第一四回："花天荷因傳喚驛官來，吩咐道：'這個賴徒夫，原是個儒學生員，本鎮要帶他去軍前立功，你可在驛簿上除去他的名字。'"記録學生姓名的名籍則稱"員録"，見《晋書·慕容皝載記》："學生不任訓教者，亦除員録。"今之同學録在古時則稱"同門録"，《儒林外史》第一三回："凡有同門録及朱卷賜顧者，幸認嘉興府大街文海樓書坊不誤。"有軍功人員的名籍稱"勛籍"，唐元稹《裴訥檢校尚書庫部郎中充河南節度判官》："昔竇憲以元舅出征，大開幕府，以致賢彦。是以銘燕然，備勛籍，用參畫也。""禮案"則是官妓的名籍，亦稱"樂案"，其稱多見於元代。如元關漢卿《謝天香》第四折："老夫甚愛其才，隨即樂案裏除了名字，娶在我宅中爲姬妾。"

當然，貫穿於古代社會始終且名稱最爲煩瑣的莫過於官吏名籍。漢有"官簿"。用於舉薦人才的名籍則稱"牒目"，五代王定保《唐摭言·公薦》："草澤卑位之間，恐遺賢俊，宜令兵部即做牒目，徵召奏聞。"宋代學者蘇舜欽視年未四十得脱仕籍爲人生之幸事，文見其《與歐陽公書》。清代則因官署吏役卯時到職而稱其名籍爲"卯册"。清林則徐《密拏漢奸札稿》："或稱卯册無名，或稱其人早故。"就名籍本身而言，其質地經歷了竹木、絲帛及各種紙品的不同發展時代；其本身内容也經歷了從簡單走向複雜的過程。先秦時的名籍内容僅著姓名而已，多因製作、書寫材料所限。紙的運用，名籍的内容得以逐漸增加。至清代則有了"年貌册""卯簿"等相當詳細的名籍，前者記有入册人的年齡和相貌特徵。清袁枚《新齊諧·怪風》："此等風，塞外至冬常常有之，不傷性命。但公等爲沙石所擊，從此盡成麻面，年貌册又須另造矣。"後者則"詳注年貌、籍貫、住址及着役日期、經管某事於姓名之下"（清黄六鴻《福惠全書·莅位部·馭衙役》）。

名籍

亦稱"表録"。指登録人名之載體。商周時已有其物，甲骨文中之"表録"即早期名籍。名籍之稱始見於漢。《史記·汲鄭列傳》："高祖令諸故項籍臣名籍，鄭君獨不奉詔。詔盡拜名籍者爲大夫，而逐鄭君。"《漢書·昌邑哀王劉髆傳》："〔敞〕昧死奏名籍及奴婢財物簿。"

【表録】

即名籍。此稱先秦時期已行用。見該文。

【簿籍】 2

即名籍。此稱漢代已行用。漢王充《論衡·自紀》："夫宅舍多，土地不得小，户口衆，簿籍不得少。"《南齊書·虞玩之傳》："上患民閑欺巧，及即位，敕玩之與驍騎將軍傅堅意檢定簿籍。"《通典·職官略四·諸卿上·宗正卿》："神龍初，復舊卿一人，少卿二人，掌皇族外戚簿籍及邑司名帳。"宋王讜《唐語林·補遺四》："甲楯有先後，部伍之次，皆著之簿籍。"清采蘅子《蟲鳴漫録》卷一："俗例以質庫贈嫁者，必結綵亭，懸某典招牌，並陳簿籍於其中。"

【記籍】

即名籍。此稱漢代已行用。《漢書·尹翁歸傳》："翁歸治東海，明察郡中吏民賢不肖及奸邪罪名盡知之，縣縣各有記籍。"《宋史·姚鉉傳》："俟其罷官，悉藏記籍，害公蠹政，莫甚於此。"清陳儀《題朱奕韓小照》："予識奕韓於圖園先生真州署中，温温恂恂，隨諸賓友後，載筆記籍而已。"

【版籍】 1

即名籍。此稱漢代已行用。《後漢書·仲長統傳》引《昌言·損益》："明版籍以相數閲，審什伍以相連持。"唐李賢注："版，名籍也，以版爲之也。"參見本卷《簿籍説·户籍考》"户籍"文。

【名簿】

即名籍。此稱南北朝時期已行用。《北史·盧仝傳》："自今叙階之後，名簿具注加補日月、尚書印記，然後付曹。"

【册籍】 2

即名籍。此稱元代已行用。元佚名《桃花女》第二折："我受了你香燈祭祀，與你名下勾抹了該死的册籍。"《二十年目睹之怪現狀》第四九回："英領事在册籍上一查，没有這個人的名字。"參見本書《朝制卷·文告簿籍説·簿籍考》"册籍"文。

賢書

多用於記載被推薦賢能者之名籍。此稱先秦時期已行用。後遂稱鄉試中舉爲登賢書。宋張榘《賀新凉》詞："藻蘋皇歆君能事，況賢書兩度登天府。"參閱《周禮·春官·鄉大夫》。

【牒目】

即賢書。因其早期書於木板之上，且官吏又有"官牒""宦牒"之實，遂有此稱。此稱五代時期已行用。五代王定保《唐摭言·公薦》："草澤卑位之間，恐遺賢俊，宜令兵部即作牒目，徵召奏聞。"

役要

多用於記錄工役人員之簿籍。此稱先秦時期已行用。《周禮·地官·鄉師》："既役，則受州里之役要，以考司空之辟，以逆其役事。"唐賈公彥疏："役要，則役人簿要。"清孫詒讓正義："《大司馬》云：'大役屬其植，受其要。'注云：'要，簿書也。'即此所謂役要。"

金蘭簿

亦稱"金蘭譜""金蘭小譜"。記載异姓結拜兄弟姓名年庚之册簿。因古人多稱深交或友情契合爲金蘭。語出《易·繫辭上》："二人同心，其利斷金；同心之言，其臭如蘭。"晋葛洪《抱朴子·交際》："《易》美金蘭，《詩》咏百朋，雖有兄弟，不如友生。"後世异姓結拜兄弟，互換帖簿，上寫有姓名、年齡、籍貫等，謂之金蘭簿。亦有相互交換專門寫有各自家族譜系的帖子，以示世代友情。後者多謂之金蘭小譜或金蘭譜。唐馮贄《雲仙雜記·金蘭簿》："戴弘正每得密友一人，則書於編簡，焚香告祖考，號爲金蘭簿。"至明清，异姓結拜之風趨盛，金蘭簿之記載不絕於史。清俞樾《春在堂隨筆》卷二："〔吳仲英〕問其姓名，乃張君曰熙，亦武林名下士也，遂與定交，以一聯作合，是亦金蘭譜中一佳話也。"清蔣士銓《臨川夢·寄曲》："這一本殘書，就是我二人的金蘭小譜也。"清末民初，社會動蕩不安，結拜之風愈演愈烈。上自政客，下至三教九流，多以結拜金蘭爲尚。

【金蘭譜】

即金蘭簿。此稱清代已行用。見該文。

【金蘭小譜】

即金蘭簿。此稱清代已行用。見該文。

班

亦作"版"。亦稱"班簿""班朝録"。官員之名籍。因早期的名録多書於木板之上，"版"通"班"，故稱。此稱先秦時期已行用。至唐，又有"班簿"之稱，專用於記錄朝廷官員，多造掌於吏部。時文武大臣分別注册於班簿之上，皇帝任免官員則在該簿上增减，吏部主管於每日早朝持該簿點名。至宋又有"班朝録"之稱行用。猶後世之職官録、搢紳録。《周禮·夏官·司士》"掌群臣之版。"漢鄭玄注："故書'版'爲'班'。鄭司農云：'班，書或爲版。版，名籍。'"《資治通鑑·唐昭宗乾寧元年》："上以爲有所蘊，手注班簿，命以爲相。"元胡三省注："班簿，著在朝者姓名。"《宋史·職官志》："〔吏部侍郎〕視朝，則執文武班簿對立，以侍顧問。"宋洪邁《容齋隨筆》三筆卷五："紹熙四年冬，客從中都來，持所抄班朝録一編相示，蓋朝士官職姓名也。"

【版】[1]

同"班"。此體先秦時期已行用。見該文。

【班簿】

即班。此稱唐代已行用。見該文。

【班朝録】

即班。此稱宋代已行用。見該文。

【宦籍】

亦稱"官籍""官牒""宦牒"。即班。其内容多載姓名、籍貫、履歷等。秦時名將蒙恬之兄弟蒙毅曾被宦籍除名，事載《史記·蒙恬列傳》："〔蒙毅〕不敢阿法，當高罪死，除其官籍。"此官籍便是秦代的官吏名籍。至東漢又有稱"官牒"者。《後漢書·李固傳》："及所辟召，靡非先舊，或富室財賂；或子婿婚屬，其列在官牒者凡四十九人。"唐宋時出現了"宦牒"之稱。唐李商隱《爲舍人絳郡公上李相公啓》："自隨宦牒，遂忝恩榮。"宋葉廷珪《海録碎事·人事·録仕》："粗霑文科，遂污宦牒。"宋陸游《將之榮州取道青城》詩："自笑年年隨宦牒，不如處處得閑行。"明宋濂《陶府君墓志銘跋尾》："陶氏一門父兄子弟……宦牒之蟬聯，此蓋其權輿哉！"清昭槤《嘯亭雜録·寵待大臣》："陳中丞時復宦籍滇南，上因其母老。"1993 年，江蘇連雲港尹灣漢墓出土的簡牘中有《東海郡屬吏設置簿》（木牘五，反），木牘上端略有殘缺，所記爲現任掾史等屬吏的設置情況。這些屬吏有屬於"員"（指原有定員）的，有"以故事置"的，有"請治所置"的，還有是"贏員"的。牘文第一行記有屬吏總數，其中屬於"員"的爲二十五人。據《東海郡吏員簿》，太守吏員二十七人，其中祇有太守和丞各一人爲長吏，除去此二人，正爲二十五人。可知此簿所記即東海郡太守府屬吏。《東海郡吏員簿》（木牘二，正、反）木牘正面

第一行原有標題，僅存"都尉縣鄉"四字。全文共計三千五百六十餘字，用工整的隸體書於正、反兩面，在尹灣漢墓出土木牘中字數最多、字體最規範。所記爲東海郡太守、都尉和各縣、邑、侯國以及鹽、鐵官的吏員的統計數字。參閲《尹灣漢墓簡牘初探》（載《文物》1996 年第 10 期）。

【官籍】 [2]

即宦籍。此稱漢代已行用。見該文。

【官牒】

即宦籍。此稱漢代已行用。見該文。

【宦牒】

即宦籍。此稱唐代已行用。見該文。

【牒】 [4]

即班。記有官吏的姓名、籍貫和官職等，由朝廷統一印製和發放，并隨官吏升遷而轉移，兼有後世檔案、工作證之雙重屬性。此稱漢代已行用。《漢書·匡衡傳》："平原文學匡衡材智有餘，經學絶倫，但以無階朝廷，故隨牒在遠方。"唐顏師古注："隨牒，謂隨選補之恒牒，不被超擢者。"唐韓愈《上張僕射書》："九月一日，愈再拜，受牒之明日。"

【仕籍】

即班。亦稱"仕版"。此稱宋代已行用。宋蘇舜欽《與歐陽公書》："舜欽年將四十矣……性復不能與凶邪之人相就，近今得脱去仕籍，非不幸也。"明汪廷訥《獅吼記·廷薦》："但得故人通仕籍，不辭千里走風塵。"《宣和書譜·草書一》："〔張華〕爲本郡太守所薦，始登仕版。"清趙翼《八十自壽》詩之二："早登仕籍早歸田，正值重熙極樂天。才短愧無經世用，時清惟有作詩傳。"參見本書《朝制卷·文告簿籍

說·簿籍考》"仕版"文。

【仕版】

即仕籍。此稱宋代已行用。見該文。

官簿

古時用於記錄官員資歷和功過的簿籍，政府則據此任免、升降官吏。其物始行用於漢。《漢書·翟方進傳》："官簿皆在方進之右。"唐顏師古注："簿，謂伐閱也。"又《王莽傳》："請令天下吏能誦公戒者以著官簿，比《孝經》。"唐顏師古注："著官簿，言用之得選舉也。"《後漢書·安帝紀》："清白愛利，能敕身率下，防奸理煩，有益於人者，無拘官簿。"是言官吏的升遷不必僅拘泥於官簿之記錄。可知後漢之官簿較之前漢，其重要性略有降低。至宋，官簿之被看重更是遠非漢代所能比。宋范成大《送吳元茂丞浦江》詩："才名已被人爭說，官簿何妨計小疏。"

選簿

官吏花名冊。用於官吏的銓選。此稱南北朝時期已行用。《梁書·武帝紀上》："故前代選官，皆立選簿，應在貫魚，自有銓次。"唐趙嘏《贈陳正字》詩："魯儒今日意何如？名挂春官選簿初。"《明史·董傳策傳》："吏、兵二部持選簿就〔嚴〕嵩填注。"

簿[3]

軍中之名籍。此稱先秦時期已行用。《商君書·兵守》："治簿檄，三軍之多，分以客之候車之數。"後世相沿不衰。《資治通鑑·梁武帝大同三年》："丞相歡欲收兵更戰，使張華原以簿歷營點兵。"元胡三省注："簿者，軍之名籍。"參見本卷《簿籍說·簿冊考》"簿[1]"文。

版圖[1]

古時內庭管理所用的有關宮中官吏等情況的圖錄。版即閹寺及其子弟之錄籍，圖即宮中官吏及官府之形象。此稱先秦時期已行用。《周禮·天官·內宰》："掌書版圖之灋，以治王內之政令。"漢鄭玄注："版謂宮中閹寺之屬，及其子弟錄籍也；圖，王及后、世子之宮中吏官府之形象也。"唐賈公彥疏釋曰："內宰既職當內事，與太宰主外事相似，故知版之所書者，謂宮中閹寺之屬，並宮中官之子弟，皆屬內宰，書之於版焉。既主內事，故知所圖者不出王及后、世子之宮中吏官府之形象也。"

客籍

名冊。專載貴族門下賓客姓名。其主要行用於戰國時期。時各國貴族爭相供養士人，稱爲食客。如著名的四君子。爲便於統一管理和使用食客，主人特造此冊。《戰國策·楚策四》："召門吏爲汗先生著客籍。"後亦稱流寓他鄉者爲客籍。

客單

來客名單。此稱清代已行用。清孔尚任《桃花扇·媚座》："長班拏客單來看。"

鹽筴

亦稱"鹽籍""竈籍"。用於登錄食鹽人口的冊籍。自先秦始，歷代王朝均注重食鹽之生產與銷售，其嚴格登錄食鹽人口亦是便於控制食鹽產量和銷售範圍。此稱先秦時期已行用。《管子·海王》："海王之國，謹正鹽筴。"宋陳傅良《新除江東提刑陳公亮除福建轉運副使制》："其爲朕通八郡之鹽筴，以紓吾民，則朕以懌可。"至唐又有專門記載鹽商姓名的冊籍即鹽籍。其將鹽商登記在冊，命其專營。但在冊者不得隨便退出，非在册者亦不得入籍。時鹽商利大惠多，他商多有争入鹽籍者。唐白居易《議鹽法之弊》："上農大賈，易其資産，入爲鹽商……身則庇於鹽籍，利盡入於私室。"唐裴廷裕《東觀奏記》卷下："畢誠本賈客之子，連昇甲乙科。杜琮爲淮南節度使，置幕中，始落鹽籍。"清時出現了用於記録從事製鹽行業者册籍即竈籍，内載製鹽者數目、地區分布等。《清會典·户部》："凡民之著於籍，其别有四：一曰民籍……二曰軍籍……三曰商籍……四曰竈籍。"

【鹽籍】

即鹽筴。此稱唐代已行用。見該文。

【竈籍】

即鹽筴。此稱清代已行用。見該文。

侯籍

諸侯名册。此稱僅行用於漢初。時高祖劉邦大封諸侯，不論同姓、异姓，遂有侯籍之物。至武帝時，諸侯之勢日見削弱，而後的歷代藩王更非漢初所比，故侯籍之稱漸絶於史籍。《漢書·高惠高后文功臣表》："以綴續前記，究其本末，並序位次，盡於孝文，以昭元功之侯籍。"唐顏師古注："籍謂名録也，《高紀》所云通侯籍也。"

編牒

古謂小簡爲牒。編牒即編簡而成的册籍。後多以指名籍等。南朝梁劉勰《文心雕龍》："牒者，葉也。短簡編牒，如葉在枝。"此稱漢代已行用。《後漢書·儒林傳論》："其耆名高義，開門受徒者，編牒不下萬人，皆專相傳祖，莫或訛雜。"

名録

亦稱"員録""同門録""同學録"。記録從學者姓名的册籍。此稱漢代已行用。《後漢書·楊厚傳》："歸家修黃老，教授門生，上名録者三千餘人。"《隋書·高祖紀》："國學胄子，垂將千數。州縣諸生，咸亦不少。徒有名録，空度歲時。"魏晋時稱"員録"。《晋書·慕容皝載紀》："學生不任訓教者，亦除員録。"科舉制興，又有"同門録"之物，爲同科者花名册。清末新學之同學録遂代之而起。然後者在内容上遠遠超過前者，不僅有姓名、籍貫、年齡，還有簡歷、愛好等。《儒林外史》第一三回："凡有同門録及朱卷賜顧者，幸認嘉興府大街文海樓書坊不誤。"

【員録】

即名録。此稱晋代已行用。見該文。

【同門録】

即名録。此稱清代已行用。見該文。

【同學録】

即名録。此稱近現代已行用。見該文。

士籍

記録科舉考試中各地應試者之册籍。參閲宋周密《癸辛雜識别集·置士籍》、《續文獻通考·選舉一》、范文瀾《中國通史》第二編第五章。

黃甲

亦稱"小録""題名録"。及第進士名單。常用黃紙書寫，故稱。此稱宋代已行用。宋華岳《呈諸同舍》詩："三舉不登黃甲去，兩庠空笑白丁歸。"另，由進士約期集會并按甲次高下聚錢刊印小録即會試題名録。徽宗崇寧年間以後，試院官亦刊印小録，具列姓名和出生年

明洪武十八年（1385）進士題名錄
（山東省圖書館藏）

月。《宋史·選舉一》："聞喜宴分爲兩日，宴進士，請丞郎、大兩省；宴諸科，請省郎、小兩省。綴行期集，列叙名氏、鄉貫、三代之類書之，謂之小錄。"至明洪武，朱元璋令刻進士姓名於石碑，立於朝廷。時稱"題名錄"。清時多將此彙成書，具載進士之姓名、年齡、籍貫及祖上情況等。清李漁《比目魚·假神》："借本題名錄，查一查就知道了。"《儒林外史》第三回："適才看見題名錄，貴房師高要縣湯公，就是先祖的門生。"清趙翼《陔餘叢考》卷二九《題名錄》："一榜進士，出翰林衙門，例刻題名錄，此蓋本唐時進士登科記之例也。"參閱《舊五代史·選舉志》、《宋史·選舉志二》、宋王林《宋燕翼詒謀錄·進士期集所》、宋葉夢得《石林燕語》卷五、明王世貞《鳳洲雜編》卷四。

【小錄】

即黃甲。此稱宋代已行用。見該文。

【題名錄】

即黃甲。此稱明代已行用。見該文。

武錄

記錄武試中舉者之名錄。此稱明代已行用。明清時參加武試者另外造冊登記，是爲武錄。明沈德符《萬曆野獲編·禮部·褐蓋》："今年閱武錄，其人已用錦衣籍，登武進士矣。"

仙籍

傳說中的仙人名籍。亦藉爲逝世者雅稱。唐李商隱《重過聖女祠》詩："玉郎會此通仙籍，憶向天階問紫芝。"《雲笈七籤·元氣論》："呼吸太和，保守自然，先榮其氣，氣爲生源，所爲易益之道。益者，益精也；易者，易形也。能益能易，名上仙籍。"明袁宗道《黃粱夢戲題》："貧窮輒慕宦游，將相更希仙籍。"清洪昇《長生殿·傳概》："幸游魂悔罪，已登仙籍。"

勛籍

軍功簿。記錄建立軍事功勛人員的姓名、籍貫、功績等，政府多據此提拔、任用官吏，并給予載入勛籍者以特殊的待遇。其稱最早見於唐代，後代沿用。唐元稹《裴誗檢校尚書庫部郎中充河陽節度判官制》："昔竇憲以元舅出征，大開幕府，以致賢彥。是以銘燕然，備勛籍，用參畫也。"清龔自珍《武顯將軍福建海壇鎮總兵官丁公神道碑銘》："其有官不過隅鎮，名不挂勛籍，身歷百戰，於狂濤巨浪間，幾爲忌者擠致之以無名之死，而卒以功名終，則有通州丁公。"

屯籍

記載駐屯兵士之簿籍。此稱唐代已行用。《新唐書·路巖傳》："取壇丁子弟教擊刺，使補屯籍。"參見本書《朝制卷·文告簿籍説·簿説考》"屯籍"文。

丁籍

人丁登記冊籍。此稱宋代已行用。《宋史·姚仲孫傳》："仲孫既至州，立劾主吏。夜索丁籍盡給之"。《遼史·兵衛志·五京鄉丁》：

"三京丁籍可紀者二十二萬六千一百，蕃、漢轉户户爲多。"

雇籍

雇傭人員之登記册，内記有受雇者姓名、籍貫及個人專長等。此稱宋代已行用。蓋因宋代之人身依附關係始有變化。《宋史·食貨志六》："官雇弓手，先雇嘗充弓手之人，如不足，以武勇有雇籍者充。"

樓羅歷

一種嚴密的名簿。記有身高、膚色等體貌特徵。宋陶穀《清異録·百花·樓羅歷》："劉鋹在國，春深，令宫人鬥花。凌晨開後苑，各任采擇，少頃敕還宫，鎖苑門。膳訖普集，角勝負於殿中，宦士抱關，宫人出入皆搜懷袖，置樓羅歷以驗姓名，法制甚嚴，時號花禁。"參閲宋高承《事物紀原·布帛雜事·樓羅》。

禮案

亦稱"樂案"。官妓之名籍。官妓之出現早在戰國時的齊國，其名籍之稱却始行用於元代，蓋因文獻不足耳。元關漢卿《謝天香》第一折："我怨那禮案裏幾個令史，他每都是我掌命司。"又第四折："老夫甚愛其才，隨即樂案裏除了名字，娶在我宅中爲姬妾。"元武漢臣《李素蘭風月玉壺春》第四折："既然從良改正，着禮案上除了名字。"元楊顯之《酷寒亭·楔子》："既有例，禮案中除了名字，着他改嫁良人去。"

【樂案】

即禮案。此稱元代已行用。見該文。

聽用簿

傭人花名册。内載傭人之姓名、籍貫和從事的活計等，以供主人隨手翻檢，便於使唤。如有變更則隨時在册上塗改。此稱清代已行用。

《畫圖緣》第一二回："因替他改個名字，叫做賴自新，吩咐注在聽用簿上。"

驛簿

古時驛站册籍之一種。其上載有驛站各類職員的姓名等。此稱清代已行用。《畫圖緣》第一四回："花天荷因傳唤驛官來，吩咐道：'這個賴徒夫，原是個儒學生員，本鎮要帶他去軍前立功，你可在驛簿上除去他的名字。'"

卯簿

點名册。舊時官署吏役於卯時到職，長官按册呼名，故稱。此稱明代已行用。明黄訓《名臣經濟録》卷三六："各該官員親筆填注卯簿"。清黄六鴻《福惠全書·蒞任部·馭衙役》："各役過堂點卯。卯簿詳注年貌、籍貫、住址及着役日期、經管某事於姓名之下。"

循環簿

亦稱"循環卯簿"。花名册之一種。用於户部及下屬地方官府登記役使人員名籍。因逐月登記其變更情况，故稱。其制行於清代。《六部成語·户部·循環簿·注解》："輪流掌管，按月登記之簿册也。"《清會典事例·户部·户口·清釐丁役》："向來各省大小衙門書吏差役，不准過八十名，教官、佐雜、衙門門斗弓兵，不准過二十名，由該管道府酌定名數，造立循環卯簿，年終報明該管道府，具報總督衙門。"

【循環卯簿】

即循環簿。此稱清代已行用。見該文。

年貌册

名册之一種。其上詳載每人之年齡及相貌特徵，故稱。此稱明代已行用。明方以智《通雅》卷二六："閲貌者，閲年貌也。今謂之年貌册。"清袁枚《新齊諧·怪風》："此等風，塞外至冬常常有之，不傷性命。但公等爲沙石所擊，從此盡成麻面，年貌册又須另造矣。"

列題

清代吏部所存京官檔案。其内容詳載各官吏官名及履歷，供吏部考察，外官曰大計，京官有列題。參閱《清會典·吏部·考群吏之治》。

秋審册

死罪犯人名册。此稱主要行用於清代。時刑部於每年八月間審核各省上報死刑罪人，故稱。清吴振棫《養吉齋叢録》卷六："舊時，刑部吏承辦刊印秋審册，有每年賠累五千金之言。且板在民間，事易洩漏。雍正十三年，始奏設總辦秋審處於大庫西，建屋四十八間以居匠役，廳事五間爲治事所，以滿、漢司員二人領之，而核定緩實仍歸本司。"

第三節　户籍考

所謂户籍是指以户爲單位登記人口的册籍，内容一般有户主、各成員及與户主的關係、住址等項。户籍之稱始見於春秋戰國時代，歷經幾千年，儘管户籍之載體與内容屢經變化，户籍之制仍沿用不輟，成爲歷代政府掌握人口賦税的主要依據。

夏商周三代之人口統計與登記，由於文獻不足，無以爲考。最早的户籍之制，始見於《周禮·天官·小宰》（目前學術界認爲該書成於戰國時代）："聽閭里以版圖。"漢鄭玄注："版，户籍。"《管子·禁藏》："户籍田結者，所以知貧富之不訾也。"唐尹知章注："謂每户置籍，每田結其多少，則貧富不依訾限者可知也。"史載早期的户籍與鄉里書社聯係在一起，且書於木板、竹簡之上，故有"社之人口，書於版圖"的説法。當然其内容僅是簡單的人口記録而已，諸侯國君往往以書社贈予他國或賞賜臣下。秦於獻公十年（前375），實行"户籍相伍"制度，將户籍編制軍事化，開户籍用於軍事、社會治安之先例。另一方面，曾經支配中國幾千年的"士、農、工、商"四民分類注册登記的制度亦在戰國時代確立下來。儘管後代的名稱和内容并不完全一致，但大體上可以歸入此體系。自戰國後，歷代的官吏，主要從"士"這個階層提拔出來。士雖列爲四民之一，但屬於統治階層，故不但與普通民衆户籍不同，且與皇親國戚之特殊册籍也有區別。兩晋南北朝，士人祇憑藉氏族家譜，著名於"黄籍"之中，便可免除賦役負擔。後科舉制興，士籍遂成爲科舉人員名録。另外，三國時有所謂"士家"制度，當時政府新設一兵籍，亦曰士籍。注册士籍者世代爲兵，不得改業。非有特殊功勳者不得免除兵籍，婚嫁祇限於同類。而後的明代衛所軍，清代的綠營大致與此同。

　　工商，尤其是商籍，更是作爲一種特殊的户籍存在於各個歷史時期。西漢時期的商籍更爲特殊，所謂"法律賤商人，商人已富貴"是矣。

　　當然，自秦漢時期始，民（農）户籍的編制是最爲重要的。《史記·蕭相國世家》記載，公元前 206 年，劉邦入咸陽，蕭何先收取秦的户籍地圖，所以具知天下扼塞，户口多少。自此，封建政府"編户齊民"的制度基本確立，其作用爲一方面保證了徵兵、徵税，另一方面也具有穩定統治秩序的因素。在長沙走馬樓出土的孫吳簡牘中，其户籍分別記載於木牘和竹簡，涉及的等級層面十分廣泛。木牘一般長 23~23.5 厘米，寬 4~5 厘米，厚 0.4~0.8厘米，呈黄褐色。木牘上端繪有"同"字或同等意義的符號，一側尚保留用薄金屬器劃切的痕迹，結語經常使用"破莂保據"的字樣，顯然是爲剖莂分券使用的。木牘上下兩道編痕，編繩已朽。對照竹簡記載的内容推測，木牘所載均爲經官吏調查核實後某户家庭成員的概况，而竹簡所記的内容則爲家庭中某個或幾個成員的具體情况。其内容一般可分爲居址、爵位、姓名年紀、體况特徵、所患疾病等項，項目的填寫也視在家中地位的主從、年齡長少取捨（見《長沙走馬樓J22 發掘簡報》，載《文物》1999 年第 5 期）。

　　由此可知，户籍之書寫材料自有記載以來，至南北朝一直使用竹簡或木牘。《太平御覽》卷六〇六引《晋令》云："郡國諸户口黄籍，籍皆用一尺二寸札，已在官役者載名。"今人方北辰認爲，約自東晋初年，户籍之書寫材料由竹簡木牘始改用紙張。《通典》卷三《食貨·鄉黨》："梁武帝時所司奏，南徐、江、郢逋兩年黄籍不上。尚書令沈約上言曰：'晋咸和初，蘇峻作亂，版籍焚燒。此後，起咸和三年，以至於宋，並皆詳實，朱筆隱注，紙連悉縫。'"所謂"紙連悉縫"，即每册户籍均用一張連續不斷的長紙書寫，摺疊之後用綖繩在一側密縫成册，目的是防止使用抽取單頁的辦法，篡改户籍（見方北辰《晋代"黄籍"書寫材料的變化》，載《文獻》1999 年第 2 期）。

　　自漢至唐的八九百年間，户籍的編制基本變化不大。唐中葉尤其是宋以後，私有土地日益發達，各種單行的地籍如方賬、莊賬、魚鱗圖、坵基薄、流水賬等相繼設立起來。同時由於原有的户籍失實，户貼、甲貼、丁口簿、類姓簿、户産册、鼠尾册等新型的户籍逐漸出現，地籍已取得了和户籍平行的地位。明代實行一條鞭法，清代實行攤丁入畝後，魚鱗圖册（地籍）便成爲徵派賦役的主要依據，而依向例編造的賦役黄册（户籍）實際上已退居次要位置了。不久，全國性的户籍編制工作亦於乾隆三十七年（1772）宣告停止。

　　儘管歷代政府費了不少心計，先後擬定了各種整頓戶籍的方案，還是難免造假現象的發生。在明實行一條鞭法不久，便有許多州縣用自造的白册大半是不相同的，與本地魚鱗圖册也難一致。

　　民國時期，國民政府爲了加强社會治安，遂將户籍納入保甲制，重新編定全國户籍。1949 年後實行的户口簿，主要用於人口統計和社會管理，内容主要有户主及成員的姓名、年齡、性别、籍貫、職業、文化程度和婚姻狀况等。

户籍

　　亦稱"版""版籍""板籍"。登録户口的册籍。此稱先秦時期已行用。《管子·禁藏》："户籍田結者，所以知貧富之不訾也。"唐尹知章注："謂每户置籍，每田結其多少，則貧富不依訾限者可知也。"《史記·秦始皇本紀》載，經濟落後之秦國於獻公時期已實行了"户籍相伍"之制。"户籍"一詞，後世相沿未改。時户口登記在版牘之上，因亦稱"版""版籍""板籍"。《周禮·天官·小宰》："聽閭里以版圖。"漢鄭玄注："版，户籍。"《後漢書·仲長統傳》引《昌言·損益》："明版籍以相數閱，審什伍以相連持。"唐李賢注："版，名籍也，以版爲之也。"《南齊書·虞玩之傳》："今户口多少，不減元嘉，而板籍頓闕，弊亦有以。"《通典》卷三《食貨·鄉黨》："梁武帝時，所司奏南徐、江、郢迪兩年黄籍不上。尚書令沈約上言曰：'晋咸和初，蘇峻作亂，版籍焚燒。'"宋曾鞏《本朝政要策·户口版圖》："興國初，有上言事，以閏爲限，三歲一令天下貢地圖與版籍上尚書省，所以周知地理之險易，户口之衆寡。"《明史·食貨志一》："元季喪亂，版籍多亡，田賦無準。"《水滸傳》第一一〇回："那時胡俊已是招降了兄弟胡顯，將東川軍民版籍、户口及錢糧册籍，前來獻納聽罪。"《清史稿·食貨志一》："及同治、光緒間……亦有改入他國版籍之事。"

【版】[2]

　　即户籍。此稱先秦時期已行用。見該文。

【版籍】[2]

　　即户籍。此稱漢代已行用。見該文。

【板籍】

　　即户籍。此稱南北朝時期已行用。見該文。

【版簿】

　　即户籍。亦作"板簿"。此稱宋時已行用。宋高承《事物紀原·治理政體·版簿》："《周禮》：司民掌登萬民之數，自生齒已上，皆書於版……今州縣有丁口版簿即此。"宋孔平仲《談苑》卷二："施、黔州多白花蛇，螫人必死。縣中板簿有退丁者，非蛇傷則虎殺之也。"

【板簿】

　　同"版簿"。此體宋代已行用。見該文。

【屬籍】[1]

　　即户籍。此稱漢代已行用。《漢書·文帝紀》"復諸劉有屬籍。"《後漢書·安帝紀》："〔延光元年〕大赦天下，還徙者復户邑屬籍。"

【簿籍】 [3]

即户籍。此稱漢代已行用。漢王充《論衡·自紀》：“夫宅舍多，土地不得小户口衆，簿籍不得少。”清采蘅子《蟲鳴漫録》卷一：“俗例以質庫贈嫁者，必結綵亭，懸某典招牌，並陳簿籍於其中。”參見本卷《簿籍説·籍册考》“簿籍[1]”文、《簿籍説·名籍考》“簿籍[2]”文。

【口籍】

即户籍。亦稱“口册”。因古時多以“口”稱呼被統計的家庭之成員。此稱漢代已行用，後代沿用不衰。《後漢書·百官志二》：“凡居宫中者皆有口籍於門之所屬。宫名兩字，爲鐵印文符，案省符乃内之。”唐元稹《故中書令贈太尉沂國公墓志銘》：“公乃獻地圖，編口籍，修職貢，上吏員。”《中國近代史資料叢刊·太平天國·賊營各條》：“賊造各兵家口册，如寫母某氏，即寫‘母，某大妹’，妻寫‘某二妹’。”

【口册】

即口籍。此稱清代已行用。見該文。

【名數】

即户籍。此稱漢代已行用。《史記·萬石張叔列傳》：“元封四年中，關東流民二百萬口，無名數者四十萬。”司馬貞索隱：“案，小顔云：無名數，若今之無户籍。”《漢書·高帝紀》：“民前或相聚保山澤，不書名數，今天下已定，令各歸其縣，復故爵田宅。”唐顔師古注：“名數，謂户籍也。”至唐時，作爲户籍的名數遂演變成名籍，用於百官、軍卒之人名記録。《新唐書·百官志》：“掌判諸曹五府外府稟禄卒伍軍團之名數。”

【丁口簿】

即户籍。亦稱“丁册”“丁口册”。此稱宋代已行用。《宋史·食貨志一》：“〔婺州〕凡結甲册、户産簿、丁口簿、魚鱗圖、類姓簿，二十三萬九千有奇，創庫匱以藏之。”至清代則稱“丁册”，至民國時仍沿用之。《清史稿·食貨志一》：“五年，令凡編審丁册”，“每户書另户某人某官，無官則曰閑散某，上書父兄官職名氏，傍書子弟及兄弟之子，及户下若干人。或在籍，或他往，皆備書之”。清乾隆《皇朝通志·食貨略·户口丁中》：“額定丁册數。”清乾隆《皇朝通典·食貨·户口丁中》：“十五年，定編審丁册。”近現代有稱“丁口册”者。吴組緗《山洪》一：“我同你到縣裏自己填丁册去，不敢去的是灰孫子。”

【丁册】

即丁口簿。此稱清代已行用。見該文。

【丁口册】

即丁口簿。此稱近代已行用。見該文。

黄册 [2]

用於徵派賦役的户口册籍。此稱明代已行用。明洪武十四年（1381），朱元璋下詔，令各州郡編造賦役黄册，一式四份，一報户部，餘存布政司、府、縣，上户部者用黄紙爲封面，故稱。《續文獻通考·職官考·諸縣官》：“知縣掌一縣之政，凡賦役、歲會、實徵，十年造黄册。”清黄六鴻《福惠全書·編審部·總論》：“編審之時有二：一在十年大造，將錢糧、户口攢造黄册，進呈御覽。”參見本書《朝制卷·文告簿籍説·簿籍考》“黄册”文。

赤紙籍

古時因犯罪而淪爲樂工雜户者之户口册。

以用赤紙登記，故名。此稱先秦時期已行用。《左傳·襄公二十三年》："斐豹，隸也，著於丹書。"又："赤紙爲籍，其卷以鉛爲軸。"唐孔穎達疏："近世魏律：緣坐配没爲工樂雜户者，皆用赤紙爲籍。"參見本書《朝制卷·文告簿籍説·簿籍考》"名數"文。

圖籍

户籍之一種。其内記録每户之人員情况，并記其田地圖形。此稱先秦時期已行用。《荀子·榮辱》："循法則、度量、刑辟、圖籍，不知其義，謹守其所，慎不敢損益也。"唐楊倞注："圖，謂模寫土地之形；籍，謂書其户口之數也。"《戰國策·秦策一》："據九鼎，按圖籍，挾天子以令天下。"參見本書《朝制卷·文告簿籍説·簿籍考》"圓籍"文。

魚鱗圖册 [2]

户口圖册。其上繪有每户居處之向背、山川遠近之詳圖，并詳載每户人口之長幼、姓名、年齡和職業等，以便管理。因圖狀如魚鱗相次，故名。其制始於明洪武二十年（1387），目的爲量度田畝，隨糧定區。《明史·食貨志一》："洪武二十年命國子生武淳等分行州縣……量度田畝方圓，次以字號，悉書主名及田之丈尺，編類爲册，狀如魚鱗，號曰魚鱗圖册。"參見本卷《簿籍説·簿册考》"魚鱗圖册 [1]"文。參閱《知梅州張君墓志銘》。

民籍

即百姓户籍。列入該類户籍者多是從事農業生産者。《南齊書·鬱林王紀》："宜從蕩宥，許以自新，可一同放遣，還復民籍。"宋孔平仲《孔氏雜説》卷一："東漢之定民籍，頗若勞擾。今之造户口名簿，却不如此也。"《續資治通鑑·宋真宗天禧四年》："所至視民籍差等，有不如式者，懲革之。"《清會典·户部》："凡民之著籍，其別有四：一曰民籍，二曰軍籍，三曰商籍，四曰竈籍。"

商籍

商人之户籍。自戰國秦漢始，國人便有士、農、工、商之分，歷代政府將商人以户爲單位編入特定户籍，使其世代爲商，不得隨意變更。早在西漢，漢景帝已不滿"有市籍者不得官"規定，事見《漢書·景帝紀》，此市籍即商籍也。然商籍之制至清而未改。《清會典·户部》："凡民之著籍，其別有四：一曰民籍……二曰軍籍……三曰商籍……四曰竈籍。"

黄籍

本地之人户籍簿。因用黄紙書寫，故稱。蓋初期的紙很粗糙，書寫不便，時人即用黄蘗染紙，使之光滑美觀，書寫流利，亦可辟蠹。此稱主要行用於魏晉南北朝。時政府將士大夫著録該種户籍之上，使其免除賦役。《宋書·武帝紀下》："開亡叛赦，限内首出，蠲租布二年。先有資狀，黄籍猶存者，聽復本注。"《南齊書·虞玩之傳》："建元二年，詔朝臣曰：'黄籍，民之大紀，國之治端。'"《太平御覽》卷六〇六引《晋令》云："郡國諸户口黄籍，籍皆用一尺二寸札，已在官役者載名。"《通典》卷三《食貨·鄉黨》："梁武帝時所司奏，南徐、江、郢逋兩年黄籍不上。尚書令沈約上言曰：'晋咸和初，蘇峻作亂，版籍焚燒。"參見本書《朝制卷·文告簿籍説·簿籍考》"黄籍"文。

白籍

古時用白紙書寫的一種户籍册。此稱主要行用於東晋。東晋偏安東南，北方人口大量南遷，僑户皆登記於白籍，以區别於登記土著户所用的黄籍。《晋書·成帝紀》：“實編户，王公已下皆正士斷白籍。”《資治通鑑·晋成帝咸康七年》引該條，元胡三省注曰：“白籍者，户口版籍也。宋齊以下有黄籍。”參見本書《朝制卷·文告簿籍説·簿籍考》“白籍”文。

户帖

亦作“户貼”。以户爲單位登記人口或田産等項之簿册。此稱宋代已行用。時政府組織官員丈量土地，并根據其肥瘠制定税則，書之於户帖。《宋史·食貨志上二》：“方量畢，以地及色參定肥瘠而分五等，以定税則，至明年三月畢，揭以示民，一季無訟，即書户帖，連莊帳付之，以爲地符。”又：“〔方田〕凡田方之角，立土爲埻，植其野之所宜木以封表之。有方帳，

有莊帳；有甲帖，有户帖。其分烟析産、典買割移，官給契，縣置簿，皆以今所方之田爲正。”《元典章·户部三·抄數户記事産》：“有司隨即出給印狎户貼付各户收執。”至明代，太祖朱元璋下詔編定户帖、户籍，前者與民，後者上交户部。《明史·食貨志一》：“太祖籍天下户口，置户帖、户籍。籍上户部，而帖給之民。”參閲《續文獻通考·户口》

【户貼】

同“户帖”。此體元代已行用。見該文。

丁檔

户口檔案。此稱清代已行用。《清史稿·食貨志·户口》：“清之民數，惟外藩扎薩克所屬編審丁檔，掌於理藩院。”

第五章　書籍説

第一節　名類考

我國的書籍經歷了幾千年的發展，無論其形制，還是其內容都發生了巨大的變化，故其名稱异彩紛呈，代有不同。《書·多士》載："惟殷先人，有册有典。""典"和"册"（俱見甲骨文）就是後人對殷商書籍文獻的稱呼。書籍之單稱"書"始於《論語·先進》："何必讀書，然後爲學。"《説文·叙》："著於竹帛謂之書。"《史記·禮書》："書者，五經六籍之總名也。"

春秋戰國之時，隨着人們對上古歷史的追溯和推測，書籍便有了新的名稱，如《三墳》《五典》《八索》《九丘》。其後，它們之間排列組合成丘索、墳典、墳素、墳索等詞。《左傳·昭公十二年》："是能讀《三墳》《五典》《八索》《九丘》。"晋杜預注："皆古書名。"同時，文化的傳播，促進了竹簡、木牘廣泛應用作書寫材料，時人言及書籍時，往往竹帛并舉。《墨子·尚賢下》："古者聖王……書之竹帛，鏤之金石，琢之盤盂，傳遺後世子孫。"《韓非子·安危》："先王寄理於竹帛。"至東漢，許慎在《説文·序》中還説："蓋依類象形，故謂之文，其後形聲相益，即謂之字……著於竹帛謂之書。""竹帛"，即時人乃至後人對書寫於竹簡和絹帛之書籍文獻的稱謂。《漢書·蘇武傳》：“李陵置酒賀武曰：‘今足下還歸，揚名於匈奴，功顯於漢室，雖古竹帛所載，丹青所畫，何以過子卿（蘇武）！’”《三國志·吳書·陸凱傳》：“明王聖主取士以賢，不拘卑賤，故其功德洋溢，名流竹素。”晋陸機《長歌行》：“但恨功名薄，竹帛無所宣”。

竹簡用於書寫材料之前，須加工處理方可使用。時人多稱之爲“殺青”，竹書遂有“青簡”之名。《後漢書·吳祐傳》：“〔父〕恢欲殺青簡以寫經書。”《文選·劉孝標〈重答劉秣陵沼書〉》：“書簡尚新，而宿草將列，泫然不知涕之無從也。”唐呂延濟注：“青簡，竹簡也。古無紙，用以爲書。”唐白居易《秘書省中憶舊山》詩：“厭從薄宦校青簡，悔別故山思白雲。”竹書寫成，一片片依次排列，後用麻繩、皮繩或絲繩編連，謂之策（册）。故“册”“策”“簡册”“韋編”（編連竹簡的熟皮繩）等成爲書寫於竹簡之書籍文獻的稱謂。《管子·宙合》：“是故聖人著之簡筴，傳以告後進。”漢王充《論衡·定賢篇》：“口談之實語，筆墨之餘迹，陳在簡筴之上。”晋杜預《〈春秋左氏傳〉序》：“大事書之於策，小事簡牘而已。”唐柳宗元《〈楊評事文集〉後序》：“詞正而理備，謂宜藏於簡册也。”南朝梁元帝《法寶聯璧序》：“降意韋編，留神緗帙。”宋朱熹《四時讀書樂》詩：“坐對韋編燈動壁，高歌夜半雪壓廬。”

與竹書同時或稍後的還有木書。漢代王充在《論衡·量知篇》中説：“斷木爲槧，析之爲版，力加刮削，乃成奏牘。”《禮記·聘禮上》：“百名（即字）以上書於策，不及百名書於方。”《中庸》：“文武之道，布在方策。”漢鄭玄注：“方，版也；策，簡也。”由此，“版”“版籍”“牘”成爲書於木簡之書籍文獻的稱謂。《管子·宙合》：“故退身不舍端，修業不息版。”舊題唐房玄齡注：“不息修葉，亦不息其版籍。”《後漢書·荀悦傳》：“〔荀悦〕家貧無書，每之人間，所見篇牘，一覽多能誦記。”唐劉知幾《史通·書事》：“其之史牘，夫何足觀？”宋王安石《示德逢》詩：“深藏組麗三千牘，静占寬閑五百弓。”清錢繹《〈方言箋疏〉序》：“閲其本，簡眉牘尾，如蟻攢聚，幾不可辨。”

除竹書、木書外，尚有書寫於絲帛之上的帛書。春秋戰國時代的絲織品有帛、絹、縑、素等名，故書籍亦有帛書、縑書，或素書、絹書之稱。宋陸游《追憶征西幕中舊事》詩：“關輔遺民意可傷，臘封三寸絹書黄。”1973年湖南長沙馬王堆三號西漢墓出土的帛書是我們今天所看到的最重要的帛書，共十多種，十二萬多字。

約東漢時代，已有紙書行世。然初期的紙甚粗糙，書寫不便，時人便用黄檗染紙，使之光滑美觀，書寫流利，亦可辟蠹，書籍遂有"黃奶子"之戲稱。南朝梁元帝《金樓子·雜記上》："有人讀書握卷而輒睡者，梁朝有名士呼書卷爲黃奶，此蓋見其美神養性如奶媼也。"宋吳炯《贈劉義仲》詩："少日縈心但黃奶，暮年使鬼欠青奴。"清趙翼《夜臥觀書》詩："笑呼黃奶子，賴爾得安眠。"另外，晉代因紙書普遍流行，書籍的裝幀，較之前代更趨考究。時著名學者荀悦曾提出了"盛以縹囊，書以湘素"的審美標準，即用淡青色的絲織品盛書，用淺黃色的絲織品寫書，使書籍形式淡雅大方。因之，後世書籍復有"湘牘""湘素"之雅稱。紙書盛行之後，書籍制度亦由簡牘制度演變爲卷軸制度。故後世書籍亦有"卷""卷册"等稱。明胡應麟《少室山房筆叢》云："唐人寫本存於今者皆爲長卷，如手卷之狀，收藏家謂之卷子本。"

重要的是，"書籍"之稱始在魏晉時代行用於世，延續至今。《三國志·魏書·王粲傳》："邕曰：'此（指王粲）王公孫也，有異才，吾不如也。吾家書籍文章，盡當與之。"《晉書·張華傳》："雅愛書籍，身死之日，家無餘財，惟有文史溢於机篋。"宋蘇軾《論高麗進奉狀》："使者所至，圖畫山川，購買書籍。"清王士禛《池北偶談·談異六·焦桂花》："曹升六（貞吉）舍人，曾於内庫檢視書籍。"

值得一提的是，中華民族向有愛書傳統，曾將珍貴文獻書於玉片之上，故書籍亦有"玉版"等稱謂。《韓非子·喻老》："周有玉版，紂令膠鬲索之，文王不予。費仲來求，因予之。"《史紀·太史公自序》："周道廢，秦撥去古文，焚滅《詩》《書》，故明堂石室，金匱玉版，圖籍散亂。"另外，歷代士人多有爲書籍配置玉製書套者，用以裝載珍貴書籍，故書籍又有"瑶函""瑶策""瑶册"等美稱。唐李嶠《洛州昭覺寺釋迦牟尼佛金銅瑞像碑》："瑶函玉檢，答宇宙之隆平。"唐司空圖《月下留丹竈》詩："瑶函真迹在，妖魅敢揚威。"唐孟郊《與王二十一員外涯游昭成寺》詩："瑶策冰入手，粉壁畫瑩神。"《宋史·樂志十四》："瑶册玉寶，爛然瑞輝。"

三墳五典

傳說中的上古三皇五帝之書籍。亦有二者分而稱之者。後亦藉稱古代典籍。此稱先秦時期已行用。《左傳·昭公十二年》："是能讀《三墳》《五典》《八索》《九丘》。"漢孔安國《尚書序》："伏羲、神農、黃帝之書，謂之《三墳》。""少昊、顓頊、高辛、唐、虞之書，謂之《五典》。"南朝梁劉勰《文心雕龍·宗經》："皇世《三墳》，帝代《五典》。"南朝梁蕭綱《南郊頌》："五典三墳，既葳蕤於璧水；九流八索，亦繽紛於石渠。"唐張説《齊黃門侍郎盧思道碑》："《三墳》《五典》，公能讀之。"明沈受先《三元記·講學》："素志惟甘清淡，《三墳》《五典》沉酣。"歷代多有作僞《三墳》者。宋時張商英自稱得此書於民間，内容多荒誕無稽。宋代晁公武《郡齋讀書志》謂乃張商英僞造。陳振孫則認爲此書係毛漸得自於民間。明代程榮將其刻入《漢魏叢書》，前有毛漸序，題作晉阮咸注，分《山墳》《氣墳》《形墳》，以《連山》爲伏羲作，《歸藏》爲神農作，《乾坤》爲黃帝作，各衍爲六十四卦，繫之以傳，且雜以《河圖》，亦宋人僞造。

三墳

"三墳五典"中之一種。此稱先秦時期已行用。詳"三墳五典"文。

五典

"三墳五典"中之一種。此稱先秦時期已行用。詳"三墳五典"文。

八索九丘

傳説中的上古書籍。亦有二者分而稱之者。後亦藉指古代典籍。此稱先秦時期已行用。《左傳·昭公十二年》："是能讀《三墳》《五典》《八索》《九丘》。"晉杜預注："皆古書名。"漢孔安國《尚書序》："八卦之説，謂之《八索》，求其義也。""九州之志，謂之《九丘》。丘，聚也。言九州所有，土地所生，風氣所宜，皆聚此書也。"又："《春秋左傳》曰：'楚左史倚相，能讀《三墳》《五典》《八索》《九丘》，即謂上世帝王遺書也。'"晉葛洪《抱朴子·安貧》："六藝備研，《八索》必該，斯則富矣；振翰摛藻，

德音無窮，斯則貴矣。"唐楊炯《從弟去溢墓志銘》："若夫節陵遺策，汲冢殘書，倚相之《《八索》《九丘》，張華之千門萬户，莫不山藏海納，學無所遺。"宋蘇軾《李氏山房藏書記》："楚獨有左史倚相，能讀《三墳》《五典》《八索》《九丘》。"宋袁褧《楓窗小牘》卷上："王初寮詔曰：'太極函三，運神功於《八索》；乾元用九，增寶曆於萬年。'"

【丘索】

即八索九丘。此稱南朝時期已行用。《宋書·禮志三》："江夏王義恭表曰……丘索著明者尚有遺炳。"元耶律楚材《和裴子法見寄》詩："琴書澹相對，尚未忘丘索"。明湯顯祖《紫簫記·出山》："唐憲宗皇帝愛俺年少，送游太學，備觀丘索之書，頗習干旄之舞。"

八索

"八索九丘"中之一種。此稱先秦時期已行用。詳"八索九丘"文。

九丘

"八索九丘"中之一種。此稱先秦時期已行用。詳"八索九丘"文。

墳典

亦稱"典墳"。古籍之代稱，取義於三墳五典。《淮南子·齊俗訓》："衣足以覆形，從典墳，虛循撓便身體，適步行。"三國魏文帝《答北海王袞詔》："王研精墳典，耽味道真。"《南史·虞龢傳》："少好學，居貧屋漏，恐濕墳典，乃舒被覆書，書獲全而被大濕。"宋蘇軾《求婚啓》："中郎墳典之付，豈在他人？"宋梅堯臣《送代州錢防禦》詩："鐘鼓陳牛酒，衣裳論典墳。"

【典墳】

即墳典。此稱先秦時期已行用。見該文。

墳索

《三墳》《八索》之合稱。亦泛稱古代典籍。其稱三國時期已行用。《三國志·魏書·管寧傳》："敷陳墳索，坐而論道。"晉葛洪《抱朴子·逸民》："窮覽墳索，著述粲然，可謂立言矣。"唐陸龜蒙《奉和襲美二游詩》："日既不暇給，墳索何由專。"

墳策

亦作"墳册"。亦稱"墳籍""墳素"。古籍之代稱。因古書書於簡策、絹帛之上，加以《三墳》之稱的影響甚大，故稱。此稱漢代已行用。《後漢書·儒林傳序》："及光武中興，愛好經術，未及下車而先訪儒雅……自是莫不抱負墳策，雲會京師。"《後漢書·李固傳》："少好學，常步行尋師，不遠千里。遂究覽墳籍，結交英賢。"《晉書·魯芝傳》："〔芝〕年十七，乃移居雍，耽思墳籍。"晉潘岳《閑居賦》："傲墳素之長圃，步先哲之高衢。"《南史·裴松之傳》："松之博覽墳籍，立身簡素。"南朝宋謝靈運《撰征賦》："就終古以比猷，考墳册而莫契。"南朝梁昭明太子《文選序》："事美一時，語流千載，概見墳籍，旁出子史。"隋李諤《上書正文體》："鑽仰墳素，棄絕華綺。"唐溫庭筠《上蔣侍郎啓》："謬窺墳素，常稟盤盂。"宋王禹偁《暴富送孫何入史館》詩："漢公得高科，不足惟墳素。"

【墳籍】

即墳策。此稱漢代已行用。見該文。

【墳素】

即墳策。此稱晉代已行用。見該文。

【墳册】

同"墳策"。此體南北朝時期已行用。見該文。

方策

亦作"方册"。亦稱"方筴"。"方"和"策"之合稱。藉指古籍。漢王充《論衡·量知篇》中說："斷木爲槧，析之爲版，力加刮削，乃成奏牘。"即一塊木板，謂之版；版上寫字謂之牘；一尺見方的牘，謂之方。《禮記·聘禮上》："百名（名即字）以上書於策，不及百名書於方。"《中庸》："文武之政，布在方策。"漢鄭玄注："方，版也；策，簡也。"方即木板，策即編簡，古代文字書於木板，因泛稱書文、典籍爲方策。《後漢書·馬融傳》："然猶咏歌於伶簫，載陳於方策，豈不哀哉。"晉葛洪《抱朴子·外篇·自叙》："方册所載，罔不窮覽。"《宋書·後廢帝紀》："方筴所不書，振古所未聞。"宋程大昌《演繁露》卷七《方册》："方册云者，書之於版，亦或書之竹簡也。通版爲方，聯簡爲册。"

【方册】

同"方策"。此體晉代已行用。見該文。

【方筴】

即方策。此稱南北朝時期已行用。見該文。

册 [2]

亦稱"筴"。古時編竹木簡爲册，故後世亦用以稱文獻、典籍。此稱先秦時期已行用。《說文·册部》："象其札一長一短，中有二編之形。"《書·金滕》："史乃册祝。"漢鄭玄注："册，謂簡書也。"唐孔穎達疏："史乃爲策書，執以祝之。"《國語·魯語上》："季子（展禽）之言，不可不法也，使書以爲三筴。"三國吳昭注："筴，簡書也。"三國魏李康《運命論》："善惡書於史册，毀譽流於千載。"唐韓愈《送浮屠文暢師序》："是故道莫大乎仁義，教莫正乎禮樂刑政……文武以是傳之周公、孔子，書之於册，中國之人世守之。"

【筴】

即册[2]。此稱先秦時期已行用。見該文。

玉版[1]

亦稱"瑶函""瑶策""瑶册""瑶"。古時用以刻字之玉片，後引申爲珍貴典籍的代稱。此稱先秦時期已行用。《韓非子·喻老》："周有玉版，紂令膠鬲索之，文王不予。費仲來求，因予之"。《史紀·太史公自序》："周道廢，秦撥去古文，焚滅《詩》《書》，故明堂石室，金匱玉版，圖籍散亂。"北周宇文逌《庾信集序》："名山海上，金匱玉版之書；魯壁魏墳，縹帙緗囊之記。"至唐宋又有用玉製書套者，故珍貴書籍亦稱爲"瑶函""瑶瑛""瑶策""瑶册"者。唐李嶠《洛州昭覺寺釋迦牟尼佛金銅瑞像碑》："瑶函玉檢，答宇宙之隆平。"唐司空圖《月下留丹竈》詩："瑶函真迹在，妖魅敢揚威。"唐孟郊《與王二十一員外涯游昭成寺》詩："瑶策冰入手，粉壁畫瑩神。"《宋史·樂志十四》："瑶册玉寶，爛然瑞輝。"《清朝野史大觀·清宮遺聞·前清宮詞》："除却禁中藏繕本，四文寶閣貯瑶瑛。"

【瑶函】[2]

即玉版[1]。此稱唐代已行用。見該文。

【瑶策】

即玉版[1]。此稱唐代已行用。見該文。

【瑶册】

即玉版[1]。此稱宋代已行用。見該文。

【瑶瑛】

即玉版[1]。此稱清代已行用。見該文。

竹帛[1]

亦稱"竹素"。竹指竹簡，帛、素指白絹，古用以書寫文字，後用作書籍之代稱。此稱先秦時期已行用。《墨子·尚賢下》："古者聖王既審尚賢，欲以爲政，故書之竹帛，琢之盤盂，傳遺後世子孫。"《韓非子·安危》："先王寄理於竹帛"。《説文·叙》："著於竹帛稱之書"。《漢書·蘇武傳》："李陵置酒賀武曰：'今足下還歸，揚名於匈奴，功顯於漢室。雖古竹帛所載，丹青所畫，何以過子卿（蘇武）！"《三國志·吳書·陸凱傳》："明王聖主取士以賢，不拘卑賤，故其功德洋溢，名流竹素。"晋陸機《長歌行》："但恨功名薄，竹帛無所宣。"參見本卷《載器説·載體考》"竹帛[2]""竹素[2]"文。

【竹素】[1]

即竹帛[1]。此稱三國時期已行用。見該文。

竹書

亦稱"韋編""青簡""竹簡書""青編"。書於竹簡之書籍。竹書由若干支竹片組成。據近人王國維考證：戰國時竹簡最長的二尺四寸，其次爲一尺二寸，最短的八寸；兩漢時最長的二尺，其次爲一尺五寸，再次一尺，最短的五寸。每片一般寫二十或四十多字，最少的也有寫三至四個字的；有分欄寫的，也有不分欄寫的。竹書寫成之後，一片片依次排列，然後用麻繩、皮繩或絲繩編連，謂之策（册）。一般爲二道編、三道編，間或有四道、五道編的。王充《論衡·量知》："截竹爲筒，破以爲牒，加筆墨之迹，乃成文字，大者爲經，小者爲傳記。"殺青之竹簡，多以熟皮繩和青絲編連，故又有"韋編""青編"之稱。《史記·孔子世家》"〔孔子〕讀《易》，韋編三絶。"《後漢書·吳祐傳》：“〔父〕恢欲殺青簡以寫經書。”《文選·劉孝標〈重答劉秣陵沼書〉》：“青簡尚新，而宿草將列，泫然不知涕之無從也。”唐吕延濟注：“青簡，竹簡也。古無紙，用以爲書。”《晋書·束皙傳》：“太康二年，汲郡人不準盜發魏襄王墓，或言安釐王冢，得竹書數十車。”《南齊書·文惠太子傳》：“襄陽有盜發古冢者……大獲寶物玉屐、玉屏風、竹簡書、青絲編。簡廣數分，長二尺，皮節如新。”南朝梁任昉《爲蕭揚州作薦士表》：“豈直魑鼠有必對之辯，竹書無落簡之謬。”又《爲范始興作求立太宰碑表》：“府之延閣，則青編落簡。”南朝梁簡文帝《長沙宣武王北凉州廟碑》：“功書緑字，事燭青編。”南朝梁元帝《法寶聯璧序》：“降意韋編，留神緗帙。”唐許渾《元處士自洛歸宛陵山居見示詹事相公餞行之什因贈》詩：“紫霄峰下絶韋編，舊隱相如結轍前。”唐白居易《秘書省中憶舊山》詩：“厭從薄宦校青簡，悔別故山思白雲。”宋朱熹《四時讀書樂》詩：“坐對韋編燈動壁，高歌夜半雪壓廬。”

【韋編】

即竹書。亦有專指《易》者。此稱漢代已行用。見該文。

【青簡】[1]

即竹書。此稱漢代已行用。見該文。

【竹簡書】

即竹書。此稱南北朝時期已行用。見該文。

【青編】

即竹書。此稱南北朝時期已行用。見該文。

書策

亦作“書册”。亦稱“書筴”。因古書書於竹簡之上後編連成册（策），故稱。此稱先秦時期已行用。《禮記·曲禮上》：“先生書策琴瑟在前，坐而遷之，戒勿越。”《韓非子·六反》：“今學者皆道書筴之頌語，不察當時之實事。”《穆天子傳》卷二：“癸巳，至於群玉之山……阿平無檢，四徹中繩，先王之所謂策府”。晋郭璞注：“言往古帝王以爲藏書册之府。所謂藏之名山者也。”宋蘇軾《贈仲勉子文》詩：“閑看書册應多味，老傍人門想更慵。”明張綸《林泉隨筆》：“陶氏不爲掩覆，顧反誇道而筆之於書册中，以爲後人勸侈誨淫之具，不亦甚哉？”

【書筴】

即書策。此稱先秦時期已行用。見該文。

【書册】

同“書策”。此體晋代已行用。見該文。

書簡[2]

書籍。因古籍書於竹木簡，故稱。此稱先秦時期已行用。《韓非子·五蠹》：“故明主之國，無書簡之文，以法爲教；無先王之語，以吏爲師。”《三國志·吴書·趙達傳》：“又有書簡上作千萬數，著空倉中封之，令達算之。”《宋史·王曾傳》：“平生自奉甚儉，有故人子孫京來告別……送數軸卷紙。啓視之，皆它人書簡後裁取者也。”

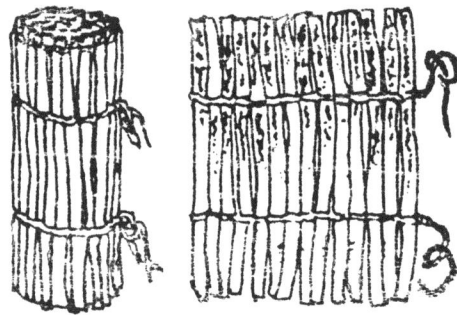

書　簡
（華夫《中國古代名物大典》）

簡策

亦作"簡册"。亦稱"簡筴"。古無紙，以竹木爲書，單片竹木謂之簡，數簡編連謂之策。後因以泛稱古籍。《管子·宙合》："是故聖人著之簡筴，傳以告後進。"漢王充《論衡·定賢篇》："口談之實語，筆墨之餘迹，陳在簡筴之上。"《史記·周本紀》："於是布幣而策告之，龍亡而漦在，櫝而去之。"裴駰集解引三國吳韋昭曰："以簡策之書告龍，而請其漦也。"唐柳宗元《楊評事文集後序》："詞正而理備，謂宜藏於簡册也。"

【簡筴】

即簡策。此稱先秦時期已行用。見該文。

【簡册】

同"簡策"。此體唐代已行用。見該文。

【佔畢】

即簡策。亦作"佔俾"。盛行於戰國至秦漢間。《禮記·學記》："今之教者，呻其佔畢"。鄭玄注："呻，吟也；佔，視也。簡謂之畢。"清王引之《經義述聞》卷一五："引之謹案：佔讀爲笘。《説文》曰：'潁川人名小兒所書寫爲笘。'""佔，亦簡之類，故以佔畢連文。"明胡應麟《少室山房筆叢·丹鉛新録引》："鄙人於楊子，業忻慕爲執鞭，輒於佔畢之暇，稍爲是正。"

【佔俾】

同"佔畢"。此體明代已行用。見該文。

畢

亦作"俾""篳""鏎"。本謂竹簡，藉指書籍。《爾雅·釋器》"簡謂之畢"晉郭璞注："今簡札也。"宋邢昺疏："簡，竹簡也。古未有紙，載文於簡，謂之簡札，一名畢。"清郝懿行義疏："《釋文》：'畢，李本作篳'。按，畢用竹，故李巡從竹。"《禮記·學記》："今之教者，呻其佔畢。"漢鄭玄注："簡謂之畢。"《廣韻·質韻》："鏎，簡鏎。《爾雅》曰：'簡謂之畢'。注謂簡札也。俗從金。"

【俾】

同"畢"。此體先秦時期已行用。見該文。

【篳】

同"畢"。此體先秦時期已行用。見該文。

【鏎】

同"畢"。此體先秦時期已行用。見該文。

觚簡

本指用於書寫的木觚與木簡，後因以爲書籍的代稱。明張居正《贈霽翁尊師吳老先生督學山東序》："彼所閲者，不越篇章觚簡之間。"

篇籍

亦稱"篇簡""篇帙"。泛指書籍。此稱漢代已行用。《漢書·藝文志》："漢興，改秦之敗，大收篇籍，廣開獻書之路。"《三國志·魏書·袁涣傳》："今天下大難已除，文武並用，長久之道也，以爲可大收篇籍，明先聖之教，以易民視聽。"南朝梁武帝《答周弘正詔》："篇簡湮沒，歲月遼遠。"宋陳師道《咸平讀書堂》詩："休吏散篇帙，風篁獻笙竽。"

【篇簡】

即篇籍。此稱南北朝時期已行用。見該文。

【篇帙】

即篇籍。此稱宋代已行用。見該文。

【載籍】

即篇籍。此稱漢代已行用。《史記·伯夷列傳》："夫學者載籍極博，猶考信於六藝。"《後漢書·班固傳》："博貫載籍，九流百家之言，無不窮究。"三國魏王粲《荆州文學記》:"〔先王〕用建雍泮焉,立師保焉。作爲禮樂,以作其性;表陳載籍,以持其德。"三國吳孫楚《爲石仲容與孫皓書》:"許、鄭以衛璧全國,曹、譚以無禮取滅,載籍既記其成敗,古今又著其愚智矣。"晋杜預《春秋左傳序》:"身爲國史,躬覽載籍,必廣記而備言之。"

書籍

以傳播知識爲目的,用文字或其他符號記錄於一定材料之上的著作物。一般認爲,嚴格意義上的書籍最早出現於春秋時代。當時的著作已非簡單的記事,而有了傳播知識的意義,且有相對固定的物質載體——簡、牘、帛,和固定的書籍制度——簡牘。紙發明後,書籍制度也演變爲卷軸制度。唐代雕版印刷術的發明,使書籍的生產從手抄轉爲印刷,書籍制度也變爲册頁(葉)制度并一直行於今。《三國志·魏書·王粲傳》:"邕曰:'此(指王粲)王公孫也,有異才,吾不如也。吾家書籍文章,盡當與之。"《晋書·張華傳》:"雅愛書籍,身死之日,家無餘財,惟有文史溢於機篋。"宋蘇軾《論高麗進奉狀》:"使者所至,圖畫山川,購買書籍。"清王士禎《池北偶談·談異六·焦桂花》:"曹升六(貞吉)舍人,曾於内庫檢視書籍。"

【書】[2]

即書籍。此稱先秦時期已行用。《論語·先進》:"何必讀書,然後爲學。"《説文·叙》:"著於竹帛稱之書。"《史記·禮書》:"書者,五經六籍總名也。"宋吳處厚《青箱雜記》卷三:"真宗聽政之暇,唯務觀書。"

芸簽

本謂書簽,後藉指書籍。唐李商隱《爲賀拔員外上李相公啓》:"登諸蘭署,轄彼芸簽。"宋楊億《樞密王左丞宅新菊》詩:"温樹遍分蔭,芸簽亦鬥香。"

芸編

亦稱"芸帙"。書籍之代稱。因古人常將芸香置於書卷中以驅蟲,故稱。宋陸游《夏日雜題》詩之五:"天隨手不去朱黄,辟蠹芸編細細香。"元高明《琵琶記·副末開場》:"秋燈明翠幕,夜案覽芸編。"元梁寅《蒙山賦》:"坐紫苔兮緑綺奏,蔭蒼松兮芸帙舒。"

【芸帙】

即芸編。此稱元代已行用。見該文。

黄奶

亦稱"黄奶子"。書卷之戲稱。此稱南北朝時期已行用。南朝梁元帝《金樓子·雜記上》:"有人讀書握卷而輒睡者,梁朝有名士呼書卷爲黄奶,此蓋見其美神養性如奶媪也。"宋吳炯《贈劉義仲》詩:"少日縈心但黄奶,暮年使鬼欠青奴。"清趙翼《夜卧觀書》詩:"笑呼黄奶子,賴爾得安眠。"

【黄奶子】

即黄奶。此稱清代已行用。見該文。

文字[2]

書籍之古稱。此稱宋代已行用。《二程語録》卷一七:"某於《易傳》,今却已自成書,但逐旋修改……《春秋》之書,待劉絢文字到,却用功亦不多也。"《朱子語類輯略》卷五:"在客邸借文字,只得借一册《孟子》,將來子細讀,方尋得本意見。"金董解元《西廂記諸宫調》卷三:"早收拾琴囊,打疊文字……收拾琴劍背書囊。"

册籍[3]

書籍、書本之泛稱。明李贄《復鄧石陽》："或憑册籍以爲斷案，或依孔、佛以爲泰山歟！"清吳沃堯《歷史小説總序》："有此六端，吾將見此册籍之徒存而已也。"

卷

亦稱"書卷"。卷軸裝的書籍。後漸成爲書籍之代稱。其稱始於漢末，盛於隋唐。晋陶潛《與子儼等疏》："開卷有得，便欣然忘食。"南朝梁元帝《金樓子·雜記上》："有人讀書握卷而輒睡者，梁朝有名士呼書卷爲黄奶，此蓋見其美神養性如奶嫗也。"《南史·司馬褧傳》："褧少傳家業，强力專精，手不釋卷。"《南史·臧嚴傳》："孤貧勤學，行止書卷不離手。"唐杜甫《水閣朝霽奉簡嚴雲安》詩："雨欄卧花叢，風床展書卷。"清孫枝蔚《讀兵書》詩："床頭足書卷，近始愛《陰符》。"清黄軒祖《游梁瑣記·顧家薥》："〔顧生〕每見客左手把卷，右手携壺，怡如也。"

【書卷】

即卷。此稱南北朝時期已行用。見該文。

典籍

原指法典、圖籍等國家重要文獻，後亦用作各種書籍的統稱。此稱先秦時期已行用。《左傳·昭公十五年》："且昔而高祖孫伯黶司晋之典籍，以爲大政。"《孟子·告子下》："諸侯之地方百里；不百里，不足以守宗廟之典籍"。漢趙岐注："典籍，謂先祖常籍法度之文也。"漢荀悦《漢紀·成帝紀》："光禄大夫劉向校中秘書，謁者陳農使，使求遺書於天下，故典籍益博矣。"《隋書·經籍志》："古者史官既司典籍，蓋有目録，以爲綱紀，體制湮滅，不可復知。"

唐封演《封氏見聞記·典籍》："開元中，定四部目録，大凡五萬八百五十二卷。此自漢以來典籍之大數也。"《四庫全書總目提要·聖諭》："方今文治光昭，典籍大備，恐名山石室，儲蓄尚多。"

【牒籍】

即典籍。此稱漢代已行用。漢王充《論衡·自紀》："是故罕發之迹，記於牒籍，希出之物，勒於鼎銘。"

遺策

傳説爲堯時典策，後泛指古代典籍。《後漢書·班固傳下》："鋪聞遺策在下之訓，匪漢不弘。"唐李賢注："遺策，堯之餘策，謂《堯典》也。"唐楊炯《從弟去溢墓志銘》："若夫節陵遺策，汲冢殘書，倚相之《八索》《九丘》，張華之千門萬户，莫不山藏海納，學無所遺。"

木書

亦稱"版""版籍""牘"。寫於木牘之上的書籍。其裝幀形式大體與竹簡書同。1959年，甘肅武威出土木書《儀禮》。其木片的兩端，均經過刮削，平整、光滑而四面棱角分明，與居延發現的《永元器物簿》及武威旱灘坡出土的醫簡，均爲用麻繩編連成一册。僅在新疆南部發現的用少數民族文字寫的版牘，與此不同。《漢書·司馬相如傳》曰："上令尚書給筆札。"唐顔師古注："札，木簡之薄小者也。時未多用紙，故給札以書。"又曰："問其妻，對曰：'長卿未嘗有書也，時時著書，人又取去。長卿未死時，爲一卷書，曰有使來求書，奏之。"漢王充《論衡·量知篇》："斷木爲槧，柝之爲板，力加刮削，乃成奏牘。"《禮記·聘禮上》："百名（即字）以上書於策，不及百名書於方。"一般來説，竹書容字少，木書容字多（據武威《慶氏禮》漢簡），因此，木書又多爲官府文書、名册、布告、通信、圖畫之類。如《永元器物簿》者，用二道麻繩編連七十七根木簡而成，是我國古代木書簡册形式較完好的實物。考古發掘出土木簡較多的區域有甘肅武威、樓蘭尼雅和疏勒河流域等。又有"版""版籍""牘"等稱。《管子・宙合》："故退身不舍端，修業不息版。"舊題唐房玄齡注："不息修葉，亦不息其版籍。"《後漢書・荀悦傳》："〔荀悦〕家貧無書，每之人閒，所見篇牘，一覽多能誦記。"唐劉知幾《史通・書事》："具之史牘，夫何足觀？"宋王安石《示德逢》詩："深藏組麗三千牘，静占寬閑五百弓。"清錢繹《〈方言箋疏〉序》："余閲其本，簡眉牘尾，如蟻攢聚，幾不可辨。"

【版】[3]

即木書。此稱先秦時期已行用。見該文。

【版籍】[3]

即木書。此稱唐代已行用。見該文。

【牘】[2]

即木書。此稱唐代已行用。見該文。

部帙

亦作"部秩"。書籍、卷册之别稱。此稱南北朝時期已行用。北齊顔之推《顔氏家訓・雜藝》："晉宋以來，多能書者，故其時俗，遞相染尚，所有部帙，楷正可觀。"又《治家》："借人典籍……或有狼藉几案，分散部秩，多爲童幼婢妾之所點污，風雨犬鼠之所毁傷，實爲累德。"《北史・牛弘傳》："今御出單本，合一萬五千餘卷，部帙之間，仍有殘缺，比梁之舊目，止有其半。"

【部秩】

即部帙。此稱南北朝時期已行用。見該文。

書本

裝訂成册之著作。北齊顔之推《顔氏家訓・書證》：《後漢書・酷吏》：樊曄爲天水郡守，涼州爲之歌曰：'寧見乳虎穴，不入冀州寺。'而江南書本'穴'皆誤作'六'。"

編簡

亦稱"編策"。書籍文獻之泛稱。亦指史册。此稱唐代已行用。唐杜甫《故武衛將軍挽歌》之一："封侯意疏闊，編簡爲誰青？"唐韓愈《上兵部李侍郎書》："凡自唐虞以來編簡所存……奇辭奧旨，靡不通達。"元柳貫《尊經堂詩》："文字日茺滋，編策亦鱗比。"

【編策】

即編簡。此稱元代已行用。見該文。

絹書

寫於絲織品之書籍。其物多見於先秦兩漢時期。因絲織品有帛、縑、素等名，所以寫在這類絲織品上的書，就有帛書、縑書或素書之稱。據《漢書・食貨志》載："太公爲周立九府圜法……布帛廣二尺二寸爲幅，長四丈爲匹。"可知古代帛寬二尺二寸，漢代從之。漢時對帛書的製作極爲講究，有專門作書寫用的縑帛，其上織有或畫有紅色或黑色的界行，即烏絲欄、朱絲欄。《後漢書・襄楷傳》："順帝時，琅邪宫崇詣闕，上其師于吉於曲陽泉水上所得神書百七十卷，皆縹白素、朱介、青首、朱目，號《太平清領書》。"白素即白色的絲絹；朱介即紅色的界格；青首則是用青綢子作護首；朱目是用紅顔色寫題目。1973年湖南長沙馬王堆三號西漢墓出土了大批帛書，共十多種，計十二萬餘字。其較重要的有《老子》甲、乙兩種寫本，《戰國策》《周易》，還有佚書《戰國縱橫家書》二十七篇。其中多用朱絲欄，字體或篆或隸不一。出土時，大都疊成長方形，裝在一個長方形漆奩下層格子裏；小部分壓在兩卷竹簡的下面。可見帛書除了"卷"的形式，還有"疊"的形式。《史記·孝武本紀》："居歲餘，其方益衰，神不至。乃爲帛書以飯牛，詳弗知也，言此牛腹中有奇，殺而視之，得書，書言甚怪，天子疑之。"《水經注·泗水》："發之，中得素書。"宋范純仁《久雨》詩："澀鮮上明鏡，畫腐盈縑書。"宋陸游《追憶征西幕中舊事》詩："關轉遺民意可傷，臘封三寸絹書黃。"

【帛書】[2]

即絹書。此稱漢代已行用。見該文。

【素書】[2]

即絹書。此稱南北朝時期已行用。見該文。

【縑書】

即絹書。此稱宋代已行用。見該文。

緗素

亦稱"緗牒""緗圖"。緗，淺黃色。初指寫於黃色素帛之上的書籍。後多用作書籍之別稱。此稱南北朝時期已行用。《梁書·昭明太子傳》："遍該緗素，殫極丘墳。"《北史·高道穆傳》："詔秘書圖籍及典書緗素，多致零落。可令道穆總集帳目並牒儒學之士編比次第。"《隋書·劉炫傳》："整緗素於鳳池，記言動於麟閣。"唐王勃《平臺秘略論》："至於孝思可稱仁風，茂著存乎緗牒，十一而已。"《舊唐書·劉洎傳》："伏願略茲雄辯，浩然養氣；簡彼緗圖，淡焉自怡。"

【緗牒】

即緗素。此稱唐代已行用。見該文。

【緗圖】

即緗素。此稱唐代已行用。見該文。

縑素[1]

指書冊。本爲書畫用的白絹，後爲書冊之代稱。此稱南北朝時期已行用。《北齊書·李稚廉傳》："惟茲數賢，幹事貞固，生被雌黃，殁存縑素。"唐温庭筠《上吏部韓郎中啓》："分鐵官之瑣吏，厠鹽醬之常僚，則亦不犯脂膏，免藏縑素。"參見本卷《載器説·載體考》"縑素[2]"文。

縑緗[1]

供書寫繪畫用的淺黃色細絹，後用以稱書冊。此稱唐代已行用。唐駱賓王《上兗州刺史啓》："頗游簡素，少閱縑緗。"唐柳宗元《上河陽烏尚書啓》："小子久以文字進身，嘗好古人事業，專當具筆札，拂縑緗，贊揚大功，垂之不朽。"宋李覯《上范待制書》："故有縑緗凝塵，不記篇目而致甲科。"

緗縹

亦稱"縹緗"。書籍之代稱。緗，淺黃色；縹，淡青色。古時多以此二色帛作書衣或書囊，後因以指書籍。此稱南北朝時期已行用。《梁書·王僧孺傳》："直以章句小才，蟲篆末藝，含吐緗縹之上，翩躚樽俎之側。"宋范成大《次韻劉韶美大風雨壞門屋》："雲烟揮翰墨池翻，緗縹如山畫掩關。"元關漢卿《竇娥冤·楔子》："讀盡縹緗萬卷書，可憐貧殺馬相如。"

【縹緗】

即緗縹。此稱元代已行用。見該文。

縹帙

淡青色的書衣。後引以爲書卷之代稱。晋人荀悦認爲書籍應是"盛以縹囊，書以縑素"，即用淡青色的絲織品盛書，用淺黄色的絲織品寫書。南朝陳徐陵《玉臺新咏序》："方當開兹縹帙，散此縚繩，永對玩於書幃，長循環於纖手。"北周庾信《周上柱國齊王憲神道碑》："養由百發，落雁吟猿；應奉五行，綈緗縹帙。"唐温庭筠《訪知玄上人遇暴經因有贈》詩："縹帙無塵滿畫廊，鐘山弟子静焚香。"

瑶簽 [1]

牙簽之美稱，後亦代稱書籍。其稱始行用於唐。唐顧雲《謝徐學士啓》詩："束皙臺前，閑披碧簡；秦王府裏，時閲瑶簽。"

第二節　裝幀考

所謂裝幀，乃指書籍的組成形式等。《書·多士》載："惟殷先人，有册有典。""典"和"册"，俱見甲骨文。從"典"和"册"兩字的象形，可略知甲骨書之裝幀形態。東漢許慎《説文·册部》："'典'，五帝之書也，從册在丌上，尊閣之也。""'册'，符命也，諸侯進受於王也。象其札一長一短，中有二編之形。"殷墟出土之甲骨，有貫穿的，有套札的，有叠放的，其中有三片、四片、五片的，均長短不齊，但與"典"或"册"所象之形基本吻合。其多是殷民先在甲骨上穿孔，再用一根繩子或皮帶，一片片綴編而成的。甲骨書之裝幀，實開古書裝幀之先河，亦成爲後世竹書、木書編聯之濫觴。

竹書是繼甲骨書之後出現的主要古代書籍形式之一。其由若干支竹片組成。竹書寫成之後，用麻繩、皮繩或絲繩依次編連，一般爲二道編、三道編，間或有四道、五道編的。編成後，在每册正文之前，加上兩支不寫字的竹片，謂之贅簡，以保護正文不受磨損，是爲後代書籍扉頁之淵源。贅簡之前有"標簡"，上寫篇名，下寫書名。以最後一簡爲中軸，自左向右收捲，捲成一束，用繩子捆緊。"標簡"露在外面，爲檢閲者提供了方便。木書之裝幀形式大體與竹書相同。1959年，甘肅武威出土了木書《儀禮》。其木片的兩端，均經過刮削、平整，光滑而四面棱角分明，與居延發現的《永元器物簿》及武威旱灘坡出土的醫簡，均爲用麻繩編連而成一册。《漢書·司馬相如傳》曰："上令尚書給筆札。"唐顔師古注："札，木簡之薄小者也。時未多用紙，故給札以書。"1973年湖南長沙馬王堆三號西漢墓出土的大批帛書，使後人得以目睹古帛書之裝幀風采。這些書多用朱絲欄，即在專門作書寫用的縑帛之上織有或畫有紅色界格，字體或篆或隸。出土時，大都叠成長方形，裝在一個長方形漆奩下層格子裏；小部分壓在兩卷竹簡的下面。《後漢書·襄楷傳》："順帝時，琅邪宫崇詣闕，上其師于吉於曲陽泉水上所得神書百七十卷，皆縹白素、朱介、青首、朱目，號《太平清領書》。"白素即白色的絲絹；朱介即紅色的界格；青首則用青綢子作護首；朱目則指用紅顏色寫題目。漢代帛書之裝幀可見一斑。晋時由於紙書流行，書籍的裝幀較之前代更加考究。著名學者荀悦甚至提出了"盛以縹囊，書以緗素"的審美要求，即用淡青色的絲織品盛書，用淺黄色的絲織品寫書，使整個書體形式淡雅大方。

古代書籍之裝幀至隋唐再至高峰。《隋書·經籍志序》："其正御書，皆裝翦華綺，寶軸錦標。"又："煬帝即位，秘閣之書，限寫五十副本，分爲三品：上品紅琉璃軸，中品紺琉璃軸，下品漆軸。"唐韋述《集賢注記》："隋舊書用廣陵麻紙寫，作蕭子雲書體，赤軸綺帶，最麗好。新寫書分部別類，裝飾華麗。經，白軸、黄帶、紅簽；史，碧軸、縹帶、綠簽；子，紫軸、紫帶、碧簽；集，綠軸、朱帶、白簽；圖書，紫軸、綠帶。"唐承隋制，書籍之裝幀更趨典雅。唐張彦遠《歷代名畫記》卷三載："〔書軸以〕白檀身爲上，香潔去蟲，小軸白玉爲上，水精爲次，琥珀爲下。大軸杉木漆頭，輕圓最妙。"并説："故貞觀開元之中，内府圖書一例用白檀身、紫檀首，紫羅褾織成帶。"《格致鏡原》卷三九引《唐六典》云："其經庫書，綠鈿白牙軸，黄帶，紅牙簽；史庫書，鈿青牙軸，縹帶，綠牙簽；子庫書，雕紫檀軸，紫帶，碧牙簽；集庫書，綠牙軸，朱帶，白牙簽，以分別。"這裏所説的簽，爲象牙製品；帶，爲絲織品。

自唐季至清的千餘年間，紙書的裝幀，其形制由卷軸制度逐漸過渡到了册頁（葉）制度；其形態經歷了旋風裝、經摺裝、蝴蝶裝、包背裝、綫裝之變化。可謂异彩紛呈，各領風騷。

旋風裝是由卷軸裝到册頁（葉）裝的一種過渡形式，也是册頁（葉）裝的最初形式。李致忠認爲旋風裝雖然還留着卷軸裝的外形，却克服了卷軸裝的某些缺點，起到保護書葉、方便檢閲之作用（見《中國古代書籍史》）。它看上去錯落相積，有似龍鱗，故又有"龍鱗裝"之稱。約至唐武后至唐昭宗時期，經摺裝書籍開始出現，主要流行於唐代，後多用於佛經函札、碑帖等裝幀。清高士奇《天禄識餘》："古人藏書皆作卷軸……此制在唐猶然。其後以卷舒之難，因而爲折。久而折斷，乃分爲簿帙，以便檢閲。"五代時，沙州歸義軍節度使曹元忠於後漢乾祐二年（949）五月雕印的《金剛經》，其裝幀形態完全改變了卷軸裝的形式，正規的册頁（葉）裝階段於此開始。因翻閲方便，有利於書籍的收藏，自北宋雕印《崇寧萬壽大藏》起，後世幾乎所有《大藏經》全是經摺裝形式。兩宋時期，雕版印刷空前發展，引起書籍裝幀形式發生變化，蝴蝶裝應運出世，且盛行於宋、元兩代。《通雅·器用》："王原叔云：書冊黏葉爲上，縫歲久斷絕。張子賢言宋宣獻令家錄作黏法，予舊見三館書，黃本、白本皆黏葉，上下欄界出於紙葉，孫莘老、錢穆父亦如此，孟奇言秘閣宋版書如試錄，謂之蝴蝶裝。"《明史·藝文志序》："秘閣書籍，皆宋、元所遺，無不精美。裝用倒折，四周外向，蟲鼠不能損。"包背裝興起於南宋後期，經元至明中葉流行。其基本裝法是將印好的書葉，背對背地正摺，版心朝左向外，文字向人，克服了蝴蝶裝開卷不見字的缺點。同時，包背裝係由蝴蝶裝演變而來，改正了蝴蝶裝翻檢不便易散失的缺點。著名的《永樂大典》和清代的《四庫全書》，就采用的是包背裝形式。

約至唐季五代，綫裝已處於萌芽狀態。後世發現的敦煌遺書中有幾幅單葉，中存綫繩。據說李盛鐸收藏《佛説救護身命經》，目録上著録爲"綫裝巾箱本"。南宋初，張邦基在《墨莊漫録》卷四載："王洙原叔內翰嘗云：'作書冊粘葉爲上，久脫爛，苟不逸去，尋其次第，足可抄録。屢得逸書，以此獲全，若縫繢，歲久斷絕，即難次序。初得董氏《繁露》數冊，錯亂顛倒，伏讀歲餘，尋繹綴次，方稍完復。乃縫繢之敝也。"張氏所見之《繁露》，其爲綫裝無疑。至宋，綫裝技術已近乎成熟，明中葉開始盛行，最終成爲我國古代冊頁（葉）制書籍最重要的裝訂形式，流傳至今的古籍絕大多數都是綫裝。綫裝書便於閱讀，書葉也不容易散亂，形式美觀，取各種裝幀之長而捨其短，是我國古代書籍裝幀藝術發展到成熟階段的標志。

天頭

書葉之上端。此稱清代已行用。《古今秘

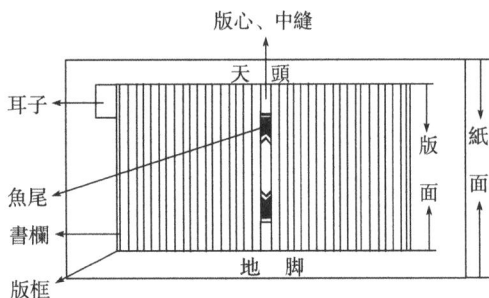

天頭地腳
（華夫《中國古代名物大典》）

苑》："截書，上下天地頭及書腦毛邊，要放寬展，以闊且長爲貴，勿貪零紙以致短狹。"

【書眉】

即天頭。此稱清代已行用。清陳鱣《對策》卷四："至於部次州居，展書眉而可得。"

地腳

亦稱"地頭"。古書書葉下邊欄框外之空白處，與天頭對應。此稱清代已行用。清龔自珍《與吳虹生書》之十二："外有地腳一紙，乞致綉山弟，此時斷斷不暇作書與綉綉山矣。"《古今秘苑》："截書，上下天地頭及書腦毛邊，要放寬展，以闊且長爲貴，勿貪零紙以致短狹。"

【地頭】

即地腳。此稱清代已行用。見該文。

版心

亦作"板心"。指書版的中縫。即書葉中縫摺叠處及其兩側的窄長部分。多有魚尾口、黑口作分界，一般刻有書名、卷次、葉碼、每卷小題、刊刻者之名、字數等。此稱清代已行用。《四庫全書總目提要·經部·詩類》："《詩經疏義》二十卷，元朱公遷撰……而版心又標'詩傳會通'，未喻其故。"清葉德輝《書林清話·書之稱册》"板心有'帖一'至'帖十二'等字。"

【板心】

同"版心"。此體清代已行用。見該文。

邊欄

書版四周的欄綫。上邊者稱"上欄"，下邊者稱"下欄"。兩邊者稱"左右欄"。祇有一道欄綫者稱"單邊""單綫"或"單欄"。粗綫內又附一平行細綫者，稱"雙邊""雙綫"或"雙欄"。僅左右爲雙綫者，爲"左右雙邊"或"左右雙欄"，四周皆雙綫者爲"四周雙邊""四周雙欄"。亦有以花紋組成的裝飾性欄綫，如"卍字欄""竹節欄"，以及由各種古物圖案組成的"博古欄"。清葉德輝《書林餘話》卷下："如四圍邊欄內重出一細綫紋者，是謂雙綫，若僅有邊欄而無內綫者，是爲單綫。"

朱絲欄

亦作"朱絲闌"。亦稱"朱介"。指有紅格界綫的絹素或紙箋。漢時已對帛書的製作極爲講究，製有專門作書寫用的縑帛，其上織有或畫有紅色或黑色的界行。其紅色的即朱絲欄。其物始見於兩漢，始稱"朱介"。《後漢書·襄楷傳》："順帝時，琅邪宮崇詣闕，上其師于吉於曲陽泉水上所得神書百七十卷，皆縹白素、朱介、青首、朱目，號《太平清領書》。"朱介亦即紅色的格子。1973 年，長沙馬王堆西漢墓出土大批帛書皆用朱絲欄。朱絲欄之稱始行用於唐。唐李肇《唐國史補》卷下："宋亳間有織成界道絹素，謂之烏絲欄、朱絲欄。"唐孟棨《本事詩·高逸》："又令二人張朱絲欄於其前，〔李〕白取筆抒思，晷不停輟，十篇立就。"清王士禛《池北偶談·談藝三》："康熙辛酉六月，在慈仁寺市見趙松雪手書杜詩一部，用朱絲欄，字作行楷。"又，《香祖筆記》卷一○："予家所藏萬曆中先達名人與諸祖父書札，皆用朱絲闌大副啓，雖作家書亦然。"

【朱介】

即朱絲欄。此稱漢代已行用。見該文。

【朱絲闌】

同"朱絲欄"。此體清代已行用。見該文。

烏絲欄

亦作"烏絲闌"。指紙或絹素上的黑色界格。此物始於漢，達於唐宋。明郁逢慶《書畫題跋記》："烏絲闌，唐界黑而細，宋人淡墨而理麤，此唐界宋界之別。"亦泛指有黑格綫的絹素或紙箋。唐李肇《唐國史補》卷下："又宋亳間有織成界道絹素，謂之烏絲欄。"唐蔣防《霍小玉傳》："遂取繡囊，出越姬烏絲欄素縑三尺以授生。生素多才思，援筆成章。"宋陸游《雪中感成都》詩："烏絲闌展新詩就，油壁東迎小獵歸。"《金瓶梅詞話》第五七回："〔長者〕展開烏絲欄，寫著一篇疏文。"參閱宋袁文《甕窗閑評》卷六。

【烏絲蘭】

同"烏絲欄"。此體宋代已行用。見該文。

【烏絲】

"烏絲欄"之省稱。《通雅・器用》："烏絲，箋之畫欄者也。"唐羅隱《謝江都鄭長官啓》："保持所切，已高黃絹之名；傳寫可知，旋長烏絲之價。"宋蘇軾《與錢志仲書》："烏絲當用寫道書一篇，非久納上，惡詩不足錄也。"清吳偉業《題鴛湖閨咏》："石州螺黛點新妝，小拂烏絲字幾行。"

軸

書卷之軸。始於魏晉，盛於隋唐。《隋書・經籍志序》："其正御書，皆裝翦華綺，寶軸錦標。"又："煬帝即位，秘閣之書，限寫五十副本，分爲三品：上品紅琉璃軸，中品紺琉璃軸，下品漆軸。"唐韋述《集賢注記》："隋舊書用廣陵麻紙寫，作蕭子雲書體，赤軸綺帶，最好麗。新寫書分部別類，裝飾華麗。經，白軸、黃帶、紅籤；史，碧軸、縹帶、綠籤；子，紫軸、紫帶、碧籤；集，綠軸、朱帶、白籤；圖書，紫軸、綠帶。"唐承隋制，書籍之裝幀更趨典雅。張彥遠《歷代名畫記》卷三載："〔書軸以〕白檀身爲上，香潔去蟲，小軸白玉爲上，水精爲次，琥珀爲下。大軸杉木漆頭，輕圓最妙。"又《唐六典》云："其經庫書，綠鈿白牙軸，黃帶，紅牙籤；史庫書，鈿青牙軸，縹帶，綠牙籤；子庫書，雕紫檀軸，紫帶，碧牙籤；集庫書，綠牙軸，朱帶，白牙籤，以分別。"這裏所説的籤，爲象牙製品；帶，爲絲織品。亦用作書籍之量詞。唐韓愈《送諸葛覺往隨州讀書》詩："鄴侯（李泌）家多書，插架三萬軸。"

帶

卷軸制度時書卷外捆書之帶。《新唐書・藝文志》："兩都各聚書四部，以甲乙丙丁爲次，列經史子集四庫，其本有正有副，軸、帶、帙、籤，皆異色以別之。"

賮

亦稱"玉池"。書册或書畫卷軸上方貼綾的地方。明楊慎《壇户錄》："古裝裱卷軸引首後以綾黏褚者曰賮……唐人謂之玉池。"《畫品》："藏書家卷首貼綾，謂之賮，又謂之玉池。"入宋，卷軸制書籍爲册頁（葉）制所代替，此稱即專用於書畫作品之裝裱。

【玉池】

即賮。此稱唐代已行用。見該文。

内頁

書本封面與封底間的紙頁。此稱清代已行用。清黃六鴻《福惠全書・保甲部・保甲稽查》："其日報簿，於簿面注明某城廂或某鄉某集鎮客店某字日報簿，内頁注明某城廂或某鄉第幾保第幾甲第幾户客店生理某人，十家長某人，保正某人。"

殼葉

即今之書籍封面。此稱明代已行用。《醒世姻緣傳》第三一回："砌了一本緣簿，裏邊使了連四白紙，上面都排列了紅籤，外邊用藍絹做了殼葉，籤上標了'萬民飽德'四個楷字。"

護葉

亦作"護頁"。夾在書衣和正文之間的白紙。因其作用爲保護正文書葉，故稱。其源於竹書之贅簡。竹書編成之後，在每册正文之前，加上兩支不寫字的竹片，謂之贅簡，以保護正文不受磨損。護葉約出現在書籍的册頁（葉）

制度形成初期的宋代。現存清以前古籍，大多裝有護葉。清黄六鴻《福惠全書·錢穀部·催徵》："每本前後，用棉紙護葉，以防擦損。裝釘要牢固，不散護頁。"

【護頁】

同"護葉"。此體清代已行用。見該文。

襯紙

亦稱"襯書紙"。古書損壞修補時，爲使書葉堅挺延年，在原書的每一葉内附加一張新紙，亦同書葉摺叠，稱襯紙。此稱清代已行用。清孫從添《藏書紀要·裝訂》："至於修補舊書，襯紙平伏，接腦與天地頭並。"又："見宋刻本，襯書紙古人有用澄心堂紙，書面用宋箋者。"

【襯書紙】

即襯紙。此稱清代已行用。見該文。

包角

綫裝書書册右側上下兩隅稱書角，比較珍貴的書在裝訂時常以湖色或藍色的綾子將書角包起，稱包角。此稱清代已行用。清孫從添《藏書紀要·裝訂》："書面用古色紙，細絹包角。"

書腦

書之打眼裝訂處。因其關係書之成册，位置重要，猶人之腦，故稱。此稱清代已行用。清潘永田《宋稗類鈔·搜遺》："〔司馬光〕每歲以上伏及重陽間，視天氣晴明日，即設几案於當日所，側群書其上以曝其腦。所以年月雖深，終不損動。"清孫從添《藏書紀要·裝訂》："訂書眼要細，打得正而小，草訂眼亦然。又須少，多則傷書腦。"《古今秘苑》："截書，上下天頭及書腦毛邊，要放寬展，以闊且長爲貴，勿貪零紙以致短狹。"

書簽[1]

亦稱"箋子"。源於竹簡書時"標簡"。標簡在贅簡之前，上寫篇名，下寫書名。多露在外面，爲檢閲提供了方便。紙書流行後，改用紙條或絹條題寫書名，粘貼於封面即書簽。後亦代指書籍。唐陸龜蒙《奉和龔美所居首夏水木尤清適然有作次韻》："閑分酒劑多還少，自記書簽白間紅。"唐李商隱《哭劉司户》詩之一："酒甕凝餘桂，書簽冷舊

《青州明詩鈔》書簽
（山東省圖書館藏）

芸。"清唐孫華《筆床》詩："湘竹離離欲作堆，書簽硯匣自追陪"。《紅樓夢》第三四回："那是進上的。你没見鵝黄箋子？你好生替他收着，別糟蹋了。"清黄景仁《八月十四夜偕華峰放舟城東》詩："忽聞華峰大呼至，排闥傾几翻書簽。"

【箋子】

即書簽[1]。此稱清代已行用。見該文。

【玉題】

即書簽[1]。此稱南北朝時期已行用。南朝梁元帝《和鮑常侍龍川館》詩："玉題書仙篆，金榜燭神光。"元吴澄《題閣皂山》詩："九重香案分芸篆，八景琅函記玉題。"

金題

卷軸裝書籍上以金字題寫的書簽。此物盛於南北朝至隋唐時期。此稱明代已行用。《通雅·器用》："金題，押頭也，猶今書面簽題也。"

牙籤[1]

亦稱"瑤籤"。書籍標籤。後用以代稱書籍。多以象牙製成，故名。上寫書名、卷數等，懸垂在卷軸外，以備檢取。盛行於卷軸時代。唐韓愈《送諸葛覺往隨州讀書》詩："鄴侯（李泌）家多書，插架三萬軸，一一懸牙籤，新若手未觸。"唐顧雲《謝徐學士啓》詩："束皙臺前，閑披碧簡；秦王府裏，時閱瑤籤。"

【瑤籤】[2]

即牙籤[1]。此稱唐代已行用。見該文。

牙籤[2]

單稱"籤"。懸在卷軸或書函外起固定作用的籤子。其物主要行用於唐。時內府藏書用不同顏色的牙籤，以區分不同種類的書籍。《舊唐書·經籍志下》："其集賢院御書，經庫皆鈿白牙軸，黃縹帶，紅牙籤；史庫鈿青牙軸，縹帶，綠牙籤；子庫皆雕紫檀軸，紫帶，碧牙籤；集庫皆綠牙軸，朱帶，白牙籤，以分別之。"《新唐書·藝文志一》："其本有正有副，軸、帶、帙、籤，皆異色以別之。"清陳夢雷《贈秘書覺道弘五十韻》："彩句奚囊滿，牙籤鄴架盈。"

【籤】

"牙籤[2]"之單稱。此稱唐代已行用。見該文。

書籤[2]

夾置書中用作記號的籤條。此物始於春秋戰國，達於今。最早的書籤爲竹片製成，後亦有以牛骨薄片、綾絹爲之者。紙發明後，多用厚紙板製成。宋代讀書人對其製作非常考究，常手書座右銘或繪圖於上，極精緻，至今猶沿其風。唐杜甫《將赴成都草堂途中有作先寄嚴鄭公》詩："書籤藥裹封蛛綱，野店山橋送馬蹄。"

玳檢

書籤之一種。用玳瑁製成，故稱。一般與銀繩相配。其色褐黃相間，呈花紋狀。其物主要行用於唐。唐王勃《益州夫子廟碑》："金箱玉册，益睿算於無疆；玳檢銀繩，署靈機於不竭。"

卷子本

卷軸書籍。古書初爲簡策，後有卷軸。現在留傳下來的唐以前寫本書皆爲此式。明胡應麟《少室山房筆叢》云："唐人寫本存於今者皆爲長卷，如手卷之狀，收藏家謂之卷子本。"

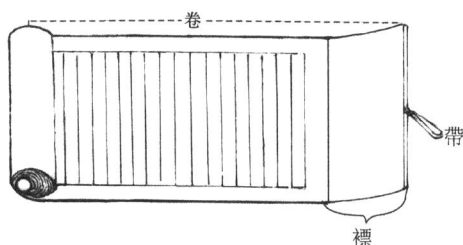

卷軸裝示意
（華夫《中國古代名物大典》）

卷軸

書籍裝幀形式之一種。其形制是：將若干張紙粘成長幅，左端粘一細棍，稱軸；從左向右捲成束，稱爲一卷。軸一般爲木製。也有用金、玉牙、瓷等材料製成。長幅紙通常高一尺，寬度由數尺到二至三丈不等。卷右端常裱以紙或絲織品以保護書卷，稱"褾"。主要流行於漢末至唐代。印刷術發明之後，逐漸被册頁（葉）制裝訂形式所代替。《南齊書·陸澄傳》："僕年少來無事，唯以讀書爲業……令君少便執掌王務，雖復一覽便諳，然見卷軸未必多。"清葉德輝《書林清話·書之稱卷》："《舊唐書·經籍志》：'集賢院御書，經庫皆鈿白牙軸……朱帶，白牙籤。'蓋隋唐間簡册已亡，存者止卷軸，故一書又謂之幾軸。韓愈詩：'鄴侯家多書，插架三萬軸。——懸牙簽，新若手未觸。'三萬軸即三萬卷也。"又："古書不以簡策縑帛，皆爲卷軸，至唐始爲葉子。"

旋風葉

亦稱"旋風裝""龍鱗裝"。書籍裝訂形式之一種。始於唐。其基本裝式是：先取一素卷爲底，另以同寬异長之厚質紙葉，自右至左依

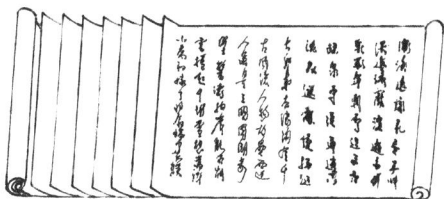

旋風裝示意
（華夫《中國古代名物大典》）

次書寫，除首葉因裱於卷端而須單面書寫外，餘皆雙面書寫，并逐葉以右端所留餘尾，貼於首葉左端之下而成書。收藏時從右至左收卷，其外形仍如卷軸，爲卷軸制演進到册頁（葉）制的一種形式。收捲時，書葉朝同方嚮回轉，宛如旋風，故稱。亦稱"旋風裝"。因其展卷時書葉叠積如鱗狀，故又有"龍鱗裝"之稱。宋張邦基《墨莊漫録》卷三："吳彩鸞善書小字，嘗書《唐韻》鬻之……今世間所傳《唐韻》猶有，皆旋風葉。"現存此種裝訂形式的古書極罕見，北京故宮博物院所藏唐寫本王仁昫《刊謬補缺切韻》即是。一説旋風裝是在經摺裝的前後封皮上加一張大紙繞背包裹而成。此説無書證和實物佐證。

【旋風裝】

即旋風葉。此稱宋代已行用。見該文。

【龍鱗裝】

即旋風葉。此稱宋代已行用。見該文。

經摺裝

書籍裝訂形式之一種。其基本裝式是：將長幅卷子一反一正摺叠成長方形册子，前後粘以硬紙封面，其外觀頗似後來的册頁（葉）制書籍，是卷軸演進成册頁（葉）的過渡形式。主要流行於唐代，後多用於佛經函札、碑帖等裝幀。清高士奇《天禄識餘》："古人藏書皆作卷軸……此制在唐猶然。其後以卷舒之難，因

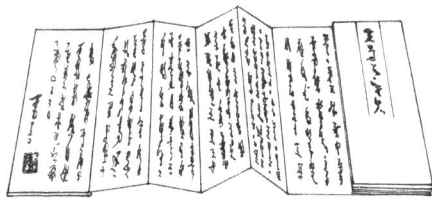

經摺裝示意
（華夫《中國古代名物大典》）

而爲摺。久而摺斷，乃分爲簿帙，以便檢閲。"五代時，沙州歸義軍節度使曹元忠於後漢乾祐二年（949）五月雕印的《金剛經》，近人羅振玉和斯坦因皆謂其印本爲梵夾小本。其裝幀形態，完全改變了卷軸裝的形式，正規的册頁（葉）裝階段於此開始。因其翻閲方便，有利於書籍的收藏，自北宋雕印《崇寧萬壽大藏》起，後世《大藏經》幾乎全是經摺裝形式。

蝴蝶裝

亦稱"蝴蝶本"。書籍裝訂形式之一種。其具體裝法是：將書葉版面向内對摺，版心背面

蝴蝶裝示意
（華夫《中國古代名物大典》）

以糨糊粘連，再於前後各裝硬封而成。此法不需綫綴，是冊頁（葉）制書籍的最初裝訂形式。因其展開時版心在中間，形如蝴蝶展翅，故名。《通雅・器用》："王原叔云：書冊黏葉爲上，縫繢歲久斷絕。張子賢言宋宣獻令家錄作黏法，予舊見三館書，黃本、白本皆黏葉，上下欄界出於紙葉，孫莘老、錢穆父亦如此，孟奇言秘閣宋版書如試錄，謂之蝴蝶裝。"明張萱《疑耀・古裝書法》："今秘閣所藏宋版諸書，皆如今制鄉會進呈試錄，謂之蝴蝶裝。"《明史・藝文志序》："秘閣書籍皆宋元所遺，無不精美。裝用倒折，四周外向，蟲鼠不能損。"清孫從添《藏書紀要・裝訂》："古時有宋本，蝴蝶本，冊本，各種訂式。"據《書林清話》卷六，椒紙同蝴蝶裝的裝訂方法結合，"永無蠹蝕之患"。蝴蝶裝可能出現於五代，適應了印刷書籍一版一葉的特點，文字朝裏，版心集中書脊，上、下、左三面朝外，有利於保護版框內文字，偶有損壞，亦好修整。宋元兩代，流行一時。山西應縣木塔發現的遼版《蒙求》，是現今世所僅見的遼版書籍，即爲蝴蝶裝。

【蝴蝶本】

即蝴蝶裝。此稱清代已行用。見該文。

包背裝

書籍裝訂形式的一種。即將書葉正面摺，

包背裝示意
（華夫《中國古代名物大典》）

葉邊爲背，以棉紙捻穿訂成冊，外裹軟性書面，書腦不外露，用糨糊包背粘連。類似現在的平、精裝書。但它是單面印刷，合葉裝訂，而現今之平、精裝書則否。同時，包背裝在書裏竪訂紙捻，平、精裝書則在書脊上照嚮索綫。包背裝興起於南宋後期，經元至明中葉流行。係從蝴蝶裝演變而來，改正了蝴蝶裝翻檢不便易散失的缺點。如元大德寫本《文獻通考》、寫本《永樂大典》和《四庫全書》都屬此裝訂形式。

綫裝

書籍裝訂形式之一種。當始於唐五代時期，至宋已臻成熟，沿用至近代。其具體裝式是：將書葉版面向外摺叠，以書口魚尾或象鼻爲準齊欄，然後在右邊穿訂紙捻固定。加封面封底，裁齊書背與書首、書根，再打孔穿綫裝訂。穿綫之法有四眼、六眼、八眼等多種。在敦煌遺書中有幾幅單葉，中存綫繩。李盛鐸曾收藏一件《佛説救護身命經》，清華大學圖書館的《李木齋氏鑒藏敦煌寫本目錄》中，著錄爲"綫裝巾箱本"。但因此本或流於日本，至今未見實物，尚無從認證。南宋初，張邦基在《墨莊漫錄》卷四載："王洙原叔內翰嘗云：'作書冊粘葉爲上，久脱爛，苟不逸去，尋其次第，足可抄錄。屢得逸書，以此獲全，若縫繢，歲久斷絕，即難次序。初得董氏《繁露》數冊，錯亂顛倒，伏讀歲餘，尋繹綴次，方稍完復。乃縫繢之敝也。'"張氏所見之《繁露》，其爲綫裝無疑，且在南宋之前。所以，如果説綫裝起源於唐五代，至宋，已臻成熟，明中葉開始盛行，大體是符合史實的。綫裝書便於閲讀，書葉也不容易散亂，形式美觀。

小策

形體較小的書籍。此稱始行用於宋。宋文瑩《湘山野録》卷上："遂就架取一小策，振拂以呈丞相，乃《鶡冠子》也。"

弊方

猶言破舊之書。方，書版也。此稱晋代已行用。晋葛洪《抱朴子·外篇·鈞世》："故新劍以詐刻加價，弊方以僞題見寶也。"

蠹册

亦稱"蠹簡""蠹編"。指被蠹蟲蛀壞的書册。此稱南北朝時期已行用。南朝梁沈約《和竟陵王抄書》詩："披滕辨蠹册，酌醴訪深疑。"唐陸龜蒙《奉酬襲美先輩初夏見寄次韻》詩："蠹簡有遺字，敬琴無泛聲。"宋陸游《秋興》詩："一編蠹簡青燈下，恰似吳僧夜講時。"又《雨夜》詩："雨中更覺凄凉甚，一點殘燈守蠹編。"

【蠹簡】

即蠹册。此稱唐代已行用。見該文。

【蠹編】

即蠹册。此稱宋代已行用。見該文。

第三節　類別考

所謂"類別"，指古代書籍所含内容之區别。《書·多士》載："惟殷先人，有册有典。"此時之典册，乃殷代之典章制度文獻，亦間或有對其祖先歷史的追溯。時至春秋戰國，百家争鳴，諸子紛紛著書立説，書籍之内容急劇增加，但亦多是治國安邦之政治文獻。西漢武帝時"罷黜百家，獨尊儒術"，儒家經典隨之脱穎而出，成爲經典書籍。時經書所用竹簡的長度，皆當漢尺二尺四寸，以别於諸子雜記等其他類書籍。漢武帝時，魯恭王拆孔子舊宅，擴建宫殿，於夾墻中發現古文《尚書》及《禮記》《春秋》《論語》《孝經》，凡數十篇，因稱這些書爲"壁經"。書中字體皆秦以前文字寫成，又稱"古經"，即古文經書。《儀禮·聘禮》賈公彦疏引漢鄭玄《論語序》："《易》《詩》《書》《禮》《樂》《春秋》策皆二尺四寸。"漢王充《論衡·謝短》："二尺四寸，聖人文語。"又《宣漢篇》："唐、虞、夏、殷，同載在二尺四寸。儒者推讀，朝夕講習。"

西漢末，劉向父子"辨章學術，考鏡源流"，首次對國家藏書分類，是爲《七略》。東漢班固《漢書·藝文志》予以承繼。東漢佛教傳入，其教義經典亦在中國廣泛傳播，其文獻不僅可與儒家經籍并稱爲"經典""内典""内範""寶籍"；且形成了中國特色的佛教文獻，如"三藏""玄籍""密藏"等；亦有用"修多羅""修妬路""素怛囕""蘇怛囉""修單蘭多"等梵語音譯詞。《法門名義集·理教品》："修多羅者是一切本經一切論法，從如是我聞至歡喜奉行，無問卷數多少，皆言修多羅。”由此可知，“修多羅”多指佛教典籍。南朝梁沈約《爲竟陵王發講疏》：“靈篇寶籍，遠探龍藏。”唐王勃《益州綿竹縣武都山净惠寺碑》：“黄龍負匣，著寶籍於經山。”

同時，中國土生之道教不斷擴大，其文獻亦逐漸擴充，加之魏晉南北朝時期的大發展，遂有“鴻寶”“仙諜”“紫書”“蕊書”“龍章”“藻笈”“紫芝書”“寶篆”等稱行用於世。南朝梁劉峻《金華山栖志》：“蘊靈藏聖，列名仙諜。”唐王勃《乾元殿頌序》：“具靈篇之絕貺，究仙諜之殊休。”“靈爻密發，八方昭大有之和；寶篆潛開，六合啓同人之會。”《漢武帝内傳》：“地真素訣，長生紫書。”唐盧照鄰《羈卧山中》詩：“紫書常日閲，丹藥幾年成。”

與道教相關的是神仙之類書籍。《文選·左思〈吴都賦〉》：“鳥策篆素，玉牒石記。”張銑注：“玉牒、石記，皆典策類也。”晉張協《七命》之一：“生必耀華名於玉牒，殁則勒洪伐於金册。”唐韋應物《萼緑華歌》：“有一人兮升紫霞，書名玉牒兮萼緑華。”晉王嘉《拾遺記·前漢上》：“考諸仙部，驗以衆説，未有異於斯乎！”唐釋寒山《詩》之十一：“高低舊雉堞，大小古墳塋……所嗟皆俗骨，仙史更無名。”宋陸游《老學庵筆記》卷二：“仙傳載：有遇神仙，得仙樂一部，使獻諸朝，曰：‘以此爲大唐正始之音。’”

産生於南北朝時期之經史子集四部分類法沿用至清。其中史書的數量巨大，占了現存古書的較大比重，稱謂亦是不勝枚舉。早在漢時，即有“丹青”“丹素”之稱。漢王充《論衡·書虚篇》：“俗語不實，成爲丹青；丹青之文，賢聖惑焉。”宋文天祥《正氣歌》：“時窮節乃見，一一垂丹青。”記載古史之書籍稱“古記”。《漢書·平帝紀》：“徵天下通知逸經、古記、曆文、曆算……教授者，在所爲駕一封軺傳，遣詣京師。”南北朝之時，史書之稱更是層出叠見。《晉書·王湛等傳》：“史臣曰：‘雖崇勳懋績有闕於旂常，素德清規足傳於汗簡矣。”南朝梁江淹《詣建平王上書》：“俱啓丹册，並圖青史。”由汗簡衍生之“汗青”更因宋文天祥《過零丁洋》詩“人生自古誰無死，留取丹心照汗青”而婦孺皆知。

我國古代科技類書籍除醫書、天文、地圖外，數量有限。記載脉法之診籍早在秦漢史籍中就有記載。《史記·扁鵲倉公列傳》：“今臣意所診者，皆有診籍。所以别之者，臣意所受師方適成，師死，以故表籍所診，期决死生，觀所失所得者合脉法，以故至今知之。”經方即古代藥書方書之統稱。《漢書·藝文志》：“經方者，本草石之寒温，量疾病之淺深，假藥味之滋，因氣感之宜，辨五苦六辛，致水火之齊，以通閉解結，反之於平。及失其宜者，以熱益熱，以寒增寒，精氣内傷，不見於外，是所獨失也。"

"溥天之下，莫非王土。"中國自周時起就擁有了幅員遼闊的區域，故地圖之繪製起源甚早；地圖之載體由木板及絲帛到紙張；地圖之内涵由粗到細。《周禮・天官・小宰》："三曰聽閭里以版圖。"漢鄭玄注云："版，户籍；圖，地圖也。聽人訟地者，以版圖決之。"晋傅暢《晋諸公贊》："司空裴秀以舊天下大圖用縑八十匹，省視既難，事又不審，乃裁減爲方丈圖，以一分爲十里，一寸爲百里，從率數計里，備載名山都邑。王者可不下堂而知四方也。"晋裴秀有《禹貢地域圖》十八篇，清人有《皇朝一統輿圖》。現存我國最早的地圖是 1986 年甘肅天水放馬灘秦墓出土的七幅繪在木板上的地圖。據考證，其繪製年代爲公元前 300 年左右的戰國後期。

我國以農立國，曆書之受重視亦在情理之中。《尚書緯・考靈曜》："天地開闢，元曆紀名。"至漢又有以"日曆"稱曆書者。漢王充《論衡・譏日篇》："夫如是，沐之日無吉凶；爲沐立日曆者，不可用也。"至晋又有通貫古今之通曆。《晋書・律曆志下》："穆帝永和八年，著作郎琅邪王朔之造通曆，以甲子爲上元，積九萬七千年……因其上元爲開闢之始。"至唐稱"曆本""印曆"。《唐語林》卷七《補遺》："僖宗入蜀，曆本不及江東，而市有印貨者。"《册府元龜》卷一六〇《帝王部・革弊》載大和九年（835）十二月丁丑，東川節度使馮宿奏："准敕：禁斷印曆日版。劍南兩川及淮南道，皆以版印曆，日鬻於市。每歲司天臺未奏頒下新曆，其印曆已滿天下，有乖敬授之道。"

典册

亦作"典策"。典籍簡册。此稱先秦時期已行用。《書・多士》載："惟殷先人，有册有典。""典"和"册"，俱見甲骨文。《説文・丌部》："'典'，五帝之書也，从册在丌上，尊閣之也。""'册'，符命也，諸侯進受於王也。象其札一長一短，中有二編之形。"殷墟出土的甲骨，有貫穿的，有套札的，有叠放的，其中有三片、四片、五片的，都長短不齊，與"典"或"册"所象之形合。指記載典章制度等之重要文獻。《左傳・定公四年》："備物、典策，官司、彝器。"《三國志・魏書・陳留王傳》："壬辰，晋太子炎紹封襲位，總攝百揆，備物典册，一皆如前。"《舊唐書・李多祚傳》："以忠報國，典册所稱。"宋蘇舜欽《上孫冲諫議書》："然而典册之奥，治詞之法，不越此有言而又筆之者，斯亦可尚。"

【典策】

同"典册"。此體先秦時期已行用。見該文。

典志

記載典章制度的文獻。古書如《周禮》《禮記》中的一些篇章,《史記》八書、《漢書》十志及後世的《十通》《會典》《會要》等皆屬此。此稱三國時期已行用。《三國志·魏書·程昱傳》:"遠覽典志,近觀秦漢,雖官名改易,職司不同,至於崇上抑下,顯分明例,其致一也。"

典書

指典籍。此稱漢代已行用。《後漢書·西域傳贊》:"土物琛麗,人性譫虛,不率華禮,莫有典書。"

典傳

亦稱"典記"。指古代重要的書籍典册。漢賈誼《新書·傳職》:"〔天子〕不博古之典傳,不嫻於威儀之數,《詩》《書》《禮》《樂》無經,天子學業之不法。凡此其屬,太師之任也。"明唐順之《重修瓜州鎮龍祠記》:"龍之祠不秩於三代之典記,《禮》者謂之四靈,蓋以爲鱗蟲之靈者耳。"

【典記】

即典傳。此稱明代已行用。見該文。

徽典

典章之美稱。此稱南北朝時期已行用。《宋書·禮志四》:"正名存義,有國之徽典;臣子一例,史傳之明文。"

賓典

極珍貴的册籍。亦指皇帝的典章。南朝梁江淹《拜蕭相國齊公十郡九錫章》:"殊命寶典,鬱降雲天。"唐白居易《入回紇使下軍將官吏夏侯仕戡等四十人授卿監賓客諮議衛佐同制》:"舉爲賓典,分以寵之。"

策書

簡策書牘之總稱。泛指典籍文獻。《漢書·叙傳上》:"夫以匹婦之明,猶能推事理之致,探禍福之機,而全宗祀於無窮,垂策書於春秋。"晉杜預《春秋左傳序》:"仲尼因魯史策書成文,考其真僞而志其典禮,上以遵周公之遺制,下以明將來之法。"

訓典

傳說中的上古帝王之書,亦用以指記載皇帝言行之書。此稱先秦時期已行用。《左傳·文公六年》:"予之法制,告之訓典。"杜預注:"訓典,先王之書。"《國語·楚語上》:"教之訓典,使知族類,行比義焉。"宋范祖禹《〈仁皇訓典〉序》:"恭惟仁皇,言爲謨訓。動爲典則,實守成之規矩,致治之準繩。臣謹録天禧以來迄於嘉祐五十年之事,凡三百十有十篇,爲六卷。名其書曰《仁皇訓典》,以助睿覽,庶有萬一之補焉。"

典

原意爲尊藏於閣的册籍,後指經籍等可以作爲典則,亦指記載典章制度的文獻。典文指儒家經典。《後漢書·延篤傳》:"觀夫仁孝之辯,紛然異端,互引典文,代取事據,可謂篤論矣。"南朝梁沈約《上宋書表》:"自永光以來,至於禪讓,十餘年內,闕而不續,一代典文,始末未舉。"《隋書·經籍志一》:"至於戰國,典文遺棄,六經之儒,不能究其宗旨。"一說即大册。《書·多士》:"惟殷先人,有册有典。"《說文·丌部》:"典,五帝之書也,從册在丌上,尊閣之也。莊都說:'典,大册也。'"漢王符《潛夫論·贊學》:"是故索物於夜室者,莫良於火;索道於當世,莫良於典。典者,經也，先聖之所制。"清俞正燮《癸巳存稿》卷一："典者，尊藏之册。"

會典

政書之一種。專記一代之官署職掌、政典事例。其體例源自《周官》。以官統事，以事隸官。如唐之《唐六典》、明之《明會典》、清之《清會典》，均是。《好逑傳》第一六回："老公公不看見《會典》上有一款：外臣不許與内臣交結。"清魏源《聖武紀》卷一："恭稽《會典》，八旗駐防之兵，有游牧部落，有打牲部落。"

經

歷來被尊奉爲典範的著作。多指儒、釋、道及兵家等視爲正統權威的典籍。此稱先秦時期已行用，但其時尚無佛家。《荀子·勸學》："其數則始乎誦經，終乎讀禮。"楊倞注："經謂《詩》《書》；禮謂典禮之屬也。"《國語·吳語》："載常建鼓，挾經秉枹。"韋昭注："挾經，兵書也。"北魏楊衒之《洛陽伽藍記·城東·秦太上君寺》："常有大德名僧，講一切經，受業沙門，亦有千數。"《舊唐書·經籍志上》："四部者，甲、乙、丙、丁之次也，甲部爲經。"

聖典

儒、釋、道各家聖人著述之經籍，此稱始行用於漢。漢王充《論衡·自紀》："以聖典而示小雅，以雅言而説丘野。"晋釋慧遠《與桓太尉論料簡沙門書》："昔外國諸王多參懷聖典，亦有因時助弘大化，扶危救弊，信有自來矣。"

古經

儒家古文經典書籍。指用秦以前古文書寫的册籍，以區别於漢代當時通行的隸書今文經。此稱漢代已行用。《漢書·藝文志》："《禮古經》

五十六卷。"《後漢書·儒林傳·董鈞》："玄本習小戴《禮》，後以古經校之。"按，後世治經者有"古文經""今文經"的定名。

壁經

亦稱"壁中書""壁書"。特指先秦儒家經典書籍。近人認爲這些書爲戰國時的寫本，秦始皇焚書坑儒時，由孔子後人藏於壁中。清方東樹《漢學商兑》卷中之下："今謂《説文》未作，五經不得本解，殊爲俱誤。至壁經自是古文……所謂書孔氏者，必是壁書本來字體如此。"王國維《觀堂集林·史籀篇疏證序》："至許書所出古文，即孔子壁中書。"又，至唐，爲防止儒家經典脱、衍、訛、漏，又將其刻在石上，壁立以供人參閱，亦稱"壁經"。

【壁書】

即壁經。此稱清代已行用。見該文。

【壁中書】

即壁經。此稱近現代已行用。見該文。

【二尺四寸】

即壁經。特指先秦儒家經典書籍。時經書所用竹簡的長度，皆當漢尺二尺四寸，以别於諸子雜記等其他類書籍。漢武帝時，魯恭王拆孔子舊宅，擴建宫殿，於夾墙中發現古文《尚書》及《禮記》《春秋》《論語》《孝經》，凡數十篇，因稱這些書爲"壁經"。書中字體皆秦以前文字寫成。又稱"古經"，即古文經書。《儀禮·聘禮》賈公彦疏引漢鄭玄《論語序》："《易》《詩》《書》《禮》《樂》《春秋》策皆二尺四寸。"漢王充《論衡·謝短篇》："二尺四寸，聖人文語。"又《宣漢篇》："唐、虞、夏、殷，同載在二尺四寸。儒者推讀，朝夕講習。"

内書

儒、釋、道及方術家稱本門派的典籍，反之，則爲外書。此稱三國時期已行用。南朝宋裴松之注引《魏略》："〔扈累〕晝日潛思，夜則仰視星宿，吟咏内書。"又："〔石德林〕初不治產業，不畜妻孥，常讀《老子》五千文及諸内書，晝夜吟咏。"《南北朝雜記·陶弘景》："先生嘗曰：'我讀外書未滿萬卷，以内書兼之，乃當小出耳。'"

外書

儒、釋、道及方術家稱本門派之外的典籍。見"内書"文。參閱南朝宋何承天《重答顔光禄》等。

鴻寶

亦稱"天書"。道書之泛稱。原爲載神仙道術之事的書篇名。此稱漢代已行用。《漢書·劉向傳》："上復興神仙方術之事，而淮南有《枕中鴻寶苑秘書》，書言神仙使鬼物爲金之術，及鄒衍重道延命方，世人莫見。"後代指道書。南唐徐鉉《贈王貞素先生》詩："道秘未傳鴻寶術，院深時聽步虛聲。"至隋，道教又以之稱元始天尊所著之書，或托言從天而降的書爲"天書"。《隋書·經籍志四》："〔元始天尊所説之經〕亦稟元一之氣，自然而有，非所造爲，亦與天尊常在不滅。天地不壞，則蘊而莫傳。劫運若開，其文自見，凡八字，盡道體之奥，謂之天書。"《宋史·真宗紀二》："大中祥符元年春正月乙丑，有黄帛曳左承天門南鴟尾上，守門卒塗榮告，有司以聞，上召群臣拜迎於朝元殿，啟封，號稱天書……六月乙未，天書再降於泰山醴泉北。"

【天書】[1]

即鴻寶。此稱隋代已行用。見該文。

【仙諜】

即鴻寶。此稱南北朝時期已行用。南朝梁劉峻《金華山栖志》："蘊靈藏聖，列名仙諜。"唐王勃《乾元殿頌序》："具靈篇之絶覼，究仙諜之殊休。"

【黄籙】

即鴻寶。原爲道士設壇祈禱之醮名，後因以稱道書。此稱隋代已行用。《雲笈七籤·三洞經教》："玉州黄籙者，帝之金簡也。"唐馬戴《失意書懷呈知己》詩："心存黄籙兼丹訣，家憶青山與白雲。"

【紫書】

即鴻寶。此稱南北朝時期已行用。《漢武帝内傳》："地真素訣，長生紫書。"唐盧照鄰《羈卧山中》詩："紫書常日閲，丹藥幾年成。"

【蕊書】

即鴻寶。亦稱"蕊簡"。此稱宋代已行用。宋張君房《雲笈七籤·三洞經教》八："西華宮有琅簡蕊書，當爲真人者乃得此文。"《事物異名録》卷二八："《山堂肆考》：瓊文，藻笈，琳篆，琅函，皆指道書也，又曰蕊簡。"

【蕊簡】

即蕊書。此稱明代已行用。見該文。

【龍章】

即鴻寶。用雲篆體寫成，其字筆畫曲叠，故稱。此稱宋代已行用。宋張君房《雲笈七籤》卷七引《靈寶經》："赤明開圖，運度自然。元始安鎮，敷落五篇。赤書玉字，八威龍文。保制劫運，使天長存。此之龍章也。"《金瓶梅詞話》第六六回："降龍章而滅罪，鐵柱停酸。"

【紫芝書】

即鴻寶。亦稱"瓊文""藻笈""琳篆""琅函"。此稱唐代已行用。唐孟郊《同李益催放送王煉師還樓觀兼爲群公先營山居》詩："十年白雲士，一卷紫芝書。"《事物異名録》卷二八："《山堂肆考》：瓊文、藻笈、琳篆、琅函，皆指道書也。"

【瓊文】

即紫芝書。此稱明代已行用。見該文。

【藻笈】

即紫芝書。此稱明代已行用。見該文。

【琳篆】

即紫芝書。此稱明代已行用。見該文。

【琅函】[2]

即紫芝書。此稱明代已行用。見該文。

寶篆

符籙之類的道書、秘籍。其文近於篆籀，或模仿雲雷之紋而成。此稱唐代已行用。唐王勃《乾元殿頌序》："靈爻密發，八方昭大有之和；寶篆潛開，六合啓同人之會。"

玉牒[1]

泛指典册。亦用以指道教神仙之類書籍。此稱南北朝時期已行用。《文選·左思〈吳都賦〉》："鳥策篆素，玉牒石記。"張銑注："玉牒、石記，皆典策類也。"晋張協《七命》之一："生必耀華名於玉牒，殁則勒洪伐於金册。"唐韋應物《萼緑華歌》："有一人兮升紫霞，書名玉牒兮萼緑華。"

仙部

亦稱"仙史""仙傳"。專門記載神仙事迹的書籍。此稱晋代已行用。晋王嘉《拾遺記·前漢上》："考諸仙部，驗以衆説，未有異於斯乎！"唐釋寒山《詩》之十一："高低舊雉堞，大小古墳塋……所嗟皆俗物，仙史更無名。"宋陸游《老學庵筆記》卷二："仙傳載：有遇神仙，得仙樂一部，使獻諸朝，曰：'以此爲大唐正始之音。"

【仙史】

即仙部。此稱唐代已行用。見該文。

【仙傳】

即仙部。此稱宋代已行用。見該文。

仙籙

亦稱"仙人籙"。指道教經典或神仙秘籍。此稱唐代已行用。唐錢起《幽居春暮書懷》詩："仙籙滿床閑不厭，《陰符》在篋老羞看。"唐陳子昂《南山家園獨坐思遠率成十韻》："鳳藴仙人籙，鸞歌素女琴。"唐王維《和尹諫議史館山池》詩："洞有仙人籙，山藏太史書。"清孔尚任《桃花扇·栖真》："齇年疏懶，難隨妙工；辭家競把仙籙誦。"

【仙人籙】

即仙籙。此稱唐代已行用。見該文。

三藏

梵語意譯。意爲佛教經典之總集。佛教以經、律、論爲三藏。經爲自説，論是經義的解釋，律記戒規。此稱南北朝時期已行用。南朝梁沈約《内典序》："義隱三藏之外，事非二乘

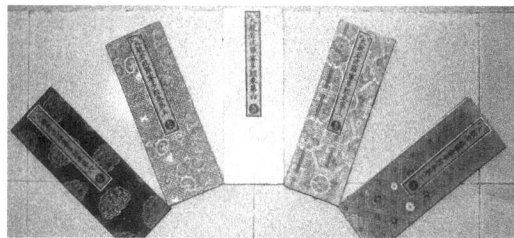

明永樂北藏
（山東省圖書館藏）

所窺。”唐玄奘《大唐西域記·迦畢試國》：“我若不通三藏理，不斷三界欲……終不以脅而至於席。”唐岑參《題雲際南峰眼以讀經堂》詩：“結字題三藏，焚香老一峰。”

内典

亦稱“玄籍”“内範”。佛家稱佛經爲内典。晉僧肇《注維摩詰經序》：“至韻無言，而玄籍彌布；冥權無謀，而動與事會。”北齊顏之推《顏氏家訓·歸心》：“内典初門，設五種禁；外典仁義禮智信，皆與之符。”北齊盧思道《從駕經大慈照寺》詩：“玄風冠東户，内範軼西陵。”《梁書·何胤傳》：“師事沛國劉瓛，受《易》及《禮記》《毛詩》，又入鍾山定林寺聽内典，其業皆通。”宋王禹偁《左街僧録通惠大師文集序》：“釋子謂佛書爲内典，謂儒書爲外學。”《聊齋志異·蔣太史》：“爲人篤嗜内典。一意臺宗，雖早登禁林，常有出世之想。”

【玄籍】

即内典。此稱晉代已行用。見該文。

【内範】

即内典。此稱南北朝時期已行用。見該文。

外典

佛家稱佛經以外的典籍。與内典相對而言。詳“内典”文。參閱《百喻經·估客偷金喻》、北齊顏之推《顏氏家訓·歸心》。

修多羅

省稱“修多”。亦稱“修妬路”“素怛纜”“蘇怛囉”。梵語音譯。佛教中的一切本經一切論法。《法門名義集·理教品》：“修多羅者是一切本經一切論法，從如是我聞至歡喜奉行，無問卷數多少，皆言修多羅。”此稱晉代已行用。東晉佛陀跋陀羅、法顯譯《摩訶僧祇律》：

“爾時佛告舍利弗。有如來不爲弟子廣說修多羅、祇夜……”十六國後秦佛若多羅、鳩摩羅什譯《十誦律》：“讀修妬路。”北周庾信《陝州弘農郡五張寺經藏碑》：“蓋聞如來說法，萬萬恒沙……豈直優波提舍、祇夜脩多而已哉！”唐海雲《兩部付法次第記》：“或云《毘盧遮那成道經》。梵云吠盧曩三母弟婆灑多素怛纜。此經梵筴有三本。”宋道誠《釋氏要覽》：“經：梵音素怛纜，或蘇素怛囉者。”

【修妬路】

即修多羅。此稱晉代已行用。見該文。

【修多】

“修多羅”之省稱。此稱南北朝時期已行用。見該文。

【素怛纜】

即修多羅。此稱唐代已行用。見該文。

【蘇怛囉】

即修多羅。此稱宋代已行用。見該文。

寶籍

珍貴之書籍，多指佛教典籍。此稱南北朝時期已行用。南朝梁沈約《爲竟陵王發講疏》：“靈篇寶籍，遠探龍藏。”唐王勃《益州綿竹縣武都山净惠寺碑》：“黄龍負匣，著寶籍於經山。”

密藏

佛教密宗之經典。此稱宋代已行用。宋贊寧《大宋僧史略》卷上：“密藏者，陀羅尼法也。是法秘密，非二乘境界諸佛菩薩所能游履也。”

三尺法

省稱“三尺”。亦稱“三尺律”“三尺令”。指法典、法律。古以二尺四寸竹簡書寫經、律等官書，爲强調法律之重要，特取其大數，稱之爲"三尺法"。《史記·酷吏列傳》："君爲天子決平，不循三尺法，專以人主意爲獄。獄者固如是乎？"又："周曰：'三尺安出哉？'"宋王應麟《困學紀聞·左氏傳》："漢《杜周傳》：'不循三尺法。'注謂：'以三尺竹簡書法律也。'朱博（指《漢書·朱博傳》）亦云：'奉三尺律令以從事。'《鹽鐵論》乃云：'二尺四寸之律。'古今一也。蓋律書以二尺四寸簡，舉其大數，謂之三尺。"唐李頎《送馬錄事赴永陽》詩："手持三尺令，遣決如流泉。"

【三尺】

"三尺法"之省稱。此稱漢代已行用。見該文。

【三尺律】

即三尺法。此稱漢代已行用。見該文。

【三尺令】

即三尺法。此稱漢代已行用。見該文。

尺書[2]

亦稱"尺籍"。古簡牘長度，律書、經典多爲二尺四寸，其諸子、傳記、雜説等簡長皆約爲一尺二寸，故尺書多指諸子之書，始行用於漢。漢王充《論衡·書解篇》："秦雖無道，不燔諸子，諸子尺書，文篇具在。"又《謝短篇》："二尺四寸，聖人文語，朝夕講習，義類所及，故可務知。漢事未載於經，名爲尺籍短書，比於小道，其能知，非儒者之貴也。"晉應璩《百一詩》："文章不經國，筐篋無尺書。"

【尺籍】[2]

即尺書[2]。此稱漢代已行用。見該文。

短書

古時以短簡編聯而成的書册。秦漢時經書簡長皆爲二尺四寸，稱長書；諸子、傳記、書信等簡長爲六寸至一尺二寸，稱短書。後亦指雜説别紀之類的書籍。漢王充《論衡·骨相篇》："在經傳者較著可信。若夫短書俗記，竹帛胥文，非儒者所見，衆多非一。"又《謝短篇》："漢事未載於經，各爲尺籍短書，比於小道，其能知，非儒者之貴也。"

文書[3]

泛指詩書典籍。此稱漢代已行用。漢賈誼《過秦論》："禁文書而酷刑法，先詐力而後仁義。"

春秋

古編年史之通稱。如周之《春秋》、燕之《春秋》等，其中以傳世之魯《春秋》最爲著名。漢以後有《楚漢春秋》《吳越春秋》等。亦泛指史册。《史記·樂毅列傳》："臣聞賢聖之君，功立而不廢，故著於春秋。"唐劉知幾《史通·六家》："墨子曰：'吾見百國《春秋》。'蓋皆指此也。"

乘

春秋時期晋國的史書。後用以稱一般的史志之書。此稱先秦時期已行用。《孟子·離婁下》："晋之《乘》、楚之《檮杌》、魯之《春秋》，一也。"趙岐注："此三大國史記之異名。乘者，興於田賦乘馬之事，因以爲名。"清趙翼《陔餘叢考·宋人好名譽》："歷朝以來，《宋史》最繁，且正史外又有稗乘雜説，層見叠出。"《歧路燈》第五五回："前宣德年間，有個譚公在貴縣，其德政像是載之邑乘，極爲詳明。"

前志

亦稱"陳編"。指前人的著作，今稱之爲古籍。此稱宋代已行用。《左傳·成公十五年》：

"子臧辭曰：'前志有之，聖達節，次守節，下失節'。"三國魏曹植《學宮頌》："由也務學，名在前志；宰予晝寢，糞土作誡。"唐韓愈《進學解》："踵常途之促促，窺陳編以盜竊。"宋蘇軾《和劉道原咏史》："獨掩陳編吊興廢，窗前山雨夜浪浪。"

【陳編】

即前志。此稱宋代已行用。見該文。

遺書

亦稱"遺編"。前人遺世之著作。此稱漢代已行用。漢孔安國《尚書序》：《春秋左傳》曰：'楚左史倚相，能讀《三墳》《五典》《八索》《九丘》。即謂上世帝王遺書也。"《漢書・藝文志》："至成帝時，以書頗散亡，使謁者陳農求遺書於天下。"唐柳宗元《吊屈原文》："托遺編而嘆喟兮，渙余涕之盈眶。"《舊唐書・章懷太子賢傳》："往聖遺編，咸窺壼奥。"後人亦有以此名書者，如《船山遺書》《章氏遺書》等。

【遺編】

即遺書。此稱唐代已行用。見該文。

信史

記錄歷史事實，無所諱飾的史書。此稱先秦時期已行用。《公羊傳・昭公十二年》："《春秋》之信史也，其序則齊桓、晋文；其會則主會者爲之也。"宋陸游《史院書事》詩："信史新修稿滿床，牙簽黄帕帶芸香。"《清史稿・聖祖紀三》："壬戌，誡修《明史》，史臣蘄公論，明是非，以成信史。"

私史

私家所修史書。相對於官修史書而稱。孔子著《春秋》開其端，後歷代相沿。爲中國歷史書籍之重要部分。此稱宋代已行用。宋李心傳《建炎以來朝野雜記甲集・朝事・嘉泰禁私史》："頃秦丞相既主和議，始有私史之禁。"

故志

記載古代興衰成敗之史籍。此稱先秦時期已行用。《國語・楚語上》："教之故志，使知廢興者而戒懼焉。"韋昭注："故志，謂所記前世成敗之書。"《後漢書・郎顗傳》："若有德不報，有言不酬，來無所樂，進無所趨，則皆懷歸藪澤，修其故志矣。"

【古記】

即故志。此稱漢代已行用。《漢書・平帝紀》："徵天下通知逸經、古記、天文、曆算……教授者，在所爲駕一封軺傳，遣詣京師。"

史翰

記錄歷史的書籍文章。此稱南北朝時期已行用。《南齊書・臧榮緒傳》："上答曰：'公所道臧榮緒者，吾甚志之，其有史翰，欲令入天禄，甚佳。'"

册書

指史册、史書。古史官記言、記事於簡册，故名。此稱南北朝時期已行用。《文選・班彪〈王命論〉》："全宗祀於無窮，垂册書於春秋。"李善注引張晏曰："册書，史記也。"唐劉知幾《史通・採撰》："中世作者，其流日煩，雖國有册書，殺青不暇，而百家諸子，私存撰録，寸有所長，實廣聞見。"明唐順之《零陵縣知縣題名記》："春秋之法，微者姓名不登於册書，其非微者則概而登之。"

【金册】

即册書。此稱南北朝時期已行用。《文選・張協〈七命〉》："生必耀華名於玉牒，殁則勒洪伐於金册。”唐李周翰注：“玉牒、金册，並國史也……謂生死必須垂名，記功於史册，以示天下，傳於後代也。”

記牒

泛指史籍。此稱南北朝時期已行用。《三國志·蜀書·宗預傳》預曰：“卿（指鄧芝）七十不還兵，我六十何爲不受。”南朝宋裴松之注：“芝以年嗣預，是不自顧，然預之此答，觸人所忌，載之記牒，近爲煩文。”

書筞

書籍、史籍。唐黄滔《盧員外濬啓》：“雖異於披沙之説，然略幾於架屋之譚，許列書筞，令參撰杖。”宋曾鞏《英宗皇帝挽詞》之二：“畫手傳英氣，書筞見德音。”

丹書²

亦稱“丹青”“丹素”。本指記功之圖書，後泛指史籍。此稱漢代已行用。《古文觀止·司馬遷〈報任安書〉》：“僕之先，非有剖符丹書之功。”吴楚材等注：“漢初剖符世爵，又論功定封、申以丹書之信。”《漢書·蘇武傳》：“李陵置酒賀武曰：‘今足下還歸，揚名於匈奴，功顯於漢室，雖古竹帛所載，丹青所畫，何以過子卿（蘇武）！’”又因古代丹册記勛，青史紀事，丹青猶言史册。漢王充《論衡·書虚篇》：“俗語不實，成爲丹青；丹青之文，賢聖惑焉。”宋文天祥《正氣歌》：“時窮節乃見，一一垂丹青。”明田汝成《西湖游覽志餘·帝王都會》：“〔唐昭宗〕進封鏐爵而賜之鐵券曰：‘志獎王室，績冠侯藩，著於旂常，流在丹素。’”

【丹青】

即丹書²。此稱漢代已行用。見該文。

【丹素】

即丹書²。此稱明代已行用。見該文。

汗青

古人以竹製簡，需於火上炙其汗，殺其青。乾則易寫，并可防蛀，謂之“汗青”。後因以爲書册、史籍的代稱。此稱宋代已行用。宋文天祥《過零丁洋》詩：“人生自古誰無死，留取丹心照汗青。”清唐孫華《葉忠節公挽詩》：“芳名垂汗青，千載永不滅。”

【汗簡】

即汗青。此稱晋代已行用。《晋書·王湛等傳》：“史臣曰：‘……雖崇勳懋績有闕於旂常，素德清規足傳於汗簡矣’。”明宋濂《元故廬陵周府君墓碣銘》：“秦火之烈，六經中絶我心盡傷兮。汗簡散落，後先參錯，乃理之常兮。”

青史

史書。古人記史書於青簡，故稱。此稱南北朝時期已行用。南朝梁江淹《詣建平王上書》：“俱啓丹册，並圖青史。”唐杜甫《贈鄭十八賁》詩：“古人日以遠，青史字不泯。”明于謙《收麥》詩：“庶令禄位保終始，更有清名播青史。”

寶書

官修之史書。此稱先秦時期已行用。《公羊傳經傳解詁·隱公第一》唐徐彦疏：“昔孔子受端門之命，制《春秋》之義，使子夏等十四人求周史記，得百二十國寶書……周史而言寶書者，寶者，保也，以其可世世傳保以爲戒，故云寶書也。”

僞書²

僭僞政權之史書。此稱南北朝時期已行用。北齊顔之推《顔氏家訓·書證》：“南方以晋家渡江後，此間傳記，皆名爲僞書。"

地圖

亦稱"輿地圖""地域圖""輿圖"。按一定比例描摹某一地域自然地理、人文地理狀況的圖。此稱先秦時期已行用。一般地説，竹書容字少，木書容字多（據武威《慶氏禮》漢簡），故木書又多爲官府文書、名册、布告、通信、圖畫之載體。故古代的地圖多繪於木板之上。現在稱國家的領土，謂之版圖，猶其遺意。《管子》有《地圖篇》。《戰國策·趙策二》："臣竊以天下地圖案之，諸侯之地，五倍於秦。"《史記·三王世家》："臣請令史官擇吉日，具禮儀上，御史奏輿地圖。"司馬貞索隱："謂地爲輿者，天地有覆載之德，故謂天爲蓋，謂地爲輿，故地圖稱輿地圖，疑自古有此名，非始漢也。"又《刺客列傳》："誠得樊將軍首與燕督亢之地圖，奉獻秦王，秦王必説見臣。"《後漢書·鄧禹傳》："光武舍城樓上，披輿地圖，指示禹曰：

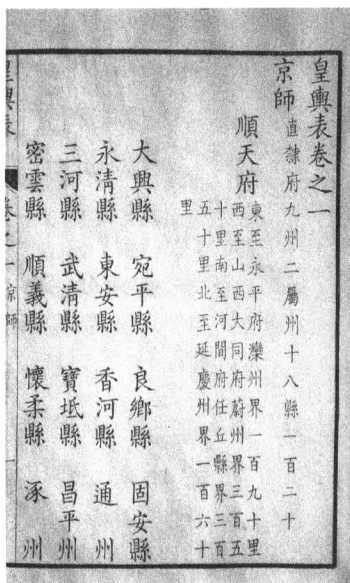

《皇輿表》十六卷，清喇沙里等修，揆叙等增修，
清康熙四十三年（1704）揚州詩局刻本
（《清代内府刻書圖録》）

'天下郡國如是。'"晋裴秀有《禹貢地域圖》十八篇，清人有《皇朝一統輿圖》。現存我國最早的地圖是1986年甘肅天水放馬灘秦墓出土的七幅繪在木板上的地圖，據考證，其繪製年代爲公元前300年左右的戰國後期。

【輿地圖】

即地圖。此稱漢代已行用。見該文。

【地域圖】

即地圖。此稱晋代已行用。見該文。

【輿圖】

即地圖。此稱清代已行用。見該文。

【圖】

即地圖。此稱先秦時期已行用。《周禮·夏官·職方氏》："職方氏掌天下之圖。"鄭玄注："如今司空輿地圖也。"

方丈圖

指比例尺較小，圖幅不大的全國地圖。晋傅暢《晋諸公贊》："司空裴秀以舊天下大圖用縑八十匹，省視既難，事又不審，乃裁減爲方丈圖，以一分爲十里，一寸爲百里，從率數計里，備載名山都邑，王者可不下堂而知四方也。"

版圖 [2]

指古代官府行政治理所用的户籍册和地圖。

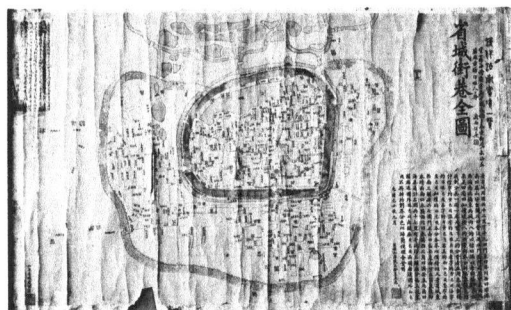

清光緒十五年（1889）手繪《省城街巷全圖》
（山東省圖書館藏）

此稱先秦時期已行用。《周禮·天官·小宰》："三曰聽閭里以版圖。"漢鄭玄注引鄭司農云："版，户籍；圖，地圖也。聽人訟地者，以版圖決之。"《周禮·天官·司會》："掌國之官府郊野縣都之百物財用，凡在書契版圖者之貳，以逆群吏之治，而聽其會計。"鄭玄注："版，户籍也；圖，土地形象，田地廣狹。"後亦指一國之户口疆域。《新唐書·楊炎傳》："百役並作，人户凋耗，版圖空虚。"參見本書《朝制卷·文告簿籍説·簿籍考》"版圖"條。

都圖

古時鄉里區域圖籍名。因每一區域必首列地圖，都，首也，故名。此稱宋代已行用，元以後用作鄉級基層行政區劃的概稱。《宋史·袁燮傳》："浙西大饑，常平使羅點屬任賑恤，燮命每保畫一圖，田疇、山水、道路，悉載之，而以居民分佈其間，凡名數、治業悉書之。合保爲都，合都爲鄉，合鄉爲縣，徵發、争訟、追胥，披圖可立决，以此爲荒政首。"參閲清外方山人《談徵·言部·都圖》。

版[4]

原指古代用於書寫的方板，後因地圖多繪於木板之上，藉指邦國之圖籍。此稱宋代已行用。《論語·鄉黨》："凶服者式之，式負版者。"何晏注："負版者，持邦國之圖籍。"亦指名籍或户籍。《周禮·天官·宮伯》："宮伯掌王宮之士庶子，凡在版者。"參見本書《朝制卷·文告簿籍説·簿籍考》"版"文。

圖志

文字地圖兼有的地志書籍。此稱唐代已行用。唐李吉甫撰有《元和郡縣圖志》，惜圖今不存。清乾隆時官撰修《皇輿西域圖志》五十二卷。清魏源撰《海國圖志》一百卷。宋陳亮《重建紫霄觀記》："考其圖志，皆缺裂不全。"清林則徐《報告抵粵日期并體察洋面堵截躉船情形摺》："臣甫經到省，於各處島澳口門，尚未親歷，現在檢閲圖志，先與督撫臣在省互相講求。"

圖書[1]

附圖之法令、户籍等文書。此稱漢代已行用。《史記·蕭相國世家》："〔蕭〕何獨先入，收秦丞相御史律令圖書藏之。沛公爲漢王，以何爲丞相。漢王所以具知天下阸塞，户口多少，強弱之處，民所疾苦者，以何具得秦圖書也。"參見本書《朝制卷·文告簿籍説·簿籍考》"圖籍"文。

圖經

亦稱"圖説"。文字外配有圖畫説明的書籍。此稱隋代已行用。《隋書·經籍志》有《冀州圖經》《幽州圖經》等。唐人蘇頌有《本草圖經》。《通志·藝文略·地理類》"圖經"一門，列圖經三十三部，一千七百餘卷。宋人周敦頤有《太極圖説》，明人王徵著有《諸器圖説》并譯有泰西鄧玉函所撰《奇器圖説》。

【圖説】

即圖經。此稱宋代已行用。見該文。

譜籍

譜録類書籍之通稱。此稱南北朝時期已行用。南朝梁劉勰《文心雕龍·書記》："總領黎庶，則有譜籍簿録……故謂譜者，普也，注序世統，事資周普，鄭氏譜《詩》，蓋取乎此。"

譜系

亦稱"譜第"。記載宗族世系或同類事物歷代系統的書。盛於魏晋南北朝。《晋書·杜預傳》：“爲《春秋左氏經傳集解》，又參考衆家譜第，謂之釋例。”《舊唐書·經籍志上》：“十二曰譜系。以紀世族繼序”。《通志·氏族略·氏族序》：“自隋、唐而上，官有簿狀，家有譜系。官之選舉必由於簿狀；家之婚姻必由於譜系。”

【譜第】

即譜系。此稱晋代已行用。見該文。

譜牒 2

亦作“譜諜”。亦稱“諜記”“諜歷”。記錄氏族或宗族世系之書。始於先秦，時多帝王之譜系，達於魏晋南北朝，其時門閥制度盛行，譜學勃興。明清以來亦多有修家譜、族譜者。《史記·太史公自序》：“維三代尚矣，年紀不可考，蓋取之譜諜舊聞……作《三代世表》第一。”又《十二諸侯年表》：“太史公讀《春秋歷譜諜》，至周厲王，未嘗不廢書而歎也。”又《三代史表》：“余讀諜記，黄帝以來，皆有年數。”司馬貞索隱：“諜者，紀系諡之書也。”清姚振宗《漢書藝文志條理》卷七：“《漢元殷周譜歷》十七卷，按：譜歷者，記其世系而繫以年，有始終年代之可考者也。”

【譜諜】 2

同“譜牒 2”。此體漢代已行用。見該文。

【諜記】

即譜牒 2。此稱漢代已行用。見該文。

【譜歷】

即譜牒 2。此稱清代已行用。見該文。

【譜録】

即譜牒 2。此稱南北朝時期已行用。《北史·高諒傳》：“〔高〕諒造《親表譜録》四十餘卷，自五世以下，内外曲盡，覽者服其博記。”

屬籍 2

記載皇族宗室之譜籍，多録建立軍功者；入屬籍者若有違法犯罪之事，則除名。此制主要行於春秋至秦漢時代。《史記·商君列傳》：“宗室非有軍功論，不得爲屬籍。”司馬貞索隱：“謂宗室若無軍功，則不得入屬籍。謂除其籍，則雖無功不及爵秩也。”《漢書·楚元王傳》：“當等皆坐免侯，削屬籍。”《後漢書·鄧禹傳》：“太后大怒，遂免康官，遣歸國，絶屬籍。”宋王安石《明堂宗室加恩制》：“爾列名屬籍，序位内朝。”

玉牒 2

亦作“玉諜”。以編年體叙帝系之族譜。此稱漢代已行用。《漢書·郊祀志》：“封廣丈二尺，高九尺，其下則有玉牒書。”唐李翱《叙封禪併兩朝》：“高宗皇帝麟德三年正月一日有事於泰山。玉諜文曰……”唐宗正寺有修玉牒官。宋淳化六年（995）置玉牒所，并建玉牒殿。清代玉牒保存得較爲完整。歷史檔案館所藏玉牒全用綢緞包裹好，其中宗室玉牒用黄色，覺羅用紅色，前者放入龍櫃中。參閱《新唐書·百官志三》《宋史·職官志四》。

【玉諜】

同“玉牒 2”。此體唐代已行用。見該文。

仙源

宋代宗室譜牒之一種。仙，美稱。清梁章鉅《稱謂録·宗室·仙源》：“宋《四朝志》：修纂牒譜圖籍，其別有五，一曰仙源。”

家傳

記載父兄及先祖事迹之傳記。《後漢書·列女傳序》：“故自中興以後，綜其成事，述爲《列女篇》。如馬、鄧、梁后，別見前《紀》；梁嬭，李姬，各附家傳。若斯之類，並不兼書。"
《北史·賀若弼傳》："平陳後六年，弼撰其畫策上之，謂爲《御授平陳七策》。上弗省，曰：公欲發揚我名，我不求名，公宜自載家傳。"宋歐陽修《王彦章畫像記》："予以節度判官來此，求於滑人，得公之孫睿所録家傳。"清梁章鉅《歸田瑣記·曼雲先兄家傳》："顧念兄之行誼，惟余知之最悉，不可以無言，因摭拾其事，爲家傳一首附焉。"

家譜

亦稱"族譜""宗譜"。記載家族世系的譜録。其書先秦已有之，其名則始見於宋代。《宋史·藝文志三》載有宋人司馬光《臣寮家譜》一卷。南北朝時亦稱"族譜"。《南史·賈希鏡傳》："希鏡三世傳學，凡十八州士族譜，合百帙，七百餘卷，該究精悉，皆如貫珠，當時莫比。"明王世貞《弇州山人四部稿·榮泉李公族譜序》："間出其宗譜示曰：'吾先君鳳翔之遷，湛於農代，鮮有顯者。"明葉盛《水東日記·范氏家譜世系》："吾家唐相履冰之後，舊有家譜。"

【族譜】

即家譜。此稱南北朝時期已行用。見該文。

【宗譜】

即家譜。此稱明代已行用。見該文。

【家牒】

即家譜。亦作"家諜"。南朝梁任昉《王文憲集序》："公諱儉……其先自秦至宋，國史家諜詳焉。"唐白居易《海州刺史裴君夫人李氏墓志銘》："由此而上，得於國史家牒云。"唐元結《自釋》詩："世業載國史，世系在家牒。"明宋濂《故民匠提舉司知事許府君墓志銘》："家牒毀於兵，咸無所徵。"

【家諜】

同"家牒"。此體南北朝時期已行用。見該文。

家乘[2]

記載家族史事之書籍。乘，原爲春秋晋國史書名，後以稱史籍。明高啓《夢松軒記》："近代卿相之後有不數傳，其譜牒尚明，家乘猶在，而子孫已失其業。"清龔自珍《〈懷寧王氏族譜〉序》："由是臚而爲家譜，則史表之遺也；廣而爲家乘，則史傳之遺也。"

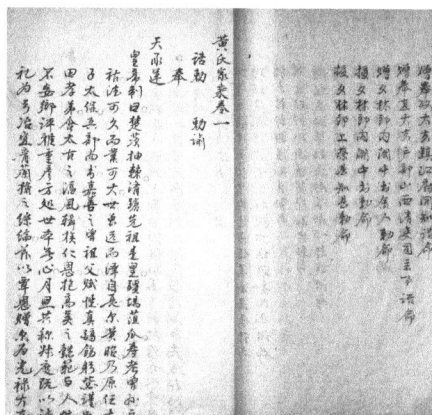

即墨《黄氏家乘》稿本
（山東省圖書館藏）

家門集

亦稱"家世集""家集"。彙總一家人著作之書籍。此稱南北朝時期已行用。《南史·王筠傳》："又與諸兒書論家門集云：……'非有七葉之中，名德重光，爵位相繼，人人有集如

《單縣周氏家集》
（山東省圖書館藏）

吾門者也。'"《梁書·王筠傳》作"家世集"。
唐宋時稱"家集"。唐杜牧《冬至日寄小侄阿
宜》詩:"家集二百編,上下馳皇王。"宋蘇轍
《奉使契丹·神水館寄子瞻兄四絶》之三:"誰
將家集過幽都,逢見胡人問大蘇。"

【家世集】

即家門集。此稱南北朝時期已行用。見該
文。

【家集】

即家門集。此稱唐代已行用。見該文。

年譜

記載個人生平事迹之史籍。因按年編次,
故稱。廣泛行用於清代。清陳康祺《郎潛紀
聞》卷一:"阮文達編公年譜,稱公服官四十
年,貧如爲諸生時。"今北京圖書館出版社編印
《北京圖書館藏珍本年譜叢刊》,收錄歷代年譜
一千二百餘種。

乾錄

帝王之著作。因天稱乾,帝王稱天子,故
名。此稱南北朝時期已行用。南朝梁沈約《梁
武帝集序》:"逮乎俯應歸運,仰修乾錄,載筆
握簡,各有司存。"

籙

天賜的符命之書。《文選·張衡〈東京賦〉》:
"高祖膺籙受圖,順天行誅。"李善注引薛綜曰:
"膺籙,謂當五勝之籙。"

丹書³

亦稱"丹字"。傳說中赤鳥所銜的符瑞之
書,實爲托言天命而僞造,間亦有諷勸之義。
《吕氏春秋·應同》:"及文王之時,天先見火,
赤鳥銜丹書集於周社。"《大戴禮記·武王踐阼》:
"〔武王〕召師尚文而問焉,曰:'惡有藏之約行

之行,萬世可以爲子孫常者乎?'師尚曰:'在
丹書。'"《史記·周本紀》:"生昌,有聖瑞。"
唐張守節正義引《尚書帝命驗》:"季秋之月甲
子,赤爵銜丹書入于鄷,止于昌户。其書云:
'敬勝怠者吉,怠勝敬者滅。義勝欲者從,欲勝
義者凶。'"唐太宗《帝範序》:"丹字呈祥,周
開七百之祚;素靈表瑞,漢啓重世之基。"

【丹字】

即丹書³。此稱唐代已行用。見該文。

玉書¹

傳謂天降之金簡玉字之書。晋王嘉《拾遺
記·周靈王》:"〔孔〕夫子未生時,有麟吐玉書
於闕里人家。"南朝宋徐靈期《南嶽記》:"禹治
水祭南嶽,因夢獲金簡玉字之書。"

玉策

亦作"玉册"。玉製之書。多指非常態的
重要典籍。漢應劭《風俗通·封泰山禪梁父》:
"俗説岱宗上有金篋玉策,能知人年壽修短。"
晋左思《魏都賦》:"闚玉策於金縢,案圖籙於
石室。"《新唐書·禮樂志》:"玉策四,皆長一
尺三寸,廣寸五分,厚五分,每策皆五簡,聯
以金。"宋蘇軾《表忠觀碑》:"金券玉册,虎符
龍節。"

【玉册】

同"玉策"。此體宋代已行用。見該文。

唐玉策拓本

秘記

亦稱"秘書"。讖緯類書籍之通稱。《後漢書·楊厚傳》："祖父春卿，善圖讖學，爲公孫述將。漢兵平蜀，春卿自殺，臨命戒子統曰：'吾緗帙中有先祖所傳秘記，爲漢家用，爾其修之。'"《後漢書·鄭玄傳》："遂博稽六藝，粗覽傳記，時睹秘書緯術之奥。"

【秘書】[1]

即秘記。此稱漢代已行用。見該文。

瑞記

帶有吉祥意義的文字符號。《漢書·司馬遷傳》："天曆始改，建於明堂，諸神受記。"唐顔師古注引孟康曰："建於明堂，諸神受記，若句芒祝融之屬，皆受瑞記。遷因此而作。"

瑞牒

亦稱"瑞策"。記載祥瑞事宜的書籍。古人認爲，傳説中的鳳凰、龍及甘露、玉册等物均帶有吉祥之氣，它們的出現是世道昌盛、天下太平的標志。南朝梁簡文帝《菩提樹頌》："現彼法身，圖兹瑞牒。"唐李義府《在巂州遥叙封禪》詩："瑞策開珍鳳，禎圖薦寶龜。"《宋史·樂志九》："素烏爰止，淳精允臧，名符瑞牒，色應金方。"《宋史·戚綸傳》："疏曰：'〔陛下〕勤行企道，恭默思玄，上天降鑒，瑞牒昭錫。'"

【瑞策】

即瑞牒。此稱唐代已行用。見該文。

瑞圖

舊時指上天所賜，表示受命於天的圖籍。漢王逸《九思·逢尤》："懿風后兮受瑞圖。"漢班固《兩都賦》："啓靈篇兮披瑞圖，獲白雉兮效素烏。"《隋書·經籍志》有《瑞應圖》《瑞圖贊》各二卷。唐杜甫《鳳凰臺》詩："自天銜瑞圖，飛下十二樓。"

圖書[2]

指河圖、洛書。傳説中的神書。《易·繫辭上》："河出圖，洛出書，聖人則之。"《漢書·五行志中》："河洛出圖書。"唐賈曾《孝和皇帝挽歌》："天行應潛躍（一作曜），帝出受圖書。"

圖讖

宣揚符命占驗的有圖書籍。始於西漢後期王莽篡漢，東漢因劉秀篤信而盛。至南北朝時期漸衰，經隋朝焚燒，傳世極少。《漢書·王莽傳上》："徵天下通一藝教授十一人以上，及有……天文、圖讖、鍾律、月令、兵法、史篇文字，通知其意者，皆詣公車。"《後漢書·光武帝紀上》："宛人李通等以圖讖説光武云：'劉氏復起，李氏爲輔。'"李賢注："圖，河圖也；讖，符命之書。讖驗也。言爲王者受命之徵驗也。"宋洪邁《容齋隨筆·光武符堅》："苻堅禁圖讖之學，尚書郎王佩讀讖，堅殺之，學讖者遂絶。"

幡薄

古時丹書、符籙等預言禍福之書。《吕氏春秋·觀表》："聖人上知千歲，下知千歲，非意之也，蓋有自云也。緑圖幡薄，從此生矣。"高誘注："幡亦薄也。"章炳麟《訄書·訂實知》："既知政教，又以暇游藝，籍物以詗其姓名人地，則《緑圖》《幡薄》自此作。"

遺讖

占夢之書。漢班固《幽通賦》："黄神邈而靡質兮，儀遺讖以臆對。"李善注："遺讖，謂夢書也。"

診籍

亦稱"脉書"。記載脉法之書籍。診,把脉斷病。《史記·扁鵲倉公列傳》:"今臣意所診者,皆有診籍。所以别之者,臣意所受師方適成,師死,以故表籍所診,期决死生,觀所失所得者合脉法,以故至今知之。"又倉公曰:"臣意即避席再拜謁,受其脉書上下經,五色診……接陰陽禁書,受讀解驗之,可一年所。"〔慶〕傳黄帝、扁鵲之脉書,五色診病,知人死生,决嫌疑,定可治,及藥論書,甚精。"20世紀80年代,湖北荆州張家山漢墓所出竹簡中有一部題名《脉書》的古代醫學著作,共計六十五支簡。全書字迹工整娟秀,抄寫時間應在西漢初期。《脉書》首先叙述人體各種疾病的名稱,其他基本同於馬王堆出土的醫書。

【脉書】

即診籍。此稱漢代已行用。見該文。

經方

古代藥書、方書之統稱。《漢書·藝文志》:"經方者,本草石之寒温,量疾病之淺深,假藥味之滋,因氣感之宜,辨五苦六辛,致水火之齊,以通閉解結,反之於平。及失其宜者,以熱益熱,以寒增寒,精氣内傷,不見於外,是所獨失也。"

曆書

亦稱"元曆""日曆""通曆""曆本""印曆""玉曆""旁通曆""傍通曆""時憲書"。記載年、月、日、時、節氣等可供查考的書。先秦即有"元曆"一詞,即傳説中的古曆書。《尚書緯·考靈曜》:"天地開闢,元曆紀名。"漢代有"曆書"之稱。《史記·太史公自序》:"作《曆書》第四。漢代又以"日曆"稱曆書者。漢

王充《論衡·譏日篇》:"夫如是,沐之日無吉凶;爲沐立日曆者,不可用也。"至晋則有"通曆"之稱,即通貫古今之曆書。《晋書·律曆志下》:"穆帝永和八年,著作郎琅邪王朔之造通曆,以甲子爲上元,積九萬七千年……因其上元爲開闢之始。"至唐稱"曆本""印曆"。《唐語林·補遺》:"僖宗入蜀,太史曆本不及江東,而市有印曆者。"《册府元龜》卷一六〇《帝王部·革弊》:"〔大和〕九年十二月丁丑,東川節度使馮宿奏:'准敕:禁斷印曆日版。劍南兩川及淮南道,皆以版印曆,日鬻於市,每歲司天臺未奏頒下新曆,其印曆已滿天下,有乖敬授之道。'故命禁之"。唐文宗時已有雕印貨賣曆書。曆書之所以適宜於雕印,主要由於正可以三十天爲一版,合於木版方册形式;而十二版裝爲一册,於方册也爲適宜。而"玉曆"則是曆書之美稱。南朝梁庾肩吾《書品序》:"玉曆頒正而化俗,帝載陳言而設教。"唐白居易《郡中春宴因贈諸客》詩:"是時歲二月,玉曆布春

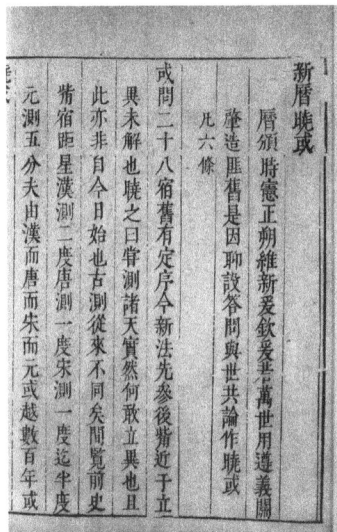

《西洋新法曆書》三十種一百三卷,明崇禎間初刻,清順治二年(1645)欽天監刻本(《清代内府刻書圖錄》)

《大清歷年時憲書》，清欽天監編，清順治元年
（1644）至宣統四年（1912）套印本
（《清代内府刻書圖録》）

分。"宋陸游《添字浣溪沙》詞："玉曆今朝推
戊己，住衔泥。"宋時出現一種民間使用的通俗
曆書稱爲"旁通曆"，亦作"傍通曆"。分縱横
兩欄，一欄爲年月日期，另一欄多作逐日記事
用，或亦載通俗常識。宋沈括《夢溪筆談·技
藝》："凡大曆悉是算數，令人就耳一讀，即能
暗誦；傍通曆則縱横讀之。"《朱子語類·論官》：
"須是有旁通曆，逐日公事，開項逐一記。"清
時爲避高宗弘曆諱，改稱"時憲書"。清編有
《大清歷年時憲書》。1993 年江蘇連雲港尹灣
漢墓出土的簡牘中發現了漢代曆書的實物：元
延元年（公元前 12）曆譜（木牘十，正、反）。
木牘正面爲元延元年曆譜，先將該年十三個月
名（包含"閏月"）分列兩端，注明月的大小及
朔日干支；然後將其餘干支分書於兩旁，并將
四立、二至、二分、三伏、臘等各爲某月某日
注於相應干支之下。由於排列方法巧妙，六十
干支正好按順序圍成一個長方形。此曆譜把一
年的曆日濃縮在一塊木牘的一面之上，頗具巧
思。參閱《尹灣漢墓簡牘初探》，（載《文物》
1996 年第 10 期）。

【元曆】

即曆書。此稱先秦時期已行用。見該文。

【日曆】

即曆書。此稱漢代已行用。見該文。

【通曆】

即曆書。此稱晋代已行用。見該文。

【曆本】

即曆書。此稱唐代已行用。見該文。

【印曆】

即曆書。此稱唐代已行用。見該文。

【玉曆】

即曆書。此稱南北朝時期已行用。見該文。

【旁通曆】

即曆書。此稱宋代已行用。見該文。

【傍通曆】

即曆書。此稱宋代已行用。見該文。

【時憲書】

即曆書。此稱清代已行用。見該文

玉書 [2]

論玉之專著。三國魏曹丕《與鍾大理書》：
"竊見玉書稱美玉，白如截肪，黑譬純漆，赤擬
雞冠，黄侔蒸栗。"

珠鈐

兵書之代稱，因其常以珠玉飾書函，故名。
宋王安石《送鄞州知府宋郫議》詩："廟謨資石
畫，兵略倚珠鈐。"

話本

藝人説唱故事所用底本。以口語寫成，通
俗易懂，故稱。此物始行用於宋代。《清平山堂
話本·簡帖和尚》："話本説徹，且作散場。"《水
滸傳》第五一回："今日秀英招牌上，明寫着這
場話本，是一段風流蘊藉的格範。"

掌記[3]

手抄的曲本、劇本。《宦門子弟錯立身》第五句：“旦白：‘你直待要唱曲，相公知道，不是耍處。’生：‘不妨，你帶得掌記來，敷演一番。”又第一二句：“末白：‘都不招別的，只招寫掌記的。’生唱：‘我能添插更疾，一管筆如飛。真字能鈔掌記，更壓着御京書會。”

腳本[2]

戲曲等所依之本。此稱清代已行用。清李漁《比目魚·聯班》：“又兼我記性極高，當初學戲的時節，把生、旦的腳本都念熟了。”清孔尚任《桃花扇·選優》：“你就在這熏風殿中，把《燕子箋》腳本三日念會，好去入班。”

禁書[1]

記載禁律條款之書。《通雅·器用一》：“條約謂之禁書。《士師》‘五禁’注：‘古者禁書亡矣，今宮門有符籍，官府有無故擅入城門，有離載下帷，野有田律，軍有罶歡夜行之禁。其可言者。”

秘笈

亦稱“秘文”。罕見之書籍。此稱魏晉時已見行用。漢班固《西都賦》：“啓發篇章，校理秘文。”《藝文類聚》卷四九引晉潘岳《故太常任府君畫贊》：“遂管秘笈，辯章舊史。”《唐詩紀事·段成式》：“博學强記，多奇篇秘笈。”

【秘文】

即秘笈。此稱漢代已行用。見該文。

秘書[2]

多指宮中秘藏之書。此稱漢代已行用。《漢書·劉向傳》：“詔向領校中五經秘書。”《後漢書·蘇竟傳》：“〔竟〕走昔以摩研編削之才，與國師公從事出入，校定秘書。”

裂帛

指破舊古籍。古人書於竹、帛，故以竹帛爲書籍之代稱。南朝梁劉勰《文心雕龍·史傳》：“欲其詳悉於體國，必閱石室，啓金匱，抽裂帛，檢殘竹，欲其博練於稽古也。”

禁書[2]

不被公開流通之書籍。此稱漢代已行用。《史記·扁鵲倉公列傳》：“臣意即避席再拜謁，受其脉書上下經，五色診……接陰陽禁書，受讀解驗之，可一年所。”宋蘇轍《乞裁損待高麗事件劄子》：“即不許買禁物、禁書及諸毒藥。”清初禁書甚多，後人編有《禁書總目》一卷。

僞書[3]

托名僞造的書籍，内容虛妄。漢王充《論衡·對作篇》：“俗傳蔽惑，僞書放流，賢通之人，疾之無已。”唐劉知幾《史通·因習》：“而揚雄撰《蜀紀》，子貢著《越絶》，虞裁《江表傳》，蔡述《後梁史》，考斯衆作，咸是僞書，自可類聚相從，合成一部。”明胡應麟《少室山房筆從·經籍會通二》：“余意欲取此類及緯候等書，《亢倉》《鶡冠》等子，總爲僞書一類，另附四部之末。”清章炳麟《文學説例》：“張氏書證駁多疏謬，尤信僞書，蓋明世積習爾。”清姚際恒著有《古今僞書考》。

天書[2]

謂極難懂的書。《紅樓夢》第八六回：“〔寶玉〕看着又奇怪，又納悶，便説：‘妹妹近日越發進了，看起天書來了。’”

白本

指不附注釋之書籍。《朱子語類·易六》：“某自小時未曾識訓詁，只讀白本時，便疑如此説。”

俗書

流行民間的通俗讀物。此稱清代已行用。清周亮工《因樹屋書影》卷六："今《百中經》前所繪小兒樹，想沿於此。乃知俗書亦有所本。"

兔園册

省稱"兔園"。唐蔣王李惲命僚佐杜嗣先所編科舉應試問答題録，并取漢梁孝王之兔園爲書名。内多古今典故，用對偶文句分類編纂，以應付科舉考試。五代時視持此書者才學淺陋。後漸用以指内容淺薄之書籍。《新五代史·劉岳傳》："宰相馮道，世本田家，狀貌質野，朝士多笑其陋。道旦入朝，兵部侍郎任贊與岳在其後。道行數反顧，贊問岳：'道反顧何爲？'岳曰：'遺下兔園册爾。'兔園册者，鄉校俚儒教田夫牧子之所誦也。"清龔自珍《與吳虹生書》之十一："已就丹陽一小小講席，歲修不及三百金，背老親而獨游，理兔園故業，青鐙顧影，悴可知已。"清康有爲《請廢八股試帖楷法試士改用策論摺》："甚乃《學》《庸》《論》《孟》之微言，亦只守兔園坊本之陋説。"

【兔園】

"兔園册"之省稱。此稱清代已行用。見該文。

叢書

彙刻諸種書籍於一編，或集一人一地各類著作爲一集者，皆稱叢書。依其内容可分爲綜合性叢書和專科性叢書。其中，專科叢書的出現早於綜合叢書。南朝齊陸澄輯《地理書》，合一百六十家之多，梁任昉《地記》又增八十四家，已類近代叢書。唐以後歷次編録（包括刊印）的佛藏、道藏，即屬專科叢書。綜合性叢

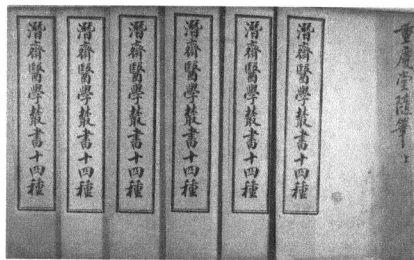

《潛齋醫學叢書》
（山東省圖書館藏）

書出現於南宋，達於明清。先後編刊近千種，最早者爲宋嘉泰元年（1201）刊印的《儒學警悟》。清繆荃孫《校刻儒學警悟七集序》："前人以左圭《百川學海》爲叢書之祖，顧《學海》刻於咸淳癸酉，先七十餘年已有《儒學警悟》一書，俞鼎孫、俞經編，計七集四十卷。"明萬曆中刊刻的《漢魏叢書》最早使用叢書之名。此外，尚有"彙編""彙鈔""彙函""彙刊""叢刻""叢編""叢鈔""叢編""全書"諸異稱。保存至今規模最大的叢書是清乾隆年間官修《四庫全書》，收書三千四百六十一種，七萬九千餘卷。歷代叢書多爲私人刊刻，清代私刻叢書尤多，參與編修者多爲樸學宗師，精於目録校勘之學，故價值較高。叢書之刻頗便學者，其中有些書單刻本久已失傳，而賴叢書得以保存。清張之洞《書目答問》卷五："叢書最便學者，爲其一部之中可該群籍，蒐殘存佚，爲功尤鉅，欲多讀古書，非買叢書不可。"按，唐人陸龜蒙有《笠澤叢書》，係詩文集之别稱，猶别集中之雜録，非後世通行之叢書。

簿録

書籍之目録。南朝梁劉勰《文心雕龍》："總領黎庶，則有譜籍簿録；醫曆星筮，則有方術占試。"

第四節　版本考

版本亦作"板本"，初指用木板雕刻印刷的書籍，後演變爲區別書籍造印之异同及衡量書品優劣的非指物性名稱，所指範圍除刻本外尚包括活字本、寫本、拓本、寫印本，以及晚近的石印本、油印本、影印本、鉛印本等。

雕版印刷始於隋唐之際，初期僅刻佛經及字書、曆書等日用雜書，其中唐咸通九年（868）所刻《金剛經》是現存最早的有確切年代記載的雕版印刷物。至五代後唐馮道始倡雕印儒家經傳，刻印技術漸臻成熟，至宋代已普行於全國各地。

早在唐時，四川地區就已有了書坊刻書，即有書商刻書營利。五代以後，坊本始盛。其刻書之書坊隨時地變遷，故有書鋪本、書林本、書肆本、書堂本、書棚本等名目行用於世。五代、宋、元時，坊刻多集中於杭州、福建、四川等地，明、清時更廣及全國，而以北京、南京爲主。坊肆之著名者有福建建安余氏勤有堂、建陽麻沙書坊、席氏掃葉山房等。坊刻諸書以營利爲目的，多重實用，印刷量大，流播較廣，但校印不精是其缺點。明毛晉《〈齊東野語〉後序》："向見坊本混二書爲一，十失其半。"清俞樾《春在堂隨筆》卷一："潧字，《韻府群玉》入覃韻，無仄聲；《韻府拾遺》入儉韻，今坊本或收入平聲，或平、上兼收。"

至五代，官刻和私刻相繼出現。宋代，形成了我國歷史上有名的三大刻書系統，刊印了大量的書籍，其中有相當一部分保留至今。官刻即政府各機關所刻之書籍。五代時後唐宰相馮道奏請雕印九經，開官刻之先河。自宋始，官刻有中央與地方之別。宋代中央刻書以國子監爲主，地方政府刻書名目繁多，統而稱之爲"公使庫本"。元代中央政府刻書以興文署爲主，地方刻書主要集中於各路儒學及書院。明代開內府刻書之例，由司禮監所屬經廠庫主持，地方政府刻書則遍及各府、廳、州、縣。清沿明制，仍爲內府刻書，但改由武英殿主其事。從五代到清末，官刻作爲三大刻書系統之一，一直是我國書籍生產的主力之一，所刻之書，除明經廠本外，品質均屬上乘，歷來爲藏家所珍視。清葉德輝《書林清話・元時官刻書由下陳請》："元時官刻之書，多由中書省行江浙等路有錢糧學校贍學田款內開支。"又："明時官刻書，只准翻刻，不准另刻。"

私人刻印書籍，始於五代，盛於清。此類書不以出售營利爲目的，且多出自士大夫之手，故以底本好，校勘精，刻工良，紙墨上乘而著稱。清葉德輝《書林清話・明人私刻坊刻書》：“明刻精本，已具於前，其他私刻坊刻之書，以年代相近，存於今者視宋元刻本爲多。”較著名者有元代岳珂所刻《九經三傳》，元平陽府梁宅刻《論語注釋》，明胡文焕所刻《格致叢書》。

至北宋慶曆年間，畢昇發明了泥活字印刷術，版本始有“活字本”之類。繼畢昇之後，元代王禎又發明了木活字印書法。元明以後，又相繼有錫活字本、銅活字本、鉛活字本、瓷活字本行用於世。目前，存世的活字本以木活字本爲最多。清雍正年間的《古今圖書集成》和乾隆年間的《武英殿聚珍版叢書》分別以銅、木活字排印，是古代活字本的代表作。

書籍的套印技術是雕版印刷史上的又一成就。其采用兩種或兩種以上不同的顏色分別雕版合印，多選擇較有版本價值的書籍，故套印本爲世人所重。現存最早的套印本是元至元六年（1340）中興路資福寺所刻的無聞和尚《金剛經注》。明萬曆後套印始盛，著名的有吳興閔、凌二家。清代内府套印本頗佳，著名的如《勸善金科》《古文淵鑑》，皆爲五色套印本。私家如光緒二年（1876）廣東翰墨園刊《杜工部詩集》，除正文用墨色外，各家評語，以五色分別，紫色爲明王世貞，藍色爲明王慎中，朱色爲清王士禛，綠色爲清邵長蘅，黄色爲清宋犖。

刻印書籍講究版本即底本之選擇始於宋。宋葉夢得《石林燕語》卷八：“五代時馮道奏請始官鏤六經板印行……自是書籍刊鏤者益多……然板本初不是正，不無訛誤，世既一以板本爲正，而藏書日亡，其訛謬者遂不可正，甚可惜也。”《宋史·邢昺傳》：“今板本大備，士庶家皆有之，斯乃儒者逢辰之幸也。”自宋始謂經過精校而錯誤較少的本子爲善本。宋歐陽修《集古録跋尾·唐田弘正家廟碑》：“自天聖以來，古學漸盛，學者多讀韓文，而患集本訛舛。惟余家本屢更校正，時人共傳，號爲善本。”《宋史·王洙傳》：“子欽臣，平生爲文至多，所交盡名士，性嗜古，藏書數萬卷，手自讎正，世稱善本。”後其内涵擴大至舊刻、舊鈔等。清孫樹禮《善本書室記》：“疾趨而入，則善本書室之樓，所謂小八千卷樓者也。所儲元明刊本，或精鈔孤行本，或經某舊家珍藏，或爲某名儒校勘。”

同時，因善本難得，自宋始藏書家據某一底本臨寫、影寫或翻印，是爲摹本。宋范成大《觀襖帖有感》：“寶章薶九泉，摹本範百世。”宋米芾《書史》：“世南《汝南公主銘》起草，洛陽王護處見摹本，云真迹在洛陽好事家，有古跋。後十年，見真迹在故相張公孫直清處。”又《寶章待訪録》：“蘭亭摹本，右政議大夫章惇跋，蘇激所收。”宋江少虞《皇朝類苑》："皇祐中，仁宗命待詔高克明輩，盡出三朝聖迹一百事，不復見，今傳《樂毅論》，皆摹本也。"至明，宋元舊槧、舊鈔亦趨稀有。影鈔就是把可透影的紙覆在底本上面，按其原來的字體，點畫行款，甚至邊欄界綫亦原樣摹寫。影鈔起於明末，毛氏之"毛鈔"本尤爲公私收藏家所珍視。清莫友芝《宋元舊本書經眼錄·附錄一·元遺山集》："其於原本漫縮數處，皆摹其狀，故知爲影鈔也。"清葉德輝《書林清話·宋元刻本歷朝之貴賤》："宋元刻本，在明時尚不甚昂貴，觀毛扆《汲古閣珍藏秘本書目》所列之價目，在今日十倍而廉矣，中如宋版影鈔李鼎祚《周易集解》十本，價五兩。"在此基礎上，又發展成"影刻""影印"等書籍複製技術，以滿足世人對善本之渴求。

近世西方印刷技術東漸，書籍版本史上遂有石印本、油印本、影印本、鉛印本之稱。現代出版印刷術的發展更是把書籍印製業帶進了一個全新的時代。

版本

亦作"板本"。原指用木板雕刻印刷的書籍，以區別於舊有之寫本或拓本。隋唐之際始有雕版印刷，其初僅用於雕製佛經、佛像，五代時期已有版權意識，其技術亦漸成熟。至宋，雕版印刷盛行全國，技術已臻完美。其後版本成爲區別書籍造印之異同及衡量書品優劣的非指物性名稱。"版本"一詞，始見於宋代著述中。宋葉夢得《石林燕語》卷八："世既一以版本爲正，而藏書日亡，其訛謬者遂不可正，甚可惜也。"《宋史·崔頤正傳》："咸平初，又有學究劉可名言，諸經版本多舛誤，真宗命擇官詳正。"近人繆荃孫《〈書林清話〉序》："荃孫於版本之學，亦有同嗜。"宋沈括《夢溪筆談·技藝》："板印書籍，唐人尚未盛爲之。自馮瀛王始印《五經》，已後典籍，皆爲板本。"《宋史·邢昺傳》："臣少從師業儒時，經具有疏者百無一二，蓋力不能傳寫。今板本大備，士

庶家皆有之，斯乃儒者逢辰之幸也。"清葉名灃《橋西雜記·藏書求善本》："昭文張氏《愛日精廬藏書志》亦講求板本，是近時書目中之最佳者。"參閱清葉德輝《書林清話》。

【板本】

同"版本"。此體宋代已行用。見該文。

寫本

手寫而成的書本。雕版印刷發明以前，古代典籍主要以該種形式流傳。一般認爲，從先秦至唐代是寫本書占主要地位的時代。現存最早的寫本是晋元康六年（296）的佛經殘卷，藏於日本。雕版印刷發明後，印本書占了主要地位，但寫本書并未絕迹。此時寫本範圍已有所擴大，包括了稿本、鈔本等所有手寫而成的書籍。有些藏書家甚至靠寫本積纍文獻。明清時代還編輯了兩部最著名的大型寫本《永樂大典》和《四庫全書》。宋李清照《金石錄後序》："所謂連艫渡江之書，又散爲雲烟矣。獨餘少輕小

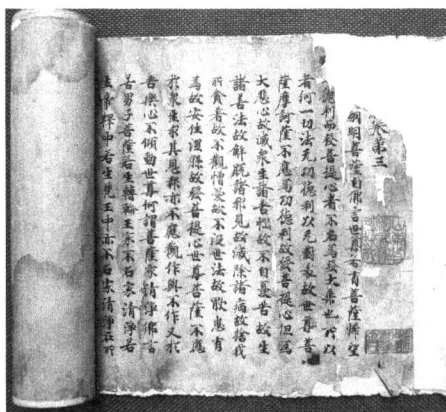

唐寫本《思益經》
（山東省圖書館藏）

卷軸書帖，寫本李、杜、韓、柳集，《世説》《鹽鐵論》……南唐寫本書數篋。"宋葉夢得《石林燕語》卷八："唐以前，凡書籍皆寫本，未有模印之法，人以藏書爲貴。"

【鈔本】

　　即寫本。依照某一底本手抄而成的書。唐以前習慣上稱寫本，是雕版印刷術發明前主要的書籍流播形式之一，從漢以前的簡牘、帛書到唐代的卷子，皆係手抄而成。雕版盛行後，

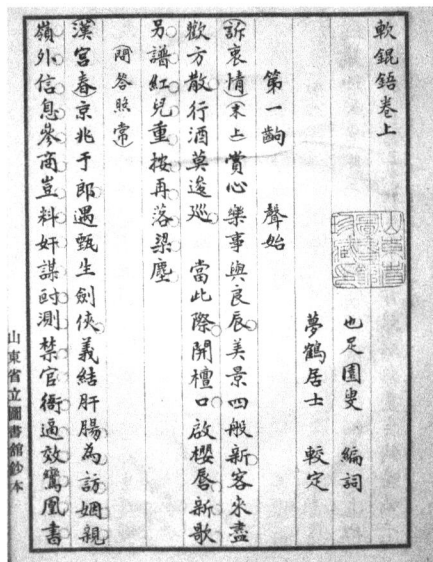

《軟緄語》鈔本
（山東省圖書館藏）

一些較爲專門、不甚著名而需求不廣的著作，多靠抄寫流傳；部分較著名的著作在付印前亦有鈔本流傳，如《紅樓夢》《聊齋志異》等；一些著名的藏書家還影鈔珍善本以存真。鈔本之名目，從抄寫時代看，可分唐寫本、宋鈔本、元鈔本、明鈔本、清鈔本等，從抄寫過程上看，有精鈔本、影鈔本等。明胡應麟《少室山房筆叢·經籍會通三》："有《晏元獻集》一部，二十餘帙，鈔本也。"清顧炎武《與潘次耕札》："寄去《文集》一本，僅十之三耳，然與向日鈔本不同也。"《四庫全書總目提要·聖諭》："其有未經鐫刊，只係鈔本存留者，不妨繕録副本，仍將原書給還"。

刻本

　　亦稱"槧本""刊本""梓本""雕本"。雕版印刷而成的書籍。其物發明於隋唐的雕版印刷。直至清末，刻本一直是我國書籍印刷的主要方式。唐時，四川地區就已有了書坊刻書。五代時，官刻和私刻又相繼出現。宋代，形成了我國歷史上有名的三大刻書系統，刊印了大量的書籍，其中有相當一部分保留至今。現存古籍中，絕大多數是雕版印刷而成的刻本。宋黃伯思《東觀餘論·跋洛陽所得杜少陵詩後》：

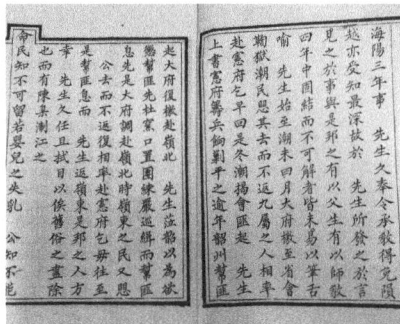

《視己成事齋官書》不分卷，清李方赤撰，清道光二十七年（1847）韓江官舍刻本
（山東省圖書館藏）

"此帙所録杜子美詩，頗與今行槧本小異。"《朱子語類》卷六七："《麻衣易》是南康戴某所作，太平州刊本第二跋即其人也。"元佚名《廣客談》："〔趙松雪〕因取刻本摹寫，以補其闕。"元袁桷《清容居士集》卷二九《海陰陳處士墓志銘》："下逮旁聞曲記、遺言懿行、譜牒星曆之説，皆手抄，與梓本書相並。"明謝肇淛《文海披沙》卷四："梓本未興，皆用謄寫。"清江藩《國朝漢學師承記·閻若璩》："爲炎武寫《廣韻》及《音學五書》，今世傳雕本是也。"清劉鶚《老殘游記》第三回："這是部宋版張君房刻本的《莊子》。"

【槧本】

即刻本。此稱宋代已行用。見該文。

【刊本】

即刻本。此稱宋代已行用。見該文。

【梓本】

即刻本。此稱元代已行用。見該文。

【雕本】

即刻本。此稱清代已行用。見該文。

印本

印刷而成的書本，相對於抄寫本而言，其範圍較刻本尤廣。此物始於隋唐之際，達於今。現存最早的有確切年代記載的印本書是唐咸通九年（868）所印《金剛經》。宋王溥《五代會要·經籍》："見在雕印板《九經》内，有《周禮》《儀禮》《公羊》《穀梁》四經，未有印本。"宋范祖禹《答劉仙尉書》："近《資治通鑑》印本奏御，因思同時修書之人，墓木已拱，存者唯僕，尤可感嘆。"宋朱熹《〈韓文考異〉序》："韓文印本初未必誤，多爲校讎者妄改。"明陸容《菽園雜記》卷一〇："古人書籍，多無印

本，皆自鈔録。"

初印本

書版刻成後首次印刷之成書。因其字迹清朗、邊框完整，爲藏書家所珍視。明胡應麟《少室山房筆叢·經籍會通四》："凡板漶滅，則以初印之本爲優。"清孫從添《藏書紀要·鑒別》："其《十七史》北監板，無補板，初印本亦妙。"

附刻本

某書之後增刻之著作。因附於他書之後，故稱。附刻之書有同一著者的其他零種著作，也有他人的零種著作。前者如元刻明清遞修國

《全唐詩》，清康熙四十四年（1705）至四十六年
揚州詩局刻本
（山東省圖書館藏）

子監本《玉海》即以作者所撰《小學紺珠》等十三種著作附刻於後。清張之洞《書目答問》卷一："《三家詩考》一卷，宋王應麟。《玉海》附刻本。"後者如清刊《王漁洋遺書》後附刻其祖王象晉《清寤齋心賞編》《剪桐載筆》等。清道光刊《榕村全書》後附刻李鍾倫等人的著作十種。

寫刻本

以手寫字體刻印的書籍。自明末始，刻書

字體多爲死板呆滯的硬體字。一些私人刻書家爲使刻本字體秀勁考究，常延請書法名家書寫并付梓行，所刻印之書，精美異常，爲時人所重。如清代書法家林佶寫刻的《漁洋山人精華録》《古夫于亭稿》《堯峰文鈔》《午亭文編》就被譽爲"林氏四寫"。參閱清葉德輝《書林清話·國朝刻書多名手寫録亦有自書者》。

單行本[1]

指單獨刊行的書籍。相對於合刻本、叢書本而言。清張之洞《書目答問》卷一："《尚書後案》三〇卷，王鳴盛。原刻單行本。"

官刻本

亦稱"官刻書"。政府各機關所刻之書籍。五代時後唐宰相馮道奏請雕印九經，開官刻之先河。自宋始，官刻有中央與地方之別。宋代中央刻書以國子監爲主，地方政府刻書名目繁多，統而稱之爲"公使庫本"。元代中央政府刻書以興文署爲主，地方刻書主要集中於各路儒學及書院。明代開内府刻書之例，由司禮監所屬經廠庫主持，地方政府刻書則遍及各府、廳、州、縣。清沿明制，仍爲内府刻書，但改由武英殿主其事。從五代到清末，官刻作爲三大刻書系統之一，一直是我國書籍生產的主力之一。所刻之書，除明經廠本外，品質均屬上乘。歷來爲藏家所珍視。清葉德輝《書林清話·元時官刻書由下陳請》："元時官刻之書，多由中書省行江浙等路有錢糧學校贍學田款内開支。"又："明時官刻書，只准翻刻，不准另刻。"又《宋建安余氏刻書》："夫宋刻書之盛，首推閩中，而閩中尤以建安爲最，建安尤以余氏爲最，且當時官刻書亦多由其刊印。"

【官刻書】

即官刻本。此稱清代已行用。見該文。

官書

由官方出資編纂、刊行或收藏的書籍。此稱宋代已行用。宋吕祖謙《白鹿洞書院記》："祖宗尊右儒術，分之官書，命之禄秩，賜之扁榜，所以寵綏之者甚備。"明劉基《宋景濂學士文集序》："會有詔纂修《元史》，東南名士一時皆集，復命充總裁，官書成，入翰林爲學士。"

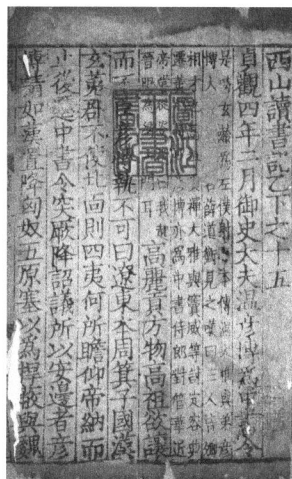

《西山讀書記乙集下》二十二卷，宋真德秀撰，宋開慶元年（1259）福州官刻元修本（山東省圖書館藏）

監本

亦稱"監書"。歷代國子監刻印的書籍。國子監刻書始於五代後唐宰相馮道奏請雕印九經。時由田敏主持開雕，遂開國子監刻書之先河。此後歷朝沿襲，達於明清。明代於南北兩京國子監刻印經史，故有南監本、北監本之別。宋葉夢得《石林燕語》卷八："監本《禮記·月令》，唐明皇刪定，李林甫所注也。端拱中，李至判國子監，嘗請復古本……至今不能改，而私本則用鄭注。"宋洪邁《容齋續筆》："予家有舊監本《周禮》，其末云：'大周廣順三年癸丑

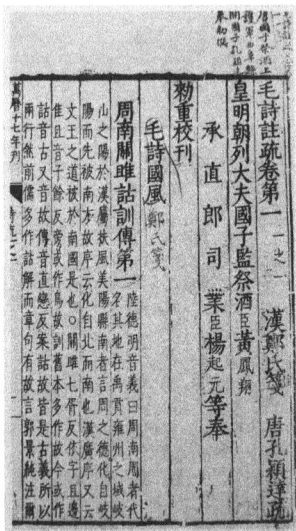

《十三經注疏》，明萬曆十七年（1589）
北京國子監刻
（山東省圖書館藏）

五月雕造《九經》畢。'"宋陸游《荷鋤》詩：
"膽薄沽官釀，瞳昏讀監書。"明陸深《金臺紀
聞下》："胡致堂之論明宗曰：命國子監以木本
印書……以監本爲正，俾郡邑皆得爲焉，何患
於不給。"清葉德輝《藏書十約·購置》："經有
明南監本，皆雜湊宋監、元學補刻而成。"

《三國志》，明萬曆二十四年（1596）
南京國子監刻
（山東省圖書館藏）

【監書】

即監本。此稱宋代已行用。見該文。

公使庫本

宋代地方政府所刻書籍之通稱。因刻書經
費出自公使庫，故稱。宋代地方政府刻書甚普
遍，如茶鹽司本、安撫使本、漕司本、提刑司
本、庾司本、轉運司本、倉臺本、計臺本、漕
廨本、漕院本等，名目繁多。清葉德輝《書林
清話·宋司庫州軍郡府縣書院刻書》："以上各
本皆可稱爲公使庫本……凡此皆支領庫錢所刻
也。"參閱清葉德輝《書林清話·宋司庫州軍郡
府縣書院刻書》。

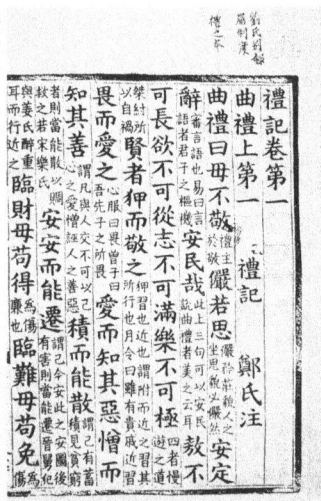

《禮記》，宋淳熙四年（1177）撫州公使庫刻
（國家圖書館藏）

茶鹽司本

公使庫本之一種。因由茶鹽司主持刊刻，
故稱。宋兩浙東路茶鹽司刻宋元遞修本《周易
注疏》是現存茶鹽司本的重要代表。據介紹，
該書每版框高 21 厘米，廣 25.3 厘米。半葉八
行，行十九字。注文雙行，行字同。白口，左
右雙邊。版心上記字數，下記刻工姓名。各行
皆頂格。經文字大，墨如點漆，注文雙行。麻

紙印造，紙墨精良。參閱李致忠《宋兩浙東路茶鹽司刻本〈周易注疏〉考辨》，載《文物》1986 年第 6 期。

漕司本

公使庫本之一種。因由漕司主持刊刻，故稱。

庚司本

公使庫本之一種。因由庚司主持刊刻，故稱。

提刑司本

公使庫本之一種。因由提刑司主持刊刻，故稱。

轉運司本

公使庫本之一種。因由轉運司主持刊刻，故稱。

興文署本

元代官刻書之一種。元制，中央政府刻書除國子監外，另於至元二十七年（1280）立興文署，召工刻經史子版，以《資治通鑑》爲起端，成爲元代政府刻書的主要機構。清葉德輝《書林清話·元監署各路儒學書院醫院刻書》："故元時官刻，首推國子監本……次則興文署本。"參閱《元史·百官志》。

經廠本

明代官刻本之一種。因由内府司禮監所屬經廠所刻，故稱。其内容以經史讀本、理學和國家政令典制方面的書籍爲主，具有書品寬大，刻印精緻，字體疏闊，裝幀華美之特點。但由於刻書主持人爲太監，校勘不精，錯誤較多，不爲藏家所重。所刻書著名者有《性理大全》。

藩府本

明代各藩王府所刻之書。其多署堂名。如晋藩的寶賢堂、志道堂，趙藩的味經堂等。因其多以朝廷所賜宋元善本爲底本，故刊刻品質較高。其中以寧藩所刻朱權撰《太和正音譜》、秦藩所刻《史記集解索隱正義》、唐藩所刻《文選》等爲代表。顧廷龍《明代版刻圖録》統計，明藩府本有二百種左右。

書帕本

明時官吏主持刻印的書籍。時外官任滿或朝官出巡回京，常以自出俸錢刊刻之書籍與巾帕饋贈同僚及上司，故稱。此類書多爲官吏附庸風雅，故刻工拙劣，校勘粗疏，爲後人所輕。《金瓶梅詞話》第三四回："兩邊彩漆描金書櫥，盛的都是送禮的書帕、尺頭，几席文具書籍堆滿。"清葉德輝《書林清話·明時書帕本之謬》："明時官吏奉使出差，回京必刻一書，以一書一帕相饋贈，世即謂之書帕本……至今藏書家均視當時書帕本比之經廠坊肆，名低價賤，殆有過之。然則昔人所謂刻一書而書亡者，明人固不得辭其咎矣。"參閱清顧炎武《日知録》卷二、清姚之駰《元明事類鈔·書帕長安》。

殿本

亦稱"殿版"。清代官刻本之一種。因刻書機構設在武英殿，故名。其刻書始於康熙，盛於乾隆。殿本書多用開化紙，書品寬大，字體疏朗悦目，其寫刻之工細、墨色之澤潤、校勘之精詳，名於一時。所刻多經史巨帙及"御製""御纂""御定"諸書，幾數百種（參閱《清代殿版書目》）。清葉德輝《書林清活·宋私宅家塾訓書》："《五經》有武英殿翻雕本，及各直省書局、私宅重翻殿本。"范希增《書目答問補正》卷二："道光四年修補殿版本，經淺學誤改，不善。"

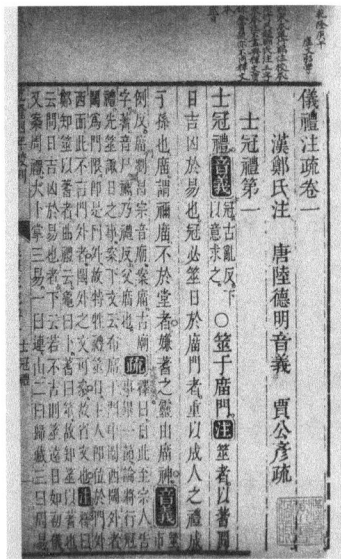

《十三經注疏》，清乾隆四年（1739）武英殿刻
（山東省圖書館藏）

【殿版】

即殿本。此稱清代已行用。見該文。

坊本

古時私人書坊刻印的書籍。別於官刻本、家刻本。雕版印刷術發明之初，即有書商刻書營利。五代以後，坊本始盛。其刻書之書坊隨時地變遷，尚有書鋪、書林、書肆、書堂、書

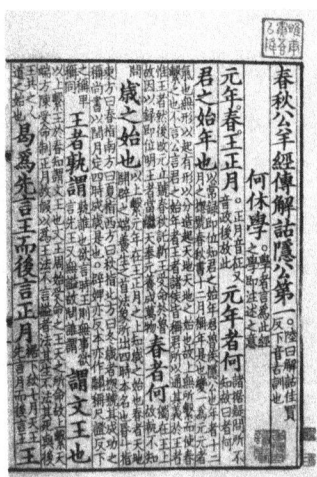

《春秋公羊經傳解詁》，宋紹熙二年（1191）
余仁仲萬卷堂刻
（國家圖書館藏）

棚等名目。五代、宋、元時，坊刻多集中於杭州、福建、四川等地，明清時更廣及全國，而以北京、南京爲主。坊肆之著名者有福建建安余氏勤有堂、建陽麻沙書坊、席氏掃葉山房等。坊刻諸書以營利爲目的，多重實用，印刷量大，流播較廣，但校印不精是其缺點。明毛晉《〈齊東野語〉後序》：“向見坊本混二書爲一，十失其半。”清俞樾《春在堂隨筆》卷一：“今坊本或收入平聲，或平、上兼收。”清康有爲《請廢八股試帖楷法試士改用策論摺》：“甚乃《學》《庸》《論》《孟》之微言，亦只守兔園坊本之陋說。”參閱清葉德輝《書林清活》卷三《宋坊刻書之盛》、卷四《元時書坊刻書之盛》、卷五《明人私刻坊刻書》。

【書棚本】

即坊本。本指宋杭州棚北大街陳氏經籍鋪所刻之書，後成爲坊刻本的代稱。劉聲木《萇楚齋隨筆》：“宋陳起設書肆於錢塘睦親坊，自號陳道人，刊書籍甚富，後人得其刊本，謂之陳氏書棚本。”清葉德輝《書林清話·刻書分宋元體字之始》：“又殘宋刻本《圖畫見聞志》六卷所云‘字畫方板，南宋書棚本如許丁卯、羅昭諫唐人諸集，字畫方板皆如是’，是也。”

私刻

亦稱“家刻本”。私人刻印之書籍。私人刻書，始於宋，盛於清。此類書不以出售營利爲目的，且多出自士大夫之手，故以底本好、校勘精、刻工良、紙墨上乘而著稱。清葉德輝《書林清話·明人私刻坊刻書》：“明刻精本，已具於前，其它私刻坊刻之書，以年代相近，存於今者，視宋元刻本爲多。”又《古今藏書家紀板本》：“張金吾有《愛日精廬藏書志》三十六

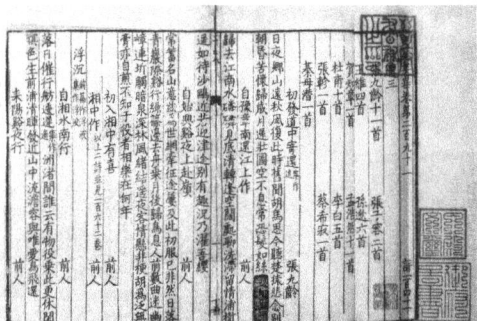

《文苑英華》，宋嘉泰元年（1201）
至四年周必大刻
（國家圖書館藏）

卷，《續志》四卷，一道光丁亥家刻本。"較著名者有元代岳浚所刻《九經三傳》、元平陽府梁宅刻《論語注釋》、明胡文煥所刻《格致叢書》。

【家刻本】

即私刻。此稱清代已行用。見該文。

自刻本

著作者自己出資刊刻的本子。與私刻近似而不等同。清張之洞《書目答問》卷一："《禹貢集釋》三卷附《錐指正誤》一卷，丁晏〔撰〕。六藝堂自刻本。"

家本

自家收藏之書册版本。宋朱熹《朱文公校昌黎先生方集·汪季路書》："又嘗以所見樊本及家本校今方本，所不同者五處。"

蜀本

亦稱"蜀大字本"。宋代四川地區刻印的書籍。其字大。以北宋初開雕的《開寶藏》爲代表。四川刻書始於唐，至宋遂成爲三大刻書中心之一。北宋以成都刻書爲最，南宋時中心移往眉山。宋末，元兵南下劫掠，蜀地刻書業慘遭破壞。宋葉夢得《石林燕語》卷八："今天下印書，以杭州爲上，蜀本次之，福建最下。……蜀與福建多以柔木刻之，取其易成而速售，故

不能工。"清葉德輝《書林清話·宋刻經注疏分合之別》："京監蜀本，皆省正文及注，又篇章散，覽者病焉。"參閱北京圖書館出版社《閩蜀浙粤刻畫叢考書》。

【蜀大字本】

即蜀本。因其字大，故稱。見該文。

福建本

亦稱"閩本""建本"。福建地區所刻書之通稱。宋時福建是我國著名的三大刻書中心之一，所刻之書流傳極廣，但由於多爲坊間所刻，故校勘不精，品質較差。宋葉夢得《石林燕語》卷八："蜀與福建多以柔木刻之，取其易成而速售。"清阮元《周易注疏校勘記序》："注疏本……閩本見九卷附略例一卷，音義一卷。"清葉德輝《書林清話·刻書分宋元體字之始》："陸續跋有宋槧宋印建本《北史》一百卷，光宗時刻本，所云'字體秀勁'，此已近於今日之元體字。"

【閩本】

即福建本。此稱清代已行用。見該文。

【建本】

即福建本。此稱清代已行用。見該文。

麻沙本

專指福建建陽麻沙鎮刻印之書籍。因此地盛產榕樹，其木質鬆軟，易於雕刻。書坊主多於此設坊刻書。所刻頗多訛誤，當時不爲人重，故世稱舊刻本之雕印不精者爲麻沙本。參閱宋葉夢得《石林燕語》卷八。

浙本

浙江刻印的書籍。浙江刻書盛於南宋。時杭州爲首都，官刻多集於此，私人刻書亦極爲興盛，成爲宋代三大刻書中心之一。浙本字用

歐體，單黑魚尾，左右雙邊，無書耳、牌記，版心多記刻工姓名及字數，避諱嚴格，絕大多數爲白口，用黃白麻紙，以校刻精良而著稱，爲歷代藏書者所珍重。宋人將三大刻書中心刻書做過比較，認爲浙本最好，蜀本次之，福建本最差。近人王國維撰有《兩浙古刊本考》。2003 年北京圖書館出版社將其收入《閩蜀浙粵刻書叢考》書中。參閱宋葉夢得《石林燕語》卷八。

書院本

古代書院或講學之所刻印的書籍。書院刻書之風，始於北宋，達於清末。因刻書主持人多爲學者，故刻印俱佳，校勘精密，爲世人所重。如宋代象山書院刻印之《絜齋家塾書鈔》、清光緒年間南菁書院刻印之《皇清經解續編》等，可稱書院本之代表作。

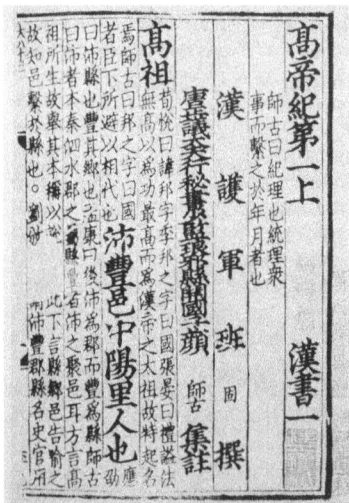

《漢書》，宋嘉定十七年（1224）白鷺洲書院本
（國家圖書館藏）

活字本

用活字印刷而成的書籍。起於北宋慶曆年間，時畢昇發明了泥活字印刷術。其方法是用膠泥刻成單字，在火中燃燒，使之堅硬。排版

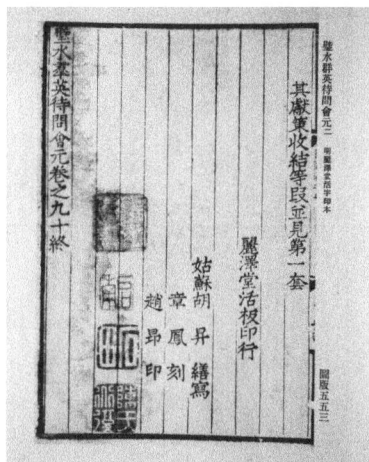

《璧水群英待問會元》，明麗澤堂活字印本
（《中國版刻圖錄》）

時用松香、蠟和紙灰混成的藥劑敷於板上，字排好後放火上烘至藥劑稍熔，用平板把字面壓平，冷後活字固着即可施印。一版印完，將版在火上烘烤，藥劑熔化，便可將活字取下，以備再用。這一發明開創了印刷史的新篇章，比歐洲人谷騰堡整整早了四百年。據《文物》1987 年第 1 期《早期活字印刷術的實物見證》介紹，1965 年溫州白象塔出土的迴旋式《佛說觀無量壽佛經》殘葉是極爲罕見的早期活字印刷本，是沈括關於活字印刷記述的確切實證。此經殘寬 13 厘米，高左 8.5 厘米、右 10.5 厘米。紙色雖已發黃，但質地堅韌柔軟，纖維細長，頗似棉紙。經文爲宋體字，按迴旋式排列。繼畢昇之後，元代王禎又發明了木活字印書法。元、明以後，又相繼使用錫、銅、鉛、瓷製作活字。目前，所有活字本均有傳本。其中，以木活字本爲最多。清雍正年間的《古今圖書集成》和乾隆年間的《武英殿聚珍版叢書》就分別以銅、木活字排印，是古代活字本的代表作。參閱宋沈括《夢溪筆談》卷一八、元王禎《造活字印書法》。

套印本

指以兩種或兩種以上不同的顏色合印而成的書籍。最初爲一版分色套印，後發展爲分版分色套印。有二色、三色、四色以至五色、六色套印本。其中二色套印本多爲紅、黑二色，亦稱朱墨本。現存最早的套印本是元至元六年（1340）中興路資福寺所刻的無聞和尚《金剛經注》，係一版分色套印。明萬曆後套印始盛，著名的有吳興閔、凌二家。清代内府套印本頗佳，著名的如《勸善金科》《古文淵鑑》，皆爲五色套印本。私家如光緒二年（1876）廣東翰墨園刊《杜工部詩集》，除正文用墨色外，各家評語，以五色分別，紫色爲明王世貞，藍色爲明王慎中，朱色爲清王士禛，綠色爲清邵長蘅，黃色爲清宋犖。參閲清葉德輝《書林清話·顏色印套書始於明季盛於清道咸以後》。

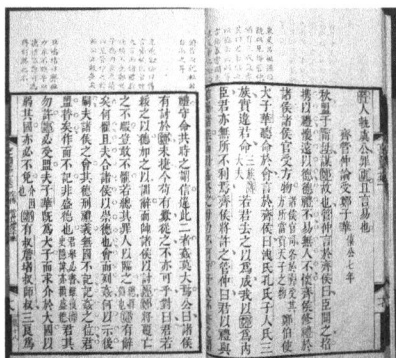

《古文淵鑑》，清康熙内府刻五色套印本
（山東省圖書館藏）

拓本

亦作“搨本”。亦稱“打本”。用捶拓的方法摹印金石器物上的文字、花紋而成的印本。其捶拓方法是將紙覆於金石器物的銘文花紋上，以棕刷捶擊使其貼近石面，然後用裹綿之拓包蘸墨，在紙上均匀捶擊，即可得黑底白字之文本。其用白宣紙蘸濃墨拓印，深墨有光澤者稱

唐拓本《溫泉銘》

“烏金拓”；用北紙以淡墨輕拓成者，稱“蟬翅拓”；而用朱墨打拓的稱“朱拓”。傳世拓本以敦煌石窟所出之唐初拓《溫泉銘》及《化度寺邕禪師舍利塔銘》爲早。宋樓鑰《跋汪季路所藏修禊序》詩：“焚膏繼短晷，拓本手不停，叠紙至三四。肥瘠遂異形。”宋劉克莊《題賺蘭亭圖》：“拓本之價，猶不貲。”清龔自珍《説衛公虎大敦》：“道光辛巳，龔子在京師，過初彭齡尚書之故居，始得讀大敦之打本。”又《己亥雜詩》之四一：“忙殺奚童傳搨本，一行翠墨一封書。”

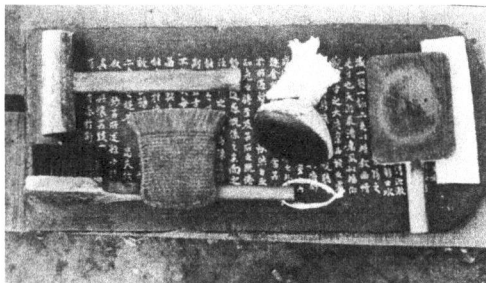

石刻拓印工具

【搨本】

同“拓本”。此體清代已行用。見該文。

【打本】

即拓本。此稱清代已行用。見該文。

石本

石刻之書畫拓本。宋歐陽修《删正〈黃庭

經〉序》："有《黃庭經》石本者，乃永和十三年晋人所書。"宋米芾《寶章待訪錄》："顏真卿《寒食帖》，右綾紙書，在中書舍人錢勰處，世多石本。"金元好問《王黃華墨竹》詩："開元石本出摹寫，燕市駿骨留空名。"

烏金拓

古碑帖拓本之一種。因該種拓本墨色黝黑，富光澤，故稱。明屠隆《考槃餘事・帖箋・南北紙墨》："南紙，其紋豎，墨用油湮以蠟。及造烏金紙，水敲刷碑文，故色純黑而有浮光，謂之烏金拓。"

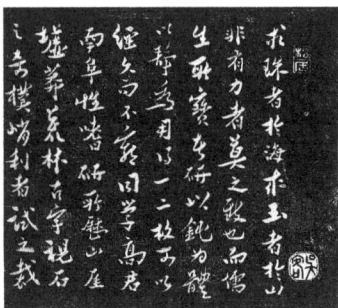

《南阜硯史》四卷，清高鳳翰撰，咸豐元年
（1851）秀水王相勒石拓本

蟬翅拓

亦稱"蟬翼本"。碑帖拓本之一種。多用質鬆而厚之北紙及不含油蠟之松烟墨。紙墨吸着性稍差，拓片爲色淺淡而紋皺，字迹形色如蟬翅，故名。見於宋《定武蘭亭》帖之拓本。《法帖譜系・雜說上・紹興國子監本》："碑工往往作蟬翼本，且以厚紙覆板上，隱然爲銀鋌搋痕痕以惑人，第損剝，非復舊拓本之遒勁矣。"明代多行於北方。明屠隆《考槃餘事・帖箋・南北紙墨》："古之北紙，其紋橫，質鬆而厚，不甚受墨；北墨多用松烟，色青而淺，不和油蠟，故北搨色淡而紋皺，如薄雲之過青天，謂之夾紗作蟬翅拓也。"

【蟬翼本】

即蟬翅拓。此稱宋代已行用。見該文。

影鈔

影摹抄寫而成的書本。影鈔就是把可透影的紙覆在底本上面，按其原來的字體，點畫行款，甚至邊欄界綫原樣摹寫。從事這項工作的往往是經驗豐富的名手，由鈔家以重金延聘。其被摹者多爲宋元舊槧、舊鈔，與原書無异。影鈔起於明末，毛氏之"毛鈔"本尤爲公私收藏家所珍視。清莫友芝《宋元舊本書經眼錄・附錄一・元遺山集》："其于原本漫縮數處，皆摹其狀，故知爲影鈔也。"清葉德輝《書林清話・宋元刻本歷朝之貴賤》："宋元刻本，在明時尚不甚昂貴。觀毛扆《汲古閣珍藏秘本書目》所列之價目，在今日十倍而廉矣。中如宋版影鈔李鼎祚《周易集解》十本，價五兩。"後世之"影刻"，則是雕版翻刻；"影印"是照相複印。從影鈔到影刻、影印，反映了書籍複製技術發展過程。

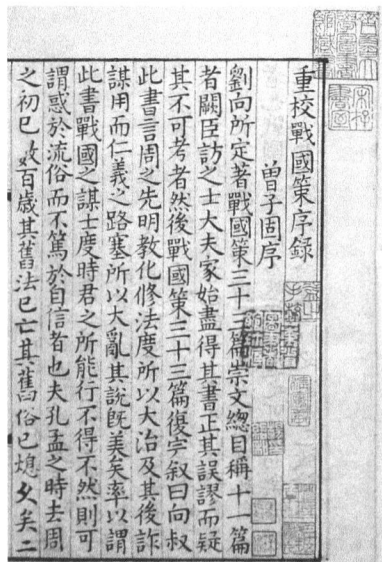

《戰國策》，清初影宋鈔本
（山東省圖書館藏）

墨本

墨印之書本。《宋史・外國傳・回鶻》："熙寧元年入貢，求買金字《大般若經》，以墨本賜之。"宋梅堯臣《觀邵不疑學士所藏名書古畫》詩："各贈墨本歸，懷寶誰肯忌。"宋王炎《過浯溪讀中興碑》詩："百金不憚買墨本，摩挲石刻今見之。"

摹本

據某一底本臨寫、影寫或石刻之翻印本。宋范成大《觀襖帖有感》："寶章薶九泉，摹本範百世。"宋米芾《書史》："世南《汝南公主銘》起草，洛陽王護處見摹本，云真迹在洛陽好事家，有古跋。後十年，見真迹在故相張公孫直清處。"又《寶章待訪錄》："蘭亭摹本，右政議大夫章惇跋，蘇激所收。"清王端履《重論文齋筆錄》卷一："近來市買所售墨迹，多從法帖中雙鈎，而鑒家所刻法帖，又多從摹本上石。"

草本

書文的原稿本。此稱漢代已行用。《後漢書・樊宏傳》："宏所上便宜及言得失，輒手自書寫，毀削草本，公朝訪逮，不敢衆對。"《晋書・傅祇傳》："後以禪文草本非祇所撰，於是詔復光禄大夫。"

書稿

亦作"書藁"。著作之底稿。此稱唐代已行用。唐柳宗元《與韓愈論史官書》："獲書言史事，具云《與劉秀才書》，及今乃見書藁。"明李贄《寄焦弱侯書》："今將三人書稿録上，便知風聞可笑，大抵如此矣。"清昭槤《嘯亭雜錄・緬甸歸誠本末》："是月，復查糧員逃入者，以提督李時升呈出書稿内有'糧員吳等紛散去

也'語。"

【書藁】

同"書稿"。此體唐代已行用。見該文。

底本 [1]

書文之底稿。清惲敬《與黃香石》："謹將原稿送呈，希飭貴高足鈔録後即見擲，並無底本也。"

脚本 [3]

書稿、文章之草本。清彭元瑞《知聖道齋讀書跋・盡衷録》："〔季振宜〕以是書見貽，朱墨皆荆川〔唐順之〕筆云。細閲書中絶無批評，但有圈抹，不得其讀書之意。既取荆川《右編》勘之，圈者皆入《右編》，抹者節去，始知即其纂《右編》時脚本。"

真本

書籍、字畫的手稿或原刻。《南史・劉之遴傳》："時鄱陽嗣王范得班固所撰《漢書》真本，獻東宫。"宋陸游《老學庵筆記》卷三："高宗得此書真本，大愛之。日置御案。"宋郭若虛《圖畫見聞志》卷二："嘗覩所畫水墨羅漢，云是休公入定觀羅漢真容後寫之，故悉是梵相；形骨古怪，其真本在豫章西山雲堂院供養。"

祖本

書籍、法帖之原始版本。清翁方綱《蘇齋題跋・賜潘貴妃蘭亭原刻本》："此宋高宗賜潘貴妃本，王弇州（世貞）以爲理宗者，誤也。今慈溪姜氏、湖州錢氏皆有此本重刻之石，此其祖本也。"

副本

亦稱"副墨"。書籍或文件的複製本。別於原本、正本。《隋書・經籍志序》："煬帝即位，秘閣之書，限寫五十副本。"《新唐書・蘇

頤傳》："帝愛其文，曰：'卿所爲詔令，別録副本，署臣某撰，朕當留中。'"《四庫全書總目提要·〈永樂大典〉》："嘉靖四十一年，選禮部儒士程道南等一百人，重録正、副二本……其正本貯文淵閣，副本別貯皇史宬。"清龔自珍《最録神不滅論》："此亦讀《易》《詩》《禮》者之所必欲知也。亟寫副墨一通，人間遂有第三本。"

【副墨】

即副本。此稱清代已行用。見該文。

【別本】[1]

即副本。南朝宋劉義慶《世説新語·文學》："初，注《莊子》者數十家，莫能究其旨要。向秀於舊注外爲解義……未竟而秀卒。秀子幼，義遂零落，然猶有別本。"《南史·劉孝綽傳》："又寫別本封至東宮，昭明太子命焚之。"

別本[2]

指同書的另一版本，或來源不同的另一本子，内容多有出入。如《別本十六國春秋》《別本周易本義》等。宋董逌《廣川書跋》卷六："《黃庭經》別本，此當時唐人得舊本摹入石者，時見筆意，與常見二本及今秘閣所存異甚。"清朱彝尊《詞綜·發凡》："甚有別本以朱三十五《樵歌》爲秋娘作者，良可大噱。"

別行本

亦稱"單行書""單行本"。由叢書中析出單獨發行之書籍。清張之洞《書目答問》卷一："《尚書馬鄭注》十卷，孫星衍輯，岱南閣別行本。"清葉德輝《書林清話·經解單行本之不易得》："吾尚欲遍購前、續兩《經解》中之單行書……求之二十餘年，至今尚有缺者。"清包世臣《藝舟雙楫·論書二·十七帖疏證》："《十七

帖》初刻於澄清堂，其本未見宋以後彙刻本、單行本。"

【單行書】

即別行本。此稱清代已行用。見該文。

【單行本】[2]

即別行本。此稱清代已行用。見該文。

傳本

世代流傳存世的書籍版本。北齊顏之推《顏氏家訓·書證》："《左傳》曰：'齊侯痎，遂痁。'……世間傳本，多以痎爲疥。"清人莫友芝有《郘亭知見傳本書目》。

俗本

民間通行的書籍版本。此稱南北朝時期已行用。北齊顏之推《顏氏家訓·書證》："《左傳》爲魚麗之陳，俗本多作阜傍，車乘之車。"宋蘇軾《題淵明飲酒詩後》："'采菊東籬下，悠然見南山。'因采菊而見山，境與意會，此句最有妙處。近歲俗本皆作'望南山'。"

百衲本

書籍版本的一種。初謂連綴而成的碑帖、法帖。後指用多種舊版本綴補而成的本子。"百衲"是指用小布塊補綴而成的僧衣，因以得名。宋董逌《廣川書跋》卷一〇："蔡君謨（襄）妙得古人書法，其書《畫錦堂》，每字作一紙，擇其不失法度者，裁截布列，連成碑形，當時稱百衲本，故宜勝人也。"清人宋犖輯有《百衲本史記》八十卷，合宋版二種、元版三種而成。近人又相繼輯有百衲本《資治通鑑》、百衲本《二十四史》。

足本

書籍之内容完整未經删削的本子。清張之洞《輶軒語·語學》："善本之義有三：一、足

本；二、精本；三、舊本。"

删本

經過删簡的書籍版本。因其價值不大，不爲學人所重。清周亮工《因樹屋書影》卷二："漢楊終，字小山，爲校書郎，受詔删《太史公書》爲十餘萬言。然則《史記》曾經删定，非本書矣。更不知删去何等，或删本與原本並行，後世獨行原本耳。"清王世禎《香祖筆記》卷六：《文選》而下，惟姚鉉《唐文粹》卓然可觀……余嘗取而删之，與《英靈》《間氣》諸集删本，都爲十種，並行於世。"

原本

未經删節竄改的書籍鈔稿本或初刻本。清周亮工《因樹屋書影》卷二："漢楊終，字小山，爲校書郎，受詔删《太史公書》爲十餘萬言。然則《史記》曾經删定，非本書矣。更不知删去何等，或删本與原本並行，後世獨行原本耳。"清葉德輝《書林清話·宋監本書許人自印並定價出售》："吾曾見宋刻原本。"《四庫全書總目提要》有《原本韓文考異》《原本革象新書》等。

底本 [2]

指刊印、抄寫、翻譯書籍時所依據的原本，亦指校勘某書時作爲主要依據的本子。清孫從添《藏書紀要·鑒別》："如某書係何朝何地著作，刻於何時，何人翻刻，何人鈔錄，何人底本，何人收藏。"清段玉裁《與諸同志書》："校書之難，非照本改字不譌不誤之難也，定其是非之難；是非有二：曰底本之是非，曰立説之是非。"

善本

珍貴稀有之古籍。其稱始於宋，初指經過精校而錯誤較少的本子。宋歐陽修《集古録跋尾·唐田弘正家廟碑》："自天聖以來，古學漸盛，學者多讀韓文，而患集本詭舛。惟余家本屢更校正，時人共傳，號爲善本。"《宋史·王洙傳》："子欽臣，平生爲文至多，所交盡名士。性嗜古，藏書數萬卷，手自讎正，世稱善本。"後其内涵擴大至舊刻、舊鈔等。清孫樹禮《善本書室記》："疾趨而入，則善本書室之樓，所謂小八千卷樓者也。所儲元明刊本，或精鈔孤行本，或經某舊家珍藏，或爲某名儒校勘。"《中國古籍善本書目》在前人基礎上又予擴充，將其概括爲凡具有歷史文物性、學術資料性、藝術代表性而又流傳較少的舊刻、名鈔、精校、手稿、舊拓等均視爲善本。其時間下限一般至清乾隆時期。

《荀子》宋刻本，國家圖書館藏，收入《中華再造善本》

鎮庫書

某時某地藏書中最珍貴者。此稱宋代已行用。宋徐度《却掃編》卷下："予所見藏書之富者，莫如南都王仲至侍郎家……聞之其子彦朝云：其先人每得一書，必以廢紙草傳之，又求

別本參較，至無差誤，乃繕寫之。必以鄂州蒲
圻縣紙爲册，以其緊慢厚薄得中也。每册不過
三四十葉，恐其厚而易壞也。此本專以借人及
子弟觀之，又別寫一本，尤精好，以絹素背之，
號鎮庫書，非己不得見也。"

三本

特指官府藏書中的一書多備。因其藏書各
備正、副、貯三本，故稱。此制始行用於漢。
《北史·邢邵傳》："炎漢勃興，更修儒術。故西
京有六學之義，東都有三本之盛。"《新唐書·百
官志·秘書省》："秘書郎三人，從六品上，掌
四部圖籍。以甲、乙、丙、丁爲部，皆有三本，
一曰正，二曰副，三曰貯。凡課寫功程，皆
分判。"

譯本

由他種文字翻譯而成的書籍。宋黃庭堅
《跋翟公巽所藏石刻》："《遺教經》，譯於姚秦弘
始四年，在王右軍没後數年。弘始中雖有譯本，
不至江南。……余生平疑《遺教》非右軍書。
比來考尋，遂決定知非右軍書矣。"

巾箱本

省稱"巾箱"。開本較小的書籍。巾箱，古

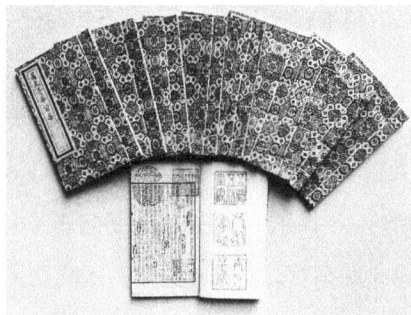

宋刻巾箱本《太學新增合璧聯珠萬卷菁華》
（山東省圖書館藏）

時用於放置頭巾和文件、書籍之小箱。小本書
籍可置此中，便於携帶，故名。以巾箱放書，
始於魏晋，南北朝時期較爲流行。雕版印刷術
發明後，有刻小版印書以便携帶者，謂之巾箱
本，宋代尤盛。宋戴埴《鼠璞·巾箱本》："今
之刊印小册，謂巾箱本……今巾箱刊本無所不
備。"亦省稱"巾箱"。宋高承《事物紀原·經
籍藝文·巾箱》："《南史》齊衡陽王鈞嘗親手細
書五經，部爲一卷，置巾箱中……今謂籍之細
書小本者爲巾箱，始於此也。"參見本卷《載器
説·函器考》"巾箱[2]"文。

【巾箱】[1]

"巾箱本"之省稱。此稱宋代已行用。見該
文。

第六章　載器説

第一節　載體考

　　本節所謂載體，主要指文字賴以存在的物體，如金石、竹帛、紙張等材料。印刷術發明後，尚有印製函籍之用品，如雕版、活字等。

　　上古時代，文字産生之前，草繩是先人記事之載體，即結繩記事也。一"結"代指一事，大"結"代大事，日視結繩之多少，而代諸般事物。因其年久易爛，難以留下遺存。而後商之甲骨，周之青銅、石鼓，逐漸代之而爲書寫材料。殷墟出土的甲骨，有貫穿的，有套札的，有疊放的，其中有三片、四片、五片的，均長短不齊。殷民先在甲骨上穿孔，然後用一根繩子或皮帶，一片片綴編而成。考古出土之青銅器銘文爲後人提供了大量有價值的周代社會的歷史資料，成爲今人研究當時文明的可靠依據。

　　竹簡與絲帛，是我國古代繼甲骨青銅之後出現的兩種不同形制的函籍載體。故先秦之人每言及書籍，往往是竹帛并舉。《墨子·尚賢下》："古者聖王既審尚賢，欲以爲政，故書之竹帛……傳以遺後世子孫。"《韓非子·安危》："先王寄理於竹帛。"至東漢，許慎《説文·序》中仍曰："蓋依類象形，故謂之文，其從形聲相益，即謂之字……著於竹帛謂之書。"

　　戰國至魏晉時期之函籍主要載體多爲竹簡。其刮削整治亦已形成一套完整的加工流程。《太平御覽》卷六〇六引漢應劭《風俗通》："劉向《別錄》：殺青者，直治竹作簡書之耳。新竹有汁善朽蠹，凡作簡者，皆於火上炙乾之。陳、楚間謂之汗。汗者，去其汁也。"其形狹長，長度不一。這一時期竹簡的廣泛使用，逐漸形成了較爲規則的規格長度。如漢代的竹簡，按書寫內容的不同而尺寸各異。書寫詔書律令簡長三尺（67.5 厘米），故古時有"三尺法""三尺律"之說。鈔寫經書簡長二尺四寸（約 56 厘米），民間書信之用簡長一尺（約 23 厘米）。近人王國維考證：戰國時竹簡最長的二尺四寸，其次爲一尺二寸，最短的八寸；兩漢時，最長的二尺，其次爲一尺五寸，再次一尺，最短的五寸。每片一般寫二十或四十多字，最少的也寫有三至四個字；有分欄寫的，也有不分欄寫的。竹書寫成之後，一片片依次排列，然後用麻繩、皮繩或絲繩編連起來，謂之策（冊）。它一般爲二道編、三道編，間或有四道、五道編的。竹書編成之後，在每冊正文之前，加上兩支不寫字的竹片，謂之贅簡，以保護正文不受磨損，是現在書籍扉頁的淵源。贅簡之前，有所謂"標簡"，上寫篇名，下寫書名。以竹簡爲書寫原料的書籍，即竹書，在歷史上曾經多次被發現。20 世紀至今，在內蒙古居延，山東臨沂，湖北荊州、雲夢，湖南長沙，江西南昌及西北地區如敦煌、武威等地發掘的戰國、秦、漢墓中，都有過重大發現。東漢後隨着造紙術的發明，竹簡因其笨重，移動不便，逐漸被紙張所代替，至唐宋時使用者已極稀少。

　　與竹簡同時或稍後行用的書寫材料還有木簡。漢代王充在《論衡・量知篇》中說："斷木爲槧，析之爲版，力加刮削，乃成奏牘。"《禮記・聘禮上》："百名（即字）以上書於策，不及百名書於方。"《禮記・中庸》："文武之道，布在方策。"據此，知古人寫書，或用木牘，或用竹簡。一般地說，竹簡容字少，木簡容字多（據武威《慶氏禮》漢簡）。同時，木簡又多爲官府文書、名冊、布告、通信、圖畫之類載體。古人寫信，通常用一尺長的木板，謂之尺牘，今天仍沿用其名。因爲用木板作地圖比竹簡好，故古代的地圖多畫在其上，現在稱國家的領土，謂之版圖，猶其遺意。

　　春秋戰國時代的絲織品亦曾作爲貴重函籍之載體。因其有帛、繒、縑、素等名，故書之其上的函籍，就有帛書、縑書，或素書、繒書之稱。1973 年湖南長沙馬王堆三號西漢墓出土了大批帛書，共十多種，十二萬多字。帛質地輕軟，可以視文章的長短隨意剪裁，任意舒捲。《漢書・食貨志》記載："太公爲周立九府圜法……布帛廣二尺二寸爲幅，長四丈爲匹。"可知古代帛寬二尺二寸，漢代從之。

　　紙的發明者，傳統的説法是東漢蔡倫。但據考古發掘，西漢時已有了紙。唐虞世南《北堂書鈔·紙》：“崔瑗送《許子》但以紙。”注引崔瑗《與葛元甫書》：“今遺送《許子》十卷，貧不及素，但以紙耳。”證明東漢時代，已有紙書行世。但初期的紙很粗糙，書寫不便，於是即用黃檗染紙，使之光滑美觀，書寫流利，亦可辟蠹。故經潢治過後的紙，又稱爲黃紙。到東晉末年，桓玄稱帝，下令：“古無紙，故用簡，非主於敬也。今諸用簡者，皆以黃紙代之。”自是，書寫材料基本爲紙張所代。

　　紙的廣泛應用，促進了印刷術的發明。約至唐中葉，雕版印刷始用於印製函籍，自日曆而書籍。其印版有瓷（磁）版、銅版、墨版等不同。銅版始行用於五代後晋，所印行的書籍稱銅版印本。墨版始行用於唐代雕版印刷。瓷版由清代康熙年間泰安徐志定所創，并以此印成清張爾岐著《周易説略》《蒿庵閑話》二書。北宋慶曆年間，畢昇發明了泥活字印刷術，而後各種活字相繼問世。元代王禎又發展了木活字印法。元明以後，又有錫活字、銅活字、鉛活字、瓷（磁）活字應用於函籍印刷。目前，各種質料的活字印刷物均有傳世品。

　　總之，紙和印刷術的發明，大大促進了函籍的應用和總量的增加。而紙作爲函籍之主要載體已行用了近兩千年。

簡帛

　　即簡牘與竹帛。此稱始行用於近代。章炳麟《文學總略》：“古者，簡帛重煩，多取記憶，故或用韻文，或用耦語，爲其音節諧適，易於口記，不煩記載也。”

竹帛 [2]

　　古代造紙術發明以前的主要書寫材料。竹指竹簡，帛指白絹。古無紙，故用此書寫、記錄文字。始於上古，盛於秦漢，唐宋以後漸滅。《墨子·明鬼下》：“古者聖王，必以鬼神爲其務，其務鬼神厚矣，又恐後世子孫不能知也，故書之竹帛，傳遺後世子孫。”又《墨子·天志中》：“又書其事於竹帛，鏤之金石，琢之盤盂，傳遺後世子孫。”漢許慎《説文·叙》：“著於竹帛謂之書。”《後漢書·和熹鄧皇后紀》：“故雖聖明，必書功於竹帛，流音於管弦。”李賢注：“竹謂簡册，帛謂縑素。”唐李白《東海有勇婦》詩：“名在列女籍，竹帛已光榮。”章炳麟《信史上》：“假令緯書授之口耳，不在竹帛觚槧之間，故秦火弗能燒。”漢代時亦用以指書籍、史乘。

【竹素】 [2]

　　即竹帛 [2]。漢應劭《風俗通義》：“劉向爲孝成皇帝典校書籍二十餘年，皆先書竹，爲易刊定，可繕寫者以上素也。”南朝梁劉孝綽《〈昭明太子集〉序》：“遍綈緗於七閣，殫竹素於九流。”《隋書·列女傳序》：“圖像丹青，流聲竹素。”宋劉跂《〈金石錄〉後序》：“昔文籍既繁，竹素紙札，轉相謄寫，彌久不能無誤，近世用墨板模印，便於流布。"

【簡素】

即竹帛[2]。盛行於戰國秦漢，魏晉後漸少。北魏酈道元《水經注・耒水》："洲西即蔡倫故宅，傍有蔡子池。倫，漢黃門。順帝之世，搗故魚網爲紙，用代簡素，自其始也。"《南史・阮卓傳》："暢自心靈，而宣之簡素，輪扁之言，或未能盡。"唐柳宗元《王氏伯仲唱和》詩："由是正聲迭奏，雅引更和，播塤篪之音韻，調律吕之氣候，穆然清風，發在簡素，非文章之胄，曷能及茲。"後亦曾代指書牘。唐駱賓王《上兗州刺史啓》："頗游簡素，少閱縑緗。"

簡

用木或竹削製而成的竹片或木片。竹片稱簡，木片稱札或牘，統稱爲簡。爲戰國至魏晉時期函籍主要載體。其形狹長，長度不一。這一時期簡的廣泛使用，逐漸形成了較具規格的長度。如漢代的簡，按書寫內容的不同而尺寸各異。書寫詔書律令簡長二尺四寸（約56厘米），故古時有"三尺法""三尺律"之説。鈔寫經書簡亦長二尺四寸，其他簡約長一尺二寸（約27.6厘米），民間書信之用簡長一尺（約23厘米）。其刮削整治也形成一套完整的加工流程。20世紀以來，在內蒙古居延，山東臨沂，湖北荆州、雲夢，湖南長沙，江西南昌及西北地區如敦煌、武威等地發掘的戰國、秦、漢墓中，都有過重大發現。東漢後隨着造紙術的發明，簡因其笨重，移動不便，逐漸被紙張所代替，至唐宋時使用已極稀少。《墨子・非命下》："子胡不尚考之乎商、周、虞、夏之記？從十簡爲篇以尚皆無之。"《左傳・襄公二十五年》：

"南史氏聞大史盡死，執簡以往，聞既書矣，乃還。"《太平御覽》卷六〇六引漢應劭《風俗通》："劉向《別錄》：殺青者，直治竹作簡書之耳。新竹有汁，善朽蠹，凡作簡者，皆於火上炙乾之。陳、楚間謂之汗。汗者，去其汁也。"晉杜預《春秋左氏傳序》："大事書之於策，小事簡牘而已。"唐韓愈《送侯參謀赴河中幕》詩："寄書惟在頻，無論簡與繒。"清袁枚《隨園隨筆・尺牘》："《獨斷》又曰：凡爲書於字有多有少，一行可盡者，書之於簡；數行乃盡者，書之於方；方所不容者，乃書之於策。"

【簡札】[2]

即簡。用以書寫的竹簡、木札。漢王充《論衡・自紀》："吾文未集於簡札之上。"晉袁宏《後漢紀・桓帝紀下》："滂對曰：'臣之所舉，自非饕穢奸罪，豈以汙臣簡札。'"亦指其他書寫用品。唐元結《廣宴亭記》："吾當裁蓄簡札，待爲之頌。"參見本卷《函札説・簡札考》"簡札"文。

簡牘

簡指竹簡，牘指木板。三國吳謝承《後漢書》："〔王充〕於宅內門户墻柱，各置筆硯簡牘，見事而作，著《論衡》八十五篇。"晉杜預《〈春秋經傳集解〉序》："諸侯亦各有國史，大事書之於策，小事簡牘而已。"亦泛指書寫用品。唐黃滔《魏侍中諫獵賦》："文高而簡牘增焕，思苦而烟霞動色。"

【竹槧】

即簡牘。竹指竹簡，槧指木板。其物盛於戰國至魏晉時期，此稱唐代已行用。唐王勃《乾元殿頌》："金門獻納，縱麟筆於苔箋；石館論思，蘙龜章於竹槧。"

尺簡

簡之一種。其長多爲一尺二寸，或倍之。一説長簡二尺，短者半之。統稱尺簡。《尸子》卷上：“明王之道易行也……書之不盈尺簡，南面而立，一言而國治。”南朝梁徐勉《上修五禮表》：“及東京曹褒，南宫制述，集其散略，百有餘篇。雖寫以尺簡，而終關平奏。”亦指極少量的書册。《新唐書·藝文志序》：“安禄山之亂，尺簡不藏。”

秦簡

秦代的竹木簡。秦統一全國後，制定了一系列大一統之政策，其中之一即“書同文”，即將丞相李斯諸人在古籀文基礎上創制的秦篆（後世稱小篆），作爲官方規範文字，“頒行天下”。同時，又通行頗便抄寫公文的隸書（獄吏程邈首創）。兩者并行，使原有六國文字得以規範，且簡明便捷，尤其是隸書，可謂“風靡全國”。1975 年，湖北雲夢睡虎地秦墓出土竹簡一千一百五十五枚，其中有秦代的律令及秦昭王元年至始皇三十年（前 306—前 217）之别。2002 年 6 月，湘西龍山里耶鎮出土秦簡三萬餘枚，超過此前國内所藏秦簡總和的兩倍有餘，内容多爲官府文書，是研究秦代歷史的寶貴資料。該簡絶大多數爲木質，亦有少數竹質物。木牘形式多樣，長寬規格有 22×3 厘米、22×5 厘米、26×5 厘米、27×1.5 厘米等，每簡約五行；亦有寬達 10 厘米或長達 50 厘米的异形大木板“方”，有的爲十行，亦有幾十行者。

漢簡

指漢代的竹木簡。漢簡的長度因書寫内容及用途不同而形成固定規格，長短不一。寫詔書律令、記録犯人口供及宣判的簡長三尺（67.5 厘米），故古時有“三尺法”“三尺律”之説。鈔寫經書的簡長二尺四寸（約 56 厘米），民間用以寫書信的簡長一尺（約 23 厘米）。1930 年，在内蒙古曾發現有漢代木簡，已編成《居延漢簡甲乙編》。以後，山東臨沂銀雀山漢墓出土竹簡四千九百四十二枚。

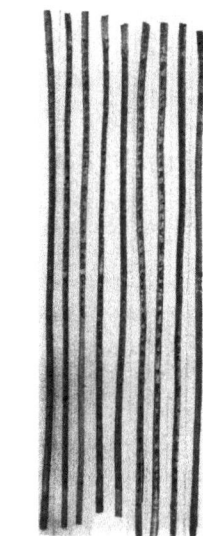

張家山漢簡《算數書》

此後，發現漢簡逐漸增多。1972 年至 1973 年底，湖南長沙馬王堆兩座漢墓中先後發現近千件，皆係公元前 2 世紀之物。1977 年，安徽阜陽出土六千餘件。1983 年，湖北江陵又先後出土千餘件，亦爲漢初之物。2003 年 11 月，湖南長沙走馬樓又出土了漢武帝時竹簡萬枚。數量之巨，令世人震驚。據實物觀察，漢簡上的字較多，有一面寫，還有兩面寫的。每簡一至二行，也有上半大字一行，下半小字四行的。字體在楷、隸之間。

版 [5]

亦作“板”。其形較竹簡略寬且薄。此物主要行用於戰國至魏晋時期。《管子·宙合》：“退身不舍端，修業不息版。”尹知章注：“版，牘也。”《晋書·隗炤傳》：“〔炤〕臨終，書版授其妻。”南朝宋劉義慶《世説新語·方正》：“太極殿始成，王子敬（獻之）時爲謝公（安）長史，謝送版使王題之。”唐李商隱《李賀小傳》：“長吉將死時，忽晝見一緋衣人駕赤虬，持一版，書若太古篆或霹靂石文者。"宋程大昌《演繁露》卷七："方冊云者，書之於版，亦或書之竹簡也。通版爲方，聯簡爲冊。"宋王觀國《學林·方書》："蓋簡、策、籀，皆以竹爲之，方、牘、札、槧、板，皆以木爲之。"

【板】[1]

同"版[5]"。此體宋代已行用。見該文。

竹簡

削製而成的竹片。古代用以書寫記事。其形狹長，尺寸不一。早期用書刀刻字，後用毛筆蘸墨書寫。具有取材容易，製作簡單，書寫方便，價格低廉等特點。盛行於戰國至魏晉時期。從出土實物證明，戰國時期以此爲主要書寫材料，秦及西漢時與木簡并行於世。造紙術發明後，因其笨重，携帶移動不便，逐漸被紙張所取代，唐宋時已極少見。《後漢書·蔡倫傳》："自古書契，多編以竹簡，其用縑帛者謂之爲紙。"漢孔安國《〈尚書〉序》："更以竹簡寫之，增多伏生二十五篇。"晉荀勖《〈穆天子傳〉序》："汲縣民不準盜發古冢，所得書也，皆竹簡素絲編。以臣勖前所考定古尺度，其簡長二尺四寸，以墨書，一簡四十字。"唐李中《送杜少府》詩："藍袍竹簡佐琴堂，縣僻人稀覺日長。"清俞樾《茶香室續鈔·宋人書帖猶用竹簡》："南宋初，士大夫書翰猶用竹簡。"清章學誠《文史通義·篇卷》："大約篇從竹簡，卷從縑素，因物定名，無他義也。"胡適《答任叔永書》："正如古人用刀刻竹作字，後來有了紙筆，便不用刀筆竹簡了。"

青簡[2]

未經炙烤加工的竹簡。新竹有水，用前須以火炙烤，去其汁，方可書寫，亦可防蠹。《後漢書·吳祐傳》："祐年十二，隨從到官，恢欲殺青簡以寫經書。"李賢注："殺青者，以火炙簡令汗，取其青易書，復不蠹，謂之殺青，亦謂汗簡。"《文選·劉孝標〈重答劉秣陵沼書〉》："青簡尚新，而宿草將列，泫然不知涕之無從也。"唐呂延濟注："青簡，竹簡也。古無紙，用以爲書。"

牘[3]

經過加工後用於書寫的狹長形木板，後人多稱之爲木簡。此物盛行於戰國至魏晉時期。此稱漢代已行用。漢董仲舒《春秋繁露·玉杯》："今趙盾弑君，四年之後，別牘復見，非《春秋》之常辭也。"凌曙注："牘，書板也，蓋長一尺，因取名焉。"《漢書·昌邑哀王劉髆傳》："佩玉環，簪筆持牘趨謁。"《文選·謝莊〈月賦〉》："抽毫進牘，以命仲宣。"唐李善注："牘，書板也。"唐韓愈《毛穎傳》："簡牘是資，天下其同書，秦其遂兼諸侯乎？"後亦藉指紙張、稿紙。宋趙與時《〈賓退錄〉序》："平生聞見所及，喜爲客誦之，意之所至。賓退或筆於牘，閱日滋久，不覺盈軸。"明焦竑《玉堂叢語·政事》："命中書十餘人，操牘以進，石齋一一口授，動中幾宜，略無舛錯。"

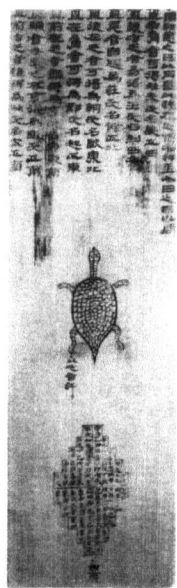

尹灣漢墓木牘《神龜占》

【木簡】

即牘[3]。亦稱"木牘""木札"。因用木製成，其形狹長如同竹簡，故稱。但其不如竹簡使用廣泛。木簡出在西北邊陲，多爲漢代遺物，故又有"西北漢簡"之稱。1930 年在内蒙古曾發現漢代木簡，已編爲《居延漢簡甲乙編》。《急就篇》卷三："簡札檢署槧牘家"。顏師古注："牘，木簡也。既可以書，又執之以進見於尊者，形若今之木笏，但不挫其角耳。"《漢書·高帝紀下》："吾以羽檄徵天下兵。"顏師古注："檄者，以木簡爲書，長尺二寸，用徵召也。"《南史·齊紀上·高帝》："井中得一木簡，長一尺，廣二分，上有隱起字。"葉德輝《書林清話·書之稱葉》："牒則木牘一版之稱。"

【木牘】

即木簡。此稱清代已行用。見該文。

【木札】

即木簡。此稱近代已行用。見該文。

【尺牘】[2]

即牘[3]。因其多長約一尺，故名。此物多見於漢，此稱亦然。《後漢書·北海靖王興傳》："及寢病，帝驛馬令作草書尺牘十首。"李賢注："《説文》云：'牘，書版也。'蓋長一尺，因取名焉。"《三國志·魏書·胡昭傳》："昭善史書，與鍾繇、邯鄲淳、衛覬、韋誕並有名，尺牘之迹，動見模楷。"《文選·謝瞻〈王撫軍庾西陽集別時爲豫章太守庾被徵還東〉詩》："誰謂情可書，盡言非尺牘。"李周翰注："言一尺之版，不可盡其情也。"明徐渭《會稽縣志諸論·山川論》："一聖君，一賢相，書天下九之一之山川，不滿一尺牘；今之志會稽者，書天下千之一之山川，乃累數十紙而未終。"

【槧】

即牘[3]。古時削木爲牘，多稱未經書寫的素板爲槧，後亦指牘。此稱漢代已行用。《説文·木部》："槧，牘樸也。"段玉裁注："樸，素也，猶坯也。牘，書板也。槧，謂書板之素未書者也。"漢揚雄《答劉歆書》："雄常把三寸弱翰，齎油素四尺，以問其異語。歸即以鉛摘次之於槧，二十歲於今矣。"漢王充《論衡·量知篇》："斷木爲槧，析之爲板，力加刮削，乃成奏牘。"《西京雜記》卷三："楊子雲好事，常懷鉛提槧，從諸計吏，訪殊方絶域四方之語，以爲裨補輶軒所載。"唐韓愈《喜侯喜至贈張籍張徹》詩："以余經摧挫，固請發鉛槧。"

方

指大板。古人削竹爲簡，破木爲板，其板尺餘者則稱之爲方。此物是戰國至魏晉時期的主要書寫材料。《禮記·中庸》："文武之政，布在方策。"鄭玄注："方，版也；策，簡也。"《禮記·聘禮上》："百名以上書於策，不及百名書於方"。漢鄭玄注："方，板也。"《史記·龜策列傳·褚少孫論》："寫取龜策卜事，編於下方。"宋王觀國《學林·方書》："《史記·龜策傳》褚先生曰：'寫取龜策卜事，編于下方。'又曰：'謹連其事于左方。'凡此言'方'，皆謂書其事於木方也……蓋簡、策、籥，皆以竹爲之；方、牘、札、槧、板，皆以木爲之。"宋程大昌《演繁露》卷七："方册云者，書之於版，亦或書之竹簡也。通版爲方，聯簡爲册。"清袁枚《隨園隨筆·尺牘》："《獨斷》又曰：凡爲書於字有多有少，一行可盡者，書之於簡；數行乃盡者，書之於方；方所不容者，乃書之於策。"

札

木簡之薄小者。此物主要行用於戰國至魏晋時期。此稱漢代已行用。《史記·司馬相如列傳》："相如曰：'請爲天子游獵賦。'賦成奏之。上許，令尚書給筆札。"顏師古注："札，木簡之薄小者也。時未多用紙，故給札以書。"《説文·木部》："札，牒也。"清段玉裁注："牒，札也，二字互訓。長大者曰槧，薄小者曰牒。"南朝梁劉勰《文心雕龍·時序》："孟堅珥筆於國史，賈逵給札於瑞頌。"宋王觀國《學林·方書》："蓋簡、策、籤，皆以竹爲之；方、牘、札、槧、板，皆以木爲之。"後用作紙的代稱。《宋史·理宗紀三》："戊寅，詔：'朱熹門人胡安之、吕燾、蔡模並迪功郎，本州州學教授。給札録其著述，並條具所欲言者以聞。'"

木牋

供寫書信用的木板。據載此物始見行用於宋代。時人用以代書帖與友傳遞交往，爲一時之盛。宋陶穀《清異録·器具》："王丞相溥還政閒居，四方書牘答報皆手筆，然不過百字……勒於紙札封疊，造赤漆小版書其上，僕吏以帊蒙傳去，雖一時間可發數十。公自爲木牋，後加煩拒安抽面以啓閉，字濕則能護之。"

策

古時文字書於竹木片上，謂之簡。將諸簡編連起來，即稱"策"。其形制不一，有短有長。今見雲夢秦簡長約一尺至一尺二寸，多爲律令、史書。甘肅武威出土之《儀禮》簡，長55厘米，約當漢二尺四寸。山東臨沂銀雀山及湖南長沙馬王堆所出之漢簡，長均爲27.6厘米，當漢一尺二寸，内容皆爲諸子百家及醫書，策之絲編約二至五道，多用麻繩、絲繩、葦編

（皮繩）。商周時，策之所記多爲重大史事、典誥、六經或字數較多之文，後應用漸廣，逮至秦漢，百家著述、律令、醫藥、星相及曆譜、簿册皆得書於策。紙張行用後，其用漸衰，多限於朝廷禮儀、封贈等重大場合，形制亦趨華貴，至有金、銀、銅、玉等材質者。《儀禮·聘禮上》："百名以上書於策，不及百名書於方。"漢蔡邕《獨斷》："策者，簡也。其制長二尺，短者半之。其次一長一短兩編。"晋杜預《春秋左傳序》："大事書之於策，小事簡牘而已。"孔穎達疏："凡爲書，字有多有少，一行可盡者書之於簡；數行乃盡者書之於方；方所不容者，乃書之於策。"又："大事書策，小事書簡。""大事者，謂君舉、告廟及鄰國赴告、經之所書皆是也。"又："《春秋》二尺四寸書之，《孝經》一尺二寸書之，故知六經之策，皆長二尺四寸。"《新唐書·禮樂志》："玉策四，皆長一尺三寸，廣寸五分，厚五分。每策皆五簡，聯以金。"參閲陳夢家《漢簡綴述·由實物所見漢代簡策制度》。

簡槧 [2]

木牘。此物多行用於宋代，此稱亦然。宋周密《癸辛雜識·前集·簡槧》："簡槧古無有也，陸務觀謂始於王荆公，其後盛行。淳熙末始用竹紙，高數寸，闊尺餘者，簡板幾廢。"

御槧

用於朝廷内近臣密奏之槧牘。此物多行用於宋代，此稱亦然。宋周密《癸辛雜識·前集·簡槧》："往者御批至政府從官則皆用蠟紙。自理宗朝，亦用黄封簡版，或以象牙爲之。而近臣密奏，亦或用之，謂之御槧，蓋自古所無也。"

簡版 [2]

亦作"簡板"。亦稱"簡牌""牌子""赤牘"。牘之一種。上塗漆，供書寫。據傳此物始於宋王安石。時人以此書寫代替書帖與親朋好友傳遞交往，盛行一時。宋陸游《老學庵筆記》卷三："元豐中，王荊公（安石）居半山，好觀佛書，每以故金漆版書藏經名，遣人就蔣山寺取之。人士因有用金漆版代書帖與朋儕往來者。已而苦其露泄，遂有作兩版相合，以片紙封其際者。久之，其製漸精，或又以縑囊盛而封之。南人謂之簡版，北人謂之牌子，後又通謂之簡版或簡牌。"宋周必大《題六一先生九帖》："宣和後簡板盛行，日趨簡便，親舊往來之帖遂少。"明楊慎《升庵集》卷六六"簡牘"："古人與朋儕往來者，以漆板代書帖，又苦其露泄，遂作二版相合，以片紙封其際，故曰簡板，或云赤牘。"

【簡板】[2]

同"簡版[2]"。此體宋代已行用。見該文。

【簡牌】[2]

即簡版[2]。此稱宋代已行用。見該文。

【牌子】

即簡版[2]。此稱宋代已行用。見該文。

【赤牘】[2]

即簡版[2]。此稱明代已行用。見該文。

漆方士

亦稱"漆雕開"。簡版之謔稱。上塗漆，供書寫傳遞書牘之用。此稱始行用於宋代學者陶穀，其《清異錄·器具》載："王丞相溥還政閒居，四方書牘答報皆手筆，然不過百字……勌於紙札封疊，造赤漆小板書其上，僕吏以帕蒙傳去，雖一時間可發數十。公自爲木牋……字濕則能護之，故又有'漆方士''漆雕開'之名。"

【漆雕開】

即漆方士。此稱宋代已行用。見該文。

觚

一種多面的木簡。其狀似多棱角木柱之一截，有四角、六角或八角，因呈相應的多個平面，用其平面寫字記事。此物始行用於上古，唐宋時已極少見。《急就篇》卷一："急就奇觚與衆異。"唐顏師古注："觚者，學書之牘，或以記事，削木爲之，蓋簡屬也……其形或六面或八面，皆可書。觚者，棱也。以有棱角，故謂之觚。"《文選·陸機〈文賦〉》："或操觚以率爾，或含毫而邈然。"李善注："觚，木之方者，古人用之以書，猶今之簡也。"南朝陳周弘讓《答王褒書》："子淵子淵，長爲別矣！握管操觚，聲淚俱咽。"唐劉禹錫《劉氏集略説》："喜與屬詞者游，謬以爲可教。視長者所行止，必操觚從之。"

【木觚】

即觚。亦稱"觚木""觚槧"。此稱漢代已行用。《急就篇》卷一："急就奇觚與衆異。"唐顏師古注："觚者，學書之牘，或以記事，削木爲之，蓋簡屬也……今俗猶呼小兒學書簡爲木觚章，蓋古之遺語也。"唐蘇鶚《蘇氏演義》卷下："觚者，棱也，學書之牘。或以記事，削木爲之。其形或六面，或八面，面面皆可書，以有棱角，遂謂之觚。今或呼小兒學書簡爲觚木。"元戴表元《愛日齋記》："方其惜陰童齔，請益觚槧。"明徐渭《贈沈母序》："苟有逸賢野史爲之書數字於觚槧間，亦足以言後。"章炳麟《訄書·儒法》："著之簡牘，拭之木觚。"章炳麟《信史上》："假令緯書授之口耳，不在竹帛瓢槧之間，故秦火弗能燒。"

【瓢木】

即木瓢。此稱唐代已行用。見該文。

【瓢槧】

即木瓢。此稱元代已行用。見該文。

玉板

亦作"玉版"。古代用以刻字的玉片。始於先秦，漢代仍沿用，後漸廢。《韓非子·喻老》："周有玉版，紂令膠鬲索之，文王不予。費仲來求，因予之。"《禮記·保傅》："胎教之道，書之玉板，藏之金匱，置之宗廟，以爲後世戒。"《漢書·晁錯傳》："臣竊觀上世之傳，若高皇帝之建功業，陛下之德厚而得賢佐，皆有司之所覽，刻於玉版，藏於金匱，歷之春秋，紀之後世，爲帝者祖宗，與天地相終。"亦泛指珍貴書籍。《史記·太史公自序》："周道廢，秦撥去古文，焚滅《詩》《書》，故明堂石室金匱玉版圖籍散亂。"裴駰集解引如淳曰："刻玉版以爲文字。"

【玉版】[2]

同"玉板"。此體先秦時期已行用。見該文。

水牌

亦稱"粉版"。寫字記事用的木板。一般漆成白色或黑色，用畢擦去或以水洗去字迹即可再寫，故名。猶今之黑板。唐代以來在民間使用較廣，至今仍沿用。五代唐馮贄《雲仙雜記》卷二："李白游慈恩寺，寺僧用水松牌刷以吳膠粉，捧乞新詩。"《元明雜劇·招凉亭賈島破風詩》第三折："今日施主人家請我赴齋去，你和五戒則在寺中，你將這三門閉上，怕有賓客至，你記在水牌上，等我回來看。"明郎瑛《七修類稿·辯證類·簡板水牌》："俗以長形薄板，塗布油粉，謂之簡板，以其易去錯字而省紙。官府用之，名曰水牌，蓋取水能去污而復清，借義事畢去字而復用耳。"亦稱"粉版"。《説文·巾部》："幡，書兒拭瓢布也。"清段玉裁注："瓢以學書或記事，若今書童及貿易人所用粉版。既書，可拭去再書。"

【粉版】

即水牌。此稱清代已行用。見該文。

鉛槧

古代書寫用具。鉛，鉛粉筆；槧，木板。漢代使用較多，至清代不絕。晋葛洪《西京雜記》卷三："揚子雲好事，常懷鉛提槧，以諸計吏，訪殊方絕域四方之語，以爲裨補輶軒所載。"唐韓愈《喜侯喜至贈張籍張徹》詩："以余經摧挫，固請發鉛槧。"又指繪畫工具。《金瓶梅詞話》第五五回："試裂齊紈，施鉛槧，爰圖春牧。"

帛書[3]

單稱"帛"。指在縑帛上寫的字，或爲以縑帛寫的書籍。帛，古代絲織物之通稱。《墨

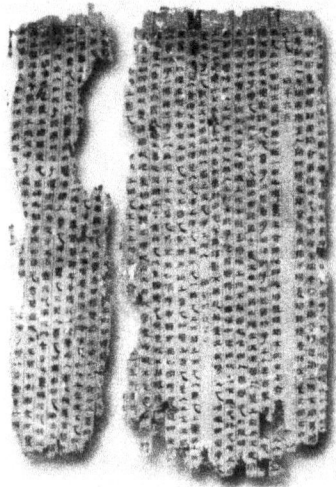

馬王堆漢墓帛書《老子乙本》

子·尚賢下》："書之竹帛，鏤之金石，琢之槃盂，傳遺後世子孫。"《史記·封禪書》："齊人少翁以鬼神方見上……乃爲帛書以飯牛，詳（佯）不知，言曰此牛腹中有奇。殺視得書。書言甚怪。"古代除却帛書外，尚有帛圖、帛詔等帛質圖文載體。

【帛】

"帛書[3]"之單稱。此稱先秦時期已行用。見該文。

素卷

亦稱"素書"。指書卷或書籍。素，白色生絹。古時常以爲書寫材料。晋劉琨《答盧諶》詩："素卷莫啓，幄無談賓。"《周書·張軌傳》："軌性清素，臨終之日，家無餘財，唯有素書數百卷。"唐許渾《姑熟官舍》詩："草生官舍似閑居，雪照南窗滿素書。"宋張先《沁園春·寄都城趙閱道》詞："素卷書名，赤松游道，飆馭雲軿仙可期。"元汪元亨《沉醉東風·歸田》曲："怕纏手焚了素書，懶鑽頭拽倒茅廬。"

【素書】[3]

即素卷。此稱南北朝時期已行用。見該文。

縑素[2]

亦稱"縑蒲""縑緗"。藉指書籍或畫卷。縑，雙絲織成之淺黃色細絹；素，白色生絹。因兩者常用以作書畫，故以連稱藉指。晋葛洪《抱朴子·遐覽》："縑素所寫者，積年之中，合集所見，當出二百許卷。"南朝梁虞龢《上明帝論書表》："縑素之工，殆絶於昔。"宋陳鵠《耆舊續聞》卷三："命蔡京、梁師成、黃冕輩編類真贗，紙書縑素，備成卷帙。"《明史·倪瓚傳》："求縑素者踵至，瓚亦時應之。"亦稱"縑蒲""縑緗"。蒲，《漢書·路溫舒傳》中載"溫

舒取澤中蒲，截以爲牒，編用寫書"，後以"編蒲"爲苦學或書寫之典；縑緗，淺黃色細絹，可作書畫。藉指書籍或畫卷。宋葉廷珪《海録碎事·文學上》"縑蒲"引漢繁欽牋文："搜研鉛素，招摭縑蒲。"唐孫過庭《書譜》："若乃師宜官之高名，徒彰史牒；邯鄲淳之令範，宜著縑緗。"宋曾鞏《讀書》詩："未免廢坐臥，其能視縑緗。新知固云少，舊學亦已忘。"明佚名《贈書記·甘逐携書》："我將伊骨肉相看，因此付縑緗没吝顏。"

【縑蒲】

即縑素[2]。此稱漢代已行用。見該文。

【縑緗】[2]

即縑素[2]。此稱唐代已行用。見該文。

雕版

亦作"雕板"。雕有圖文用於印刷之版。多爲木質，亦有銅、瓷、石質者。雕版印刷始於唐，發展於五代，盛於兩宋，全盛於明清。源於民間，用於印刷日曆、詩歌、佛經及字書等圖書，五代時發展到官刻，并由此形成官刻、私刻（即家刻）與坊刻三大系統。現存最早有確切年代的雕版印刷品，爲敦煌出土的唐咸通九年（868）王玠所刊《金剛經》，印刷已極精

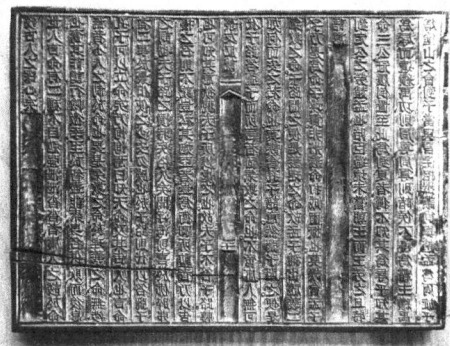

清王筠《菉友肊説》雕版
（山東省圖書館藏）

美，現藏英國倫敦大英博物館。國内現存最早有確切紀年的雕版印本，是 2015 年入藏國家圖書館的《佛説觀彌勒菩薩上生兜率天經》，爲後唐天成二年（927）刻，有雕經人姓名。"雕版"，唐代又見作"雕板"者。唐惠詳撰《弘贊法華傳》書末有海東高麗國義龍山弘化寺住持題記："余雖不敏，讎校是非，欲廣流通，因以雕板。"

【雕板】

同"雕版"。此體遼代已行用。見該文。

【印板】

即雕版。木版印刷用的底版。此物始於隋唐，盛於宋元。此稱宋代已行用。宋沈括《夢溪筆談·技藝》："板印書籍，唐人尚未盛爲之。自馮瀛王始印《五經》，以後典籍，皆爲板本。"即唐始爲印板矣。《五代會要·經籍》："後唐長興三年二月，中書門下奏請依石經文字刻《九經》印板。"

【板】[2]

即雕版。此稱宋代已行用。《宋史·真宗紀二》："已鏤板文集。"

墨版

亦作"墨板"。用木雕刻的書版，因以整塊書版沾墨，印在紙上，故稱。此物始行用於唐代雕版印刷。此稱宋代已行用。宋朱翌《猗覺寮雜記》卷下："雕印文字，唐以前無之，唐末益州始有墨版。"宋劉跂《金石録後序》："近世用墨板模印，便於流布。"

【墨板】

同"墨版"。此體宋代已行用。見該文。

銅版

亦作"銅板"。印版之一種，由銅板製成。此物始行用於五代後晋，所印行的書籍稱銅版印本。元岳珂《九經三傳沿革例·書本》："今以家塾所藏唐石刻本，晋天福銅板本……合二十三本，專屬本經名士，反復參訂，始命良工入梓。"《文獻通考·錢幣二·歷代錢幣之制》："淳熙三年……令都茶場會子庫將第四界銅板，接續印造會子二百萬。"

【銅板】

同"銅版"。此體元代已行用。見該文。

磁版

印版之一種。以瓷製成，故名。清代康熙年間泰安徐志定所創，并以此印成清張爾岐著《周易説略》《蒿庵閑話》二書。字體端正，行格整齊。徐氏《周易説略序》："戊戌冬，偶創磁刊，堅緻勝木，因亟爲次第校正。"清董康《周易説略序》："此書康熙時刻，封面上題'泰山磁版'四字，蓋襲唐雁塔善業泥之法，中經火鍛者。於雕版源流考中又增一掌故矣。"《蒿庵閑話》卷一末有"真合齋磁版"五字。

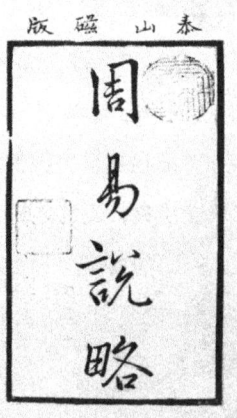

《周易説略》，清康熙五十八年（1719）徐志定真合齋磁版印本（國家圖書館藏）

活字版

亦稱"活版"。用活字排列製成的印刷書版。活字的種類有木活字、泥活字、銅活字和鉛活字等。宋代畢昇發明用泥活字排成的活字版印刷，對世界文化發展產生了巨大的影響。元、明兩代又發明了木活字、銅活字和錫活字製版。現代印刷則用鉛活字製版。宋沈括《夢

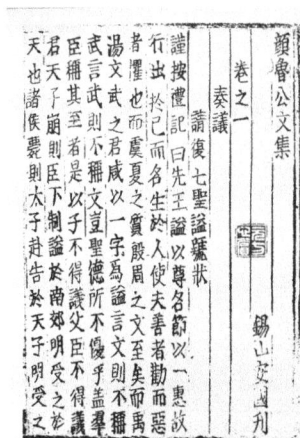

《顏魯公文集》，明嘉靖錫山安氏館銅活字印本
（北京大學圖書館藏）

溪筆談·技藝》："慶曆中有布衣畢昇又爲活版。"參閱元王禎《農書·活字印書法》。

【活版】

即活字版。此稱宋代已行用。見該文。

聚珍版

活字版之一種。清乾隆年間戶部侍郎金簡以棗木製木活字二十五萬餘，排印從《永樂大典》中輯錄及各省呈進之罕見書。乾隆皇帝以活字之稱不雅，賜名"聚珍版"。所印書稱《武英殿聚珍版叢書》。參閱清金簡《欽定武英殿聚珍版程式》。

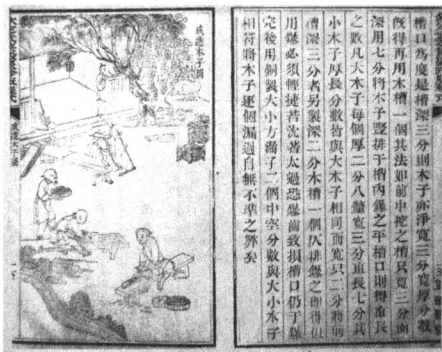

清乾隆武英殿活字印聚珍版書《武英殿聚珍版程式》
（故宮博物院圖書館藏）

鉛版

活字版之一種。多以活字版爲原版，製成模型之後，再用鉛合金澆鑄而成。澆鑄成的鉛版，版上可再鍍鉛、鐵、鎳或鉻等金屬薄層，以提高耐印率。鉛版依印刷機上裝版設備之不同，又可分爲平版與圓弧版兩種。鉛版印刷術，國人多認爲乃我國活字印刷術傳入歐洲後，至近代而反傳我國。

泥活字

用膠泥製成的印刷活字。世界上最早的印刷活字。爲宋代人畢昇發明。製法是：以膠泥做成活字，然後入火燒製，令其堅硬如石，即可作用。清道光年間，安徽人翟金生父子製成泥活字十萬餘，印刷《泥版試印初編》等書。參閱宋沈括《夢溪筆談·技藝》。

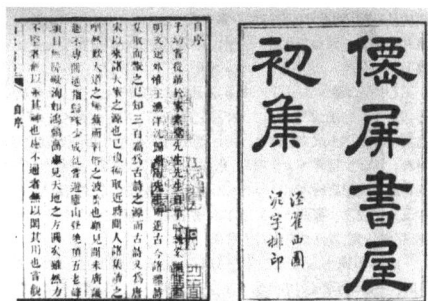

《仙屏書屋初錄》，清道光二十七年（1847）
翟金生泥活字印本
（山東省圖書館藏）

木活字

用木頭製成的印刷活字。宋時已有之，元大德年間東平人王禎發揚光大。其製法是：先在木板上刻字，然後逐字鋸開，修整一致，再於木框內排字。行間隔以竹片，塞緊後即可印刷。王氏曾用此法排印《旌德縣志》一百部，惜已失傳。1899年，在敦煌千佛洞中，亦曾發現有元代維吾爾文木活字。在我國印刷史上，木

活字的重要性僅次於雕版。而在用各種材料製成的活字中，又以木活字的使用最爲普遍，自元至明清，流傳極廣，傳世的木活字本也較多。

鉛活字

用鉛、銻、錫合金鑄成的印刷活字。國人多認爲此法係我國之活字傳入歐洲後，經其改造，至近代而反傳中國。

第二節　函器考

此處所謂函器，乃盛放函籍之器具，上古因史料缺乏難以爲考。至於周時玉版所藏之金匱，難免有美化之嫌，不足爲證。約自秦漢，函籍之盛具，如函、箱、囊、封等均見行用於世。

"函"既是書籍、信札的封套，亦是箱類器物之前身。書之有函，蓋自漢始。宋高承《事物紀原》卷一〇"書函"："吳張温使蜀，謂先主曰：'謹奉所齎書函。'書之有函不前見，疑自漢有也。"其典型爲"斗檢封"，整體呈方形，發放時封其口而加蓋印章，用以防止他人偷啓。《周禮·地官·司市》："凡通貨賄，以璽節出入之"。鄭玄注："璽節，印章，如今斗檢封矣。使人執之以通商。"賈公彦疏："案漢法，斗檢封，其形方，上有封檢，其内有書。則周時印章上書其物，識事而已。"封泥之物始見，此時文書信函書於竹木簡牘之上，封發時用繩捆扎，在繩結處用膠泥加封，上蓋印，作屬信驗，以防偷拆。亦有將簡牘盛於囊内，於其外繫繩封泥者。《後漢書·百官志·少府》："守宫令一人，六百石。"本注："主御紙筆墨，及尚書財用諸物及封泥。"《北堂書鈔》卷一〇四引《春秋緯》："龍圖，赤玉匣，封泥如黄珠相似。"

而函之玉製、石製等，意在函籍之長期存放，多用於國家重大典禮，如泰山封禪。漢武帝、唐玄宗、宋真宗時均用之，且多用玉製成之函蓋。《漢書·武帝紀》："上還，登封泰山。"唐顏師古注引孟康曰："王者功成治定，告成功於天……刻石紀號，有金策石函金泥玉檢之封焉。"木製之函已難與箱類器具分開。

"巾箱"之稱約始行用於漢。時多用以放置文件、信札、書卷等函籍。然與後之書箱相比較，其體積略小。《太平御覽》卷七一一引《漢武内傳》："武帝見西王母巾箱中有一卷書。"書箱之始稱作"笈"，約始行用於後漢，蓋多以竹藤製成。其小巧輕便，可隨身携帶，沿用至今。《太平御覽》卷七一一引《風俗記》：“笈，學士所以負書箱，如冠籍箱也。”
至唐又有稱竹篾編製而成的書箱爲“書篋”者。如唐皮日休《醉中即席贈潤卿博士》詩：
“茅山頂上携書篋，笠澤心中漾酒船。”國人向有珍視書籍之傳統，先後有金製、絲製、玉
製等書箱行用於世。當然，古人愛書，爰及書箱，亦有美其名曰琅笈、琅函、瓊笈、錦篋
者。玉笈，即玉製或飾玉之書箱，多用以貯藏珍貴書籍。此稱約始行用於漢。《漢武內傳》：
“上元夫人即命侍女紀離容……捧八色玉笈鳳文之蘊，以出六甲之文。”琅笈，即書箱之美
稱。此稱約始行用於南北朝時期。北周庾信《陝州弘農郡五張寺經藏碑》：“琅笈雲書，金
繩玉檢。”瓊笈亦書箱之美稱，多爲玉製或玉飾。此稱約始行用於南北朝時期。《漢武內
傳》：“上元夫人語帝曰：‘阿母今以瓊笈妙韞，發紫臺之文，賜汝八會之書，五嶽真形，
可謂至珍且貴。’”至唐又見“瓊箱”之稱行用。唐王勃《七夕賦》：“上元錦書傳寶字，王
母瓊箱薦金約。”

至於書套更是講究。多以麻布、絲織品等製成，稱爲“帙”，或作“袠”“袟”，用以
管理、保護圖書。《説文·巾部》：“帙，書衣也。從巾，失聲。”段玉裁注：“書衣，謂用裹
書者……今人曰函。”《後漢書·楊厚傳》：“吾綈袠中有先祖所傳秘記。”晉潘岳《楊仲武
誄》：“披帙散書，屢睹遺文。”

唐代詩文大興，專門盛放詩稿之物始行用於世，囊、筒、瓢、篋等應有盡有。詩囊，
即盛放詩稿之袋子。此物由書囊演化而來。書囊，即盛放書籍、公文及信函之袋子。其
多以絲布製成，間有以皮爲之者。此物始見於漢，此稱亦然，歷代沿用之，今多稱之爲
書包。《太平御覽·益部·耆舊傳》：“漢文帝連上事書囊以爲帳，惡聞紈素之聲。”詩囊一
物始行用於唐代詩人李賀。據史載，李賀每日旦出，騎弱馬，從小奚奴，背着錦囊，遇有
所得，即書之投入囊中。更有趣者，唐宋文人墨客以便於携帶、盛放詩稿之竹筒傳遞唱
酬之作，情趣極佳。唐白居易《醉封詩筒寄微之》詩：“爲向兩州郵吏道，莫辭來去遞詩
筒。”又《秋寄微之十二韻》：“忙多對酒榼，興少閲詩筒。”自注：“此在杭州，兩浙唱和
詩贈答，於筒遞來往。”用瓢貯放詩稿亦是唐人之杰作。據宋人計有功《唐詩紀事·唐球》
載：“〔唐〕球居蜀之味江山，方外之士也。爲詩撚稿爲圓，納之大瓢中。後臨病，投瓢於
江曰：‘斯文苟不沉没，得者方知吾苦心爾。’至新渠，有識者曰：‘唐山人瓢也。’”以竹
製箱子盛放詩稿更顯示出唐代詩人的多産，時人謂之“篋詩”。唐白居易《醉吟先生傳》：
“每良辰美景，或雪朝月夕，好事者相過，必爲之先拂酒罍，次開篋詩。”

至明清則有"護書"之物行用於世。重要的是，其已具備現代文件袋包之雛形。"護書"多用於明清時官吏之出行，用以盛放名帖、公文等。其形式爲多層，袋狀，用布或皮製作。《警世通言·唐解元一笑姻緣》："學士教打開看時，床帳什物一毫不動，護書内帳目開載明白。"《老殘游記》第二回："轎子後面，一個跟班的戴個紅纓帽子，膀子底下夾個護書，拼命價奔，一面用手巾擦汗，一面低着頭跑。"由"護書"演化而來的"護書夾"更具備了現代意義，但已由囊狀逐漸向現代夾狀演化，多以牛皮紙或塑料等材料製作而成。

金匱

亦作"金櫃"。金屬製作之櫃櫥。多用於收藏珍貴文獻或文物。此稱先秦時期已行用，後代沿用至今。《禮記·保傅》："胎教之道，書之玉版，藏之金匱，置之宗廟，以爲後世戒。"《漢書·晁錯傳》："陛下之德厚而得賢佐，皆有司之所覽，刻於玉版，藏於金匱，歷之春秋，經之後世。爲帝者祖宗，與天地相終。"唐顧雲《投西邊節度使啓》："九天九地之法，夜受於神姝。金箱、金櫃之書，曉傳於靈叟。"遼代大安十年（1094）石刻《燕京大憫忠寺觀音菩薩地宮舍利函記》："封以金匱，貯以石函。"建於明嘉靖年間的皇史宬，内有貯存明清皇家實錄、訓誥、玉牒的金櫃一百五十餘個。

【金櫃】

同"金匱"。此體唐代已行用。見該文。

函[2]

書籍、信札的封套。《後漢書·祭祀志·封禪》："以吉日刻玉牒書函，藏金匱，璽印封之。"《三國志·魏書·劉曄傳》李賢注引晉傅玄《傅子》："〔曹操〕每有疑事，輒以函問曄，至一夜數十至耳。"宋高承《事物紀原》卷一○"書函"："吳張温使蜀，謂先主曰：'謹奉所齎函書。'書之有函不前見，疑自漢有也。"後亦曾爲書籍、信件之通稱。明高啓《送王推官赴譙陽》詩："濯冠捧書函，平明獻朝堂。"

玉檢

用玉製成的函蓋。《漢書·武帝紀》："上還，登封泰山。"唐顏師古注引孟康曰："王者功成治定，告成功於天……刻石紀號，有金策石函金泥玉檢之封焉。"唐劉禹錫《平齊行》："侍臣燕公秉文筆，玉檢告天無愧詞。"唐李商隱《贈華陽宋真人兼寄清都劉先生》詩："玉檢賜書迷鳳篆，金華歸駕冷龍鱗。"

斗檢封

古時用以放置簡札的函封。形式爲方形，發放時封其口而加蓋印章，用以防止他人偷啓。此稱漢代已行用。《周禮·地官·司市》："凡通貨賄，以璽節出入之。"鄭玄注："璽節，印章，如今斗檢封矣。使人執之以通商。"賈公彥疏："案漢法，斗檢封，其形方，上有封檢，其内有書。則周時印章上書其物，識事而已。"清趙翼《貽西莊》詩："道士拜赤章，枉費斗檢封。"據考證，漢代稱爲"斗檢封"者與今新疆南部出土的版牘封函相似。該類版牘用少數民族文字書寫，其封函用兩片下大上小的木板製成；上面的板入下面凹形的槽内，用繩子捆扎；蓋板背部隆起，上有扎繩槽口，在繩上加封泥，用印。

印封

蓋印的封條。《史記·匈奴列傳》："中行説令單于遺漢書以尺二寸牘，及印封皆令廣大長，倨傲其辭。"

封泥

古時文書信函書於竹木簡牘之上，封發時用繩捆扎，在繩結處用膠泥加封，上蓋印，作屬信驗，以防偷拆，因稱封泥。亦有將簡牘盛於囊内，於其外繫繩封泥者。盛行於秦漢。其形色、用途不一，詔書用武都紫泥，書簡用白泥，登封玉檢則用金泥。《後漢書·百官志·少府》："守宮令一人，六百石。"本注："主御紙筆墨，及尚書財用諸物及封泥。"《北堂書鈔》卷一〇四引《春秋緯》："龍圖，赤玉匣，封泥如黃珠相似。"魏晋以後紙、帛并行，封泥之制漸廢，但仍有緣此以印調色封緘文書者，亦習稱封泥。唐李林甫《嵩陽觀紀聖德感應頌》："目對封泥，手連印署。"清方以智《通雅》卷三二："晋爲詔，以青紙紫泥。"清末以來，封泥實物發現頗多，於考證古代典制大有裨益。

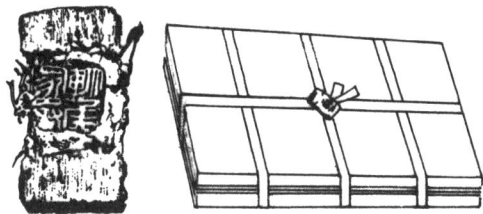

封　泥
（華夫《中國古代名物大典·函籍類》）

參閲清吳式芬等《封泥考略》、清劉鶚《鐵雲藏封泥》、周明泰《續封泥考略》《再續封泥考略》、王國維《齊魯封泥集存》。

榆櫃

以榆木所作之經函。北魏酈道元《水經注·穀水》："昔漢明帝夢見大人……於是發使天竺，寫致經像，始以榆櫃盛經。白馬負圖，表之中夏。"

石函

亦稱"石篋""石礧"。石製之匣。多以之盛置帝王封禪所用的玉牒。北魏酈道元《水經注·汝水》："城南里餘有神廟，世謂之張明府祠……廟前有圭碑，文字紊碎，不可復尋。碑側有小石函。"《舊唐書·禮儀志》："舊藏玉牒止用石盛，亦猶盛書篋笥，所以或呼石篋。"《新唐書·禮樂志》："高宗乾封元年（666）封泰山……石礧以方石再累，皆方五尺，厚一尺，刻方其中，以容玉匱。"《宋史·禮志》："封禪，以玉爲五牒……刻字而填以金，聯以金繩，緘以玉匱，置石礧中。"建於明嘉靖年間的皇史宬全部用石砌成，概仿古之"石函"之意。

【石篋】

即石函。此稱唐代已行用。見該文。

【石礧】

即石函。此稱唐代已行用。見該文。

木函

木製的匣子，多用以盛放經卷。此稱明代已行用。明顧起元《客座贅語·諸寺奇物》："永慶寺有古藏經，板刻工雅，紙色古澹，非宋刊則元刊也，較今南藏本稍低而狹，以木函函之。"

玉函

玉製之函。用以盛放貴重函籍。此稱南北朝時期已行用。晋王嘉《拾遺記・周靈王》："編以金繩，貯以玉函。"唐劉禹錫《游桃源》詩："金闕傳本枝，玉函留寶曆。"

經函

亦稱"經奩"。專用以盛放佛教經書的匣子。此稱南北朝時期已行用。時佛教興盛，經書多配以匣套，便於保藏，歷代相沿。北魏楊衒之《洛陽伽藍記》卷四："白馬寺，漢明帝所立也。……遣使向西域求之，乃得經像焉……寺上經函，至今猶存，常燒香供養之。經函時放光明，耀於堂宇。"唐許渾《題靈山寺行堅師院》詩："經函露濕文多暗，香印風吹字半銷。"宋陸游《和范侍御秋興》詩："佛屋紗燈明小像，經奩魚蠹蝕真文。"

【經奩】

即經函。此稱宋代已行用。見該文。

九籥

專用以珍藏道教經卷的容器。籥即竹管，大者可用以藏書。此稱南北朝時期已行用。南朝齊鮑照《代昇天行》："五圖發金記，九籥隱丹經。"唐李善注："鄭玄《易緯》注曰：'齊魯之間，名門户及藏器之管曰籥，以藏經。而丹有九轉，故曰九籥也。'"唐劉良注："仙經有《九轉金液丹法》，籥可以書，故云《隱丹經》。"宋蘇軾《生日蒙劉景文以古畫松鶴爲壽且貺嘉篇次韻爲謝》："微言在參同，妙契藏九籥。"

書箱

亦稱"書笈"。盛放書籍的小書箱，多以竹、木或藤製成，小巧輕便，可隨身携帶。此稱漢代已行用，沿用至今。《太平御覽》卷七一一引《風俗記》："笈，學士所以負書箱，如冠籍箱也。"晋葛洪《神仙傳・封衡》："有二侍者，一負書笈，一携藥笥。"晋陸雲《與平原書》："書箱亦在奏案，大小五枚。"《晋書・王祥傳》："勿作前堂，布几筵，置書箱，鏡奩之具，棺前但可施床榻而已。"唐李賀《送沈亞之歌》："白藤交穿織書笈，短策齊裁如梵夾。"清王琦彙解："書笈，書箱也。"明徐渭《北臺疏草序》："曩巡遼，草數簡，入紹時，偶雜隨行書笈中。"

【書笈】

即書箱。此稱晋代已行用。見該文。

【笈】

即書箱。此稱漢代已行用。《史記・蘇秦列傳》："負笈從師。"《太平御覽》卷七一一引《風俗記》："笈，學士所以負書箱，如冠籍箱也。"《後漢書・李固傳》："常步行尋師，不遠萬里。"唐李賢注引三國吳謝承《後漢書》："固改易姓名，杖策驅驢，負笈追師三輔，學五經，積十餘年。"《北史・高允傳》："〔高允〕性好文學，擔笈負書，千里就業。"

【書篋】

即書箱。亦稱"書笥"。此稱漢代已行用。漢應劭《風俗通義・怪神・世間多有亡人魄持其家語聲氣所説良是》："又買李幼一頭牛，本券在書篋中。"《三國志・魏書・胡質傳》："嘉平二年薨，家無餘財，惟有賜衣書篋而已。"唐柳宗元《爲韋京兆祭太常崔少卿文》："我有書笥，盈君尺牘，寤言在耳，今古何速。"唐佚名《玉泉子》："〔皮日休〕春關内嘗宴於曲江，醉寢於別榻，衣囊書笥，羅列旁側，率皆新飾。"宋陸游《晚晴》詩："潤侵書笥深防蠹，暖徹衣篝剩得香。"《金瓶梅詞話》第二八回："正面是張坐床，旁邊香几上都尋到，没有，又向書篋内尋。"

【書笥】

即書篋。此稱唐代已行用。見該文。

【文匣】

即書箱。亦稱"文奩"。此稱清代已行用。清黄六鴻《福惠全書·刑名部·詞訟》："門子接置文匣内。"清蔣士銓《一片石·宴閣》："妾身昨晚寫得《唐韻》一本，謹致文奩，用供吟筆。"

【文奩】

即文匣。此稱清代已行用。見該文。

【琅笈】

即書箱。亦稱"琅函"。古人愛書，爱及書箱，即美其名曰琅笈、琅函、錦篋等。此稱南北朝時期已行用。北周庾信《陝州弘農郡五張寺經藏碑》："琅笈雲書，金繩玉檢。"至五代前蜀始被琅函所代。時韋莊有《李氏小池亭》詩："家藏何所寶，清韻滿琅函。"宋陳師道《滿庭芳·咏茶》："閩嶺先春，琅函聯璧，帝所分落人間。"金元好問《通真子墓碣銘》："琅函瓊笈閉九淵，垂芒八角星日懸。"清黄遵憲《己亥雜詩》之八四："琅函錦篋深韜龔，留付松陰後輩看。"清袁于令《西樓記·檢課》："俺相公書房中琅函萬疊，緗帙千層，都是我收拾。"清張舟《次韻留别》："琅函書寄衡陽雁，可抵昌黎薦士章。"

【琅函】[3]

即琅笈。此稱五代時期已行用。見該文。

【錦篋】

即書箱。此稱宋代已行用。宋程俱《和同會舍千葉緋桃》詩："忽如剪緋帛，又似翻錦篋。"清黄遵憲《己亥雜詩》之八十四："琅函錦篋深韜龔，留付松陰後輩看。"

玉笈

書箱之一種。玉製或飾玉之書箱。多用以貯藏珍貴書籍。此稱南北朝時期已行用。《漢武内傳》："上元夫人即命侍女紀離容……捧八色玉笈鳳文之蘊，以出六甲之文。"南朝梁簡文帝《咏筆格》詩："英華表玉笈，佳麗稱珠綱。"南朝梁沈約《桐柏山金庭館碑銘》："啟玉笈之幽文，貽金壇之妙訣。"唐王勃《尋道觀》詩："玉笈三山記，金箱五嶽圖。"宋陸游《跋老子道德古文》："予求之逾二十年，乃盡得之。玉笈藏道書二千卷，以此爲首。"明許自昌《水滸記·謀成》："鶴氅摳趨，玉笈隨行。"

【玉箱】

即玉笈。此稱南北朝時期已行用。《陳書·江總姚察傳論》："汲郡孔堂之書，玉箱金板之文，莫不窮研旨奥，遍探坎井。"

筐篋

書箱之一種。多以竹條編製而成，其狀呈長方形。此稱先秦時期已行用。《晏子春秋·内篇雜下六》："厚取之君而不施於民，是爲筐篋之藏也，仁人不爲也。"《漢書·賈誼傳》："俗吏之所務，在於刀筆筐篋，而不知大體。"顏師古注："筐篋，所以盛書。"《南史·劉苞傳》："少好學，能屬文，家有舊書，例皆殘蠹，手自編輯，筐篋盈滿。"

【篋笥】

即筐篋。此稱漢代已行用。漢班婕妤《怨歌行》："常恐秋節至，涼風奪炎熱。棄捐篋笥中，恩情中道絶。"南朝梁任昉《出郡傳舍哭范僕射》："已矣平生事，咏歌盈篋笥。"劉良注："篋笥，盛書器。"《晋書·溫嶠傳》："〔嶠〕臨卒之際，與臣書別。臣藏之篋笥，時時省視。"唐杜甫《留別公安太易沙門》詩："數問舟航留製作，長開篋笥擬心神。"清趙翼《題李静庵印譜》："倘徒炫新奇，俗書貯篋笥。貝葉抄西番，木皮襲南裔。"清王先謙《〈合校水經注〉序》："久藏篋笥，先授梓人，以質海内之好讀是書者，而推論其要義如此。"

瓊笈

亦稱"瓊箱""瓊函"。書箱之一種。多爲玉製或玉飾，古人常用以貯藏珍貴書籍。此稱南北朝時期已行用。《漢武内傳》："上元夫人語帝曰：'阿母今以瓊笈妙韞，發紫臺之文，賜汝八會之書，五嶽真形，可謂至珍且貴。'"唐王勃《七夕賦》："上元錦書傳寶字，王母瓊箱薦金約。"宋汪藻《浮溪集》卷二三《奉祠謝宰相啓》："黄卷青箱，以理平生之業；瓊函雲笈，以收方外之書。"金元好問《通真子墓碣銘》："琅函瓊笈閉九淵，垂芒八角星日懸。"清吴偉業《永和宫詞》："緑綈小字書成印，瓊函自署冲華進。"

【瓊箱】

即瓊笈。此稱唐代已行用。見該文。

【瓊函】

即瓊笈。此稱清代已行用。見該文。

書篢

竹製書箱。多用竹篢編製而成。此稱唐代已行用。唐皮日休《醉中即席贈潤卿博士》詩："茅山頂上携書篢，笠澤心中漾酒船。"《宋史·歐陽修傳》："修游隨，得唐韓愈遺稿於廢書篢中，讀而心慕焉。"宋陸游《發書畫還故山

戲書》詩："昨日遣畫笥，今日發書籨。"清沈復《浮生六記·閨房記樂》："一日，於書籨中得《琵琶行》，挨字而認，始識字。"

巾箱 [2]

省稱"巾"。古時放置文件、信札、書卷等函籍之小箱。此稱漢代已行用。《太平御覽》卷七一一引《漢武内傳》："武帝見西王母巾箱中有一卷書。"晋葛洪《〈西京雜記〉序》："後洪家遭火，書籍都盡，此兩卷在洪巾箱中，常以自隨，故得猶在。"南朝宋謝莊《宋孝武宣貴妃誄》："巾見餘軸，匣有遺弦。"唐李善注："巾，巾箱也。"《宋書·王僧綽傳》："頃之，〔劉〕劭料檢太祖巾箱及江湛家書疏，得僧綽所啓饗士並廢諸王事。"清錢謙益《移居》詩之二："典庫收藏三篋在，巾箱裝載五車同。"清趙翼《李郎曲》："捆載巾箱過嶺來，昔是玉人今玉客。"

【巾】

"巾箱 [2]"之省稱。此稱南北朝時期已行用。見該文。

【巾笥】

即巾箱 [2]。亦稱"巾笈""巾籨"。此稱唐代已行用。唐劉禹錫《觀市》："在巾笥者織文及素焉，在几閣者雕彤及質焉，在筐筥者白黑巨細焉。"宋蘇軾《與謝民師推官》之一："蒙不鄙棄，贈以瑰瑋，藏之巾笥，永以爲好。"宋王安石《得子固書因寄》詩："故人莫在眼，屢獨開巾笈。"宋沈遼《德相送荆公二詩用元韻戲爲之》詩："辱枉淵明贈，今猶秘巾籨。"元辛文房《唐才子傳·盧綸》："帝遣中使悉索其巾笥，得詩五百首進之。"

【巾笈】

即巾笥。此稱宋代已行用。見該文。

【巾篋】

即巾笥。此稱宋代已行用。見該文。

青箱

盛放書籍字畫之箱。此稱南北朝時期已行用。《宋書·王准之傳》："〔曾祖〕彪之……博聞多識，練悉朝儀，自是家世相傳，並諳江左舊事，緘之青箱。"唐賈耽《賦虞書歌》："須知《孔子廟堂碑》，便是青箱中至寶。"清方文《潤州早發》詩："白露水千里，青箱書一函。"

護箱

古時專用以盛放書籍繪畫作品的木箱。今多有仿製，以提高書籍之裝潢，亦起到保護作用。

詩篋

亦稱"詩奩"。盛放詩稿的小箱子。此稱唐代已行用。唐白居易《醉吟先生傳》："每良辰美景，或雪朝月夕，好事者相過，必爲之先拂酒罍，次開詩篋。"宋張舜民《體之推官侍親出使聊書短篇以浣行色》詩："路遥詩篋重，雪映彩衣明。"宋葉適《送潘德久》詩："未有羽書吟自好，全提白下入詩奩。"

【詩奩】

即詩篋。此稱宋代已行用。見該文。

書囊

盛放書籍、公文及信函之袋子。多以絲布製成，間有以皮爲之者。此稱漢代已行用，歷代沿用之，今多稱之爲書包。《太平御覽·益部·耆舊傳》："漢文帝連上事書囊以爲帳，惡聞紈素之聲。"唐岑參《送李別將攝伊吾令充使赴武威便寄崔員外》詩："詞賦滿書囊，胡爲在戰場。"唐元稹《酬孝甫見贈》詩："一自低心翰墨場，箭軷拋盡負書囊。"金董解元《西廂記諸宮調》卷三："收拾琴劍背書囊。"

【方底】

即書囊。亦稱"盛書囊"。因其底部呈方形，故名。此稱漢代已行用。《漢書·孝成趙皇后傳》："中黃門田客持詔記，盛綠綈方底，封御史中丞印。"顏師古注："方底，盛書囊，形若今之筭縢耳。"《後漢書·廣陵思王荆傳》："光武崩，大行在前殿，荆哭不哀，而作飛書，封以方底。"李賢注："方底，囊，所以盛書也。"清陳康祺《郎潛紀聞》卷三："〔田雯〕比督學江南，舁以肩輿，從兩驢，載衣裳一箱，五經子史兩方底。"

【盛書囊】

即方底。此稱漢代已行用。見該文。

【書袋】

即書囊。此稱唐代已行用。唐王起有《獺皮書袋賦》。五代王定保《唐摭言·海叙不遇》："平曾謁華州李相（固言）不遇，因吟一絶而去曰：'……詩卷却抛書袋裏，譬如閑看華山來。'"

【笈囊】

即書囊。古人之詩文書籍或入錦囊，或藏之笈篋，故笈囊連用即爲書囊之泛稱。此稱唐代已行用。唐張籍《祭退之》詩："籍在江湖間，獨以道自將。學詩爲衆體，久乃溢笈囊。"

縹囊

書囊之一種。用青白色的絲帛製成。此稱南北朝時期已行用。南朝梁蕭統《〈文選〉序》："詞人才子，則名溢於縹囊；飛文染墨，則卷盈乎緗帙。"唐呂向注："縹，青白色；囊，有底袋也。用以盛書。"北魏楊衒之《洛陽伽藍記·城西開善寺》："當時四海晏清，八荒率職，縹囊紀慶，玉燭調辰。"《隋書·經籍志》："魏秘書監荀勗分於四部，總括群書，盛以縹囊，書用緗素。"唐常袞《晚秋集賢院即事寄徐薛二侍郎》詩："縹囊披錦綉，翠軸卷瓊琚。"清錢謙益《移居》詩之二："典庫收藏三篋在，巾箱裝載五車同。縹囊緗帙紛如畫，好著移居物色中。"

褚橐

亦稱"褚囊"。綿製書囊。此稱宋代已行用。宋歐陽修《讀張李二生文贈石先生》："二生固是天下寶，豈與先生私褚橐。"宋歐陽修《送方希則序》："夫良工晚成者器之大，後發先至者驥之良，異日垂光虹蜺，濯髮雲漢，使諸儒後生企仰而不暇，此固希則褚橐中所蓄爾。"

【褚囊】

即褚橐。此稱宋代已行用。見該文。

詩囊

亦稱"詩橐""詩袋"。盛放詩稿之袋子。此物始行於唐代詩人李賀。《新唐書·李賀傳》："〔李賀〕每旦日出，騎弱馬，從小奚奴，背古錦囊，遇所得，書投囊中。"此稱宋代已行用。宋陸游《春日雜賦》："退紅衣焙熏香冷，古錦詩囊覓句忙。"又《病中偶得名酒小醉作此篇是夕極寒》詩："詩囊羞澀悲才盡，藥裹縱橫覺病增。"宋許月卿《先天集》卷三《次韻黃玉如大章携先集來訪二首》："先集一編詩橐富，家傳萬卷子金榮。"明康海《中山狼》第二折："誰曾見這錦囊詩袋，却遮藏的虎黨狐儕。"清查慎行《河間道中》詩："數錢工姹女，詩橐笑空携。"清周亮工《寄閩南高雲客蔣用弨謝爾將》詩："難從酒伴浮三雅，自解詩囊咏七哀。"梁啓超《臘八小飲》詩："客懷澒洞詩囊窄，鄉思

低迷粥鼓遥。"

【詩橐】

即詩囊。此稱宋代已行用。見該文。

【詩袋】

即詩囊。此稱明代已行用。見該文。

詩筒

盛放詩稿之竹筒。此物盛行於唐宋。因其便於携帶，時文人墨客以此傳遞唱酬之作，頗具情趣。至清代仍多有效仿者。唐白居易《醉封詩筒寄微之》詩："爲向兩州郵吏道，莫辭來去遞詩筒。"又《秋寄微之十二韻》："忙多對酒榼，興少閱詩筒。"自注："此在杭州，兩浙唱和詩贈答，於筒中遞來往。"宋楊萬里《新路店道中》詩："染得筆頭生五色，急將描取入詩筒。"元胡助《南城書院和王子肅韻》之二："簾外官閑渾院鎖，詩筒來往不嫌多。"清曹寅《施滬江和詩留別兼餉荔枝酒作此志謝》詩："方物常年隨職貢，郵籤第一接詩筒。"清趙翼《與汪經耘編修同寓》詩："聯吟不用詩筒遞，劇飲常教酒盞空。"《紅樓夢》第二二回："太監又將頒賜之物送與猜着之人，每人一個宮製詩筒，一柄茶筅。"

【筒竹】

即詩筒。此稱唐代已行用。宋王讜《唐語林·文學》追述曰："白居易長慶二年，以中書舍人爲杭州刺史……官妓高玲瓏、謝好好巧於應對，善歌舞。從元稹鎮會稽，參其酬唱。每以筒竹，盛詩來往。"

詩瓢

貯放詩稿之瓢。此物始行於唐，此稱宋代已行用。宋計有功《唐詩紀事·唐球》："球居蜀之味江山，方外之士也。爲詩撚稿爲圓，納

之大瓢中。後臨病，投瓢於江曰：'斯文苟不沉沒，得者方知吾苦心爾。'至新渠，有識者曰：'唐山人瓢也。'"宋胡仲弓《葦航漫游稿·約枯崖話》："清風資話柄，流水走詩瓢。"元袁桷《送吳成季五絶》之四："詩瓢淅瀝風前樹，雪在深村月在梅。"明陳與郊《義犬》第一齣："且掛詩瓢學許由，北鄰看竹東鄰酒。"清周亮工《丁亥除夕獨宿邵武城樓永夜不寐成詩四章》之二："晨窺粟瓮思僮減，歲驗詩瓢喜橐增。"

錦囊

亦稱"古錦"。錦緞製作之囊袋，古人多用以珍藏詩稿。此物始行於唐代詩人李賀。《新唐書·李賀傳》："〔李賀〕每旦日出，騎弱馬，從小奚奴，背古錦囊，遇所得，書投囊中……及暮歸，足成之。"宋韓維《寶奎殿前花樹子去年與宋中道同賦今復答宋詩》："春羅試舞衣新換，古錦藏詩墨未乾。"宋何薳《春渚紀聞·潘穀墨仙揣囊知墨》："潘生一日過，余取所藏墨示之，穀隔錦囊揣之，曰：'此李承宴軟劑，今不易得。'"宋蘇舜欽《送王楊庭著作宰巫山》詩："落筆多佳句，時應滿錦囊。"明康海《中山狼》第二折："誰曾見這錦囊詩袋，却遮藏的虎黨狐儕。"清趙翼《錦囊》詩："怕人笑我詩才盡，特遣奚童背錦囊。"《花月痕》第四回："忽奉令箭一枝，錦囊一個，内固封密札。"今人亦有沿稱"古錦"之稱。樊增祥《再示兒輩》："雅人深致循良事，都被先生古錦收。"

【古錦】

即錦囊。此稱宋代已行用。見該文。

奚囊

此物始於唐詩人李賀之小奚奴背負錦囊。《新唐書·李賀傳》："〔李賀〕每旦日出，騎弱馬，從小奚奴，背古錦囊，遇所得，書投囊中……及暮歸，足成之。"此稱宋代已行用。宋樓鑰《山陰道中》詩："奚囊莫怪新篇少，應接山川不暇詩。"元柳貫《夜行溪谷間梅花迎路香影離離可愛》詩："正爲先生行役苦，故留皴玉薦奚囊。"清陳夢雷《贈秘書覺道弘》詩："彩句奚囊滿，牙籤鄴架盈。"

圖囊

盛放地圖的袋子。多用布、皮革或其他材料製成，既能保護又便於使用。蓋自古文人之囊袋演化而成。此稱始行用於現代。

書包

盛放書籍、文具的袋子。多用布、皮革或其他材料製成，供學生上學時使用，可提可背。蓋自古文人之囊袋演化而成。此稱始行用於現代。

帙

亦作"袠""袟"。書衣、書套。以麻布、絲織品等製成的用以管理、保護圖書的包裹。盛於東漢至唐。《説文·巾部》："帙，書衣也，從巾，失聲。"段玉裁注："書衣，謂用裹書者。"《後漢書·楊厚傳》："祖父春卿，善圖讖學，爲公孫述將。漢兵平蜀，春卿自殺，臨命戒子統曰：'吾綈袠中有先祖所傳秘記，爲漢家用，爾其修之。'"晋潘岳《楊仲武誄》："披袟散書，屢睹遺文。"

【袠】

同"帙"。此體漢代已行用。見該文。

【袟】

同"帙"。此體晋代已行用。見該文。

布帙

用布做的書套。《晋中興書》："傳元盛書有青縑帙、布帙、絹帙。"

書帙

亦稱"書套"。古書的函套。以布帛與夾紙板糊製而成，猶如書之外衣。晋王嘉《拾遺記・秦始皇》："〔張儀、蘇秦〕二人每假食於路，剥樹皮編以爲書帙，以盛天下良書。"宋梅堯臣《次韻和景彝省闈宿齋》："看盡雲容天漏碧，讀殘書帙卷披黄。"元陳櫟《定宇集》卷一〇《與高四叔翁》："外面書套之語，亦商量寫定。"清俞正燮《癸巳存稿・書套》："今之書套，套即套，套即韜，韜即囊也……所以盛書也。無底曰囊，即今書套。"

【書套】

即書帙。此稱元代已行用。見該文。

書護

亦作"書椟"。亦稱"書襻"。盛書夾，書的封套。《藝文類聚》卷五五引漢杜篤《書椟賦》："惟書椟之麗容，象君子之淑德。"宋黄伯思《東觀餘論・記與劉無言論書》："〔劉〕乃在洛中一僧房中，於書椟上寫之，即俗所謂書襻者。"明王志堅《表異錄》："承書夾曰書椟。"

【書椟】

同"書護"。此體唐代已行用。見該文。

【書襻】

即書護。此稱宋代已行用。見該文。

楮帙

亦作"楮裒"。用楮皮搗製而成的書套。此稱元代已行用。元虞集《書〈經筵奏議〉稿後》："欲方册便覽，命西域工人搗楮爲裒，刻皮鏤金以護之，凡七枚，專屬燕赤繕録前後所進書。"明宗臣《贈房隱君叙》："具餽蔬，治楮帙，請學名儒。"參閲《淵鑑類函》卷一九四

"楮"文。

【楮裒】

同"楮帙"。此體元代已行用。見該文。

湘帙

亦稱"斑竹帙"。書套之一種。因以湘妃竹（即斑竹）製成，故名。其製法乃是以湘妃竹爲經，各色絹色爲緯，織成細竹簾，再在外面以絹綢之類爲襯襯。此稱宋代已行用。宋林逋《和酬周啓明賢良見寄》："治世誰能吊屈平，且披湘帙散幽經。"明張岱《夜航船・湘帖》："古人書卷外必有帖藏之，如今裹袱之類。白樂天嘗以文集留廬山草堂，屢亡逸。宋真宗令崇文院寫校，包以斑竹帙送寺。"

【斑竹帙】

即湘帙。此稱明代已行用。見該文。

綈帙

絲織的書套。綈，質地粗厚、平滑而有光澤的絲織品。此稱漢代已行用。"帙"或作"裒"。《後漢書・楊厚傳》："祖父……臨命戒子統曰：'吾綈裒中有先祖所傳秘記，爲漢家用，爾其修之。'"清吴偉業《永和宫詞》："緑綈小字書成印，瓊函自署充華進。"

綈緗

指書衣、書套。綈，較厚的絲織品；緗，淺黄色。古人常以淺黄色絲織物作書衣，故名。此稱晋代已行用。《晋書・后妃傳序》："得失遺迹，焕在綈緗。興滅所由，義同畫一。"南朝梁劉孝綽《〈昭明太子集〉序》："遍綈緗於七閣，彈竹素於九流。"

緑帙

緑色的書帙。亦代稱書籍。南朝齊王融《游仙詩》："緑帙啓真詞，丹經流妙説。"南朝

梁吳均《登鍾山燕集望西静壇》詩：“復望子喬壇，金繩藴緑帙。”

緗帙

書套之一種。因以淺黄色白絹製成，故稱。緗，淺黄色。引申爲書卷代稱。此稱南北朝時期已行用。《宋書·順帝紀》：“姬夏典載，猶傳緗帙；漢魏餘文，布在方册。”南朝梁蕭統《〈文選〉序》：“詞人才子，則名溢於縹囊；飛文染翰，則卷盈乎緗帙。”清錢謙益《移居》詩之二：“典庫收藏三篋在，巾箱裝載五車同。縹囊緗帙紛如畫，好着移居物色中。”清袁于令《西樓記·檢課》：“俺相公書房中琅函萬疊，緗帙千層，都是我收拾。”

緹帙

赤色之書套。緹，橘紅色。此稱南北朝時期已行用。南朝梁王僧孺《臨海伏府君集序》：“金版玉箱，錦文緹帙。”

護書

盛放名帖、公文之多層夾袋。用布或皮製作。此物多行用於明清時官吏之出行，其内多置放文卷、信札等。《警世通言·唐解元一笑姻緣》：“學士教打開看時，床帳什物一毫不動，護書内帳目開載明白。”《老殘游記》第二回：“轎子後面，一個跟班的戴個紅纓帽子，膀子底下夾個護書，拼命價奔，一面用毛巾擦汗，一面低着頭跑。”《官場現形記》第五一回：“一面又教跟班的把護書拿來，取出好幾件公事。”

護書夾

放置公文之夾子。多以牛皮紙或塑料等材料製作。此稱始行用於近現代，蓋因古之護書演變而來。

信封

秦漢時信箋多夾入兩鯉魚型的木板之間，外縛以繩，繩端打結，初封以膠泥并鈐印，以防他人私拆。東漢以後板牘漸廢，紙帛并行，但信封仍以版匣爲之。有“封篋”之稱。《漢書·孝成趙皇后傳》：“使緘封篋及緑綈方底。”至中唐始用紙製袋裝，因難縛實，虚空易漏，古人曾嘲之曰“空漏子”。其形式似今之信封而略大。宋趙彦衛《雲麓漫鈔》卷三：“唐《盧氏雜記》云：‘喪亂以來，封書多以空漏子。’蓋古人封書皆實封，今人用空漏子套書，蓋始於唐。”宋代承唐制且漸普及。元明之後衍爲今式。信封之稱亦是代有變化。唐稱“緘”，宋稱“緘封”，元代稱“封皮”。元王實甫《西厢記》第三本第二折：“將簡帖兒拈，把妝盒兒按，開拆封皮孜孜看，顛來倒去不害心煩。”清代稱“信殻”。《官場現形記》第三回：“胡理將信從信殻裏取出，看了一遍。”至近現代始有信封之稱。

【封篋】

即信封。此稱漢代已行用。見該文。

【空漏子】

即信封。此稱唐代已行用。見該文。

【緘】[2]

即信封。此稱唐代已行用。見該文。

【緘封】

即信封。此稱宋代已行用。見該文。

【封皮】[2]

即信封。此稱元代已行用。見該文。

【信殻】

即信封。此稱清代已行用。見該文。

書筒

古時納儲書信之物，多以竹木爲之，間有陶瓷製品。士人常置案頭，兼作裝飾。唐李白《酬宇文少府見贈桃竹書筒》詩："桃竹書筒綺綉文，良工巧妙稱絕群。"宋趙蕃《呈季承》詩："但恐衡陽無過雁，書筒不至費人思。"

封筒

亦稱"封套"。古時用以盛裝文件、書信的套子。此稱始行用於明代。《初刻拍案驚奇》卷一〇："當下開了拜匣，稱出束脩銀五錢，做個封筒封了，放在匣内。"《歧路燈》第一六回："到了次日，盛宅早送來一個拜匣，封套上邊寫了分金二兩。"

【封套】

即封筒。此稱清代已行用。見該文。

封檢[2]

加蓋印記之封口。此物始行用於唐代。唐陸龜蒙《和襲美江南道中懷茅山廣文南陽博士三首》詩之一："自拂烟霞安筆格，獨開封檢試砂床。"參見本卷《函札説·簡札考》"封檢[1]"文。

附録一：甲骨學與金學通釋

第一節　甲骨學通釋

甲骨學是探討甲骨文的緣起、發展及其價值的學科。探討甲骨學，對於評定中華民族在世界文化史中的地位而言，意義非凡，當然遠不止於此，下有詳論。

甲骨文是古代漢字的一種。甲骨文發現之初及其後的一段時期，學界對其稱呼各異，如貞卜文字、殷墟文字、契文、甲骨刻文、殷契、殷商文字、龜甲文等，後約定俗成稱爲甲骨文。就載體材質而言，甲骨文以龜甲、獸骨爲載體，龜甲以龜腹甲爲主，獸骨以牛肩胛骨爲主，較少使用牛肋骨、鹿頭骨、牛頭骨、人頭骨、虎骨等。就書寫方式而言，雖然絕大多數出土甲骨文采用鍥刻方式，但也有極少數（出土不足百片）采用書寫方式。就出土地點而言，現存甲骨文主要以殷墟出土爲主，在今河南安陽一帶，屬於商代文字。同屬商代的甲骨文，還有在鄭州等地出土的一小部分，而在山西省也出土過一批，爲周代甲骨文。因而我們對於甲骨文也就有了三個定義：一是指殷墟出土的甲骨文，爲狹義上的甲骨文；二是指鄭州及其他地區出土的商代甲骨文；三是兼指商代和西周的甲骨文，爲廣義上的甲骨文。目前對於甲骨文的發現共有三説。

最被廣爲接受的一説認爲於清光緒二十五年（1899，己亥）由王懿榮發現。時任國子監祭酒的王懿榮因患瘧疾，在服用中藥時，發現其中一味中藥"龍骨"之上似有圖畫。作爲著名的金石學家，王懿榮對此極爲敏感。經過進一步研究，他認定這是一種古老的漢字。甲骨文從此便被發現。劉鶚在《鐵雲藏龜·自序》中曾指出："龜板己亥歲出土。"羅振玉《殷墟書契·自序》也認爲："光緒二十有五年，歲在己亥，實爲洹陽出龜之年。"

一説認爲甲骨文於 1894 年由畫家胡石查發現。該説由考古學家蔣玄佁在《1894 年發現龜甲獸骨文字》中提出。文中談到他從舊書店中買得一小型摺叠本甲骨文拓本，標籤"殷甲骨文册"，籤後有一小方圖章，稱"静儉齋藏"，凡裱貼甲骨文拓本 32 片，每片左方蓋有小方圖章，稱"石查手拓"。拓本前面，貼有一張信紙，寫有"曩於甲午歲，胡石查先生來京，時相晤談，曾以碎龜板文字見惠……甲辰八月中秋後一日，寅生識"。推算可得，甲辰爲 1904 年，甲午爲 1894 年，故而蔣玄佁認爲甲骨文由畫家胡石查在 1894 年發現。此説在學界認可度不高，王宇信《甲骨學通論》有詳細批駁，不再贅述。

另有一説認爲甲骨文於 1898 年由著名學者王襄和孟定生發現。王襄曾在《簠室殷契》一文中寫道："世人知有殷契，自西元 1898 年始。濰友范壽軒售古器物來言：河南湯陰出骨版，中有文字，徵詢吾人欲得之否。時有鄉人孟定生共話，極慫恿其往購，且言欲得之。孟氏意此骨版爲古之簡策也。""孟氏與襄皆寒士，各就力所能者，收之而已。""所餘骨版，據云盡售諸王廉生（懿榮），得價三千金，言之色喜。"

那麼對甲骨文進行研究究竟有何價值呢？

一、書法價值。甲骨文是目前所知中國最早的系統文字，也是比較成熟的文字。甲骨文已經初具用筆、結體、章法等書法要旨，書法藝術濫觴於此。郭沫若在 1937 年出版的《殷契粹編·序》中激賞其書法藝術："卜辭契於龜骨，其契之精而字之美，每令吾輩數千載後人神往。文字作風且因人因世而异，大抵武丁之世，字多雄渾，帝乙之世，文咸秀麗。而行之疏密，字之結構，回環照應，井井有條……足知現存契文，實一代法書，而書之契之者，乃殷世之鍾、王、顔、柳也。"

二、文字學價值。早在新石器時代的仰韶文化，我們便在陶器上發現了各種刻畫符號，這可稱爲成爲我國文字的雛形，而到了商代，漢字基本成熟了，甲骨文已經具備了相對嚴密的體系和規律。在甲骨文發現之前，古文字研究主要依從鐘鼎文及許慎的《説文》，而甲骨文更早於鐘鼎文和《説文》，且是直接出土的文物，可信度更高。這對於我們研究漢字的起源和發展，有極大價值。

三、文化價值。1894 年拉克伯里提出了"中華文化西來説"，妄言中華文明源於古巴比倫，此論當時獲得了一定程度的認可，中華文明的獨立性被嚴重質疑。至 20 世紀 20 年代，隨着對甲骨文的研究越發深入，這一學説不攻自破。尤以學者王國維的研究最爲突出，他提出了"二重證據法"，將傳世文獻與甲骨卜辭對照考證，大致還原了商代世系的基本面貌。故而甲骨文的存在，是對中華文明的獨立性的强力證明。

鐵雲藏龜

　　清人劉鶚所輯的殷墟甲骨文歷史上第一部著録。鐵雲是劉鶚的字。劉鶚共計收藏甲骨文五千多片。1903 年他從中拿出 1058 片，加以墨拓，以石印出版。此書共六册，在《自序》中首次提出甲骨文爲"殷人的刀筆文字"。

契文舉例

清人孫詒讓研究《鐵雲藏龜》所刊録甲骨拓片而成的世界上第一部考釋殷墟甲骨文的專著。全書分上下兩卷，共十章。上卷八章，下卷二章，共計一百一十三頁；《釋文字》一章共計五十頁，爲全書重點。該書既考文字又考制度，開了古字考釋與古史考證相結合的先例。羅振玉在《殷墟書契·自序》中曾對該書做出評價："顧先後數年，僅孫仲容徵君詒讓作《契文舉例》，此外無聞焉。"

殷墟書契考釋

近代考古學家羅振玉所著。該書是羅振玉在其所著的《殷墟書契》(亦稱《殷墟書契前編》)、《殷墟書契後編》《殷墟書契續編》基礎上，考釋内容而成。羅振玉在《殷墟書契考釋·自序》中曾有言"感莊生'吾生有涯'之言，乃發奮鍵户者四十餘日"，遂成《殷墟書契考釋》一書。此書前有羅振玉所作之序，後有王國維所題之跋，共一百零八頁，每頁上下兩面，共二百一十六面，不分卷，分爲八章。《殷墟書契考釋》是一部劃時代的著作，是甲骨文研究的里程碑。王國維在《跋》中稱："三代以後言古文者，未嘗有是書也。夫先生之於書契文字，其蒐集流通之功，蓋不在考釋下。即以考釋言，其有功於經史諸學者，頗不讓於小學。以小學言，其有功於篆文者，亦不讓於古文。"

卜辭中的古代社會

郭沫若第一篇關於甲骨卜辭研究的論文，1929 年脱稿。《中國大百科全書·考古學卷》指出，該文"對商代的生産狀況和社會組織進行了理論性的概括"。後被編入《郭沫若全集·歷史編》，1982 年 9 月由科學出版社出版。

甲骨文字研究

郭沫若所著關於甲骨文研究的論文集，1929 年 8 月 1 日正式脱稿，1931 年 5 月由上海大東書店石印出版，共收録論文十七篇。該論文集的主要内容，郭沫若在《重印弁言》中提到，"通過一些已識未識的甲骨文字的闡述，來瞭解殷代的生産方式、生産關係和意識形態"。此書多次改易重印，後被收入《郭沫若全集·考古編》第一卷，1982 年 9 月由科學出版社出版。

卜辭通纂

郭沫若所著釋讀甲骨文字及其銘辭的專著。此書主體有拓片、摹本、照片及考釋四部分，1933 年 5 月由日本文求堂書店石印出版，初時共四册，後爲精裝一册。該書一直爲學者必讀之書，初學者也可參考閱讀，多次重印後被收入《郭沫若全集·考古編》作爲第二卷，1983 年 6 月由科學出版社出版，全一册。

殷契粹編

郭沫若所著釋讀甲骨文的專著。郭沫若從劉體智所藏的兩萬八千二百九十二篇甲骨拓本中選取一千五百八十五幅，加以考釋編輯而成。初版本於 1937 年 4 月由日本文求堂書店石印出版，綫裝五册。修訂本於 1959 年中國科學院考古研究所在郭沫若意見的基礎上完成，於 1965 年 5 月由科學出版社出版。該書後被收入《郭沫若全集·考古編》作爲第三卷。

甲骨文斷代研究例

董作賓所著關於甲骨文時代分期的論文，1932 年完成，1933 年刊載於《慶祝蔡元培先生六十五歲論文集》。該文提出了"今後研究甲骨文字一個新的方案"。董作賓依據自己所提出的十個標準，將"盤庚以至帝辛"劃分爲五個時期，該舉使甲骨文研究進入科學階段。

天壤閣甲骨文存

唐蘭所著甲骨文研究專著。該書有兩個版本。其一是 1939 年輔仁大學出版的叢書本，書封面有陳垣署題"輔仁大學叢書""天壤閣甲骨文存"。扉頁有沈兼士題"天壤閣甲骨文存并考釋""唐蘭著"，故而亦稱《天壤閣文存并考釋》。書後版權頁記"民國二十八年四月發行，共二百部。印刷所北平彩華珂羅版印刷局，發行所北平輔仁大學，經售處北平隆福寺街修綆堂、文奎堂、琉璃廠來熏閣"，裝訂兩冊。其二是北京圖書館出版社 2000 年重印本，封面題"天壤閣甲骨文存并考釋"，扉頁書名右題"唐蘭撰"，左題"北京圖書館出版社"，裝訂一冊。天壤閣是發現、收集和研究甲骨文第一人王懿榮所建的藏書樓。唐蘭於本書之序中説道："余與王氏次子漢章先生稔，昔歲晤於天津，蒙其以拓墨二冊見假，並許其傳布。昨夏又於輔仁大學圖書館見拓本一冊，首有王氏長子漢輔先生題語，中多與前兩冊複出，知亦王氏故物，又並在福氏所獲之外。余追惟王氏始鑒定功不可没，又感漢章先生之厚意，乃合三冊，去其複重，得百有八片，輯爲《天壤閣甲骨文存》。"

殷墟卜辭綜述

陳夢家所著大型綜合性甲骨學著作。由科學出版社於 1956 年出版。該書共分二十章，比較系統、全面地叙述了安陽出土殷代卜辭的内容以及研究的經過和方法。

甲骨文字釋林

于省吾所著關於甲骨文字考釋的學術著作，爲于氏代表作，由中華書局於 1979 年出版。該書内容以釋字爲主，包括對前人已識甲骨文字的進一步闡釋和對前人錯識或未識甲骨文字的正確識別。書中《釋屯》《釋盗》等篇目均爲對難解文字的考釋，此外于氏還强調了對於難解之義的考釋，如書中對"乞""庶"的考釋。

第二節　金學通釋

金學亦稱鐘鼎學，是探討鐘鼎文的緣起、發展及其價值的學科。鐘鼎文展現的是中華民族的重大歷史事件，真實可靠，是其他文獻取代不了的。

何謂"鐘鼎文"？鐘鼎文指鐘、鼎等青銅器上的文字，因承載文字的器物主要爲青銅所鑄的鐘、鼎，故以"鐘鼎"代指。它最早可追溯到商代，盤庚遷殷之後便可見青銅器上鑄造少量文字，周代青銅器鑄造工藝更加成熟，器身所承載的文字數量不斷增加，盛行於春秋戰國時期（前 770—前 221）。鐘鼎文是中國青銅器文化中的重要組成部分，它的工藝多樣，最爲典型的是采用高浮雕和鏤空等手法，在器物表面刻劃金文。其文字内容則以記事爲主，或記述該器鑄造事由，或雕刻自家姓名以確定器物歸屬，或鑄器以追先人功績。周代將青銅稱爲"金"，故鐘鼎文亦可稱"金文"。青銅熔點低、硬度大、耐腐蝕和磨損，具備良好的可塑性，成器後色澤光亮，作爲文字的載體時縱歷經歲月流轉，亦可充分保留其本來面貌。那麼，對鐘鼎文的研究有何價值呢？

就審美價值而言，鐘鼎文上承甲骨文，下啓秦篆，是中國古代青銅器文化中的代表之一，具有極高的藝術價值，是中國傳統文化的重要組成部分。鑄刻在青銅器上的文字年代不同，風格各异，各具其美，古人極具創造力的審美追求顯露無遺，是中華文化一抹鮮艷的文化底色。

就歷史價值而言，鐘鼎文不僅是中國古代文化的代表，也是中國古代政治、經濟、文化等方面的見證。青銅器上的文字以記事爲主，鑄刻的銘文，記録了古代國君的政治、宗教和文化活動，對研究古代政治制度和社會風俗具有重要的參考價值。

就考古價值而言，鐘鼎是中國考古學研究的重要文物。通過對鐘鼎文的研究，可以瞭解古代青銅器製作技術、社會生産力水準、社會制度等方面的情况，對深入理解古代社會和文化具有重要的作用。

鐘鼎作爲古代官方禮器的代表，具有重要的社會價值。鐘鼎文的銘文和圖案不僅反映了古代貴族的政治和文化活動，而且也體現了古代社會的等級制度和禮儀文化。

就文化傳承價值而言，青銅器是官方禮器的代表。在當時的社會中，鐘鼎被視爲貴族身份和地位的象徵，用於舉行各種政治和社會儀式，有着極高的政治和文化地位。用鐘鼎文記録的古代政治和文化活動，是中華文化根脉的證明，而鐘鼎文所體現的審美觀和藝術風格影響了中國後世的藝術創作和文化發展。它是中華文化的重要符號和象徵。

就國際價值而言，鐘鼎文的獨特風格和文化內涵，是中華文明向世界展示風采的重要文化符號。同時，對於鐘鼎文的研究和保護是世界文化遺産保護和文化交流的重要內容之一。

后母戊鼎

亦稱"司母戊鼎"，因鼎後內壁鑄有"后母戊"記名銘文而得名，是我國已知最大、最重的先秦銅容器。1939 年出土於河南省安陽縣武官村，旋即被埋藏，1945 年後始送往南京，現藏於中國國家博物館。該鼎長 166 厘米、寬

79 厘米、通高 133 厘米，重 800 餘千克。鑄造時，先渾鑄鼎身和鼎足，然後在鑄造好的器身安模翻範，鑄接鼎耳而成。平面呈長方形，立耳，直腹，平底，柱足；雙耳厚實，口沿寬大，柱足粗巨而上部中空；器身轉角處及相應的鼎腿上部飾扉棱。整體形態高大厚重，雄渾莊嚴。器表裝飾繁複，其中耳廓以人面紋爲中心，旁列對稱的雙虎；耳輪排列首尾相連的飛獸；器身中爲素面，周邊飾對稱的獸面紋和夔龍紋；鼎足上部飾獸面紋。除鼎足外，所有動物紋樣均以雲雷紋襯底，層次豐富。

【司母戊鼎】

"后母戊鼎"的舊稱。此稱 20 世紀 30 年代始行用。見該文。

后母辛鼎

亦稱"司母辛鼎"，因鼎後內壁鑄有"后母辛"記名銘文而得名。由中國社會科學院考古研究所於 1976 年在河南省安陽市殷墟婦好墓中發掘出土，現藏於中國國家博物館。該鼎通高 80.1 厘米，口長 64 厘米，寬 48 厘米，長方形口，短沿方唇，立耳，直腹平底，柱狀空心足，口下四面及轉角飾獸面紋，雷紋作地，腰邊底飾乳丁，足上部獸面醒目。

【司母辛鼎】

"后母辛鼎"的舊稱。此稱 20 世紀 70 年代始行用。見該文。

亞弜銅圓鼎

亦稱"婦好墓亞弜銅鼎"，因鼎口沿上有"亞弜"銘文而得名。1976 年由中國社會科學院考古研究所在河南省安陽市婦好墓發掘出土，現藏於中國國家博物館。該鼎通高 72.2 厘米，口徑 54.5 厘米，圓體，大口，方唇，立耳，深腹，圜底，三圓柱形空足。頸飾一周獸面紋，足上部飾獸面紋，足下端略收。

【婦好墓亞弜銅鼎】

即亞弜銅圓鼎。此稱 20 世紀 70 年代行用。見該文。

寢孳方鼎

因作器者名"寢孳"而得名。1980 年由北京大學歷史系考古專業等單位於山西省曲沃縣曲村晉國墓地發掘出土，現藏於山西博物院。該鼎是少見的從周人墓地出土的有長篇銘文的商文化銅器。口邊長 19.5 厘米、寬 16 厘米、通高 25.5 厘米。爲長方形淺腹式，弧頂立耳，斜折沿，方唇，直腹壁，弧形底，下接較高的四條實心柱足。鼎腹四中四隅設扉棱，壁面飾以雲雷紋地的主題花紋兩層：上層爲相對的四鳥或二鳥，下層爲大彎角獸面。鼎足上另飾陰綫的對捲雲紋及垂角。鼎內前後壁鑄有銘文，一壁內容爲此鼎由來，共計四行二十七字（含一合文），另一壁爲族飾銘文。

小臣缶方鼎

因作器者爲商王屬下"小臣缶"而得名。本爲清朝宮內所藏，原在北京頤和園內，現藏於故宮博物院。該鼎高 29.6 厘米，口徑 22.5 厘米 ×17 厘米，重 6.18 千克，爲深腹寬壁細柱足式，其口上有立耳，深腹，口沿下飾有夔紋帶，腹部飾有饕餮紋，側加倒夔紋，足上部飾有雲紋，下部爲垂葉紋，器內壁有銘文四行二十二字，記載商王對小臣缶的賞賜。

戍嗣鼎

亦稱戍嗣子鼎，因作器者名"戍嗣"而得名。1959 年由中國科學院考古研究所於河南省安陽市殷墟發掘出土，現藏於中國社會科學院考古研究所。該鼎通高 48 厘米，口徑 39.5 厘米，重達 21.5 千克，圓形，口沿二直耳，三蹄足，頸部飾獸面紋。器內銘文三行三十字，其中合文三。銘文記商某王某年九月丙午這天，商王在宗廟明堂大室賞賜給戍嗣子鼎貝二十朋，戍嗣子因受榮寵，鑄了這件祭祀寶鼎。

祖辛方鼎

因其內部銘文有"舉祖辛禹"而得名。1957 年出土於山東省長清縣（現濟南市長清區），現藏於山東博物館。該鼎高 23 厘米，口長 16.6 厘米，口寬 14.2 厘米，立耳侈口方唇，頸略收，腹微鼓，平底柱足，頸、腹飾獸面紋，足飾三角雲紋，器腹爲長方形，微鼓，平底，下承四根粗壯的柱足，體態沉穩，腹內壁有銘文六字。

大禾人面紋方鼎

因其上有記名銘文"大禾"且有人面紋而得名，是迄今發現的唯一以人面紋爲飾的鼎。1959 年由湖南博物館發現，現藏於湖南博物院。該器通高 38.5 厘米，口長 29.8 厘米，寬 23.7 厘米。顏色碧綠，器身略呈矩形，口部略大於底部，兩耳直立，四柱狀足，足上部有獸面紋，器身外表四周飾半浮雕的人面。人面周圍有雲雷紋，人面的額部兩側有角、下巴兩側有爪。鼎腹內壁鑄"大禾"兩字銘文。

太保鼎

因其上有記名銘文"太保鑄"而得名。據傳清朝道光年間出土於山東省梁山縣，共有大小兩件，小者不知下落，爲"梁山七器"之一，現藏於天津博物館。大鼎通高 50.7 厘米，口長 36 厘米，寬 23 厘米。折沿，方唇，雙立耳較高，直壁，腹較淺，四柱狀足上端略粗，下端

稍細。雙耳飾相向的龍紋；器體上部飾獸面紋，下部爲變形蕉葉紋，四角設扉棱。四足上部各飾一獸面。中部有傘形附飾。器內鑄銘文三字"太保鑄"，表明其爲太保自作之器。太保爲西周三公之一。

成王鼎

因其上有銘文"成王尊"而得名，出土時間地點不詳。現藏於美國堪薩斯納爾遜美術館。該器通高 28.5 厘米，口長 18.5 厘米。立耳上有相對的爬龍，折沿方唇，淺腹直壁，牛首高柱足，牛首的角、耳均伸出作圓雕狀。腹的四中四隅和鼎足的獸首中央飾較高的捲雲狀扉棱。鼎的口沿下飾雲雷紋襯底的長尾鳳鳥紋，其下四壁轉角處各飾三列尖錐狀乳釘紋，中心飾直棱紋。鼎內壁鑄銘文"成王尊"三字。

堇鼎

因作器者爲"堇"而得名。1975 年由北京市文物管理處等單位在北京市房山區發掘出土，現藏於首都博物館。該器通高 62 厘米，口徑 47 厘米，重 41 千克。立耳折沿，微鼓腹，最大徑偏下，圜底下接三實足。上腹部飾獸面紋帶一周，有扉棱六道，三足上部各飾一獸面和短扉棱一道。器內鑄銘文四行二十六字，記述燕侯命堇到宗周奉獻禮物給太保，太保在庚申這天賞賜給堇貝，堇爲太子癸鑄造這件器物。

盂鼎

亦稱"大盂鼎""大字盂鼎"，因由"盂"製作且銘文較出土的另一件字體較大而得名。小盂鼎已失。大盂鼎現藏於中國國家博物館。該鼎通高 101 厘米，口徑 78.3 厘米，重 153.5 千克。立耳，折沿，斜肩、垂腹，圜底，獸足。肩上飾獸面紋帶，獸面共六組，其鼻梁突

起爲短扉棱；三足上部各飾一鼻中起扉棱的獸面，下有旋紋三道。器內鑄銘文十九行共計二百九十一字（含合文），記載周王對盂的訓誥和册命。

旟鼎

因作器者爲"旟"而得名。1972年於陝西省眉縣馬家鎮出土，現藏於陝西歷史博物館。該器通高77厘米，口徑56.5厘米，重78.5千克。圓形斂口，直耳，鼓腹，圜底，最大腹徑偏下，柱足中部略細。上腹部飾獸面紋帶一周，以雲雷紋襯底，有扉棱六道。兩耳外側各有兩條相對的夔龍紋。三足各飾一獸面。鼎內底部與鼎足相應部位有三個圓窩。圓窩周圍可見足與腹合鑄時留下的鑄縫。內壁有銘文四行二十八字。

滕侯鼎

因作器者爲"滕侯"而得名。1982年發現於山東省滕縣，現藏於滕州博物館。該器通高27厘米，口長邊16厘米，短邊11.5厘米。爲圓角方鼎，口上扣圓角平頂淺蓋，蓋頂四角立尾外卷的夔龍形捉手，揭蓋倒置時可以充當四足。鼎身直口斜壁，腹部下垂，附耳高大，柱足短小。器表除耳部外遍布各種花紋：蓋沿上及口沿下分別飾一周反身鳥紋加對立鳥紋，腹部每面飾一捲角大獸面紋，鼎足飾捲雲紋及垂葉紋。器內鑄銘文"滕侯作寶尊彝"六字，蓋器對銘，計二行六字。滕爲西周、春秋時期諸侯國，據文獻記載即在今山東滕州。

十五年趞曹鼎

因作器者爲"趞曹"且作於某周王十五年而得名。應爲清末民初出土，現藏於上海博物館。該器通高23.5厘米，口徑22.9厘米。平面呈圓形，雙立耳，折沿方唇，腹壁外傾成垂腹，圜底近平，柱足較矮較細。紋飾僅在上腹飾反首折身夔龍紋帶一周。器內鑄有銘文共計八行五十七字。

膳夫克鼎

亦稱"大克鼎"，因作器者爲"膳夫克"而得名。據傳清光緒十六年於陝西省扶風縣出土，現藏於上海博物館。該器通高93.1厘米，口徑75.6厘米，重201.5千克。平面呈圓形，立耳，折沿，方唇，鼓腹，最大腹徑偏下，三獸蹄狀足。頸部飾目雲紋帶一周，并設短扉棱；腹飾環帶紋；足上部各飾一獸面，獸面中部亦有扉棱。腹內鑄有銘文共計二十八行二百九十字。銘文行款及內容明顯分前後兩段：前段，克稱頌其祖父師華父的德行美好，輔佐周王，使周王室內外安定，以至於當今天子還思念師華父的功績，任用自己爲大臣；後段記錄周王在宗周對克的册命，記錄周王令克出納王命，并以命服、土地、臣妾賜克。

【大克鼎】

即膳夫克鼎。此稱清代光緒年間已行用。見該文。

師同鼎

因作器者爲"師同"而得名。1981年於陝西省扶風縣出土，現藏於寶雞周原博物院。該器通高35厘米，口徑34厘米，腹深20.5厘米，重10.5千克。平面呈圓形，平折沿，立耳，壁近直，深腹，圜底，蹄足。口沿下飾重環紋及旋紋各一周，耳外側飾兩道凹旋紋。器內壁鑄有銘文七行五十四字，主要記載周王朝某次征伐北方游牧民族戎人，師同參與征伐及所獲得的功績。

毛公鼎

因作器者爲"毛公"而得名。據傳爲清代道光年間於陝西省岐山縣出土，是迄今發現的銘文最多的青銅器，現藏於臺北故宮博物院。該器通高 53.8 厘米，口徑 47.9 厘米，重 34.7 千克。立耳，半球形腹，蹄足。口沿下器腹上以旋紋爲邊欄，其間填以長圓相間的重環紋。器内底部鑄有銘文，分左右兩部分排列，共計 32 行 499 字（含合文 3、重文 7）。銘文記述周王對毛公的宣誥册命，以"王若曰"開始，文例近似《書》中的《文侯之命》，王命内容可分四部分：一、周王回顧周王朝開國時期的盛況和近期四方不寧的時局；二、周王册命毛公以發布王命、統屬王臣和治理邦家内外的大權；三、周王重申先王對毛公的告誡和勸勉，要求毛公能盡職盡責地捍衞自己；四、周王賞賜給毛公命服、車馬、兵器等物作爲權力的標志。該鼎的鑄造工藝不精，器表有沙眼，範縫未經打磨，花紋也相對簡單。

禹鼎

因作器者爲"禹"而得名。1942 年於陝西省扶風縣出土，現藏於中國國家博物館。該器通高 54.6 厘米，口徑 46.7 厘米，重 37.25 千克。厚直立耳，短斜折沿，鼓腹下垂，圜底，下接矮蹄足。紋飾簡單，口沿下飾短扉棱相隔的六組相對的竊曲紋，腹部飾波帶紋，足上爲帶短扉棱的獸面紋。後部器壁鑄有銘文，共計二十行二百零八字（包括合文二、重文三）。銘文内容可分爲五部分：一、禹追述其祖輩、父輩事迹；二、禹奉上司武公之命繼承祖考管理井邦之事；三、叙説噩侯馭方率南淮夷侵伐周王朝南土和東土，周王命西六師、殷八師伐噩

受阻的軍事形勢；四、叙述禹奉武公之命，率武公徒馭助西六師、殷八師伐噩，擒獲其君馭方的功績；五、叙述鑄鼎的緣由。該器銅質較差，器表呈黑褐色。

哀成叔鼎

發掘於周王室貴族哀成叔墓中，故此得名，又因作器者爲"嘉"，亦稱"嘉鼎"。1966 年由河南省洛陽博物館發掘出土，現藏於洛陽博物館。該器通高 34 厘米，口徑 28.5 厘米。造型工藝爲四腹範、一底範，與通常銅鼎用三塊腹範有所不同，爲附耳小平底型。帶弧形蓋，蓋中設提環，環外列三鳥形鈕，鳥作抽象的曲尺形，鼎身形狀如削去上下兩端的球形，上作子口以承蓋，肩腹間有箍狀帶，腹内收與小平底相連，腹側接三蹄足。腹内後壁鑄有銘文共計八行五十四字。銘文叙述一個名嘉的鄭國人"少去父母"，來到周王畿，受到哀成叔的恩惠，共同侍奉康公，所以在哀成叔死後，嘉爲哀成叔作了此鼎。

王子午鼎

因鼎上銘文有"王子午"而得名。1978 年由河南省淅川縣文物管理委員會於當地發掘出土，七件成套，形制相同，大小相次，現藏於河南博物院。該器最大者通高 68 厘米，口徑 66 厘米；最小者通高 63 厘米，口徑 58 厘米。采用分鑄焊接法和分鑄鑄接法成型。蓋如傘形，頂有橋形鈕。立耳外撇，侈口方唇，束腰鼓腹，口沿與下腹間置六個昂首凹腰揚尾的怪獸形鎏，平底下接粗矮的蹄足。外表裝飾極爲繁複，精細異常：蓋面飾蟠螭紋兩周，耳、口、腰飾浮雕狀蟠虺紋，頸上滿布細小的蟠虺紋；腹上紋飾分上下兩組，上層爲構圖單元較小的曲折紋，

下層爲構圖單元較大的捲羽曲折紋；鼎足上部中起蟠虺紋的扉棱，兩旁則以浮雕狀的羽虺構成獸面。蓋上有玉箸體銘文"偁之（鼎升）"，器腹鑄有銘文共計十四行八十六字（包括重文五）。銘文記述王子午自作這套鼎，用來祭祀皇祖文考，以求長壽多福。

宗周鐘

因周朝國都所在爲"宗周"，此鐘爲周王下令鑄造，故此得名，現藏於臺北故宮博物院。該器通高 65.6 厘米，銑間 35.2 厘米，重 43.9 千克，爲甬鐘。甬下部有旋，旋下逐漸加粗，以增大與舞部的接合面。鐘體上小下大，器面以凸綫分隔出鉦、鼓、篆、枚，枚較長。甬上飾夔龍紋，舞上飾竊曲紋，篆間飾連身反首、雙頭的龍紋，鼓隧部飾象首紋。銘文起自正面中央鉦部，繼鼓隧部左端，然後轉背面右端，共計十七行一百二十二字。

晉侯穌鐘

因作器者爲晉國國君"穌"而得名。1992 年於山西省曲沃縣出土，現藏於山西博物院。該器共 16 件，分大小相次的兩組。每組最大者分別通高 49 厘米和 50 厘米，最小者分別通高 22 厘米和 22.3 厘米。器表呈灰褐泛黃綠色。屬弧口甬鐘，作上大下小的合瓦形，甬部較短，下部有旋有幹，旋上飾雲目紋。舞部飾勾連捲雲紋。鉦部以陰綫分隔鉦帶、篆帶和枚帶。枚較長，分兩段。篆帶飾長體合卷雲紋。正面鉦帶鑄刻銘文，各鐘銘文相連。鼓部中央飾勾連對雲紋，左側以白紋作第二基音標志。鐘上鑄有銘文共計 355 字（包括合文七、重文九）。銘文記述周王三十三年，周王親自征伐東夷，晉侯穌隨王東征，兩次出戰均有斬獲，受到周王褒賞之事。

楚公逆鐘

因其上有"楚公逆"自銘而得名。1993 年由北京大學考古系等單位於山西省曲沃縣發掘出土，現藏於山西博物院。該器一套八件，大小相次，形制相同，均爲合瓦狀弧口甬鐘。其中較大的二件通高 51 厘米。鐘體下大上小，鼓隧部中飾以相對的兩組夔龍、鳳鳥和虎紋，左側以一犾猭爲第二基音標志；鉦部以雙綫夾乳刺爲欄分隔鉦帶、篆帶和枚帶，篆帶以蟬紋爲飾，長枚中分作兩段；甬部下大上小，旋下出環形幹，旋面飾雲目紋。銘文鑄於鉦間及鼓右，前五件鐘內容相同，字數隨鐘的大小遞減，最多者共計八行六十六字；後三件鐘銘文及花紋皆與前五件鐘不同。

秦公鐘

器銘開頭爲"秦公曰"故此得名。1978 年於陝西省寶雞縣被發現，共有八件，現藏於寶雞青銅器博物院。其中齊口鎛鐘 3 件，弧口甬鐘 5 件。齊口者一般稱秦公鎛，形制相同，大小相次，最大者通高 75.1 厘米，重 62.5 千克；最小者通高 64.2 厘米，重 46.5 千克。弧口者即通常說的秦公鐘，也爲體量依次遞減的相同形制，最大者通高 48 厘米，重 24 千克；最小者通高 27.6 厘米，重 6 千克。大多挂鈎尚存。秦公鐘爲有鉦、篆、枚分區的標準型鐘，短甬帶旋，前出旋蟲，舞部、篆間、鼓部分別飾龍目紋、行龍紋和對鳳紋。鐘體鑄有銘文，較大的二鐘和較小的三鐘分別相連成篇。秦公鎛鐘體兩側及兩中有由鏤空龍鳳組成的扉棱，扉棱至舞部聚合爲鈕。鉦部不分區，在上下兩道由變形蟬紋、竊曲紋和菱形釘組成的紋帶間飾蟠龍主紋。鼓部鑄有銘文，每件鐘銘文單獨成篇，內容及字數與弧口甬鐘全同，僅行款相異。全篇銘文共一百三十五字（含重文四、合文一）。

曾侯乙鐘

因作器者爲"曾侯乙"而得名。1978 年由湖北省博物館於隨州市發掘出土，共六十四件，另有楚惠王所贈送的鎛鐘一件，現藏於湖北省博物館。該套銅鐘分三層共八組懸挂在呈曲尺形的銅木結構的鐘架上。鐘架長 10.83 米、高 2.73 米，由六個佩劍武士形銅柱和八件圓柱承托兩端以青銅套加固的七根彩繪木梁。上層爲三組鈕鐘十九件，中層爲三組甬鐘三十三件，下層爲二組大型甬鐘十二件及楚鎛鐘一件。其中最大者通長 153.4 厘米，重 203.6 千克；最小者通長 20.4 厘米，重 2.4 千克。鐘體共重 2500 千克。鐘及架、鈎上共有銘文三千七百五十五字，內容爲編號、記事、標音及樂律理論，銘文多數錯金。鐘銘所見律銘二十八個，階名二十六個，絕大多數爲迄今僅見。每件鐘均有呈三度音程的兩個樂音，可被分別擊發而互不干擾，也可同時擊發成悦耳的和聲，總音域達八個八度。鐘用分鑄、焊接、鑄鑲、錯金、磨礪等方法製作而成，采用圓雕、浮雕、陰刻、彩繪等技法，以赤、黑、黄及青銅本色爲基調，裝飾以人、獸、龍、鳳、花瓣、幾何形等題材，莊重肅穆，雄奇綺麗。

亘鬲

亦稱耳鬲，因其上有似"亘"字銘文而得名，是較早的商代有銘文的銅器之一，現藏於中國國家博物館。該器通高 22 厘米，口徑 15.4 厘米，爲分襠鬲，耳、足呈四點配列，立耳內傾，侈口捲沿，袋足高襠，錐足中空。頸飾凸

旋紋三道，腹、足飾相連的雙綫人字紋，銘文位於器口内沿處。

伯矩鬲

因作器者爲"伯矩"而得名，1975 年由北京市文物管理處等單位在北京市房山區發掘出土，現藏於首都博物館。該器通高 31.2 厘米，口徑 23 厘米，爲立耳直頸連襠式。上帶蓋，蓋面和蓋鈕各由相背的兩個牛頭組成。其蓋面四隻牛角翹起，角尖正好與鬲耳内緣相抵，高度也正好與之相當。鬲身斜領，鼓肩，柱足。領上兩道旋紋間以六個短扉棱分隔，其間各飾一夔龍紋；牛首紋形同器蓋，獠牙外伸，與通常牛首有所不同。該器頸内和蓋内鑄有相同的銘文，共計五行十五字。

魯侯熙鬲

因作器者爲"魯侯熙"而得名。1927 年於陝西省寶鷄市被盜掘，現藏於美國波士頓美術館。該器通高 17.1 厘米，寬 14.5 厘米，爲聯襠形。小立耳，短束頸，鼓腹，聯襠，柱足。除柱足外，器表被三個以雲雷紋爲地的捲角大獸面占滿，獸鼻凸起爲扉棱。器内鑄有銘文共計三行十三字。

師趛鬲

因作器者爲"師趛"而得名，"師"爲官職名，"趛"爲人名。現藏於故宮博物院。該器通高 50.8 厘米，口徑 47 厘米，重 48.8 千克。侈口，方唇，斜頸，附耳，鼓腹聯襠，足似蹄形。頸飾雲雷地紋的雙首夔目紋，三足襠脊有扉棱，兩側飾相背的大首短尾的夔龍紋，主紋也以雲雷紋襯底。器内鑄有銘文共計五行二十八字。

婦好分體甗

因其上有銘文"婦好"而得名，1976 年由

中國科學院考古研究所於河南省安陽市殷墟發掘出土，現藏於中國社會科學院考古研究所。該器由鬲、甑上下套合而成，二者可分離，甑部口徑 24 厘米、底徑 10 厘米、高 14.3 厘米，鬲部口徑 13.8 厘米、高 22 厘米，套合後通高 35.3 厘米，重 7.5 千克。甑部敞口，捲沿，器壁內收，平底上有三角形孔四個。甑部外壁飾首尾相接的捲尾鳥紋一周，下飾三角形垂葉紋；內壁鑄有"婦好"記名銘文。鬲部小口外侈以納甑底，平肩出檐，分襠柱足，腹壁飾雙重人字形凸弦紋。

大亥簋

因作器者爲"大亥"而得名。1958 年至 1960 年由中國科學院考古研究所在河南省安陽市殷墟發掘出土，現藏於故宮博物院。該器通高 23 厘米，口徑 16.5 厘米，重 4.75 千克；有耳斂口型，外形如同略扁的球形，蓋如覆碗，與器身融爲一體；器身斂口，圓肩，圓腹，圓底，旁設獸首耳，下出圈足。口下以前後兩個單首爲中心飾兩組鳥紋，每組四鳥，兩兩相對，腹部前後各飾一捲角獸面；圈足和肩部飾一周鳥紋。所有紋飾均素地。器底中部有"大亥作母彝"五字銘文。

天亡簋

亦稱"朕簋""大豐簋"。以作器者命名則爲"天亡簋"或"朕簋"；以銘文"王有大豐"命名則爲"大豐簋"。據傳爲清代道光年間於陝西省岐山縣出土，現藏於中國國家博物館。該器通高 20.5 厘米，座高 9.2 厘米，口徑 20.5 厘米，爲四鋬方座類。侈口鼓腹，圈足斜直，口腹間有相對的四個獸頭大鋬耳，鋬下垂珥；座呈扁長方體，上接器足，下端開敞。器表最顯眼處以渦狀團身大鳥紋爲主題紋樣，圈足飾四對長體捲尾鳥紋，座面四角飾以三角形獸面紋；主體花紋旁均襯以雲雷紋。內底鑄有銘文共計八行七十八字。

【朕簋】

即天亡簋。此稱清代道光年間已行用。見該文。

【大豐簋】

即天亡簋。此稱清代道光年間已行用。見該文。

利簋

因作器者爲"利"而得名。1976 年於陝西省臨潼縣出土，現藏於中國國家博物館。該器通高 28 厘米，口徑 22 厘米，重 7.95 千克。侈口，鼓腹，平底，圈足與方座相接，簋身兩側有垂珥獸首鋬。器身前後及方座四面均飾以雲雷紋爲地紋的捲角獸面紋，每個獸面兩旁均有垂首夔龍，圈足上飾以雲雷紋爲地紋的夔龍紋一周。器內底部鑄有銘文共計四行三十二字。

太保簋

因作器者爲太保召公奭而得名。據傳清代道光年間於山東省壽張縣出土，現藏於美國弗利爾美術館。該器通高 23.5 厘米，口徑 37.5 厘米爲四耳圈足型。四耳作獸首形，獸角寬大，高出器口之上，有垂珥。腹微鼓，圈足較高。腹部飾獸面，獸面雙目爲器耳所隔，爲獸面紋中一種罕見的形式。銘文四行三十五字，大意爲周王命太保進行征伐，太保因功受賞。

矢令簋

亦稱"令簋"，因作器者爲"矢令"而得名。1929 年在河南洛陽邙山馬坡出土，現藏於法國巴黎吉美博物館。共計 2 件，均通高 25 厘米，口徑 17 厘米，爲方座雙耳型。失蓋，斂口，鼓腹；雙獸耳，下有垂珥；方座下有四柱。頸飾小鳥紋帶一周，腹飾勾連雷紋，足部飾鳥紋帶一周。均鑄有銘文，基本一致而行款不同，每器有銘文十二行一百一十一字。

矢簋

因作器者爲"矢"而得名。1954 年於江蘇省丹徒縣出土，現藏於中國國家博物館。該器通高 15.7 厘米，口徑 22.5 厘米。敞口，方唇，淺腹，四耳，折壁式高圈足。耳作獸首無珥形，其間腹壁飾以相間的圓渦與夔紋；圈足在四耳下的位置設扉棱，其間飾對鳥紋。器內底鑄有共計銘文十二行一百二十餘字（銹蝕缺十餘字），記録某年四月的一天，王在觀看"武王、成王伐商圖"和"東或（國）圖"後，舉行改封虞侯矢爲宜侯的儀式。

乙公簋

因其上有銘文"伯作乙公尊簋"而得名。1975 年至 1977 年由琉璃河考古隊在北京市房山縣（今房山區）發掘出土，現藏於首都博物館。該器通高 28.2 厘米，口徑 19.2 厘米，重 4.96 千克，爲敞口圈足型。蓋圜頂，圈狀捉手。器身侈口，曲頸，鼓腹，圈足斜侈，兩側雙鋬爲立鳥形，鳥下以吞魚獸首爲珥，魚尾長且外捲，形成簋的二足；在簋身前後圈足外也有相同的獸首吞魚的珥足，與鋬下二足共同將簋身托起。蓋面四方及簋身前後有扉棱，其間各飾一雲雷紋地的象紋，象頭以前後扉棱爲中心，兩兩相對。圈足有雲雷紋一周。蓋內和器內底鑄有銘文共計二行六字。

臣諫簋

因作器者爲"臣諫"而得名。1978 年於河北省元氏縣出土，現藏於河北省文物研究所。該器通高 13.1 厘米，口徑 17.1 厘米，爲侈口圈足型。口部略侈，方唇，斜肩，垂腹，圈足較矮。頸、腹間有四個對稱的獸首垂珥鋬，四鋬間各飾一雲雷紋襯底的象紋，象紋兩兩相對，幾乎布滿器身，圈足上飾有盤龍紋。器內底部鑄有銘文共計八行七十二字，但由於銹蝕，部分字已無法辨認。

班簋

亦稱"毛伯彝"，因該器爲毛伯之子毛班追述父輩功績所作而得名。1972 年由北京市文物管理處發現，現藏於首都博物館。該器通高 22.5 厘米，口徑 25.7 厘米。微斂口，平折沿，鼓腹下垂，矮圈足。四獸鋬下有長、短珥各一，外長珥下垂成器足，將器體懸空托起。頸部飾渦紋、旋紋，腹部飾獸面紋四個，各含一鋬珥，耳部除獸首外又飾雲紋，珥部也飾雲紋。器腹內鑄有銘文共計二行一百九十七字（含重文二）。

【毛伯彝】

即班簋。此稱 20 世紀 70 年代始行用。見該文。

佣生簋

亦稱"格伯簋"，因對作器者的不同見解而分別得名，或爲"佣生"，或爲"格伯"，最早見於清代阮元的《積古齋鐘鼎彝器款識》。共存三件，現分別藏於中國國家博物館、上海博物館、故宮博物院。該器通高 31 厘米，口徑 21.9 厘米，重 9.8 千克，爲敞口方座型。蓋頂呈泡形隆起，圈形握手。侈口，捲沿，鼓腹，雙鋬作頭朝上的獸形，捲尾下垂爲珥，圈足下接方座。蓋沿、器頸、圈足及方座三邊分別飾變形夔龍紋間圓渦紋和雲目紋，蓋壁、器腹和方座中央飾直條紋。器與蓋內鑄有銘文，銘文相同但字數不一，器銘共計八行八十二字，蓋銘共計八行七十九字。

【格伯簋】

即倗生簋。此稱清代中期已行用。見該文、

師袁簋

因作器者爲"師袁"而得名。清朝中後期出土，現藏於上海博物館。共存兩件，通高 27 厘米，口徑 22.5 厘米，爲斂口三足型。器口上罩覆盤形器蓋，蓋頂有圈形握手。斂口，鼓腹，獸首雙耳下垂珥。圈足下接三獸蹄形足。蓋沿和頸部飾目雲紋、體飾瓦溝紋，圈足部飾垂鱗紋。器內鑄有銘文，蓋器對銘，器銘共計十行一百一十七字，蓋銘共計一百一十三字。

㝬簋

因作器者爲周王"㝬"而得名。1978 年於陝西省扶風縣出土，現藏於寶雞青銅器博物院。該器通高 59 厘米，口徑 43 厘米，重 60 千克。侈口，束頸，鼓腹；雙獸首形耳，獸角寬大，高出器口之上，耳下有垂珥；圈足較矮，下接方座。頸與圈足飾連雲紋，腹與方座飾直條紋，方座上部四角飾獸面紋。器內底部鑄有共計銘文十二行一百二十五字（含合文二、重文一），記述名叫"㝬"的周王爲祭祀先王而作的祝詞。

許季姜簋

因作器者爲許國國君的夫人，夫人姓姜，故此得名。1985 年出土於內蒙古自治區寧城縣，現藏於內蒙古博物院。該器通高 25.5 厘米，口徑 21.2 厘米。敞口，垂腹，腹兩側有雙獸耳，前後有如耳的竊曲紋形扉棱。圈足，其下聯四方設門的方座。簋的肩、腹及座的四面均飾以直棱紋。器底鑄銘文三行十六字（含重文二）。

秦公簋

因作器者爲"秦公"而得名。據傳 1919 年於甘肅省天水縣（今天水市）出土，現藏於中國國家博物館。該器通高 21 厘米，屬圈足斂口簋。蓋如矮圈足豆或盤覆蓋於器身的子口上，器口微斂，腹微鼓，器身兩側有對稱的獸首，無耳鋬，器底接外撇的矮圈足。器表以瓦溝紋爲主體紋樣，蓋沿及器口各飾一周勾連蟠虺紋，圈足飾環帶紋。器蓋鑄有銘文共計十行五十四字（含合文一、重文三），器身鑄有銘文五行五十一字（含重文一）。

史墻盤

因作器者爲"史墻"而得名，"史"爲官職名，"墻"爲人名。1976 年於陝西省扶風縣出土，現藏於周原博物院。該器通高 16.2 厘米，口徑 47.3 厘米，深 8.6 厘米，重 12.45 千克。平面呈圓形，敞口，淺腹，附耳高出器口，矮圈足下部外侈。腹飾垂冠分尾長鳥紋，圈足飾上下卷曲的雲紋，以雷紋襯地。器內底部鑄有銘文十八行二百八十四字，字體清秀工整，文章典雅。銘文內容可分爲兩部分：前半部分歷述周文王、武王、成王、康王、昭王、穆王和當時在位的恭王的功德業績；後半部敘述作器者墻的家族歷史，歷頌其高祖甲微、烈祖、乙祖、亞祖辛、文考乙公五世事迹，也記載墻本人的事迹。銘文最後說，墻爲頌揚天子"丕顯休令"，作此器爲紀念，并祈求福、祿及長壽。

散氏盤

亦稱"散盤""矢人盤"，以所認爲的作器者不同而得名，據傳於清朝乾隆年間出土，現藏於臺北故宮博物院。該器通高 20.6 厘米，口徑 54.6 厘米，底徑 41.4 厘米，深 9.8 厘米，中

21.31 千克。平面呈圓形，窄緣，附耳，淺腹，高圈足。腹飾變形夔紋，間置三獸首。圈足飾獸面紋和目雲紋。器內底部鑄有銘文共計十九行三百五十七字。銘文記載矢國侵害散邑，因而付給散氏土地作爲賠償。矢人所付土地有眉地之田和井邑之田，田的位置、四至等均有詳細記述。核定土地疆界之後，矢人和散氏雙方的有關人員參加訂約和盟誓儀式。

【散盤】

即散氏盤。此稱清代乾隆年間已行用。見該文。

【矢人盤】

即散氏盤。此稱清代乾隆年間已行用。見該文。

虢季子白盤

因作器者爲"虢季子白"而得名。據傳爲清代道光年間出土，出土地點存在分歧，現藏於中國國家博物館。該器通高 41.3 厘米，長 130.2 厘米，寬 82.7 厘米，爲長方形。折沿方唇，直口，深腹，腹壁圓轉內收，下接略矮的四足，四面各有二獸首銜環。口沿下飾一周目雲紋，腹飾粗獷的波帶紋。盤內底鑄有銘文共計八行一百一十一字（含合文、重文四，頌揚虢季子白於某次征伐中的功績）。

師永盂

因作器者爲"師永"而得名，"師"爲官職名，"永"爲人名，或稱"永盂"。1969 年於陝西省藍田縣出土，現藏於西安博物院。該器通高 47 厘米。捲沿，方唇，直壁，深腹，圈足較高。上腹附有對稱的雙提耳，耳下飾扉棱，兩耳之間的中縫處裝飾捲鼻象首。上腹及圈足飾一周接近雲目紋的變體鳥紋，下腹飾兩個相對的變形夔龍組成的垂葉狀紋。腹內鑄有銘文共計十二行一百二十三字。

【永盂】

即師永盂，見該文。

歸父敦

因作器者爲"歸父"而得名，於河北省唐縣出土，現藏中國國家博物館。該器通高 16.5 厘米，器身高 9.4 厘米，口徑 23.3 厘米，整體作帶蓋雙耳盆形。蓋呈覆碗狀，蓋沿有三個卡口卡在器口沿處以免器蓋滑動。器身侈口，束頸，折啓，腹內收，底近乎平整，肩下設一對環耳。裝飾極簡易，僅器蓋握手內有漩渦紋，器身肩上有兩道旋紋。器蓋內鑄有銘文共計兩行十一字："魯子仲之子歸父爲其善（膳）敦。"

宰椃角

因作器者爲"宰椃"而得名。出土時間地點不詳，流落日本。該器高 22.9 厘米，中弧口，長翼深直腹，圜底，器身右側安獸首鋬，下爲三條外撇的三棱形錐足，領部飾前後長、兩側短的三角蕉葉紋，腹飾一周獸面紋，足飾由雲雷紋組成的柳葉紋，角內壁鑄銘文五行三十字（含合文一）。是商周時期唯一一具有長篇銘文的角。

虆母乙觶

亦稱"母乙觶"，因其上有"虆母乙"銘文而得名，1962 年由中國科學院考古研究所發掘出土，現藏中國社會科學院。該器通高 16 厘米，口徑長 8.4 厘米，寬 7.4 厘米，重 0.7 千克。平面呈橢圓形，體矮胖，帶蓋，蓋如球面凸起，頂立菌形鈕。器身侈口，束頸，圓肩，圓腹，圈足外侈。鈕帽飾圓渦紋，蓋面飾相背的神面，頸上以相對的夔龍組成兩獸面，肩、腹部以兩神面爲主，兩旁填以夔紋，足部以四條相對的夔龍組成紋帶。所有紋飾皆不用地紋，簡潔明快。蓋內及器底鑄銘文"龏母乙"。

徙罍

因其上有銘文"徙"而得名，1968 年發現於河南省溫縣城關公社小南張，現藏河南博物院。該器通高 37.3 厘米，口徑 20 厘米，傘狀立柱，侈口，捲沿，斜肩，垂腹，圜底近平，後端設鋬，下爲三棱狀錐足，器表鑄出正面展翅而立的鴟鴞圖案，鴟鴞毛角豎立，直抵沿下。器內底鑄"徙"字族氏銘文。

婦好罍

因作器者爲婦好而得名，1976 年由中國科學院考古研究所於河南省安陽市殷墟發掘出土，現藏河南博物院。該器通高 67 厘米，口寬 23.4 厘米，口長 25 厘米，重 19.2 千克。爲平底錐足型，平面呈長方形，長頸外侈，方唇，器口兩側立雙柱，柱頂呈四阿帳形。腰微束，腹直而下部外傾，頸、腹後部安獸首鋬。四足呈四棱錐形，下端外撇。四隅及頸、腹無鋬的三面從上至下施扉棱，就連柱帽的四角也不例外。器表滿布以雲雷紋爲地的紋飾：頸爲對夔蕉葉紋，腹爲捲角獸面紋，足爲長體鳳鳥紋。內底鑄圖案化的"婦好"銘文。

邿其壺

亦稱"邿其卣"，因作器者爲"邿其"而得名。共有三件，爲二祀邿其壺、四祀邿其壺和六祀邿其壺，四祀邿其壺現藏故宮博物院。二祀邿其壺通高 38.4 厘米，屬短體提梁壺。蓋弧頂，曲壁，上設瓜棱形鈕。器身頸部不顯，斜肩，垂腹，折壁式圈足，肩兩側半環耳內套提梁。蓋面及頸部飾象頭紋，提梁及圈足飾夔龍紋。蓋內、器底內均鑄有"父丁"的記名銘文，器底另鑄有記事銘文七行三十九字。四祀邿其壺通高 34.5 厘米，形制爲商代後期較少見的長體提梁壺型，與二祀邿其壺不同。覆碗形蓋，長直頸，斜肩，鼓腹，斜圈足。頸上兩側出半環耳，內套獸首提梁。在頸耳部位的兩道連珠紋間飾簡化單面紋和雲雷紋。銘文分布與二祀邿其壺相同，僅記事銘文有別。六祀邿其壺形制與二祀邿其壺相同。

禺邗王壺

因其上銘文開篇爲"禺邗王"三字而得名。據傳 20 世紀 30 年代於河南省輝縣出土。該器二件成對，形制完全相同，花紋基本一致，現藏英國大不列顛博物館。該器通高 48.3 厘米。八瓣蓮花蓋，壺口外侈，長頸內曲，頸上有相對的回首捲尾龍耳，溜肩，圓腹，矮圈足。器表以五道箍狀絢索紋將器表分隔爲六區，上下分別飾以蓮瓣紋和垂葉紋，中央四層則填以蟠螭紋。蓋緣周圍鑄有銘文共計十九字。銘文記述了魯哀公十三年（前 482）晉定公與吳王夫差等在黃池會盟一事。

令狐君嗣子壺

亦稱"嗣子壺"，因作器者爲令狐君嗣子而得名。據傳 1927 年於河南省洛陽市出土，共有兩件，成對，現藏中國國家博物館。該器通高 46.5 厘米，口徑 14.8 厘米，底徑 16.8 厘米。器口插蓮花形器蓋，鏤空蓮瓣外撇。器身作短曲頸、長圓腹、矮圈足之形，肩兩側有銜環鋪首。蓋滿飾蟠螭紋，其中蓮瓣鏤空，身飾蟠螭紋帶五道，圈足飾絢索紋。頸外鑄有銘文共計五十字。

公子土折壺

因作器者爲"公子土折"而得名。1963 年

於山東省臨朐縣出土，現藏山東博物館。該器
通高 44 厘米，口徑 8.5 厘米，重 2.85 千克。蓋
爲帶環鈕捉手的弧頂蓋，曲頸較高，長腹中鼓，
圈足低矮。壺頸兩側環鈕內套環鏈提梁，提鏈
從器蓋兩側的套環中穿過，使提鏈放下時不致
觸地，器蓋揭開時不致失落。器表素净光潔，
僅在腹中央施凸旋紋兩道。壺前方的旋紋間有
環狀鼻一個，其作用當與銅銴類似。壺的器頸
鑄有銘文共計六行三十九字（含重文二）。

庚壺

因作器者爲“庚”而得名。出土時間地點
不詳，現藏臺北“故宮博物院”。該器平面作圓
形，口微侈，頸內曲，圓肩，鼓腹。下接臺狀
矮圈足。肩部施相對的銜環鋪首。器表除肩部
施兩道旋紋外，其餘皆素面，工整的刻銘兼有
裝飾的作用。壺原先應爲一對，銘文相連，現
存一壺鑄有銘文共二十七行一百七十八字（含
重文二）。記述齊國大將武叔庚在戰鬥中勇猛無
敵受到賞賜之事。

大御庚尊

因鑄有銘文“大御庚”而得名，1965 年於
湖北省漢陽縣出土，現藏湖北省博物館。該器
通高 37.1 厘米，口徑 26.4 厘米。屬觚形尊，喇
叭形口，腹微鼓，高圈足。器表滿飾三層花紋，
主題紋樣以雲雷紋爲地，頸飾蕉葉紋，其下作
回首夔龍紋，腹部及圈足飾獸面紋。在主紋的
凸綫條表面刻劃脉絡以爲勾勒。器身從上至下
起四條侈出口沿的扉棱。圈足上部有二個對稱
的不透空十字形鏤孔。圈足內鑄有三字銘文
“大御庚”。

小臣艅犀尊

因作器者爲“小臣艅”而得名。據傳清代

出土於山東，現藏美國舊金山亞洲藝術博物館。
該器已失蓋，通高 24.5 厘米，長 33 厘米。整
體作站立的犀牛狀，鼻上生角，兩耳斜立，身
軀肥碩，四足粗短，形象與真實的犀牛很相似。
犀牛中空，背上開圓形器口。外表如真實犀牛
皮那樣素净無紋。腹內有銘文四行二十七字。

商尊

因作器者爲“商”而得名，1976 年於陝
西省扶風縣出土，現藏故宮博物院。該器通高
30.4 厘米，口徑 23.6 厘米，腹深 22.9 厘米，重
5.85 千克。圓體，侈口，方唇，粗頸，微鼓腹，
高圈足邊緣加高。口沿下飾四組倒置的獸面蕉
葉紋，頸下部飾夔紋帶一周，腹與圈足部均飾
獸面紋，器身通體飾扉棱四條。器內底部鑄有
銘文共計 5 行三十字。

柯尊

因作器者爲“柯”而得名，1963 年於陝西
省寶鷄市出土，現藏寶鷄青銅器博物院。該器
通高 38.8 厘米，口徑 28.8 厘米，重 14.6 千克。
整體作圓口方體觚形，形體粗壯，圓敞口，腹
與圈足爲圓角方形，圈足邊緣加高。頸部飾獸
形蕉葉紋及蛇紋，腹部和圈足部飾以細雷紋襯
地的獸面紋，獸面如高浮雕，捲角聳出器表。
器身自上而下飾四條高扉棱。器內底部鑄有銘
文共計十二行一百二十二字，因尊底有破洞一
處，銘文損傷三字，現存一百九十九字。

盠尊

因作器者爲“盠”而得名。1955 年於陝西
省眉縣出土，現藏中國國家博物館。該器通高
17.2 厘米，口徑 17 厘米，重 2.75 千克。口圓
體方，長頸外侈，捲沿方唇，四角扉棱伸出口
外。方腹直壁，腹兩側伸出向上卷曲的象鼻形

鋬，鋬有垂珥。圈足不高，也作方形。在腹及圈足的四角設扉棱，扉棱棱角分明，與尊頸圓和的扉棱不同。腹正中飾渦紋，兩旁填以夔龍紋，頸部飾内有夔紋的仰葉，圈足飾雲紋。器内底部鑄有銘文共計十行一百零八字。

令彝

亦稱"作册令彝"，因作器者爲"令"而得名。1929 年於河南省洛陽市出土，現藏美國弗利爾美術館。該器通高 35.6 厘米，口長 24.7 厘米，重 35.6 千克。形體矮胖，器上有四阿屋頂形蓋，屋脊和屋面四中有厚重的扉棱，正脊中央立四阿屋形捉手。器身侈口，短頸，鼓腹，圈足，頸、腹、足與器蓋對應處也各有扉棱一段。器表滿布雲雷紋地的花紋，主紋有獸面紋（蓋、腹）、虎紋（頸）、鳳鳥紋（足），其中頸部的虎紋有凸起的虎首居中，身軀向兩側對稱展開，虎皮斑紋深陷，頗有特點。蓋、器均鑄有銘文，共計十四行一百八十七字（含合文二，器銘少一族名文字）。

盠彝

因作器者爲"盠"而得名。1955 年於陝西省眉縣出土，共二件，形制、花紋及銘文皆相同，現藏中國國家博物館。該器通高 22.8 厘米，口長 14.4 厘米，重 3.6 千克。器形仿宮殿式樣，平面呈方形，有蓋。蓋與蓋鈕皆作五脊屋頂形。器身粗矮，方唇短頸，微鼓腹，圈足，腹兩側有向上卷曲的象鼻形雙鋬耳，下有方垂珥。蓋、器正中飾圓渦紋，兩側飾變體夔紋，頸部和圈足飾目雲紋，通體以雲雷紋襯地。紋飾雕鏤極爲精細工整，爲西周中晚期所罕見。蓋、器均鑄有銘文共計十行一百零八字，内容與盠尊相同。

婦好罍

因其上有銘文"婦好"而得名，1976 年由中國科學院考古研究所於河南省安陽市殷墟發掘出土，現藏中國國家博物館。該器通高 51.4 厘米，口邊長 15.6 厘米，重 14 千克。平面呈弧邊短長方形。口罩四阿頂形蓋，正脊中央的鈕狀捉手也作四阿頂狀。器身直口，短頸，圓肩微聳，深長腹，凹平底。肩部兩側施牛首半環耳，前後兩面飾捲角獸首，腹部後面另施一牛首半環鈕。器上遍飾以雲雷紋爲地的動物紋樣。蓋有銘文"婦好"，器身有銘文"好"。

婦好瓺

因其上有銘文"婦好"而得名，1976 年由中國科學院考古研究所於河南省安陽市殷墟發掘出土，現藏中國國家博物館。該器通高 34.2 厘米，口徑 21.8 厘米，重 13 千克。短頸圓肩，扁腹内斂，高圈足，足有小孔。所有主題紋樣皆以凸起獸頭的三條扉棱爲中綫對稱分布，其旁襯以雲雷紋。内底中部鑄銘文"婦好"。

婦好銅偶方彝

亦稱"婦好雙聯方彝"。1976 年由中國科學院考古研究所於河南省安陽市殷墟發掘出土。該器通長 88.2 厘米、通高 60 厘米 . 重 71 千克。平面呈長方形。四阿頂形蓋，蓋面轉折處起扉棱，好似 5 條屋脊，兩端設對稱的短柱鈕，蓋檐下出斜梁頭。器身直口，方唇，短頸束領，折肩狹窄，直腹，平底，高直圈足。腹部兩側出附耳，圈足下端中部設缺口，形似下接四短足。器内底部鑄有銘文"婦好"。

克罍

亦稱"太保罍"，因作器者爲"克"而得名，太保召公奭爲克之父。1981 年由琉璃河考古隊於北京市房山區發掘出土，現藏首都博物館。該器通高 32.7 厘米，口徑 14 厘米。蓋壁隆起，蓋頂微凹，上立圈狀捉手。器身較厚，方唇粗頸，聳肩收腹，器底內曲，下接向外斜侈的高圈足。肩上有相對的獸首半環耳，內套圓環；後方下腹有獸首鼻。器表素凈。祇是蓋面和肩部分別飾四個和六個圓渦紋。蓋內和器沿內壁鑄有相同的銘文六行四十三字。

左中右方盉

爲三件方盉，因器上分別有 "左" "中" "右" 銘文而得名。1933 年於河南省安陽市殷墟出土，後流落日本，現藏日本根津美術館。此器三件成套，大小、形制、紋飾均很接近。左盉高 73 厘米，中盉高 71 厘米，右盉高 72.1 厘米，均爲管狀頂流袋足型。封頂，流仰向前，口開於後，侈口，捲沿，高頸，折肩，分襠，袋足下接柱狀實足根，與流相對的頸、腹間設獸形鋬。盉頂前後中縫及盉身三中（後面中縫處爲鋬）四隅均施扉棱。三盉造型各異，其中左盉爲蹲獸形，中盉爲升龍形，右盉爲立鳥形。銘文均在器內。

馬永盉

因其上有銘文 "馬永" 而得名。據傳出土於河南省安陽市，現藏中國歷史博物館。該器通高 25.1 厘米。爲口頸和圈足略爲收束的圓柱體，頸上有半環形鈕套索狀提梁，肩下出圓筒狀流。蓋上設菌狀鈕，鈕帽上飾渦紋，蓋面飾一圈斜角雲紋。頸、肩飾夔龍紋一周，腹部飾直棱紋，圈足飾一周反捲雲紋，流上還飾有蕉葉紋。器內底鑄銘文 "馬永" 二字。

裘衛盉

因其上鑄有銘文 "裘衛" 而得名。1975 年於陝西省岐山縣出土，現藏陝西歷史博物館。該器通高 29 厘米，口徑 20.2 厘米，重 7.1 千克，爲連襠三足型。有蓋，蓋頂呈泡狀隆起，置半環形鈕。盉身微侈口，束頸，鼓腹，管狀流，半環形鋬，蓋與鋬以鏈相連，連襠，柱足。蓋沿和器頸飾回首分尾夔紋，蓋上增飾旋紋一周，腹部飾雙綫 V 形紋，流飾三角雷紋。蓋內鑄有銘文共計十二行一百三十二字。銘文記載某周王三年，王在豐邑舉行建旗典禮，接見臣下，矩伯因爲沒有覲見周王的玉璋而向裘衛換取，先要了價值八十朋貝的瑾璋，後來又要了價值二十朋貝的玉器和皮革製品，分別以十田和三田土地爲代價償付給裘衛。裘衛得到土地立刻向周王室的主管人員伯邑父等報告，得到同意。伯邑父派三有司參加受田儀式，承認這兩次土地轉移合法。

魯伯念盨

因作器者爲 "魯伯念" 而得名。1977 年至 1978 年由山東省博物館等單位於山東省曲阜市發掘出土，現藏孔子博物館。該器通高 19.2 厘米。平面呈圓角長方形。隆頂蓋，蓋上四角立龍首曲尺冠，蓋頂中央立一虎爲捉手。器身子口納蓋，腹壁較直，兩側施獸鋬耳，圈足外撇，四中有缺口。花紋單調，蓋面飾一大夔目紋，蓋口上、器口下及圈足各飾單捲雲紋一周，其餘器表均飾瓦溝紋。蓋、器對銘，各計六行三十七字。

伯公父瑚

因作器者爲 "伯公父" 而得名。1977 年於陝西省扶風縣出土，現藏周原博物院。該器腹高 19.8 厘米，口長邊 28.3 厘米，短邊 23 厘米，重 5.75 千克。器身與器蓋造型基本相同，平面皆作長方形。四壁斜傾，兩側壁各有環形耳，蓋與器合口處每邊正中有一牛首形卡，圈足下部四面皆有一缺口，形成四足。四壁近口處飾重環紋，其上下飾環帶紋，捉手和圈足飾垂鱗紋，蓋頂飾大竊曲紋。鑄有銘文，蓋、器對銘，各計十行六十一字。

康生銅豆

因作器者爲"康生"而得名。20 世紀 80 年代被發現，現藏山西博物院。該器通高 15.1 厘米，口徑 15.5 厘米，足底徑 11 厘米，爲直口粗圈足型。無蓋，直壁，深腹，沿外有棱，方唇，圈足一側有半環形把手，盤底之下有繫鈕，可知原繫有鈴。盤外壁飾圓渦紋一周，其間飾回首夔紋，圈足上部飾一周對稱夔紋帶，下部飾獸面角葉紋。通體以雲雷紋襯地，把手上部飾獸首。盤內底部鑄有銘文共計二行十字："康生作文考癸公寶尊彝。"

周生銅豆

因作器者爲"周生"而得名，1978 年由寶雞市博物館等單位於陝西省寶雞市內發掘出土，現藏山西博物院。該器通高 19.6 厘米，口徑 15 厘米。斂口，折腰，假腹淺盤，粗柄束腰，足端外侈。腹外飾相間的圓渦紋及四雲紋帶，豆柄飾垂鱗紋。豆盤鑄有銘文共計二行十字："周生作尊豆，用享於宗室。"

曾中斿父簠

因作器者爲"曾中斿父"而得名。1966 年於湖北省京山縣發掘出土，兩件成對，大小、形制、紋飾、銘文均相同，分別藏中國國家博物館和湖北省博物館。該器通高 20.2 厘米，口徑 25.6 厘米。淺盤折沿，直腹，平底粗柄，束腰，柄壁鏤空。紋飾盤外爲雲目紋帶，柄的上下鏤空作波帶紋。盤內鑄有銘文共計二行八字：

"曾中斿父自作寶甫。"

吳王光鑒

因其上有吳王光作器的銘文而得名。1955 年於安徽省壽縣出土，兩件成對，形制、大小、紋飾、銘文均相同，現藏安徽博物院。該器通高 35 厘米，口徑 57 厘米。方唇平折沿，短直頸，肩不顯著，腹部下收，平底。頸肩兩側有內套垂環的獸首環耳。器表密布蟠虺狀棘刺紋。器腹內壁有四個小圓環。器腹內底鑄有銘文八行五十二字。

易縣三勾兵

亦稱"祀譜三戈""商三勾兵"，分別以出土地、功能、年代命名。出土於 20 世紀 30 年代，是迄今僅見的商代有長篇銘文的銅戈，一套三件，現藏遼寧省博物館。分別長 27.5 厘米、27.6 厘米、27.1 厘米。形制、紋飾基本相同，皆爲直內無髯或微髯型。長援微下勾，中脊不顯，有闌，無穿，內尾作鳥形。援正面刻銘，字數各戈不一，內容爲作器者已故祖、父、兄諸世的廟號。

【祀譜三戈】

即易縣三勾兵。此稱 20 世紀 30 年代已行用。見該文。

【商三勾兵】

即易縣三勾兵。此稱 20 世紀 30 年代已行用。見該文

吳王夫差劍

因爲吳王夫差所作而得名，出土時間地點不詳，現藏中國國家博物館。該器全長 58.3 厘米。劍身分兩段，前窄後寬，中縫起劍脊，劍刃明顯。劍格上端尖而下內捲。兩面飾鑲嵌綠松石的獸面紋，劍莖爲圓柱形，中有兩道凸箍。

劍身光素，近格處鑄有銘文共計二行十字："攻敔王夫差自作其元用。"

越王勾踐劍

因爲越王勾踐所作而得名，1962 年由湖北省博物館於江陵縣發掘出土，現藏湖北省博物館。該器出土時插於黑漆木鞘内，完好無銹，全長 55.6 厘米。劍身分兩段，前窄後寬，中央起劍脊，劍刃分明。劍身兩面滿飾黑色的菱形幾何圖案。劍格前尖後捲，上鑄獸面紋，紋飾正面用藍色琉璃，背面用綠松石鑲嵌。劍莖作圓柱形，後有圓臺形劍首（鐔）。劍身近格處鑄有銘文共計二行八字："邺（越）王鳩（勾）淺（踐）自作用劍。"

越王者旨於賜劍

因爲越王者旨於賜所作而得名，盜掘現世，出土時間地點不詳，現藏浙江省博物館。該器全長 52.4 厘米。青銅鑄成，劍外套有烏黑如新的木胎漆劍鞘。劍身有中脊，兩刃平行，前部略窄，刃緣分明，前端漸收成鋒。劍格寬厚，前作人字坡形，後側兩端内卷。劍莖呈圓柱形，上有兩箍，後接圓盤形劍首，劍莖上保存有絲質纏緱。在劍格兩面鑄有銘文："戉（越）王戉（越）王者旨於賜。"

杜虎符

因虎符所掌管的軍隊屬於秦國杜縣而得名。1978 年於陝西省西安市出土，現藏陝西歷史博物館。該器高 4.4 厘米，長 9.5 厘米，厚 0.6 厘米，重 83 克。爲左半部分，精銅鑄就，呈深赤褐色。虎作站立狀，頭部高昂，胸部挺直，收腹彎背，兩腿微曲，尾巴上卷，威武有神。腹内有三角形合榫，耳上方有一内大外小的圓孔。符面鑄有銘文共計九行四十字。銘文爲錯金篆書，謹嚴典重。其出土地點與銘文中的"左在杜"正好符合。

鄂君啓節

因該器屬於"鄂君啓"而得名。1957 年和 1960 年於安徽省壽縣分二次出土，現藏中國國家博物館，共五件，分舟節和車節兩組。舟節長 31 厘米，車節長 29.6 厘米。每套原應爲五枚，均爲青銅鑄造，合於一處則組成一個完整的竹筒形。每塊銅節的中部有竹節狀凸起，將其分爲上長下短的兩段，金錯銘文也按兩段排列。舟節每節表面鑄有文字九行一百六十四字，車節每節表面鑄有文字九行一百四十七字；每行文字上下段相連。銘文表明，此銅節是楚大司馬昭陽在襄陵打敗晋國軍隊那年，大工根據楚王的命令召集所屬官吏爲鄂君啓所作。

商鞅方升

亦稱"商鞅量"，因其爲商鞅所頒布的量器而得名，最早見於《秦金石刻辭》。出土地不詳，現藏上海博物館。該器連柄長 18.7 厘米。由青銅鑄成。形如帶柄長方盤。器外除連柄一面外皆刻篆體銘文。左壁及前壁文字爲商鞅制量時初刻，底部及右壁銘文係秦始皇時加刻。

燕客箭

亦稱"燕客量"，因其上銘文以"燕客"開頭的得名，1980 年由湖南省博物館在長沙市發現，現藏湖南博物院。該器通高 13 厘米，口徑 15 厘米，重 1.2 千克，容量爲 2300 毫升，是圓筒形。直口，直壁，平底，一側有鋬。外壁一方框中有銘文六行五十八字（含重文二）。

【燕客量】

即燕客箭。此稱 20 世紀 90 年代始行用。見該文。

附錄二：古代歷史文獻中的石刻文獻

　　"文獻"一詞，至遲在宋代就已開始用來指稱有歷史價值的各種文字資料。這些資料既包括書籍，也包括未成書的各類單篇文章，以及各種檔案、文書。文獻載體的材質，有甲骨、金屬、石玉、竹木、織物、紙張，以及牙、角、陶、泥等各種類型。其中，在石頭上鑿刻的石刻文獻數量龐大，內容豐富，與簡帛文獻、紙本文獻共同構成了我國歷史文獻中的三大主幹。

　　自殷商時代算起，到清代末年爲止，我國古代石刻文獻的製作有三千多年的歷史。在這漫長的歷史中，先民們所製作的各種形制的石刻文獻，僅就現存者而言，最保守的估計也在五萬種以上。其中蘊藏着哲學、宗教、政治、經濟、軍事、文學、藝術、史學、醫藥、科技等多種學科的原始資料，具有極高的學術價值。對這些石刻文獻進行全面的考察研究，對研究中國的歷史文化具有重要意義。基於這樣的認識，本文擬從石刻文獻的價值、石刻文獻的起源、石刻文獻的分類、石刻文獻的研究方法等幾個方面進行論析。

一、石刻文獻的價值

　　關於石刻文獻的學術價值，從宋代開始人們就有比較充分的認識。劉敞在《先秦古器記》一文中就曾綱要性地指出過金石文獻的三大史料價值，即"禮家明其制度，小學正其文字，譜牒次其世諡"[1]（第36卷）。其實，石刻文獻的學術價值不僅體現在研究禮制、語言文字、譜牒等幾個方面，諸凡古典學中的學術門類，無不需要藉助這類資料以擴大其取證範圍。石刻文獻的基本的學術價值就在於，它們對於傳世文獻的缺略與訛誤具有補充和訂正的功能。

　　分而言之，一方面，利用石刻文獻可以補充傳世文獻的缺略。石刻文獻中數量最大的原始資料是各種墓碑和墓志銘，二者都包含着極爲豐富的傳記資料，對於史部群籍的所缺或所略，能提供恰當的增補。如東漢時期的敦煌太守裴岑是一位保境安民的優秀將領，他在針對北匈奴的戰爭中屢建奇功。然而，在所有傳世的東漢文獻中，不僅沒有載錄其事迹，連他的姓名亦付缺如。而《敦煌太守裴岑紀功碑》則將裴岑克敵制勝的事迹完整地記録了下來："惟漢永和二年八月，敦煌太守雲中裴岑將郡兵三千人，誅呼衍王等，斬馘部衆，克敵全師。除西域之疢，蠲四郡之害，邊竟艾安。"[2]（P59）清人錢大昕評論道：

> 漢自安帝以後，北匈奴呼衍王常展轉蒲類、秦海間，專制西域，共爲寇抄。及班勇爲長史，破平車師，西域稍通。順帝陽嘉四年春，呼衍王侵車師後部。敦煌太守率兵掩擊於勒山，漢軍不利。其秋，呼衍王復將二千人攻後部，破之。當是時，呼衍之勢日張，而岑能以郡兵誅之，克敵全師，紀功勒石，可謂不世之奇績矣，而漢史不著其事。蓋其時朝多秕政，妬功害能者衆，而邊郡之文簿壅於上聞故也[3]（P9）。

由此可以看出，有時通過一篇珍貴的石刻文獻，可以將傳世史籍中已經消亡了的一段史實，予以重新恢復。歷史寫作中的漏洞，可在一千多年以後得到彌補。

此類石刻文獻是很多的，像《齊州刺史高湛墓志》《萊州刺史唐貞休德政碑》，等等，都是其中較爲著名的。

另一方面，利用石刻文獻可以訂正傳世文獻的訛誤。傳世文獻的訛誤，有些是屬於文字方面的，如晋人陶淵明《讀山海經》詩中"刑夭"誤作"刑天"、唐文宗紀年"大和"誤作"太和"、唐人孔穎達"字沖遠"誤作"字仲達"，等等，均可援引石刻文獻再證以他種傳世文獻做出訂正。有些訛誤則屬於史實方面，如《鄂公尉遲敬德碑》乃唐初文士許敬宗所撰，被收入《文苑英華》。尉遲敬德曾於貞觀四年授襄、鄀、鄧、浙、唐五州都督，襄州刺史。此事石刻拓本與《文苑英華》所載略同，祇有"均"字，拓本作"鄀"。根據《唐書·地理志》，均州曾於貞觀元年廢州，貞觀八年又重新恢復。鄀州設置於武德四年，貞觀八年廢州。尉遲敬德官拜都督之事發生在貞觀四年，當時有鄀州而無均州，顯然應以石刻文獻所記爲是。

二、石刻文獻的起源

近年來，隨着學術研究的不斷發展，歷史考古學與文化人類學的最新發現爲我們探研石刻文獻的起源問題提供了越來越多的原始資料和研究思路。筆者認爲，對於中國石刻文獻的起源問題，可以從以下四個方面進行考察。

（一）靈石刻辭

在青銅器和鐵器發明以前，石頭在原始人的生活中具有十分重要的作用，被視爲神聖而有靈性的東西，受到普遍的崇拜。我國古代文獻中的某些記載，如見於《隋巢子》(《太平御覽·地部》所引)、《淮南子·修務訓》以及《山海經·中山經》"泰室之山"條郭璞注等各處關於禹、啓產於石中的神話傳説，説明我國在上古時期也存在着石頭有靈的信仰。又如《周禮·春官宗伯·小宗伯》中説："若大師，則帥有司而立軍社，奉主車。"鄭玄注："社之主，蓋用石爲之。"[4]（p767中）《説文·示部》："祏，宗廟主也。《周禮》有郊宗石室；一曰大夫以石爲主。"[5]（p8上）古人以"社"爲土地之神，宗廟中所祀則爲歷代祖先之神，二者都是先民心目中的重要神祇。這兩種神主均以石塊製成，恐怕不是偶然的，可以看作對上古靈石崇拜的繼承。最初用於祭祀活動的立石上也許並没有什麽特别的雕飾，後來隨着藝術活動的日益頻繁，先民們開始在某些靈石上繪刻各種圖案。文字産生以後，自然就會有人在立石上刻些簡單的語句，最早的内容當然是關於祭祀活動的，後來纔逐漸涉及更多的方面。筆者認爲，先秦時期的《石鼓文》《詛楚文》《鑑囿守丘刻石》以及稍後的秦始皇刻石都應該屬於這種靈石刻辭的孑遺。這些石刻，都是直接利用天然的柱形石塊，基本上不做加工。這種石刻形制，在漢代稱作"碣"，是帶有宗教色彩的"特立之石"[5]（p194下）。由此可知，在祭祀的對象——靈石上的刻辭，可以視爲後世祭祀、封禪類石刻文獻的最早源頭。

　　(二) 摩崖刻辭

　　摩崖繪刻是古代岩畫中最常見的一種形式，内容包括人物、動物、植物、山水、道路、建築、工具、器物以及各種幾何圖形，涉及農事、狩獵、戰争、祭祀等各個方面，表達了原始人類的思想感情、宗教信仰與審美意識。

　　中國古代典籍中，有不少關於岩畫的記載。《藝文類聚》卷七引晋郭緣生《述征記》曰："華山對河東首陽山，黄河流於二山之間。云本一山，巨靈所開。今睹手迹於華嶽，而脚迹在首陽山下。"[6]（p132）《太平御覽》卷三百八十八亦引《述征記》曰："齊有龍盤山，上有大脚，姜嫄所履迹。"[7]（p1795下）這些記載中的手迹、脚迹應該就是上古時期的岩畫，手印與脚印是岩畫中的常見題材。我國岩畫方面的考古發現多得指不勝屈。目前發現岩畫的地方多達20個省區，其中絶大部分位於少數民族地區，多數屬於古代少數民族的作品[8]。

　　雖説岩畫主要是文字産生以前的一種原始藝術形式，但是按照一般的規律，在文字産生以後，岩畫還應該繼續流行了一段時間之後纔逐漸衰亡或轉型。在這段時間中，可能出現過圖形與原始文字並存的摩崖繪刻形式。後來，隨着社會文化的不斷發展，文字的比例會越來越大，圖形的比例則越來越小。秦漢以後，一方面以文字爲主的摩崖刻辭成爲漸趨固定的表現方式，從而構成了我國古代石刻文獻的一個較大的種類；另一方面在石頭上雕刻圖像的傳統又成爲漢代畫像石大量産生的藝術淵源。

一般認爲，現存最早的漢字摩崖刻辭是漢文帝後元六年（前 156）的《群臣上壽石》。不過，西漢時期的摩崖刻辭爲數不多，東漢以後纔開始大量出現。就其内容而言，多數是社會生活中的重大事件，尤其是重要的軍事行動、政治事件以及工程建築，等等。當然，隨着應用範圍的日益廣泛，摩崖刻辭的内容也越來越豐富多樣，逐漸擴展到刻經、造像、題名、詩文、頌德等更多方面。

（三）器物刻辭

所謂器物刻辭，是指在各種石質的日用器具及生活設施上刻鑿的文字。在日用器具及生活設施上繪刻標記的這種做法，新石器時代即已産生，西安半坡、臨潼姜寨、上海馬橋、蘇州澄湖等遺址中出土的陶器和陶器殘片上的符號是較有代表性的幾種。對於這類符號的性質，有的學者認爲是一種比較抽象的圖形，有的學者則認爲可能是原始文字，意見不一。不過，多數學者都同意這樣的看法：這些符號都具有固定含義，它們可能是某些部族的族徽或是某些重要人物的個人標志，它們代表了器物的所有者，并表達了與所有者有關的少量信息[9]。

這種做法在漫長的歷史發展中逐漸積澱爲一種文化傳統，對石器製作産生了很大的影響。1935 年，從安陽殷墟 1003 號大墓中出土了一件石簋的斷耳，上面刻有 12 個字，大意是説，在辛丑這一天，一位“小臣”，進貢了一些獵物，特製此簋以紀念[10]（p7）。這是現在所發現的最早的石質器物刻辭，後世的橋柱、井欄、柱礎、石香爐、石盆等各種石質器物上所承載的石刻文獻都是由此類器物刻辭演化而來的。

（四）墓葬刻辭

漢代以後通行的墓碑，來源於上古時代用以引棺下葬的豎樁，最早是木質的，後來纔改用石材。《禮記·喪服大記》上説：“君葬用輴。四綍二碑。”[11]（p1584下）這裏的綍（繩索）與碑（豎樁），都是下棺入穴的工具。具體的做法是：先在碑的中上部鑿一個稱作“穿”的孔，將其豎立在墓穴的兩旁，再將繩索從碑穿中穿過，形成一種最簡單的轆轤裝置，這樣就可以比較平穩地將棺木下放到墓穴中去了。最初的碑上并無任何文字標志，後來，出於“識墓”的需要，人們開始在碑上刻寫文字。開頭袛是對墓主身份的簡單説明，後來内容逐漸增多，涉及世系、官爵、事迹等諸多方面。西漢成帝河平三年（前26）所立的《麃孝禹碑》，有穿，又有碑文兩行，内容是"河平三年八月丁亥，平邑囗〔侯〕里麃孝禹"，這是現存最早的刻有文字的下棺碑[10](p30)。東漢以後，石碑的下棺作用慢慢消失了，逐漸成爲專門記述墓主姓名、地望、世系、事迹等内容的石刻"識墓"標記。不過，石碑的下棺作用消失之後，碑穿作爲一種形制上的傳統，仍然流行了一段時間，而且有的碑上還在穿的附近刻上數條弧形淺槽，用來象徵繩索磨勒的痕迹，稱爲"碑暈"。後來，碑穿就逐漸絶迹了，像東漢時期的《曹全碑》《史晨碑》《袁安碑》等著名墓碑就都没有穿，當然也没有暈。

需要説明的是，隨着社會生活的發展變化，碑成了刻文識墓的工具之後，它的使用範圍變得越來越寬泛，除了喪葬悼念之外，還可以用來寫刻各種其他的内容。諸如詔敕、符牒、書札、界至、詩文、醫方、書目、題名，等等，後世統統稱之爲碑。碑幾乎成了全部石刻文獻的一個代名詞。

三、石刻文獻的分類

一般説來，任何事物的分類都應該以確立科學合理的分類標準爲前提。中國石刻文獻的分類當然也不例外。縱觀我國石刻文獻研究的歷史，歷代都有學者做過這方面的工作。過去，人們在對石刻文獻進行分類時所執行的分類標準，大致説來有以下五種：一、按照製作時代分列先後；二、按照所在地域分别録目；三、按照不同形制和功用分别排列；四、從書法的角度，按照不同的書寫人歸類排列；五、根據實際内容分别歸類。嚴格説來，第一、二兩種還談不上科學的分類。以下三種，則分别屬於考古學分類、藝術史分類和文獻學分類。本文拟從歷史文獻學的角度來重做這個工作，本着"辨章學術、考鏡源流"的原則，努力使所提出的新的分類體系能夠同時具有兩方面的作用：一要能夠全面而又準確地反映出内容各異的石刻文獻本身所具有的學術價值，二要能夠便於人們方便快捷而又充分有效地利用這些資料來從事研究工作。下面所開列的類目系統，就是筆者在這一方面所做的一次嘗試。

現存石刻文獻類目系統

（一）軍政資料

1.各種大事記；2.詔敕；3.牒札；4.文書；5.規約。

（二）傳記資料

1.譜系；2.功德碑；3.墓碑；4.神道碑；5.墓志銘；6.買地莂；7.題名；8.塔銘；9.真人碑。

（三）學術資料

1.石經；2.著作；3.儒學記；4.字書；5.書目。

（四）地理資料

1.地圖；2.界至。

（五）文學資料

1.詩詞；2.對聯；3.書信；4.格言；5.吉語。

（六）宗教資料

1.佛教；2.道教；3.其他宗教。

（七）畫像資料

1.社會生活；2.神怪傳說；3.歷史故事；4.自然景物；5.禎祥符瑞。

（八）其他資料（用來統攝暫時難以歸入以上各類的石刻文獻）

四、石刻文獻的研究方法

要想充分發揮石刻文獻的史料價值，需要藉助歷史文獻學的基本原理，采取有效的研究方法開展工作。具體說來，主要有以下幾個方面。

（一）闡釋石刻文獻的思想內容

藉助石刻文獻從事學術研究，自然應該從闡釋石刻文獻的內容入手。而且，應該對石刻文獻所涉及的各種背景知識進行全面深入的考察，力求將其所承載的學術信息儘量地挖掘出來。具體的工作，至少應包括以下三項：一、要把所論石刻文獻所屬的時代特徵與學術背景予以揭明。後人以此爲前提再去閱讀這些石刻文獻，往往能夠取得豁然貫通、事半功倍的效果。二、要對石刻文獻中的特殊語言現象進行訓解疏釋。這種工作，不僅能使後人減少文字障礙，同時還能獲得許多通例性的知識。三、在對石刻文獻進行正面闡釋的同時，還需要訂正前代學者的誤説。尤其是著名學者的學術觀點，由於其對後人的影響較大，指出他們的錯誤并予以糾正，能够有效地防止錯誤觀點的流傳與蔓延。

（二）揭示石刻文獻的行文慣例

歷代石刻文獻的行文慣例，有的衹出現於石刻文獻之中，有的則適用於更加廣泛的文字環境；有的衹是在某個具體的時間段上、衹限於個別領域中的行文慣例，有的則帶有更高的普遍性和規律性。後人在熟悉了這些慣例之後再去研讀石刻原文，就能提綱挈領，舉一反三，提高效率。從元代潘昂霄的《金石例》首創揭示這種新的著述體式以後，到清代末年爲止，這類著作一共出現了十三部，爲後人研讀石刻文獻提供了極大的幫助。

（三）説明石刻文獻的完缺與真僞

石刻文獻無論是出自石刻原物，還是出自石刻拓片，其文字的完整性與内容的可靠性是至關重要的。所以，在闡釋文獻内容、考證經史問題之前，對於石刻文獻的完缺與真僞情况予以考察是很有必要的。這種工作，自宋至清的許多金石學家，如趙明誠、顧炎武、錢大昕等人都做得很好。清末金石學家方若所撰的《校碑隨筆》一書，更是一部"以闕字之多少考定拓本之新舊"（王鼎《校碑隨筆叙》中語）的專門性著作。此書後來又有了王壯弘的增補本，頗便學者使用。

總的來説，在我們考論石刻文獻的具體工作中，往往是綜合運用各種方法以實現研究目的。這就要求我們首先要廣泛運用經學、小學、史學、文學、天文、曆法等各種知識，對石刻文獻從内容到形式進行全面的考察論析，綜合各方面的考察結果以確定其資料價值與研究價值。在具體的考論過程中，要將歷代石刻文獻與所屬時代的重要學術典籍（傳世文獻）進行比較研究，取其相同的部分作爲依據，以備徵引，將其歧异的部分當作問題，再予深究。其次，要用客觀平實的態度看待石刻文獻的學術價值。石刻文獻雖説大多是可靠的第一手資料，但在具體的製作過程中，或由於無心過失，或出於有意作僞，歷代的石刻文獻中都含有一定數量不可靠的文字成分。因此，我們既應充分重視石刻文獻對傳世文獻的補正作用，同時對於石刻文獻中所提供的材料，都要經過一番認真細緻的分析考證，對其缺誤失信之處隨時予以分析揭露，藉以提醒後世讀者慎重對待。進而言之，我們對待所有的出土文獻，如甲骨刻辭、銅器銘文、簡牘帛書、瓦當封泥、官私印章，等等，都應該堅持實事求是的態度，既不能輕視、忽視，也不可過分偏信。衹有經過多方面的對比分析，纔能全面準確地認證并發揮其學術價值。

參考文獻：

［1］宋劉敞.公是集［M］.臺北：臺灣商務印書館 1983 年影印文淵閣《四庫全書》本.

［2］高文.漢碑集釋［M］.開封：河南大學出版社，1997.

［3］清錢大昕.潛研堂金石文跋尾［M］.南京：江蘇古籍出版社，1997.

［4］唐賈公彥.周禮注疏［M］.北京：中華書局，1980.

［5］漢許慎.説文解字［M］.北京：中華書局，1963.

［6］唐歐陽詢.藝文類聚［M］.上海：上海古籍出版社，1982.

［7］宋李昉等.太平御覽［M］.北京：中華書局，1960.

［8］陳兆復.古代岩畫［M］.北京：文物出版社，2002.

［9］裘錫圭.究竟是不是文字——談談我國新石器時代使用的符號［J］.文物天地，1993（2）：26-30.

［10］徐自强，吳夢麟.中國的石刻與石窟［M］.北京：商務印書館，1996.

［11］唐孔穎達等.禮記正義［M］.北京：中華書局，1980.

碑刻舉例

一、軍政資料

（一）各類大事記

渡海紀事碑

　　立於普濟寺左側香華街，刻於明代萬曆三十一年（1603），碑高 2.6 米，寬 1.75 米，厚 0.24 米。碑文上記載了萬曆三十一年督撫浙江都御史尹應元等大批官員渡海登臨普陀山視察的盛況，以及他對重修普陀寺（今普濟寺）和海潮寺（今法雨寺）的贊譽。傳説碑石由督造太監張隨建造，并題寫了匾額“海山天柱”。1992 年政府整修建築時無意間發現此碑，并組織進行修繕。此碑是普陀山最大的古碑，也是當地市級文物保護單位。

建武明碑

　　亦稱《建武明代紀事碑》，立於九絲城鎮建武玉屏墩下。建武明碑記載了明軍將領克平九絲的壯舉，附記陣亡將領。明朝廷爲叙其功，特立“平蠻碑”，并修建“崇報祠”。《建武明碑》爲“崇報祠”外的“萬仞宮墻”旁的五塊長方形弧頂碑。碑分大小，大碑高 4.55 米，寬 2.3 米，厚 0.33 米；小碑高 3.5 米，寬 1.9 米，厚

0.33 米；每塊重 4 至 5 砘，陰文楷書。碑頂圖案爲海潮洶涌，雙龍捧日。文字典雅，書刻精細。1981 年，原宜賓地區行署公布爲市級文物保護單位。

（二）詔敕

諧拉康盟文詔敕碑

亦稱《夏拉康盟文詔敕碑》，位於拉薩市墨竹工卡縣夏村北側夏拉康寺院内，於第四十代吐蕃贊普赤德松贊時期竪立。有石碑兩方，立於諧拉康大門兩側，兩碑相距 6 米。碑身高 4.93 米，下寬上收，正面下寬 85 厘米、上寬 78 厘米，側面下寬 41 厘米、上寬 38 厘米。碑體完好，文字清晰，上刻藏文 62 列。碑詞叙述了吐蕃僧娘·定埃增在赤德松贊繼位前後的功績以及赤德松贊對定艾增及其子孫後代特封嘉獎等事項。此碑文對研究吐蕃時期的政治、歷史、文化等方面具有重要的參考價值。

（三）牒札

廣教禪院敕牒記碑

立於金大定四年（1164）八月十五日。碑文由王靖撰，徐頤書。《攈古録》中著録此碑圓首，身首連雕。寬、厚相同。通高 163 厘米，寬 77 厘米，厚 13 厘米。此碑原在眭村廣教寺内，後移咸陽博物館。《廣教禪院敕牒記碑》内容分爲上下兩部分，上部分鎸刻金代政府頒發給寺院賜額的敕牒文書。廣教禪院的賜額敕牒文書是購買來的，是寺院合法經營的憑證。下部分記載金代發賣賜額敕牒的社會背景，廣教禪院的營建歷史及交納三十萬錢而得賜額敕牒的經過。

（四）文書

乙瑛碑

亦稱《百石卒史碑》《孔龢碑》《孔和碑》，立於東漢永興元年（153），并未記載撰書人姓名。《乙瑛碑》爲方首碑，高 198 厘米，寬 91.5 厘米，厚 22 厘米，無額，碑文 18 行，每行 40 字，字屬隸書。碑文記録了東漢元嘉三年三月至永興元年六月之間，魯相乙瑛上書請求爲孔廟設置百石卒史一人執掌禮器廟祀之事的往來文書。《乙瑛碑》與《史晨碑》《禮器碑》合稱“孔廟三碑”。

史晨碑

又稱《史晨前後碑》，刊刻於東漢建寧二年（169），無撰書人姓名，字屬隸書，現存於曲阜市漢魏碑刻陳列館。《史晨碑》爲圓首碑，有額，額高 34 厘米，無字，碑身高 173.5 厘米，寬 85 厘米，厚 23.5 厘米。碑兩面刻，面向東爲陽面，俗稱《史晨前碑》，亦稱《魯相史晨祀孔子奏銘碑》，刊刻魯相史晨關於祭祀孔子上呈朝廷的奏章，後附四言銘文十二韵二十四句；面向西爲陰面，俗稱《史晨後碑》，又稱《魯相史晨饗孔子廟碑》等，記叙了史晨到任後謁廟拜孔、修墻飾屋、疏通溝渠、植行道樹、設立會市等事迹。《史晨碑》與《乙瑛碑》《禮器碑》合稱“孔廟三碑”。其書法含蓄蘊藉，健勁遒逸，結構左顧右盼，上下啓承，疏密匀稱，提按得法，風韵自然跌宕，飛彩凝暉，法意俱全。明末清初收藏家孫承澤評價其“字復爾雅超逸，可爲百世楷模，漢石之最佳者也”。

（五）規約

雙溪寺新立禪林規約碑

　　立於清道光七年（1827），現存安康市新城北門外雙溪寺。此碑圓首方趺，首身一體，高1.70米，寬0.78米。額篆書“箴規永固”。正文楷書26行，滿行50字。弘法沙門撰，張蓋書并篆額，楊允中刻字。《雙溪寺新立禪林規約碑》碑文爲百丈清規，又根據本寺實際情況規定了若干細則，對研究清代安康地區佛教寺院制度有一定的參考價值。

禁賭碑

　　發掘於濟南章丘文祖大寨村。立碑於光緒九年，由當時的縣令組織人撰文刻碑。碑高約2.2米，寬約0.83米。明清時期，章丘境內賭博尤甚，社會秩序破壞殆盡。地方鄉賢及有識之士聯名上書官衙，痛陳聚賭之害，并與村民聯名同立禁碑，以儆效尤。碑的正面碑文曉諭禁賭，碑的背面刻《戒賭十條》。在碑文中，使用了龐德公《誡子詩》的前半部分。大寨《禁賭碑》作爲重要的史證，留給後人的不僅僅是一段社情歷史的記述，更重要的是警示後人，要以史爲鑒，匡正祛邪。

二、傳記資料

（一）譜系

顏氏譜碑

　　位於沂南縣磚埠鎮常桑杭村顏氏林地內，碑高1.8米，寬0.9米，厚0.3米，係整塊青石磨製而成，正面碑文是“顏氏譜碑”，碑文右邊是立碑緣由，中間部分是自顏子第二十四代孫顏盛至第七十一代顏懷仁的家族成員排列順序；左邊是立碑時間，即乾隆三十三年（1768）四月初五日。據考證，該碑是唐代著名書法家、政治家顏真卿的家譜，常桑杭村是顏真卿的故里。同時在該村北清泉寺遺址還發現《萬代流芳碑》《重修清泉寺碑》、“正方體碑”。常桑杭村顏氏村民還保存了清代曲阜顏翰博府發給該村顏氏居民的移文、札、信牌和“祭田地畝册”、復聖顏子奉祀官顏世鏞的名片等。據此，2001年，縣政府發文將《顏氏譜碑》列爲縣級重點文物保護單位。

（二）功德碑

林氏家譜碑

　　位於蘇木鄉林寨村，立碑於清咸豐六年（1856）。爲湖南河南省開封市杞縣林氏後裔所立。此碑高1.9米，寬0.59米，頂部雕刻精細花紋、二龍戲珠圖案，形象生動逼真，正陰兩面皆刻碑文，刻製方法爲陰刻，字體爲真體字。記載林氏家族得姓之由及家族繁衍情況。1986年公布爲縣級文物保護單位

銘恩亭功德碑

　　又稱《明嘉靖功德碑》，現位於廈門市同安區大同街道碧岳村鳳山寶塔下的岳口自然村。史料記載，建於明嘉靖四十三年（1564）十一月。亭全石構，寬4米，深3.5米，高3.6米，亭頂大塊板石鋪成；亭下立碑，碑高2.72米，寬1.04米。碑文作直行楷書，正文計1125字，頒述同安縣令譚維鼎於明嘉靖三十八年（1559）

至四十三年（1564）間組織軍民抗擊倭寇侵擾、克敵制勝、保境安良的功績，劉存德撰文，林從槐書丹。碑額橫嚮書“邑父母譚公功德碑”，由洪朝選篆額。《銘恩亭功德碑》是同安目前保護得最好的亭碑，爲原同安縣第一批縣級文物保護單位。

禮器碑

全稱爲《漢、魯相（官名）、韓敕（姓名）造孔廟禮器碑》，又稱《韓明府孔子廟碑》，爲現存最早的功德碑，刻立於東漢桓帝永壽二年（156）。無撰書人姓名，屬隸書書法作品，現存於曲阜市漢魏碑刻陳列館。《禮器碑》爲圓首碑，碑身高 173 厘米，寬 78.5 厘米，厚 20 厘米。碑文贊頌魯相韓敕豁免了孔子的母親顏氏和孔子的妻子亓官（複姓）氏家族後人的差役，製造孔廟祭祀用的禮器和修飾孔廟的功績。書法上，其筆畫瘦勁且有輕重變化，結體緊密又有開張舒展，風格質樸淳厚，是東漢隸書的典型代表，書法價值很高，歷來被金石家、書法家奉爲隸書楷模。

（三）墓碑

張留孫墓碑

元代書法家趙孟頫撰文并正書及篆額；元代茅紹之刻。元代天曆二年（1329）五月立碑於大都（今北京）東嶽廟。

覺靈老和尚墓碑

現存於垞處鎮三門塘，刻於咸豐八年（1858）。

（四）神道碑

司馬温公神道碑

原碑石立於元祐三年（1088）正月，立碑地點在山西省夏縣水頭鄉小晁村。原碑已毀，現存碑身係明嘉靖年間仿宋碑複製。此碑碑文是蘇軾五十三歲時奉宋哲宗之命爲司馬光撰寫的，充滿了對司馬光的尊敬懷念之情。碑身厚硬高大。《司馬温公神道碑》，被李苦禪先生跋以評“蘇楷書當以此帖爲第一”。

陳經邦神道碑

位於莆田市郊尾鎮新和村，神道碑連底座贔屓全高 441 厘米，寬 105 厘米，厚 26 厘米。碑額篆書“皇明敕葬”，碑文記載了明朝大臣陳經邦的生平事迹，左款記錄了立碑之人，右款記錄了陳經邦的仕途經歷。碑文書者爲萬曆、天啓年間內閣輔臣葉向高。此碑極具書法藝術及文物研究價值。

（五）墓志銘

楊君墓志碑

砂石質，志蓋長 44 厘米、寬 41 厘米；志底長 47 厘米、寬 47 厘米。志蓋篆書“楊君墓志”四字。志底楷書十五行，滿行二十五字。志底字迹有剝落。該墓志記述了南樑梓村楊君家史及其死後埋葬立碑的情況，由晉闇書。據內容和部分字體推斷，爲武則天時期。原存於陽邑鄉郭里南樑梓村三教廟。現存太谷區文物管理所。

李晟碑

全稱《唐故太尉兼中書令西平郡王贈太師李公神道碑銘并序》。鐫立於唐文宗大和三年（829）。碑連額高一丈四尺二寸，寬五尺八寸二分，三十四行，行六十一字。碑現存高陵區高陵博物館。李晟爲唐德宗時大將。朱泚作亂，李晟率兵平叛，在東渭橋畔與之激戰獲勝，收復了京城。碑由裴度撰文，柳公權書丹并篆額，俗稱“三絕碑”。

（六）買地莂

楊氏買地莂

又稱《楊紹買地莂》，此碑刻於晉太康五年（284）九月廿九日，券文六行，每行十一至十三字不等，爲歷代地莂中最著名者。清代寶熙題首，後又羅振玉題跋。《楊紹買地莂》以陶爲之，形似破竹，單刀刻劃的書迹草隸相雜，是非常接近筆寫的一種俗筆隸書。明萬曆元年（1573）在會稽倪光簡家地出土，旋歸柳元毅，柳氏用此換取徐渭畫二幀。此事見載於葉九來《金石錄補語》《徐天池跋》。後歸山陰童氏、粵東溫氏。清嘉慶後此碑不知下落。目前留有拓本，經山陰李柯溪、鮑廷博（渌飲）、楊澥（龍石）遞藏，存有道光二十五年（1845）七月楊澥跋，并過錄葉九來《金石錄補語》及《徐天池跋》，道光三十年二月楊懈將此拓轉贈何紹基。留有何紹基題簽并記。

（七）題名

女真進士題名碑

又稱《宴臺女真國書碑》，刻於金哀宗正大元年（1224），正文二十三行，共存一千一百餘字，記錄的是正大元年招取進士的地點、論題、錄取經過及所錄進士籍貫等內容。此碑原來陰面刻女真文，陽面刻漢文，由於後來將陽面改作河神廟碑，原刻漢文被磨去，因而無法與現存碑陰面的女真文字進行對照，給釋讀碑銘造成了很大困難，成爲學界一大憾事。《女真進士題名碑》是國內現存重要的女真文字碑刻之一，對於研究金代科舉制度和女真文字具有重要價值。

至正十一年進士題名碑

現存於北京孔廟，碑上刻有元代科舉信息。《至正十一年進士題名碑》與《至正二十年國子監公試題名碑》《至正二十六年國子監公試題名碑》兩碑并立於北京孔廟大成門外西北側。史載，這三通碑是清代國子監祭酒吳苑發現的。元代科舉類題名刻石現僅存四通，具有十分重要的文物和文獻價值。

（八）塔銘

舍利塔銘碑

又稱《九支碑》，清嘉慶間（1796—1820）九支江氏從湖中打撈到，已斷爲三截。稱之爲"九支碑"，意謂九支江氏捐資建塔院及塔，又由九支江氏從湖中獲得；也有人認爲稱爲"九之碑"，意謂碑中九個"之"字的寫法殊爲不同。立於湖鎮舍利塔，在今浙江省衢州市龍游縣湖鎮下街舍利寺院內，占地面積 30 平方米，始建於南朝陳光大二年（568）。2001 年 6 月 25 日，湖鎮舍利塔被國家公布爲第五批全國重點文物保護單位。

王居士磚塔銘

刻於唐顯慶三年（658），有方界格，刻於磚上。字體爲楷書，共書十七行，行十七字。上官靈芝撰，敬客書。明萬曆年間出土於西安城南百塔寺。此銘出土時已裂爲三塊，繼裂爲五，再裂爲七，且失去第一塊，故全拓完本甚罕見。此塔銘與褚遂良字體有神似之處，然不乏端凝，結體端莊方正，豐澤秀潤；融冶衆長，別出新意。

（九）真人碑

仁靖真人碑

位於鷹潭市上清鎮龍虎山嗣漢天師府內宮保第東側約 30 米處，青石雕刻。碑高 2.3 米，寬 1.6 米，厚 0.39 米。碑底座高 0.95 米，長2.5米（龜長），寬1.6米。碑額有雙龍戲珠紋樣，座底爲龜形刻樣，形象生動，雕工細膩，堪稱一絕。整個石刻碑文陰陽兩面共一千六百三十九字，由元代大書法家趙孟頫奉詔撰書，由張留孫弟子玄教嗣師吳全節於元英宗至治二年（1322）奉詔而立。碑文詳盡記述元代仁靖真人張留孫的家世、生平活動以及皇帝的敕賜等，字體瀟灑流暢，秀麗端雅，具有很高的書法藝術價值。1959年被江西省人民政府列爲省級文物保護單位。

三、學術資料

（一）石經

房山石經

即《房山雲居寺石刻佛教大藏經》，是我國從隋代至明末綿歷千年不斷雕製的石刻寶庫。據統計，石經山（雲居山）九個洞内和洞外共藏石經1.4萬餘塊。明清以來，《房山石經》引起學者的廣泛關注。明代周忱，清代查禮、石景芬、葉昌熾等的游記和著述中，都曾介紹過它的價值。《房山石經》是研究我國古代文化、藝術，特別是佛教歷史和典籍的重要文物，也是世界文化遺產的珍貴寶藏。

熹平石經

始刻於漢靈帝熹平四年，訖光和六年（183），凡歷九年而成。依楊龍驤《洛陽記》，刻石四十六碑，立於太學講堂前的東側，有《魯詩》《尚書》《周易》《儀禮》《春秋》《公羊傳》《論語》等七種經文。每經碑石駢羅相接，以瓦屋覆之，四面設欄障，開門於南，河南尹設吏卒專門管理。漢石經碑面無縱橫界格，係一字隸書直下行文。每石行數、每行字數各不相同。碑石長方形，經文自右至左，每經自爲起訖，先表後裏；每經的每篇小題在上，大題在下，占一行。王國維考證，每碑一面約三十五行，每行七十五字左右，爲標準的四分體隸書，每十字約合"建初尺"一尺許，碑下有座，碑身插於座中。《熹平石經》刻成後七年，董卓燒毀洛陽宮廟，致使洛陽太學荒廢，石經受到嚴重的摧殘。

石臺孝經

唐代著名碑刻。唐玄宗李隆基作序、注解并書，太子李亨（唐肅宗）篆額，鐫於唐玄宗天寶四載（745）。碑文隸書，十八行，行五十五字，書法工整，豐腴華麗，結體莊嚴恢宏。原石現藏西安碑林。唐玄宗在先儒的《孝經》注釋中采集菁華，删除煩亂，萃取義理，把允當的用爲注解，於天寶二年（743）注成，頒布天下，并自己用八分隸書書寫，勒石於石碑。因碑座底下有三層石臺，故名。

（二）著作

禹亭記碑

康熙甲午（五十三年）禹城縣知縣曾九皋撰。清康熙五十三年（1714），廣東人曾九皋任禹城縣令。因其爲官清廉、施政有方，恰逢風調雨順、連年豐收，黎民百姓安居樂業，曾九皋稱此爲禹王保佑之功，募捐重建禹迹亭，更名禹王亭，并撰寫《禹亭記》刻於碑上，親題匾額"神功千古"。

（三）儒學記

平江路重修儒學記

刻於元至治元年（1321），碑石縱 180 厘米，橫 90 厘米，現藏蘇州碑刻博物館（蘇州文廟）。該碑記載了蘇州府學自北宋建成至元代的歷次修繕，反映了蘇州歷代行政長官對地方教育的重視和大力扶持。此碑書法是趙孟頫晚年大字楷書中的優秀作品，已達到人書俱老的境界。綜觀全篇，行筆謹嚴遒勁而不失流利，點畫顧盼、承接自然，結體上也是勻稱舒適、比例合度，風姿綽約。撰文人楊載，字仲弘，浦城人，元代著名詩人，與虞集、范梈、揭傒斯齊名，并稱"元詩四大家"。

（四）字書

顏氏幹祿字書

原石立於唐大曆九年（774）正月。顏真卿楷書，顏元孫撰文。碑兩面刻，一高 260 厘米，一高 236 厘米，寬 155 厘米。篆書題額"顏氏幹祿字書"六字。此碑原刻在浙江湖州墨妙亭內，因摹拓漫漶，故在開成四年（839）由刺史楊漢公重新摹刻，爾後亦漸磨滅。宋初尚有原刻本和楊摹本流傳。原刻與重摹兩石，行列、字數均不同，惜年久早佚。南宋初已有木刻版

流行。現存石刻爲宋紹興十二年（1142）八月所刻，在四川省三臺縣潼川文廟。其碑毀後，現有明拓本藏北京故宮博物院。碑注字小楷，爲迄今所見顏書刻石字體最小者。宋人歐陽修《集古録》稱："魯公書刻石者多而絕少小字，惟此注最小，而筆力精勁可法，尤宜愛惜。"正文後刻有句咏題跋："蜀大夫所見惟板刻，尤鮮得其真。府尹龍閣宇文公（時中）比刺湖州，得魯公書與楊漢公所摹二本，特爲精詳……於是俾以楊、蜀二本參校，若顏書之剜缺者，以二本補焉，不可推究者缺之，令通顏書之士摹勒刻石於泮。"

（五）書目

乾隆石經

因乾隆帝下命建造而得名，亦稱"十三經刻石"，現存北京孔廟。十三經是儒家的十三部經典著作，即《周易》《尚書》《詩經》《周禮》《儀禮》《禮記》《左傳》《公羊傳》《穀梁傳》《論語》《爾雅》《孝經》《孟子》，總計有六十三萬字。十三經刻石是儒家經典刻碑中最完整的一部，也是世界上最大、最重的一部書。經書由蔣衡書寫，乾隆帝命和珅爲主，劉墉爲副，考訂蔣衡所書的經書并動工刻石。

四、地理資料

（一）地圖

平江圖碑

南宋理宗紹定二年（1229）郡守李壽朋重整坊市後所刻。原存蘇州府文廟，後藏蘇州市博物館。它是現存最古的蘇州城圖，也是流傳

下來的宋代城市圖中最詳的一幅。因該碑中部模糊不清，1917 年曾被深刻過。

華夷圖碑

僞齊阜昌七年（1136）刻，現存西安碑林。是中國現存最早的一幅全國地圖。此圖的底本

是唐代賈耽於貞元十七年（801）完成的《海内華夷圖》。經過宋代的改動、省略和縮繪，圖中既保存了一些唐代地名，但也有些已改用宋代地名。賈耽原圖繪有少數民族政權和鄰國"數百餘國"，而《華夷圖》中僅"取其著聞者載之"，若干遠方的國家"以其不通名貢而無事於中國"乃"略而不載"。《華夷圖》包括的範圍較大，圖中雖未畫方格，但注明了東、西、南、北方嚮。圖中將全國的山脉、河流及各州的地理位置都表現了出來，許多城鎮的位置都比較正確，還畫出了長城。圖中大河的流嚮大抵近實，但江河河源不够準確，海岸綫的輪廓尤爲失真。圖中標示各種地理要素的符號有不少與今圖符號相同或接近。

（二）界至

穆克登碑

　　清康熙五十一年（1712）二月烏拉總管穆克登於中朝勘界時所立之碑。康熙五十一年二月，清派出烏拉總管穆克登及隨員赴長白山與朝鮮官員合勘中朝邊界綫，并立碑界定兩國之界。

五、文學資料

（一）詩詞

清代十二扇面詩詞碑刻

　　碑刻上分別是元朝理學家吳澄；明朝"吳門四才子"之唐寅和文徵明之子文嘉、文彭，華蓋殿大學士張瑢，著名畫家金聲；清代"帖學四大家"之何焯、笪重光，清朝文華殿大學士張英，文淵閣大學士陳元龍，進士繆彤，畫家顧藹吉等12位江南名士的書法作品。碑刻文字有隸書、草書、楷書和行書等，可謂一碑一奇、風格迥异。

吳澄行草詩碑

　　寬62、高31.5厘米。現藏西北民族大學圖書館。釋文："海上神仙十二樓，白雲縹紗覆丹丘。修真自有長生術，不記人間幾萬秋。"扇面左側有題跋曰："書爲泰石道翁。"左下落款"吳澄"二字，鈐有一方篆書印章"草廬"。吳澄爲元代學者，曾任國子監丞、翰林學士。該詩文從表面上看，描繪的是道家修身養性的夢幻世界，也從側面反映了當世人的一種精神寫照和追求。

唐寅行書詩碑

　　寬65、高31厘米。釋文："江南人盡是神仙，四季看花過一年；趁早市都清早起，游山船直到山邊；貧逢節令皆沽酒，富買時新不論錢；吏部門前石碑上，姑蘇兩字指研穿。"扇面左側落款"唐寅"，下側鈐有一方篆書印章"唐伯虎"。該詩是唐伯虎與當時的十二個當朝狀元在百泉游覽逗留時所作，描繪了一幅浪漫的生活畫面，表現出了江南人對生活的熱愛。

文彭草書詩碑

　　寬65、高32厘米。釋文："雲缺月馳，舟行岸移，此書真似楊風子也。"扇面左側有題跋曰："嘗見東坡帖中有此，漫爾戲寫。"下側落款"三橋"，鈐兩方篆書印章，陰刻"文彭之印"，陽刻"三橋"。該詩描述了精湛的書法藝術，猶如月亮在雲中穿梭，舟船在河流中疾馳，像極了楊風子的運筆風格。

文嘉行書詩碑

　　寬62、高31厘米。釋文："山下孤烟遠

村，天邊獨樹高原；一瓢顏回陋巷，五柳先生對門。"扇面題跋曰："丁丑秋窗讀唐詩學蘇法書此扇。"左側落款"文嘉"，下鈐篆書"文嘉之印"。該詩出自唐代詩人王維《田園樂》（七首）之一，描繪了一幅恬然幽靜的畫卷。

張璁行草詩碑

寬 63、高 31.5 厘米。釋文："品物形容外，君門道里多；從三生幾許，挂一漏如何；對策言難盡，封侯戶豈過；獨欣歌聖壽，列國似星羅。"左側題跋曰："陽明先生有咏一之作，書於畫面，余得之珍重復咏萬以唱和之。"落款"羅峰"，下鈐篆書印章"張璁"。該詩名爲《咏萬》，是作者唱和王陽明的《咏一》而作。該詩反映了一場作者"大儀禮"政治學術理論思想和保守的封建程朱理學的學術思想鬥争。

金聲草書詩碑

寬 57、高 31 厘米。釋文："損法財、滅功德，莫不由兹心意識；是以禪門了却心，頓入無生知見力；大丈夫、秉慧劍，般若鋒兮金剛焰；非但能催外道心，早曾落却天魔膽。"左側題跋曰"書爲士歌年翁"，落款"金聲"，鈐兩方印章，陽刻篆書"赤壁"，陰刻篆書"金聲之印"。該詩文出自《永嘉證道歌》，爲唐代高僧永嘉玄覺的作品，是高僧頓悟的心得體會，爲佛界人士所傳頌，其表現的思想是"入禪定神"。

張英行書詩碑

寬 64、高 31 厘米。釋文："烟霞春早賞，松竹故年心；斷山疑畫幛，流水瀉鳴琴；草綠南亭合，花開北院深；閒居饒酒賦，隨興欲抽簪。"扇面左側落款"張英"，下鈐方形印章"張英之印"。這首詩描繪了一幅悠然自在的景象，從中可以窺探到作者嚮往的是逍遥自在的生活，爲此感嘆"閒居饒酒賦，隨興欲抽簪"。作者功成名就後，不久便辭官歸鄉。

陳元龍行書詩碑

寬 68、高 31 厘米。釋文："大雪歸溪山，長林畫冥宵。槎橋跨絶岸，遠望行客少。買魚沽新酒，獨酌竟昏曉。似此非他人，高士戴安道。"扇面左側題跋"元人題書詩"，落款"陳元龍"，下鈐"乾齋""陳元龍"兩枚方印。該詩描繪了冬日景象，作者以詩寄情，嚮往"買魚沽新酒，獨酌竟昏曉"的神仙生活。"似此非他人，高士戴安道"，戴安道的典故出自《世説新語》"王猷雪夜訪友"。

笪重光行草詩碑

寬 60、高 31 厘米。釋文："竹裏酒杯拈白玉，花間弦管駐青春。何須海外尋仙侣，洞口泉香有异人。"扇面左側題跋"書祝蘇老道翁"，落款"笪重光"，下鈐"江上外史"印。該詩應爲作者寫給蘇門山一位老道人的。詩文描繪了竹林中飲酒、花間中聽樂的快活境界，這種神仙境界不須尋找，蘇門百泉和三仙洞就有這樣的仙境，而這就是老道翁過的生活。

何焯楷書詩碑

寬 60、高 30 厘米。釋文一："宵直丹宫近，風傳碧樹涼；漏稀銀箭滴，月度綱軒光。鳳詔裁多暇，蘭燈夢更長；此時顏範貴，十步舊連行。"釋文二："天衣五鳳彩，御馬六龍文；雨露清馳道，風雷翊上軍；高旌花外轉，行漏樂前聞；時見金鞭舉，空中指瑞雲。"扇面碑左側題跋"去非道兄正字"，款署"時甲申秋日何焯"，下鈐"何焯"印。該碑刻有詩文兩首，第一首詩爲唐代詩人楊凝《和直禁省》，第二首詩出自唐朝詩人盧綸的《雜曲歌辭·皇帝感詞》四首中的第二首。

顧藹吉隸書詩碑

寬65、高32厘米。釋文："中流欲暮見湘烟，葦岸無窮接楚天；去雁遠沖雲夢雪，離人獨上洞庭船；風波盡日依山轉，星漢通宵向水連；零落梅花過殘臘，故人歸去又新年。"款署"右李頻句南原"，下鈐三方篆書印章"顧藹""於邛山鑒定印""百一鏡齋書法記"。該詩爲唐代後期詩人李頻《湘口送友人》；該詩呈現的是一幅友人送別的場景，以景寄情，烘托了自己的内心世界。

繆彤行草詩碑

寬64、高32厘米。釋文："雲净長空雨乍收，一天明月滿南樓；美人今夕思千里，詞客當年賦九秋；銀漢夜寒星影動，碧簾風勢樹聲幽；與君把酒還相問，百歲可同此際游。"題跋"秋夜對月書爲遠翁老年翁詞宗"，落款署"繆彤"，下鈐"念齋"印。此詩爲作者秋夜對月所作，當時作者已然是一個老翁，歷經多年的風雨，感慨萬千，但詩人内心依然有着對美好幸福生活的嚮往。

懷信栖霞洞題詩

該石刻由懷信題刻於栖霞洞（今七星岩），爲唐代所刻。石刻高50厘米，寬30厘米，楷書，字徑5厘米，今已毁。

梁次張栖霞洞詞西江月

摩崖石刻，由宋代梁次張於淳熙庚子（1180）題刻於桂林七星岩，石刻面高47厘米，寬87厘米，行書，字徑6厘米。此題詞爲其游玩後有感而發："南國秋光過二，賓鴻未帶初寒。洞中駝褐已嫌單，洞口猶須揮扇。西照千峰互見，晴空萬象都還。羨它漁艇繫澄灣，欹枕玻璨一片。"

（二）對聯

李滋對聯

宋淳熙十二年（1185）刻，篆書，長110厘米，寬27厘米。李滋爲同鄉林可宗而撰。其文爲："安分身无辱，知幾心自閑。"意爲做人當安分守矩則身不受辱，參透世事自然會恬静悠閑。

（三）書信

林則徐致潘仕成函

藏於廣州越秀山原廣州美術館。爲青石碑，正面陰刻《林則徐致潘仕成函》全文。

（四）格言

"不成功，毋寧死"碑

泰山摩崖石刻《不成功，毋寧死》，具體年代不詳。題跋已被侵蝕得模糊不清，勉强能辨析出"徐公"二字。

朱柏廬治家格言

石刻，清末書法家黃自元書。朱伯廬爲明末清初學者，其《治家格言》以警句、箴言的形式講述了很多爲人處世的道理。

（五）吉語

大吉碑

在紹興市區東南20公里富盛鎮跳山東坡上。該石刻於東漢章帝建初元年（76）。是我國現存時代最早、體積最大的地券刻石，爲浙江境内所見時代最早的摩崖。直刻"大吉"二字；下列五行，每行四字，即："昆弟六人，共買山地，建初元年，（造）此冢地，直（值）三萬錢。"

六、宗教資料

（一）佛教

多寶塔碑

全稱《大唐西京千福寺多寶佛塔感應碑》。唐天寶十一載（752）由當時的文人岑勛撰文、書法家徐浩題額、書法家顏真卿書丹、碑刻家史華刻石而成，爲楷書書法作品。現保存於西安碑林第二室。此碑共三十四行，滿行六十六字，内容主要記載了西京龍興寺禪師楚金創建多寶塔之原委及修建經過。明代學者孫鑛《書畫跋》："此是魯公最勻穩書，亦盡秀媚多姿，第微帶俗，正是近世掾史家鼻祖。"

三藏聖教序碑

唐咸亨三年（670）刻於陝西西安宏福寺。爲僧懷仁集王羲之書而成，序文爲李世民應三藏之請而作。碑首創"集王"一格，再現王書風貌，極爲士林所重，現存西安碑林。

（二）道教

張留孫道行碑

全稱《大元敕賜開府儀同三司上卿輔成贊化保運玄教大宗師志道弘教沖玄仁靖大真人知集賢院事領諸路道教事張公碑銘》，俗稱"道教碑"。此碑立於元天曆二年（1329），趙孟頫楷書，今存北京民俗博物館。碑文爲兩刻，各二十八行，行六十字，共二千七百八十六字。記叙了東嶽廟創始人、玄教大師張留孫的生平事迹，通篇文字完整清晰。該碑爲趙孟頫晚年代表作，字體清晰飽滿，剛勁秀麗，章法布局如行雲流水，充分體現了趙體書法的藝術風格，其拓本較少，早期拓本則更少。

（三）其他宗教

唐大秦景教流行中國碑

由景教傳教士伊斯出資、景净撰述、呂秀巖書刻，於唐建中二年（781）在長安大秦寺落成，唐後期被埋入地下，明天啓年間在西安西郊（一說周至縣）出土，現藏西安碑林博物館。碑記載了景教教義、禮儀，以及唐代前中期來自大秦國的基督教聶斯托利派傳教士在華傳播景教的重要史實。碑身正面碑文一千八百餘字，除漢字外，首末兩行刻有古叙利亞文；碑腳及左右碑側另有古叙利亞文雜以漢文，合共刻七十多位景教僧名字及職稱。是馳名中外的楷書碑石，保存完好，字迹清晰，書法秀麗，史料價值極高，是研究景教歷史及其在中國唐代傳播的情況以及中國古代與叙利亞、伊朗等地文化交流、友好往來的重要實物資料，也是世界考古發現史上最負盛名的"四大石碑"之一。

七、畫像資料

（一）社會生活

河東鹽池圖

明代鹽業圖碑。碑作於明萬曆二十五年（1597），作者未知，現藏山西運城市博物館。真實反映了明代鹽池生產和鹽工生活的情況。

（二）神怪傳説

雷公出行圖

漢代畫像石，在棗莊市中區安城鄉（今屬

稅郭鎮）出土。該圖描繪了神話傳説中衆神出行的景象，又因雷公處於畫面中央着墨較多，故稱爲"雷公出行圖"。畫面中雷公乘坐雲車，左右置鼓，後有風伯吹風，前有力士拉車。

河伯出行圖

漢代畫像石，現藏徐州漢畫像石藝術館。該圖描繪了神話傳説中河伯出行的場景，河伯站在車上，前有馭者，上有雙魚結成華蓋，以三條大魚拉車，車下有巨龍托舉。

（三）歷史故事

河橋車馬圖

漢代畫像石，臨沂白莊漢畫像石墓出土，是對漢代胡漢戰争的記録，描繪了胡、漢在河橋交戰的場景。

孔子問禮圖

漢代畫像石。在山東省嘉祥五老窪出土。該畫像中部一人戴梁冠，左手拱手而立，右上方榜題"孔子也"。對面一位，冠服扶杖，左上方榜題"老子"。孔子與老子間有小兒項橐，左手推輪，右手指向孔子，圖像大部分殘毁。孔子身後一人，冠服捧簡左嚮跟隨。右邊二馬駕一輶車，車上坐一馭者，上有榜題"孔子車"。

老子身後停一輛輶車，車後三人，冠服拱手右嚮捧簡立。除去畫面兩端的車不算，畫面中間部分是孔子見老子畫像的"孔子與老子和項橐相對而立"的常見組合。

（四）自然景物

竹葉詩碑

又名《丹青正氣圖》。碑文作者曾崇德，浙江會稽蘭亭人，於清光緒庚辰年（1880）游覽白帝城時仿古"竹"字作畫。《竹葉詩碑》立於白帝城碑林的西碑林中。

（五）禎祥符瑞

龜蛇圖

唐代吳道子刻的碑。原名《鎮宅龜蛇》，碑原在山西浮山舊縣衙西套院之墻壁鑲嵌。石碑高110厘米，寬62厘米，厚15厘米。碑首陰刻"鎮宅龜蛇"四字，題字之下刻鏤龜蛇纏相視圖一幅。其龜高58厘米，蛇長179厘米，二者俯仰側轉，氣勢如生。屬縣級保護文物。其圖首發於宫廷，後傳至民間，昔時人們曾用朱墨拓印，懸於家室，以鎮宅避邪；也有拓印出市者，時若加蓋縣印，尤爲珍貴。

八、其他資料

（用來統攝暫時難以歸入以上各類的石刻文獻）

天文圖碑

爲南宋時期的石刻，碑分星圖與圖説兩部分。據《元史》載，北宋政府曾於景祐、皇祐、元豐和崇寧年間，組織過四次星象觀測活動。這份星圖，就是根據元豐年間（1078—1085）的觀測結果繪製的。該碑現藏於蘇州碑刻博物館。該天文圖所達到的成就爲國際天文學界所公認，美國、日本、英國、法國、加拿大和原蘇聯的天文學家都做過研究與介紹，給予很高的評價，一致認爲這是世界上現存最古老的星象實測圖。

作者：劉心明　張子昊

索　引

索引凡例

一、本索引爲詞條索引，凡正文詞條欄目出現的主詞條均用"*"標示，副詞條則無特殊標識。

二、本索引諸詞條收錄順序以漢語拼音音序爲基礎，兼顧古音、方言等差异，然爲方便檢索，又與音序排列法則有异，原則如下：

首先，以詞條首字所對應的拼音字母爲序排列，詞條首字相同（讀音亦同）者爲同一單元；詞條首字不同但讀音相同的各個單元，一般按照各單元詞條首字的筆畫，由簡至繁依次排列。例如以huáng爲首字的詞條，則按首字筆畫依次分作"皇""黄"等不同單元；又如以diāo爲首字的詞條，則按首字筆畫依次分作"虭""蛁""貂"等不同單元。此外，爲方便查閱和比較，在對幾個同音且各祇有一個詞條的單元排序時，一般將兩個或幾個含義相同或相近的單元鄰近排列。如"埋頭蛇""貍蟲""薶頭蛇"都屬於mái爲首字的單元，且"埋頭蛇"與"薶頭蛇"含義相同，因此這三個單元的排列順序是"貍蟲""埋頭蛇""薶頭蛇"。

其次，同一單元内按各詞條第二字讀音之音序排列，第二字讀音相同者則按第三字讀音之音序排列，以此類推。例如以"皇"爲首字的單元各詞條的排列依次爲"皇成、皇帝鹵簿金節……皇貴妃儀仗金節……皇史宬……皇太后儀駕卧瓜……皇庭"。

三、本索引中詞條右側的數字爲該詞條在正文位置的起始頁碼。

四、本索引所收詞條僅限於正文、附錄中明確按主、副詞條格式撰寫的詞條，而在其他行文中涉及的詞條不收錄。

五、多音字、古音字或方言字詞條按其讀音分屬相應的序列或單元，如"大常"古音爲tàicháng，因此歸入音序T序列；又如"葛上亭長"，"葛"是多音字，此處讀gé，因此歸入音序G序列之ge的二聲單元；互爲通假的詞條，字雖异然而讀音同者，如"解食""解倉"皆爲芍藥别稱，因"食"與"倉"通，故"解食"讀音與"解倉"同；等等。

六、某些詞條多次出現，在正文中以詞條右上標記數字爲標志，如"朝[1]""朝[2]""百足[1]""百足[2]"等，索引中亦按照其右上標記數字的順序排列。詞條相同但讀音不同的則按照其讀音分屬相應的音序序列和單元。如"蟒[1]"（měng）、"蟒[2]"（mǎng），"蟒[1]"歸入音序M序列之meng的三聲單元，"蟒[2]"則歸入音序M序列之mang的三聲單元。

七、某些特殊詞條，如數字詞條、外文字母詞條等，則收入《索引附錄》。

A

B

C

D

E

F

G

H

J

M

T

W

Y

Z